完全MASTER

JN116824

倫理＋公共 問題集

◆大学入学 共通テスト◆

倫理教材研究協議会

清水書院

はしがき／本書の利用法

　本書は，2025年度より始まる，新課程での大学入学共通テストのための問題集として編集されています。すでに共通テストは始まっていますが，2025年度からは，従来のような出題形式ではなくなります。現在，「公共」の誕生によって今までの出題形式が変更され，公民科では，「公共，倫理」または「公共，政治・経済」の2科目からの選択となる予定です。

　そこで，本書は「倫理」を中心に，新しく「公共」の内容を盛り込んだ問題集にしました。日頃の学習の補助として活用するとともに，学習した内容を理解し，身についているかどうかを確認してほしいと思います。

　「整理・要約」は，各項目のはじめにあって，これから学習する内容の要点ですので，確認していくようにしてください。

　「演習問題」「融合問題対策」は，過去のセンター試験問題及び共通テストから取捨選択した問題を掲載し，問題ごとに出題年を提示しています。

　例（2018・本・33）…2018年度センター試験「倫理」本試験　解答番号33

　　（2021・①・本・26）…2021年度共通テスト「倫理」第1日程　本試験　解答番号26

　　（現社・2021・②・本・6）…2021年度共通テスト「現代社会」第2日程　本試験　解答番号6

　　（政経・2022・本・21）…2022年度共通テスト「政治・経済」本試験　解答番号21

　学習内容が定着しているか，確認しながら解いてみましょう。設問は多岐にわたっていますが，一つひとつ丁寧に解いて確認していくとよいでしょう。もし，疑問などが生じた場合は，教科書などにもどって復習してください。

　サイド欄には，**解明POINT** が設定されていて，解法のためのヒントや学習上の重要な要点などが提示されています。「整理・要約」とともに参考にしてください。

　また，別冊の「解答・解説篇」は，解説と正誤の根拠が示されていますので，正解のための根拠を確かめていただきたいと思います。

　「**共通テスト**」対策は是非とも必要なことです。本書で過去問を中心にしながら，資料や図の正確な読み取りを必要とする融合問題にも取り組んで，対策を怠りなくやってほしいと思います。

　本書を十分に活用することで，よい成果を獲得することができると確信しています。

　諸君の努力を期待しています。

倫理教材研究協議会

河村　敬一

國松　勲

共通テスト問題の探究

　2025年度より始まる新課程としての共通テストは，従来の出題形式とは異なっています。「倫理」単独の問題はなく，新たに「公共」と一緒になっており，「公共，倫理」となります。もう一つの選択科目「政治・経済」では「公共，政治・経済」ですので，「公共，倫理」では，出題の中心は「倫理」であったとしても，「公共」の学習もしっかりとやっていく必要があります。

　そこで，「公共，倫理　2025年度　試作問題」が発表されていますので，その分析と傾向についてまとめてみましょう。

【大問構成はどのようになっているか】

2025年度　「公共，倫理」試作問題の出題内容と分野	
第1問	「倫理」「公共」で取扱う内容。問1では，哲学者として名前は出ていないが，サルトル，プラトン，サンデル，カントの選択肢の文章になっている。問2以降は，「公共」で取り上げられている法律，SDGs及び民法の契約関係などが出題されている。
第2問	「公共」「倫理」の融合問題。問1は，児童手当を切り口にアリストテレスの正義論が問われている。問2・問3は，図表の読み取り問題で，合計特殊出生率や高齢化率が取り上げられる。問4は高齢社会に関した会話文の空欄を埋める文章選択で，読解力が必要。
第3問	「倫理」からの出題が中心。問1は近代科学の自然観，問2は市民革命期に影響与えた思想（社会契約説）で，「倫理」「公共」どちらでも学習する内容になっている。問3はヘーゲルである。問4・問5は，源流思想（古代ギリシア・古代インド）で，問6・問7では資料の読解を中心とする設問になっている。問8は，問4以降との関連で「倫理」的内容である。
第4問	日本思想が中心となっている。従来からの共通テストと同様に，日本思想は単独で出題されるのではないだろうか。設問内容は，順に伊藤仁斎，法然，山本常朝，国学者，さらに和辻哲郎と幅広く出題されている。
第5問	「倫理」が中心の出題でありながらも，「公共」で学習する内容とも重複している。設問は資料の読み取りもあれば，問2のように環境問題が出題されている点から「公共」「倫理」ともに関係している。問3のインフォームドコンセントが取り上げられている点も同様である。問4は青年期の内容で，選択肢にコールバーグがあるが，近年，よく出題されているので十分な理解が必要である。また，選択肢にイギリスの精神科医・精神分析学者ボウルビィ（アタッチメント理論の提唱者で，乳幼児期に養育を行う人物との身体的な接触をきっかけに，精神的な結びつきが形成されると考える）が出ているが，教科書にはない人物。問5は複数の解答の組合せとなっている。
第6問	融合問題といえる。「公共」からいえば，問1の自伝の資料はJ.S.ミルだが，哲学者を想起する必要があるとともに，資料の読解とそれに関連した設問である。問2も同様。問3はヴェイユとボーヴォワールが取り上げられ，問4・問5では人口還流，コミュニティに関した地域社会を中心とした設問となっている。

　以上ですが，いかがでしょうか。「倫理」が中心ではあっても，「公共」でも特に教科書の最初に配置された「公共の扉」における「公共的な空間を作る私たち」「公共的な空間における

人間としての在り方生き方」「公共的な空間における基本的原理」で取り上げられる思想に関する学習を怠りなくやっていく必要があります。同時に，政治や経済にも眼を向けて，学習しておきたいものです。特に，国際政治・国際経済はますます必要になってくると思います。

【試作問題から考えられること】

そこで，いくつか問題を取り上げて考えてみましょう。

第1問

問2　下線部ⓐに関して，ある鉄道会社で就業体験活動をした生徒Xは，その資料室で見ることができた1970年代の写真と現在の様子を比べ，多様性の尊重として，ア～エに示す改善・工夫が行われてきたことに気付いた。それらは，法令の施行や改定とも関連があると思われた。

　　後の法令A～Cのうち，BとCの目的・趣旨に基づく改善・工夫をア～エのうちからそれぞれ選び，その組合せとして最も適当なものを，後の①～⑥のうちから一つ選べ。

気付いた改善・工夫

> ア　昔の写真ではお守りや御札がオフィスや運転席に置かれているが，現在では置かれていない。
>
> イ　昔の写真では車掌や運転士は男性で，女性はオフィスで働いているが，現在では多くの業務に女性も男性も従事している。
>
> ウ　昔の写真では改札口の間が狭く，ホームをつなぐ高架には階段しかないが，現在では幅が広い改札口もあり，エレベーターなども設置されている。
>
> エ　昔の写真では駅や車内の案内は漢字やひらがな，ローマ字つづりでの表示であるが，現在では多言語表示がなされている。

　A　消費者基本法　　B　障害者差別解消法　　C　男女雇用機会均等法

① B－ア　　C－ウ　　　② B－ア　　C－エ
③ B－イ　　C－エ　　　④ B－ウ　　C－ア
⑤ B－ウ　　C－イ　　　⑥ B－エ　　C－イ

　　この問題は，法律名は知っていても，その内容を理解していなければなりません。特に，選択肢からすると，BとCの法律では，Bは設問中でいえばバリアフリーが考えられ，Cは，男女平等に関する内容です。そのことからすれば，正答は⑤と判断できます。難しく考えるのではなく，法律とその趣旨を理解していれば解答することができます。

第2問

問4　生徒Xたちは，最終発表に向け，人口減少及び高齢化が進行する自らの地域において，高齢者がよりよい生活を送るためにはどのような施策が考えられるかということについて話し合った。次の会話文中の　A　～　C　に当てはまる文の組合せとして最も適当なものを，後の①～⑧のうちから一つ選べ。

X：人口減少，高齢化が進行している私たちの住む地域の中で，どのような施策が考えられるだろうか。

Y：私たちの住む地域は高齢者世帯が多いことから，行政主体での，希望するすべての高齢者世帯への家事援助や配食サービスの実施を提案してはどうだろう。

X：公正を重視した提案だね。新たな社会保障の施策を考える時に大切な考え方だ。で

は，効率の面からはどうかな。

Z：効率の面からみると，　A　。

Y：そうだね。Zさんの発言に加えると，　B　ということも考えられるから効率的だし，地元にもメリットがあるね。

W：でも，効率が安易に追求されすぎて，利用者の生活の質（QOL）が損なわれることになってはいけない。提供されるサービスの質を確保し，すべての利用者が適切にサービスを受けられるという公正さの確保も大切なことだ。だから　C　とよいのではないかな。

X：施策を考えるには，様々な視点や立場から検討することが大切だね。

　A　に入る文

ア　このようなサービスは，新たに行政が始めるよりも，入札を実施して，ノウハウをもつ民間企業に委ね，サービスの提供に関わる費用を行政が負担して提供する方がよいのではないかな

イ　このようなサービスは，各自治体が住民の求めるすべてのサービスに対応できるようにするために，ニーズの有無に関わらず大きな組織を複数作って提供する方がよいのではないかな

　B　に入る文

ウ　行政に幾つもの新しい組織が作られることで，その運営に関わる費用が多少増えても，多くの組織が作られることによる新たな雇用の創出が期待できる

エ　企業は業務を請け負い，また利潤を得るために無駄な経費を抑えるだろうし，また，その地域で新たな雇用の創出が期待できる

　C　に入る文

オ　行政には，すべての企業がその規模や過去の実績に関わらず入札に参加できる機会の公正を確保する役割を担ってもらう

カ　行政には，企業から高齢者世帯へのサービスの提供後に，その内容を点検することによって公正さを確保する役割を担ってもらう

① A－ア　　B－ウ　　C－オ　　② A－ア　　B－ウ　　C－カ
③ A－ア　　B－エ　　C－オ　　④ A－ア　　B－エ　　C－カ
⑤ A－イ　　B－ウ　　C－オ　　⑥ A－イ　　B－ウ　　C－カ
⑦ A－イ　　B－エ　　C－オ　　⑧ A－イ　　B－エ　　C－カ

　この問題は「倫理」で取り上げられるよりは，「公共」に関した問題のように思われます。だからといって，知識の量が深く関係しているわけではなく，会話文に示された主張を捉えていき，前後の内容を読み取る内容といえるでしょう。Xの発言から，行政主体で，公正さを重視した施策を効率の面から考えなければならないとし，Zはそれを受けている発言です。すると，　A　に入る文はイのように「大きな組織を複数作って提供する」のではなく，「行政が負担して提供する方がよい」とするアが適切だと判断できます。同様に，　B　に入る文としても効率的な面と地元のメリットとするYの発言からはエが当てはまるでしょう。さらに　C　に入る文としても，Wの発言に注目すると，効率ばかりでなく，

生活の質（QOL）の観点から「すべての利用者が適切なサービスを受けられるという公正さの確保も大切」とする内容に注意すれば，**カ**がよいとわかるでしょう。正答は④となります。つまり，しっかりと発言内容を比較し，読み取っていけばよいわけです。

　もう一つ資料問題についても考えてみましょう。

第6問

問1　下線部ⓐに関して，生徒Kが資料を探したところ，女性参政権獲得のために尽力した19世紀の哲学者の自伝をみつけた。次の文章は，この自伝の一部である。この文章を読み，この自伝を著した哲学者の別の著書の一節として正しいものを，後の①～④のうちから一つ選べ。

> 　男性を他の人間の法的従属下にとどめるべき理由が見出せないのと同じくらい，女性についてもそうすべき理由が私には見出せなかった。女性の利益は男性の利益と同じくらい十分保護される必要があり，女性を拘束する法律を制定するときに女性が男性と対等に発言できなければ，そうした十分な保護はほとんどありえないと，私は確信していた。だが，女性にその能力が与えられていないことが広く実践的な結果をもたらすという，私が『女性の解放』という本に書いた認識は，おもに彼女［この哲学者の妻］からの教えを通じて得られたものだった。

①　「どの文明社会の成員に対しても，その意志に反して権力を正当に行使できる唯一の目的は，他人への危害を防ぐことである。」

②　「共感は，互いに助け合い守り合うすべての動物にとって非常に重要な感情であるので，自然選択を通じて強められてきただろう。」

③　「詐欺と略奪を生業とする者たちに，彼らが認めて同意する誠実と正義の生得原理があると，いったい誰が言うだろうか。」

④　「人間は自由なものとして生まれ，いたるところで鎖につながれている。他人の主人だと思っている者も，その他人以上に奴隷である。」

　この資料の哲学者とは誰でしょうか。まずは，設問に注目すると，「女性参政権獲得のために尽力した19世紀の哲学者」とあります。しかも，「自伝を著した哲学者」とあるので，そこから類推してみましょう。そして，資料文に『女性の解放』という著書があることがわかります。では，いったい誰だと思いますか。19世紀に女性参政権と言うのですが，選挙権拡大が進んでいたイギリスのことです。となれば，『自伝』や『女性の解放』という著書との関連からJ.S.ミルのことではないかと推測できます。そうすると，ミルという哲学者の思想を考えてみましょう。質的功利主義の哲学者であるとわかるのですが，それだけではありません。特に，近年，注目を集めている，彼の別の著書『自由論』の主張を想起してみましょう。この中には，「他者危害の原則」としての見解が述べられています。これは，自由の制限が許されるのは，ある人の行動や思想が他者に危害を加える場合のみであって，それ以外は自己決定権が認められるというものです。この考え方を表現しているのは，①ということになります。

　以上，「公共，倫理」の試作問題から3つの例を挙げました。しかし，従来のように，思想の理解を問う問題もあります。また，**大問**である**第4問**が日本の思想から出題されていますので，これは「倫理」プロパー問題と考えてよいでしょう。本番の問題でも日本思想は**大問**として独自に出題されると考えられます。

【どのような対策が必要だろうか】

① 教科書中心に基本を押さえよう

　教科書は，基本を押さえるために必須の教材です。「公共」であろうと，「倫理」であろうと，まずは教科書をしっかりと読み込んでいかなければなりません。「公共」では，前述したように，特に「公共の扉」に当たる部分が大切です。同時に，日本の政治と経済，国際政治と国際経済も重要です。これら基本を大切に理解し，教科書を何度も読み直していくことが必要です。

　さらに，「倫理」の教科書では，主な思想家の思想の内容とともに，思想の概念を理解するために欠くことができないものです。これからの共通テストは，思想家の思想内容の理解を中心に，どれだけ理解しているかを，現代に引き寄せて問う問題が設定されると思います。したがって，現実の社会問題を「公共」で，その思想的背景などを「倫理」で学習するようにしましょう。

② 基本から応用へ

　基礎的な内容は，「公共」「倫理」の教科書が大切と述べましたが，同時に社会的な出来事などとの関連を忘れず，学習していきたいものです。特に，どれだけ思想を理解しているかは，直接的な問題だけではなく，それらをいかに活用し，現実の社会との問題に適応させるのかを考えなければならないからです。それが基礎を充実させ，応用を図っていくことに繋がります。主な内容を理解し，知識としての定着が進んだ上で，現代の諸課題を倫理的な観点から考えることが大切です。

　「倫理」では，現代の諸課題として地球的規模での環境問題，生命倫理，科学技術，情報社会など，さらには文化の多様性や宗教的な寛容性などを課題として捉えていくことになりますが，これは「公共」においても同じです。「公共」で取扱う内容として「持続可能な社会」を形成するためには，人工知能（AI），少子高齢社会，社会保障問題，地域社会など多くの課題について考えていくことが求められます。これらの諸課題にも注目しながら，幅広い問題意識を持ち，それらを倫理的にどう解決するのか，「倫理」「公共」に登場してくる思想家などを中心に学習しておきましょう。

【過去問研究を忘れずに】

　2020年度以前はセンター試験が実施され，2021年度からは共通テストとなりました。さらに，新教育課程である「公共」の学習に伴って，2025年度からは新しい共通テストが始まります。2021年度の共通テストでは，新型コロナ感染症の蔓延によって，本試験が第1日程・第2日程となりました。

　そうした経緯をたどっている共通テストですが，新課程であるといっても，それに拘りすぎず，過去問にしっかりとチャレンジしてください。形式的な変更はあったとしても，確実な知識の定着と，資料などの読解問題を解いていく学習の積み重ねが重要です。形式や問い方には違いがあるとはいえ，過去に学ぶ姿勢は大切です。

　本書に収められている問題も多岐にわたっていますが，センター試験・共通テストの過去問を解くことで，自らの学習の状況を確認しておきましょう。日頃の学習の結果を存分に発揮していくためにも，制限時間に関係なく，一つひとつの問題を丁寧に時間をかけて解いていくことがポイントです。よい成果を獲得するためには，自らの学習を着実なものにするための努力が必要です。

もくじ

倫理 篇

1 人間とは何か

■ 整理・要約

1 人間性の特徴

人間（人類）の特徴	直立二足歩行，火を操り，言葉の使用，道具の発明	
◆ホモ・サピエンス（知性人）	リンネ（スウェーデンの植物学者）による定義	
	知性（理性，英知）をもつのが人間（英知人ともいう）	
◆ホモ・ファーベル（工作人）	ベルクソン（フランスの哲学者）による人間観	
	物質的・精神的創造と工作を本質とする（目的のため手段を工夫する）	
◆アニマル・シンボリクム	カッシーラー（ドイツの哲学者）による提示	
	シンボル（象徴）によって世界をとらえる（象徴的動物）	
◆ホモ・ルーデンス（遊戯人）	ホイジンガ（オランダの歴史家）	
	すべての文化は「遊び」の形式のなかで発生したと考える	
ホモ・エコノミクス	経済人，アダム＝スミス（イギリスの道徳哲学者）	
ホモ・ロークエンス	言葉を操る動物	
ホモ・ポリティクス	政治人，アリストテレス（古代ギリシアの哲学者）	
	「人間は本性上，社会的（政治的）動物である」	
ホモ・レリギオースス	宗教人，神による救済を信じ，信仰に生きる人間観（エリアーデ）	
中間者（人間は鳥獣でも天使でもない），「人間は考える葦である」	パスカル（フランスのモラリスト）	
類的存在（他者との関わりの中で生きる存在）	マルクス（ドイツの思想家）	

●●● 演習問題

問1　〈人間性の特徴〉人間性の特徴を示す次のア～エの言葉は，A～Dのどれを表したものか。その組合せとして正しいものを，下の①～⑧のうちから一つ選べ。
(2012・本・26)

ア　ホモ・ファーベル　　　　イ　ホモ・ルーデンス
ウ　ホモ・サピエンス　　　　エ　ホモ・レリギオースス

A　人間は知恵をもち，理性的な思考能力をそなえた存在である。

B　人間は道具を使って自然に働きかけ，ものを作り出す存在である。

C　人間は自らを超えるものに目を向け，宗教という文化をもつ存在である。

D　人間は日常から離れて自由に遊び，そこから文化を作り出す存在である。

① ア－A　　イ－B　　ウ－C　　エ－D
② ア－A　　イ－C　　ウ－B　　エ－D
③ ア－B　　イ－D　　ウ－A　　エ－C
④ ア－B　　イ－A　　ウ－D　　エ－C
⑤ ア－C　　イ－B　　ウ－D　　エ－A
⑥ ア－C　　イ－D　　ウ－B　　エ－A
⑦ ア－D　　イ－C　　ウ－A　　エ－B
⑧ ア－D　　イ－A　　ウ－C　　エ－B

問2　〈ベルクソン〉ベルクソンの人間観の説明として最も適当なものを，次の①～④のうちから一つ選べ。
(2018・本・35)

① 人間は，言語や記号，芸術などのように，様々な意味をあらわす象徴を使っ

解明POINT

アニマル・シンボリクム（象徴的動物）
：カッシーラー

◆人間はシンボル（象徴）によって世界をとらえる。

◆あたえられた現実世界を言語・科学・神話・芸術・宗教という象徴の世界へ作り変えていく。

◆人間は，事実の世界にだけ生きるのではなく，想像・希望・夢の中に生きることができる「象徴的動物」である。

て，現実の世界を抽象的な仕方で理解する存在である，ということに着目した
ものである。

② 人間は，他の動物よりも発達した知性（理性）をもち，それを活かして高度
で複雑な思考や推理を行うことができる存在である，ということに着目したも
のである。

③ 人間は，目的をもって道具を作成し，それを用いて自然に働きかけ，自分た
ちで環境をつくりかえながら進化してきた存在である，ということに着目した
ものである。

④ 人間は，自分たちを超越した力をもつ世界にまなざしを向け，神を信じて祈
りを捧げつつ，宗教という文化を育んできた存在である，ということに着目し
たものである。

問3 〈遊びの社会的性格〉遊びの社会的性格について述べた文章を読み，その内
容の説明として最も適当なものを，次の ①～④ のうちから一つ選べ。

(2018・本・33)

遊びは単なる個人的娯楽ではない。……確かに個人の手腕が目立ち，一人で遊
んでいてもおかしくない遊びが，特に技の遊びには数多く存在する。しかし，技
の遊びはすぐに技を競う遊びへと変わり得る。これには明白な証拠がある。凧や
コマ，ヨーヨー，けん玉などの遊び道具は，一人で操作するものだが，競争相手
や観客がいなければ，人はすぐそれらに飽きてしまう。そうならないためには，
潜在的にではあれ，競争相手や観客が必要なのだ。それらの遊びには競争の要素
があり，そこでは皆が，おそらく姿の見えない，あるいは，その場にいない競争
相手に勝とうとしている。未到の快挙を成し遂げ，いっそうの困難に挑み，持続
や速さ，正確さ，高さの記録を自分のなかで打ち立てようとしている。一言で言
えば，一人で遊んでいても，他人の追随を許さない結果を出して，誇りにしたい
と思っているのだ。　　　　　　　　　　　（カイヨワ『遊びと人間』より）

① 遊びには，技の遊びと競争の遊びがある。おおむね個人的娯楽であると言え
る技の遊びは，遊び道具さえあれば一人でも飽きずに楽しめるため，競争相手
や観客はいない方がよい。

② ヨーヨーやけん玉といった道具を使う遊びは，一人でも遊べるが，競争相手
や観客としての他人がその場にいなければ，上達しない。したがって，遊びは
単なる個人的娯楽ではない。

③ 遊びには，技の遊びと競争の遊びがある。おおむね個人的娯楽であると言え
る技の遊びよりも，競争の遊びの方が，よりいっそう優れた結果や記録を生み
出す点で高尚である。

④ ヨーヨーやけん玉といった道具を使って一人で遊ぶときでも，その場にはい
ない相手や観客が想定されて，競争が行われている。したがって，遊びは単な
る個人的娯楽ではない。

解明POINT

ホモ・ファーベル
：ベルクソン

人間は道具を用いて環境に
働きかけ，言葉を用いて他
者と思考を通じ合い，様々
な活動を行う。目的をもっ
て道具を作り出し，生産を
していく。人間は，物質
的・精神的創造と工作をそ
の本質とする。

解明POINT

ホモ・ルーデンス
：ホイジンガ

「遊び」は自由な行為であ
り，一定の規則（ルールに
従って秩序正しく行われ
る。裁判や祭り，スポー
ツ，芸術や哲学などのすべ
ての文化は遊びの形式の中
で発生した。遊びそのもの
を楽しむ。

解明POINT

▶カイヨワ（1919～78）
…フランスの思想家。想像
力，夢，本能，遊び，戦争な
ど人間における神秘的で非合
理な作用や現象を観察・分析
した。『遊びと人間』は代表
的著書の一つ。

2 青年期の課題と自己形成

●第Ⅰ章：現代に生きる自己の課題

◆ 整理・要約

1 青年期に関する用語

M. ミード	青年期の発見	ピアジェ	脱中心化，自律的道徳性
ルソー	第二の誕生（『エミール』）	ハヴィガースト	青年期の発達課題
レヴィン	マージナル・マン（境界人，周辺人）	オルポート	成熟したパーソナリティ
ホリングワース	心理的離乳	マズロー	欲求階層説（自己実現の欲求）
ビューラー	第二反抗期	エリクソン	心理・社会的モラトリアム，アイデンティティの確立，ライフサイクル論
シュプランガー	自我のめざめ，価値の6類型		
G.H. ミード	主我（I）と客我（Me）	フロイト	防衛機制
ダン＝カイリー	ピーターパン・シンドローム	ユング	集合的無意識 内向型・外向型
アイゼンク	向性と神経症傾向	フロム	権威主義的性格

2 マズローの欲求階層説

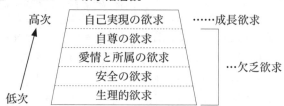

* 生理的欲求→安全の欲求→愛情と所属の欲求→自尊欲求
  →自己実現の欲求…低次から高次の順に5段階
* 低次の欲求が満たされて，はじめて高次の欲求が生まれると考えられている
* 低次の欲求が満たされなくても，より高次の欲求があらわれることもある

3 葛藤（コンフリクト）の種類

接近⊕―接近⊕型	「…もしたいし，～もしたい」
回避⊖―回避⊖型	「…もいやだし，～もいやだ」
接近⊕―回避⊖型	「…はしたいが，～はいやだ」

* 三つの分類はレヴィンの提唱
* 二重の接近⊕⊕―回避⊖⊖型…「AもBもしたいが，AにもBにも⊕⊖の両面がある」という葛藤

4 適応の三つの種類

適応 ―
- **合理的解決**（欲求水準の切り下げなどによる解決方法）＊**合理化**との違いに注意
- 近道反応（衝動的な攻撃などにより緊張を解消）
- **防衛機制** → 抑圧，**合理化**，同一化（同一視），投射，**反動形成**，逃避，退行，置き換え（代償，昇華）
  - ＊防衛機制（反応）は**フロイト**により名づけられる
  - ＊アドラー…人間が劣等感を克服しようとする意識のはたらきを「**補償**」とよんだ

5 フロイトとユング

フロイト	ユング
◆抑圧された無意識の底にある欲求 　→心の構造…エス（イド），自我，超自我 ◆幼児経験が深く作用しているとみる	◆集合的無意識（人類共通の人間の心の深層） 　←→個人的無意識
◆性的な色彩が強い ◆エディプス・コンプレックス（親子関係に着目）	◆性的なものにはこだわらない ◆無意識層にある多くの象徴的イメージ 　→元型（アーキタイプ）を手がかりとする

問1 〈青年の自己形成〉青年が自己形成していく過程についての説明として**適当でないもの**を，次の ①〜④ のうちから一つ選べ。 (2018・本・2)

① ハヴィガーストによれば，親との情緒的なつながりを深めつつ，親の価値観を内面化することが，青年期の課題（発達課題）に含まれる。

② ハヴィガーストによれば，職業決定や経済的独立の準備を進め，他者と洗練された人間関係を結ぶことが，青年期の課題（発達課題）に含まれる。

③ オルポートは，自分以外の人間や事物に対する関心を広げ，現実や自己を客観的にみることを，成熟した人格になるための条件（基準）とした。

④ オルポートは，自分独自の人生哲学を獲得し，ユーモアの感覚をもつことを，成熟した人格になるための条件（基準）とした。

問2 〈パーソナリティ〉次のア・イは，パーソナリティを分類した人物についての説明であるが，それぞれ誰のことか。その組合せとして正しいものを，下の ①〜④ のうちから一つ選べ。 (2021・①・本・26)

ア 精神分析の理論に基づき，パーソナリティを心のエネルギーや関心の方向性に応じて，内向型と外向型の2つに分類した。

イ 人生において何に価値を置いているかに従い，パーソナリティを，理論型，経済型，審美型，社会型，権力型，宗教型の6つに分類した。

① ア ユング   イ シュプランガー
② ア ユング   イ オルポート
③ ア クレッチマー   イ シュプランガー
④ ア クレッチマー   イ オルポート

問3 〈マズローの欲求階層説〉マズローは，人間の欲求は階層構造を成すという考えを提唱している。次の図は，この考えをその後の研究者が展開し，図式化したものである。図中の a〜e は，マズローが挙げた，五つの欲求を示している。この図に関する記述として最も適当なものを，次の ①〜④ のうちから一つ選べ。 (現社・2021・②・本・6)

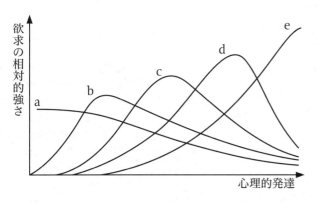

① 人間の欲求は，a が他の欲求と比べて最も強い誕生時から e が他の欲求と比べて最も強くなる時期まで，心理的発達のすべての過程を通じて五つの階層を備えている。

解明POINT

ハヴィガースト
人の一生を6段階に分け，青年期の発達課題として，親やおとなからの情緒的独立，経済的な独立についての自信をもつ，社会的に責任ある行動をとる，など10項目をあげる。

オルポート
成熟したパーソナリティとして，自己意識の拡張，安定と自己受容など，6つの特徴をあげる。

解明POINT

▶**ユングの分類**

◆性格…**内向型**と**外向型**
◆**個人的無意識**…個人の抑圧された観念
◆**集合的無意識**…人類共通の無意識（神話・宗教・芸術など），**元型**（グレートマザー，アニマ，アニムスなど）を手がかりとする

解明POINT

▶**クレッチマーの体型と気質**

やせ型	分裂気質
筋骨型	粘着気質
肥満型	躁鬱気質

解明POINT

▶**マズローの欲求階層説**

◆生理的欲求→安全の欲求→愛情と所属の欲求→自尊の欲求→自己実現の欲求
◆人間の心理的な発達にともない，欲求が低次から高次へと昇華されていくとする。

② 自分自身のもつ能力や可能性を最大限に発揮して，自分らしく生き，成長したいという欲求は，d である。

③ 五つの欲求には，それぞれ他の欲求と比べて最も強い時期があり，相対的に最も強い欲求は，心理的発達に伴い低次のものから高次のものへと変化する。

④ 危険や恐怖を避けて，安全で安心な環境のなかで暮らしたいという欲求は，c である。

問4 〈葛藤〉次のア・イは，レヴィンによる葛藤の分類に従って，葛藤の実例を記述したものである。ア・イと葛藤の種類との組合せとして正しいものを，下の ①～⑥ のうちから一つ選べ。　　　　　　　　　　　　　(2021・②・本・27)

ア　第一志望の大学には，自分が関心のあることを学べる学部があるのだけれど，遠隔地にあって通学が大変になるので受験しようか悩んでいる。

イ　買い物に付き合ってほしいと友人に頼まれた。興味がないことに付き合わされるのは嫌だが，断って友人との関係を悪くしたくないと悩んでいる。

① ア 接近－接近　　イ 接近－回避
② ア 接近－接近　　イ 回避－回避
③ ア 接近－回避　　イ 接近－接近
④ ア 接近－回避　　イ 回避－回避
⑤ ア 回避－回避　　イ 接近－接近
⑥ ア 回避－回避　　イ 接近－回避

問5 〈欲求不満への適応〉欲求不満を解消するための適応についての説明として最も適当なものを，次の ①～④ のうちから一つ選べ。　　(2021・②・本・31)

① 失敗した試験の結果を分析した上で次回に向けて努力する場合のように，目標達成に向けて筋道を立てて行動することを合理的解決という。

② テストの点数が悪かったことを先生の教え方のせいにする場合のように，自分の行動を正当化しようとすることを退行という。

③ 友人とけんかした後でマンガを読むことに没頭する場合のように，空想の世界などに逃げ込んで不安を解消することを昇華という。

④ 失恋した作家が創作活動に集中する場合のように，欲求や感情を社会的に価値あると認められる活動に向け変えることを投射という。

問6 〈抑圧〉「抑圧」についてのフロイトの考え方の説明として最も適当なものを，次の ①～④ のうちから一つ選べ。　　　　　　　(2019・追・3)

① 満たされない欲求があっても，理屈をつけて自分を納得させること。

② 満たされない欲求を，意識上から追いやってしまうこと。

③ 欲求が満たされない苛立ちを，他者への攻撃によって発散すること。

④ 欲求が満たされない怒りから，規則に反する行動をすること。

問7 〈エリクソンのライフサイクル論〉エリクソンは，人生を八つの発達段階に分けて，それぞれの特徴について記述している。そのうち次の青年期以降の四つの発達段階ア～エとその特徴 A～D の組合せとして最も適当なものを，下の ①～⑥ のうちから一つ選べ。　　　　　　　　　　　(2009・本・3)

ア　青年期　　　　　イ　プレ成人期（成人前期）
ウ　成人期（成人中期）　エ　老年期（成人後期）

A　これまで培ってきた自分自身に対する認識を基盤として，特定の人との友情，

解明POINT
▶欲求不満への適応行動

合理的解決
防衛機制のような無意識による問題の適応でなく，理性による筋道の通った工夫による適応のこと。

近道反応
衝動的な行動によって不満を取り除こうとすること。

解明POINT
▶防衛機制の種類

◆抑圧…嫌な思いを抑え忘れようとする。

◆合理化…自らの失敗などを他のせいにして正当化する。「すっぱいブドウ」（イソップ物語）の論理。

◆同一化（同一視）…他者の外観や特性などをまねて満足する。

◆投射（投影）…自分自身が気づいていない欲求や感情を他者に見いだす。

◆反動形成…抑圧した欲求と反対の行動を示してしまう。

◆代償（補償）…他のもので我慢したり，劣等感などを癒したりすること。

◆昇華…社会的に価値あるものへ意識を向けて行動する。

◆退行…発育の前の段階にもどる。

解明POINT
▶フロイトと近代の理性批判
フロイトは，人間の心の深層には無意識の領域があり，それが人間の行動を規定しているとして，近代の理性中心主義の人間観を批判した。フロイトだけでなく，その後の構造主義なども近代理性を批判することになる。

愛，性的親密さを得ることが求められる。

B 自分は何者なのか，何をなすべきなのかという自己についてのゆれを克服し，自己確立についての確信を得ることが求められる。

C いろいろなことがあったこれまでの人生のすべてを，自分のものとして，受け入れることが求められる。

D 次の世代を支えていく子どもたちを生み，育てていくことに対し，積極的に関与することが求められる。

① ア－B　イ－A　ウ－D　エ－C
② ア－A　イ－C　ウ－B　エ－D
③ ア－A　イ－B　ウ－D　エ－C
④ ア－B　イ－C　ウ－D　エ－A
⑤ ア－A　イ－B　ウ－C　エ－D
⑥ ア－B　イ－A　ウ－C　エ－D

問8 〈葛藤やストレス〉次の文章は，青年期における様々な葛藤やストレスについての説明である。文章中の　a　・　b　に入る語句の組合せとして最も適当なものを，下の①〜⑥のうちから一つ選べ。　(2021・①・本・28)

フロイトは，　a　の対立を調整しようとすると考えた。しかし，それができないことで葛藤が生じると，無意識的にバランスを取って心の安定を図る機能が働く。防衛機制の理論は，このような考え方から生み出された。

無意識の重要性を説いた精神分析に対して，意識の側に着目した昨今のストレス理論では，様々なストレスを抱えた場合の対処方法が幾つかあると言われている。「ストレスとなる問題や状況に目を向けて，それらを変える方法を模索する対処」は問題焦点型対処と呼ばれ，他方，「状況そのものを変えられない場合に，ストレスとなる状況に伴う情動を軽減することを試みる対処」は情動焦点型対処と呼ばれる。

例えば，世界史の小テストの成績が悪かったPが，　b　場合，それは問題焦点型対処に該当する。

① a エス（イド）が自我と超自我
　 b 「落ち込んでも仕方ない」と気持ちを切り替えようとする
② a エス（イド）が自我と超自我
　 b 「今回は運が悪かった」と思い込もうとする
③ a エス（イド）が自我と超自我
　 b 勉強不足が原因だと分析し，計画的に勉強しようとする
④ a 自我がエス（イド）と超自我
　 b 「落ち込んでも仕方ない」と気持ちを切り替えようとする
⑤ a 自我がエス（イド）と超自我
　 b 「今回は運が悪かった」と思い込もうとする
⑥ a 自我がエス（イド）と超自我
　 b 勉強不足が原因だと分析し，計画的に勉強しようとする

解明POINT

▶エリクソンのライフサイクル論

エリクソンによる発達段階と発達課題	
乳児期	基本的信頼
幼児前期	自律性
幼児後期	自発性
学童期	勤勉性
青年期	**アイデンティティの確立，役割実験**
成人前期	親密性
成人期	世代継承性
老年期	統合性

＊人生を8つの段階に分類。人間の生涯全体にわたり，「変化する主体」が発達するとしている。

解明POINT

▶フロイトの無意識

フロイト
『精神分析入門』『夢判断』
心には無意識の領域がある。
● エス（イド）…リビドー（性の衝動）を中心にした本能的な欲求のエネルギー。
● 自我（エゴ）…エスと超自我（スーパーエゴ，道徳的意識）との調整をはかり，環境に適応する。
● 超自我…エスを抑制して意識を統御する。

解明POINT

▶フロイトの考えた心の構造

3 人間の心のあり方

整理・要約

1 生涯にわたる発達

① エリクソンの発達課題

ライフサイクル論	◆8段階とそれぞれの発達段階としての人生周期（人間は「変化する主体」） ◆青年期…アイデンティティの確立 vs アイデンティティの拡散
心理 - 社会的モラトリアム	◆青年期は，大人としての社会的責任や義務を猶予，免除されている期間 ◆体験したことのない役割や活動に取り組み，試行錯誤する（役割実験）

② ピアジェの発達理論（4段階の発達段階）

感覚運動期（0〜2歳ごろ）	自分と自分以外の物とを区別できる
前操作期（2〜7歳ごろ）	自分の視点で世界をとらえる（自己中心性）
具体的操作期（7〜11・12歳ごろ）	具体的な事がらについて論理的思考力が発達（脱中心化）
形式的操作期（11〜15歳ごろ）	大人のように抽象的・論理的思考をすることができる時期

＊アタッチメント…乳幼児期に養育を行う人との接触が精神的な結びつきを形成する（ボウルビィの提唱）

③ コールバーグの道徳的判断の発達段階（3水準と6つの発達段階）

慣習以前の水準 （前慣習化）	1	罰と服従への志向	処罰を恐れて強者へ服従する段階
	2	自己本位の志向	自分の利益に役立つ行動をとろうとする段階
慣習的水準 （慣習化）	3	他者への同調志向	他者が満足して，承認されることがよい行動と判断する
	4	法と秩序への志向	社会的秩序や法を維持することが正しい行動と判断する
慣習以後の水準 （後慣習化）	5	国家的道徳への志向	社会的な合意に基づき何が正しい行動であるかを判断する
	6	倫理的原理への志向	倫理的原則に一致する良心によって規定されると考える

2 感情と個性

① 感情のはたらき

エクマン	6つの基本的感情（恐れ，怒り，悲しみ，幸福，嫌悪，驚き），異なる文化の間でも認知
ラッセル	「快−不快」「活性−不活性」の二次元からなる円環上に，さまざまな感情を位置づける

② 感情の生起

末梢起源説 ジェームズ，ランゲ	顔や内臓，手足などの身体の末梢部での生理的反応が脳に伝わることで，感情が発生する説（「泣くから悲しい」）
中枢起源説 キャノン，バード	外部の刺激が脳内（視床・大脳皮質）に伝わった結果，感情経験が生じ，それに伴って身体反応が同時に生じるという考え方（「悲しいから泣く」）
二要因説（二要因理論） シャクター，シンガー	身体の変化（心拍数の高まりなど）とその原因の解釈の双方から感情経験が決定するという説（感情経験の質はその原因の解釈で決定する）

③ 個性（パーソナリティ，性格）

特性論 アイゼンク	人の行動傾向を特徴づける基本的な特性…特性の組み合わせによって構成される 向性（外向性−内向性），神経症傾向（安定−不安定）

＊類型論…ユングは内向型・外向型とに類型的に分けた

ビッグ - ファイブ （5因子モデル）	神経症傾向（情緒不安定）・外向性・開放性・調和性（協調性）・誠実性 5つの特性をそれぞれ因子によってとらえようとする

＊古代ギリシアの哲学者テオプラストス…『人さまざま』で「粗野」「へそ曲がり」「ほら吹き」「おしゃべり」「けち」「貪欲」など30種類の人々の特性を描き，個性をパーソナリティの違いとして描いている。

3　認知のしくみ

①　認知と知覚

認知	外界から情報を取り入れ，知識を蓄え，それを利用して適切な判断を導き出す活動全体
知覚の恒常性	物体の形が変化していると思うことなく，安定した不変の外界を知覚すること

⇩

錯覚（錯視…視覚における錯覚）…（例）━━┳━ ミュラー＝リヤー錯視，エビングハウス錯視など
　　　　　　　　　　　　　　　　　　┣━ ルビンの壺（反転図形の例）
　　　　　　　　　　　　　　　　　　┗━ カニッツアの三角形（ゲシュタルトの例）など

②　記憶のしくみ

記憶の三段階

符号化（記銘）	入力された感覚刺激を形や音として意味づける→試験のために公式を覚える
貯蔵（保持）	誰かの顔や声などを意味を持った情報として貯蔵する→試験まで忘れないようにする
検索（想起）	貯蔵した情報を思い出す過程→試験の時に公式を思い出す

③　二つの記憶

短期記憶	得た情報を比較的短い時間，一時的に保持していくシステム	→ 作動記憶
長期記憶	半永久的に保持される記憶（短期記憶のように定まった限界がない）	

④　課題解決のしくみ

アルゴリズム	定められた手続きに従い進めていく方法（正確な判断方法だが，時間がかかる）
ヒューリスティックス	簡略化された解決手順をとるやり方（直観的な判断や意思決定の方法）→思い浮かびやすい情報に基づく判断，情報を過大視する判断，事前の情報を基準にそこから判断していく，などがある

●●● 演習問題

問1　〈心理・社会的モラトリアム〉青年期の心理・社会的モラトリアムについての説明として最も適当なものを，次の ①～④ のうちから一つ選べ。

(2023・追・26)

① 青年が，学生生活を送る過程において，無関心，無感動，無為，無気力で過ごしてしまう状態のことである。

② 青年が，失敗や挫折によって自信を喪失し，自分の未熟な面を気にし過ぎ，日常生活に支障を生じる状態のことである。

③ 青年が，修学も就業もせず，職業訓練も受けていないという，先進国に共通する社会現象で，社会的自立が困難な状態のことである。

④ 青年が，一人前の社会人としての役割を果たせるようになるために，社会的責任や義務を，猶予または一時的に免除されている状態のことである。

問2　〈自己の成長〉次の文章は，自己の成長について説明したものである。文章中の　a　・　b　に入れる語句の組合せとして正しいものを，次の ①～⑥ のうちから一つ選べ。

(2018・追・6)

　人格発達の理論を提唱したエリクソンによれば，乳児期に育つ　a　が，自分自身や将来に対する肯定的な感覚をもつ基礎となり，一生を通じて安定した人格の下地となる。社会で自立するための準備期間である青年期には，部活動の長となったり，ボランティア活動に参加したりするなど，　b　によって自分の可能性を模索する。しかし，この時期は自分の考えや行動に自信がも

解明POINT

モラトリアム

もとは経済用語で「支払猶予期間」を意味していた。それをエリクソンが心理学用語として用いた。心理・社会的モラトリアムとは，青年がアイデンティティの確立のために実社会に入ることを猶予されていることをさす。

モラトリアム人間

自分の進路を決定できずに，いつまでもモラトリアムの状態にとどまろうとする青年をさす。

＊精神科医の小此木啓吾は，先進国では，モラトリアムに安住し，大人になることを急がない**モラトリアム人間**が増加していることを指摘している。

てず，不安や混乱に陥りやすい。このときに，　a　が土台となることで，「大丈夫，何とかなる」と明るい見通しをもち，自分の力で困難を克服していくことができるのである。

① a 自我意識　　b 脱中心化　　② a 自我意識　　b 役割実験
③ a 自我意識　　b 通過儀礼　　④ a 基本的信頼　　b 脱中心化
⑤ a 基本的信頼　　b 役割実験　　⑥ a 基本的信頼　　b 通過儀礼

問3　〈エリクソンのライフサイクル〉次のア・イは，自己の発達についてエリクソンが提示した，ライフサイクルの各段階における課題の説明である。その正誤の組合せとして正しいものを，下の①〜④のうちから一つ選べ。(2019・追・7)

ア　青年期以前には，自発性や勤勉性を獲得することが目指され，青年期には，「自分らしさ」を模索するなかで，一貫した自己を確立することが課題である。

イ　成人期には，完全に統合した自己を獲得することが課題であり，老年期には，孤立や人生の停滞に向き合い，「自分とは何か」という問いへの最終的な答えを見いだすことが目指される。

① ア　正　イ　正　　② ア　正　イ　誤
③ ア　誤　イ　正　　④ ア　誤　イ　誤

問4　〈コールバーグの道徳的判断のレベル〉コールバーグは，成長に伴い道徳的判断の理由付けが変化していくことを指摘し，その変化を，次の表に示す3つのレベルに区分した。彼によると，各々のレベルに達してはじめて獲得される道徳的視点がある。この表に基づくと，「なぜ盗んではいけないか」という問いに対してどのような回答がなされると想定できるか，レベルと，そのレベルに適合する回答例の組合せとして最も適当なものを，後の①〜④のうちから一つ選べ。
(2022・本・32)

表　道徳的判断の理由付けのレベル

レベル	そのレベルではじめて獲得される道徳的視点	時期の目安
レベル1：前慣習的道徳性	単純な快不快に影響される。罰を避けるためや，具体的な見返り（他者からの好意や報酬）を得ようとするために，指示や規則に従う。	青年期より前
レベル2：慣習的道徳性	他者の期待を満足させたり，社会的役割を果たしたり，秩序を守ったりすることを重視して，既存の権威や規則に従順に従う。	青年前期
レベル3：脱慣習的道徳性	慣習的な規則や法を改善することも考慮しつつ，幸福増進や個人の尊厳など，皆に受け入れ可能で自らの良心にもかなう原理に従う。	青年後期以降

① レベル2：盗みをすると，相手の幸せを脅かし，誰でも認めるはずの普遍的な道理に逆らうことになるから
② レベル2：盗みをすると，親に厳しく叱られて，自分が嫌な思いをすることになるから
③ レベル3：盗みをすると，警察に逮捕され，刑務所に入れられてしまうかもしれないから
④ レベル3：盗みをすると，所有者を人として尊重していないことになり，自らの内面的な正義の基準に反するから

問5 〈感情を経験するしくみ〉私たちの感情経験にする関する説明として適当な
ものを次のア〜ウから全て選んだとき，その組合せとして正しいものを，後の
①〜⑦のうちから一つ選べ。

ア　顔，内臓，手足など身体での生理的な反応が脳に伝わることで，感情が発生
すると考え，人間はまず生理的な反応を経験し，それが感情経験を引き起こす
とする考え方を説いたアメリカの心理学者であるキャノンやバードの説を抹梢
起源説という。

イ　環境からの情報が，脳内に伝わった結果，感情経験が生じるとともに，視床
下部の活動を介して身体抹梢部における生理的な反応が生じると考えたアメリ
カの心理学者のジェームズやデンマークの心理学者ランゲの主張を中枢起源説
という。

ウ　心拍数の高まりなどの身体的反応と，その原因の解釈とによって感情経験が
決まるとする考え方はアメリカの心理学者であるシャクターやシンガーによっ
て唱えられたもので，これを感情の二要因説といい，感情経験の質はその原因
の解釈で決まるとする考え方である。

① ア　　　　　　② イ　　　　　　③ ウ　　　　　　④ アとイ
⑤ アとウ　　　　⑥ イとウ　　　　⑦ アとイとウ

問6 〈マシュマロ実験〉次の資料は，子どもの資質や環境と将来の成功の関係に
ついての研究をまとめたものである。これを読んだ生徒の発言のうち，資料の
趣旨に合致する発言として最も適当なものを，下の①〜④のうちから一つ選
べ。

(2023・本・27)

資料

　子どもの自制心と将来の成功の関係を調べた心理学者ミシェルの実験に，「マ
シュマロ実験」と呼ばれるものがある。実験者は，子どもの前にマシュマロを1
個置き，「戻ってくるまでマシュマロを食べるのを我慢できたらもう1個あげる」
と伝えて一旦部屋を出た後，子どもたちの様子を観察した。子どもたちが成人し
た後に実施された調査では，より長い時間我慢できた子どもは，より学力が高く
経済的にも成功していたという。

　しかし，この実験では参加者が，親が高学歴である家庭の子どもに限られてお
り，他の研究者たちが様々な家庭環境の子どもを参加者として再度実験を行った
ところ，マシュマロを食べるのを我慢できる時間の長さよりも，家庭の経済状況
の方が，将来の成功との関係が深いとされた。ただし，この新しい実験に対する
批判的な指摘もあり，将来の成功に対して本人の資質と家庭環境のどちらがより
大きく影響するかについては，研究者間での議論が続いている。

① マシュマロを食べるのを自制できる時間が長い子どもの方が，家庭環境を問
わず将来成功するなんて，やっぱり自制心が大事なのかもしれないな。

② 当初のマシュマロ実験では参加者の家庭環境が限定されていたから，幅広い
家庭環境の参加者から得られた結果と異なっていたのかもしれないな。

③ 成功している大人は，もし子どもの頃にマシュマロ実験を受けていたら，み
んなマシュマロを食べるのを人より長く我慢できていたんだね。

④ 結局，マシュマロを食べるのを我慢できる時間の長さは将来の成功には全く
関係ないんだから，家庭環境が大事だってことなんだね。

解明POINT

▶感情の主観的な経験が生まれるしくみ

感情の末梢起源説
アメリカの心理学者ジェームズとデンマークの心理学者ランゲが同時期にそれぞれ提唱。

感情の中枢起源説
アメリカの生理学者キャノンが提唱。キャノン・バード説ともいう。

感情の二要因説
身体反応と状況に対する認知という2つの要因を考える。アメリカの心理学者シャクターとシンガーによる提唱。

解明POINT

●ミシェル（1930〜2018）
アメリカの心理学者。人間の行動はそのときの状況によっても左右されるとする状況論を展開する。

▶マシュマロ実験

実験の目的
◆子どもの自制心と将来の社会的成功との関連性を検証。

最初の実験
◆ミシェルの行った1960年代後半からの実験。 ◆自制心が高い子どもは，学力も高く，社会的に成功している。

再現実験
◆2018年に，他の心理学者により再現実験が行われた。対象人数を増やし，さまざまな家庭環境の子どもを対象とした。 ◆子どもの自制心の強さよりも，**教育や家庭環境の要因の方が将来の社会的成功に対する影響は大きい**とした。 ◆現在の心理学では，この見解が主流。

19

1 ギリシア思想

整理・要約

1 ギリシア思想の流れ

神話の世界	→	自然哲学	→	ソフィスト	→	ポリスの哲学	→	ヘレニズム時代の思想
ホメロス		タレス		プロタゴラス		ソクラテス		ストア派ゼノン
『イリアス』		ヘラクレイトス		ゴルギアス		プラトン		└コスモポリタン
『オデュッセイア』		エンペドクレス				アリストテレス		エピクロス派エピクロス
ヘシオドス		デモクリトス						新プラトン主義
『神統記』		ピュタゴラス						（プロティノス，3世紀）

2 万物の根源（アルケー）の探求

＊自然哲学…自然の生成変化とその秩序に注目

タレス	水	自然哲学の祖，「万物の根源（アルケー）は水である」	
アナクシマンドロス	無限なもの	質的にも量的にも限定されない無限なもの	ミレトス学派
アナクシメネス	空気	永遠に循環する空気	
ピュタゴラス	数	宇宙の調和と秩序の根源，教団をつくり魂の浄化を求める	
ヘラクレイトス	火	「万物は流転する」，弁証法の祖	
エンペドクレス	土・水・火・空気	愛と憎しみによって離合集散する。多元論	
デモクリトス	原子（アトム）	これ以上分割できない微小な物体的存在，唯物論的な考え	

＊エレア学派…論理的思考を展開（プラトンに影響をあたえる）

パルメニデス	「在るものは在り，在らぬもの（無）は在らぬ」（存在一元論），存在は生成消滅しない
（エレアの）ゼノン	「アキレスと亀」などのパラドックス（逆説）を用いて，運動の可能性を否定

3 ソフィスト：政治的知識，弁論術などを教える職業的教師（のちに詭弁家といわれる）

プロタゴラス	「人間は万物の尺度である」，相対主義・主観主義
ゴルギアス	懐疑主義（客観的真理の否定）→真理の相対化

4 ソクラテスの思想

魂（プシュケー）への配慮	魂ができるだけすぐれたものになるようにすること
無知の知	自分が何も知らないということを知ること→真の知への探求
問答法（助産術）	問答（対話）をくり返すことにより，相手に無知を自覚させ，真の知へ向かわせようとする方法
知徳合一，知行合一，福徳一致　└主知主義	知とは何が徳（アレテー）であるかを知ることであり，真の知は行為へと結びつき，幸福を実現できる
善く生きること	●「ただ生きるのではなく，善く生きることである」 ●善く生きることは正しく生きること（正義）

5 プラトンの思想

イデアの世界 （イデア界）
↑
エロース…イデアを求める心情 アナムネーシス…イデアを想起
↑
現実の世界 （現実界）
●二元論的世界観

魂の三分説	四元徳	国家の三階級
理性	知恵	統治者階級
気概（意志）	勇気	防衛者階級
欲望（情欲）	節制	生産者階級
理性による気概と欲望のコントロール→理想的な人間	正義 知恵・勇気・節制の調和された状態	理想国家 ↓ 哲人政治

6　プラトンとアリストテレス

	プラトン	アリストテレス
立場	理想主義	現実主義
著作	『ソクラテスの弁明』『饗宴』『国家』	『形而上学』『ニコマコス倫理学』『政治学』
普遍的な真理	イデア論（善のイデアが最高）	形相（エイドス）と質料（ヒュレー）
	●エロース，アナムネーシス（想起）	●素材となる質料とそれに形を与える形相
	二元論的世界観…イデア界と現実界	目的論的世界観（一元論）
愛	エロース	フィリア（友愛）…善き人の幸福を求める愛
魂	魂の三分説…理性・気概（意志）・欲望	理性的領域と感情・欲望的領域
徳	四元徳	知性的徳…知恵や思慮などに即した徳
	●知恵　●勇気　●節制　●正義	習性的徳（倫理的徳）…知性的徳に導かれた正しい行為の繰り返しにより実現→中庸
正義	知恵・勇気・節制の徳が調和されたときに正義が実現	┌全体的正義…ポリスの法を守る └部分的正義…財貨の分配や交換における公正 ‖ ●配分的正義…能力や業績に応じて配分 ●調整的正義…各人を等しく扱い過不足を調整
国家（政治形態）	理想国家 哲人政治…哲学者が統治者になるか，統治者が真に哲学することが必要	現実の政治形態のそれぞれの長所・短所を考察 「人間は本性上，ポリス的動物である」 →正義と友愛（フィリア）の重視
後代への影響	新プラトン主義…プロティノス 教父哲学…アウグスティヌス	スコラ哲学…トマス＝アクィナス イスラーム哲学…イブン＝ルシュド
学園	アカデメイア	リュケイオン

＊プロティノス…一者（ト・ヘン）が存在し，すべては一者から流出し，一者と一致する生き方が幸福である。

7　ストア派とエピクロス派

	ストア派	エピクロス派
開祖	（キプロスの）ゼノン	エピクロス
思想	禁欲主義，情念（パトス）を抑えること	精神的快楽主義　刹那的肉体的快楽には消極的
理想状態	アパテイア（動揺のない心）	アタラクシア（心の平静）
信条	「自然に従って生きよ」 世界市民（コスモポリタン）として生きる	「隠れて生きよ」
学園	ストア-ポイキレー（彩画柱廊）での講義	エピクロスの園
後代への影響	キリスト教，自然法思想	デモクリトスの唯物論

8　ギリシア思想の基礎用語

フィロソフィア	知への愛，愛知	エイロネイア	皮肉	スコレー	閑暇，ひま
ロゴス	理性・論理	ドクサ	独断（ドグマ）	ポリス	都市国家
テオーリア	観想・理論	イデア	理想・理念	エイドス	形相
パトス	情念	エロース	イデアへの憧れ	ヒュレー	質料
エートス	習性	アナムネーシス	想起	メソテース	中庸
アレテー	徳	フィリア	友愛	アパテイア	動揺しない心
アルケー	根源	ハルモニア	調和	アタラクシア	心の平静
プシュケー	魂	カロカガティア	調和的な人格	エウダイモニア	幸福
ピ（フ）ュシス	自然	コスモス	秩序	ディアロゴス	対話・問答
ノモス	法・社会制度	コスモポリス	世界国家	ミュートス	神話

問1 〈自然哲学者〉世界の根源を探究した古代ギリシアの思想家についての説明
として最も適当なものを，次の①～④のうちから一つ選べ。（2021・②・本・5）
① ヘラクレイトスは，この世界は常に不変不動であり，そこには静的な秩序が
維持されていると考えた。
② ヘラクレイトスは，この世界は絶え間なく運動変化しており，そこにはいか
なる秩序も存在しないと考えた。
③ ピタゴラス（ピュタゴラス）は，この世界には調和的な秩序が実現されてお
り，そこには調和を支える数的な関係があると考えた。
④ ピタゴラス（ピュタゴラス）は，この世界は無秩序であることを特徴として
おり，そこには調和は見いだせないと考えた。

問2 〈知恵〉知恵について述べた次の文章を読み，文章中の　a　～　c
に入れる語句の組合せとして正しいものを，下の①～⑧のうちから一つ選べ。
（2017・追・13）

　ギリシア哲学では，知恵が徳との関係で多様に論じられている。例えば，ソ
クラテスは，「人間は万物の尺度である」と主張した　a　のような，知者
を標榜するソフィストと，徳について問答することで，真の知恵を求めた。
さらに，プラトンは，『国家』において理想的な国家のあり方を問うなかで，
魂の徳を論じた。そこでは，知恵が，節制・　b　・正義と並ぶ四元徳の一
つとして，統治者に不可欠なものであるとされた。アリストテレスもまた
　c　において，人間の優れた働きである，真理の観想や推論的な学問と一
緒に，知恵を知性的徳の一つに数えた。このように，真の知恵を求める愛とし
ての哲学は，人間の徳の探究としても，議論の深まりをみせたのである。
① a プロタゴラス　b 勇 気　c 『ニコマコス倫理学』
② a プロタゴラス　b 勇 気　c 『クリトン』
③ a プロタゴラス　b 寛 容　c 『ニコマコス倫理学』
④ a プロタゴラス　b 寛 容　c 『クリトン』
⑤ a ゴルギアス　b 勇 気　c 『ニコマコス倫理学』
⑥ a ゴルギアス　b 勇 気　c 『クリトン』
⑦ a ゴルギアス　b 寛 容　c 『ニコマコス倫理学』
⑧ a ゴルギアス　b 寛 容　c 『クリトン』

問3 〈無知の知〉自らの知をめぐって，ソクラテスがどう考えていたかの説明と
して最も適当なものを，次の①～④のうちから一つ選べ。（2014・追・16）
① 自分に何一つ知恵はないが，人間にとって最善のことだけは知っている，と
自覚していた。
② 自分が知者だと思い上がらないために，知っていても知らないふりをするべ
きだと考えていた。
③ 自分は大切なことについて知らないので，そのとおりに，知らないと自覚し
ていた。
④ 知らないと知っている以上，自分はすべてを知っていることになると考えて
いた。

解明POINT
▶自然哲学者
　万物の根源（アルケー，始源）を求めた。

| ミレトス学派 |
| タレスをはじめ，ヘラクレイトス，エンペドクレス，デモクリトスなど |
| エレア派 |
| パルメニデス |
| ピュタゴラス派 |
| ピュタゴラス |

解明POINT
▶ソフィストとソクラテス
ソフィスト：弁論術
真理を相手に一方的に注入
↑↓
ソクラテス：問答法
問答を重ね，相手が真理を発見することを手助けする

解明POINT
▶「無知の知」の自覚
＊デルフォイの神託
「ソクラテス以上の知者はいない」
↓
ソクラテス以上の知者を求め，政治家・詩人・技術者と問答
↓
「彼らは何も知らないのに知っていると思っているが，自分は何も知らないことを自覚している」
↓
デルフォイの神託は正しい

問4　〈プラトン〉プラトンについての説明として最も適当なものを，次の ①〜④ のうちから一つ選べ。　　　　　　　　　　　　　　（2020・本・12）

① イデアの認識を確実にするのは，理性ではなく，憧れという欲求であると説き，イデアへの憧れに衝き動かされた魂を，翼を持った一組の馬と御者が天上に飛翔する姿になぞらえた。

② この世に生まれる前は無知であった人間の魂が，この世に肉体を持って生まれてきた後，感覚に頼ることでイデアを完全に知ることができるようになると論じた。

③ 感覚的次元に囚われた魂を，暗闇の中で壁に映し出された影を真実と思い込む洞窟内の囚人の姿になぞらえ，感覚的世界からイデアへと魂を向け変える必要があると説いた。

④ 理想国家のあり方を，理性と欲望が調和した魂の姿と類比的に論じ，そのような国家では，全ての人が哲学を学び優れた市民となることで，統治する者とされる者の関係が消滅すると述べた。

問5　〈イデア論〉プラトンの考え方に合致するものとして最も適当なものを，次の ①〜④ のうちから一つ選べ。　　　　　　　　　　　　（2010・本・8）

① イデアは個物に内在する真の本質であり，感覚ではなく，知性だけがそれを捉えることができる。

② イデアは生成消滅しない真の存在であり，感覚ではなく，知性だけがそれを捉えることができる。

③ イデアは個物に内在する真の本質であり，感覚は知性の指導のもとにそれを捉えることができる。

④ イデアは生成消滅しない真の存在であり，感覚は知性の指導のもとにそれを捉えることができる。

問6　〈プラトンの魂の三分説〉プラトンは，魂の三部分の関係に基づいて国家のあり方を説明した。彼の国家についての思想として最も適当なものを，次の ①〜④ のうちから一つ選べ。　　　　　　　　　　　　　　　（2005・本・4）

① 一人の王の統治は，知恵を愛する王による統治であっても，つねに独裁制に陥る危険を孕んでいる。それゆえ防衛者階級も生産者階級も知恵・勇気・節制を身につけ，民主的に政治を行う共和制において正義が実現する。

② 統治者階級は，知恵を身につけ，防衛者階級を支配し，防衛者階級は，勇気を身につけ，生産者階級を支配する。さらに生産者階級が防衛者階級に従い節制を身につけたとき，国家の三部分に調和が生まれ，正義が実現する。

③ 知恵を愛する者が王になることも，王が知恵を愛するようになることも，いずれも現実的には難しい。知恵を愛する者が，勇気を身につけた防衛者階級と節制を身につけた生産者階級とを統治するとき，正義が実現する。

④ 知恵を身につけた統治者階級が，防衛者階級に対しては臆病と無謀を避け勇気を身につけるよう習慣づけ，生産者階級に対しては放縦と鈍感を避け節制を身につけるよう習慣づける。このようなときに正義が実現する。

問7　〈アリストテレスのイデア論批判〉イデア論を批判したアリストテレスについての説明として最も適当なものを，次の ①〜④ のうちから一つ選べ。

（2015・本・16）

▶イデア論

イデア界 完全なもの 善のイデア	理性による認識
↑↓	……エロース ……アナムネーシス ……イデアの分有
現実界 不完全	…感覚的・経験的認識

▶プラトンの比喩

洞窟の囚人
◆人々は洞窟に映る影を唯一の実在と思い込んでいる

二頭立ての馬車
◆馭者（理性）が二頭立ての馬車（気概と欲望）をコントロールしている

想起（アナムネーシス）
◆人間の魂は，もともとイデアの世界に住み，現象界の美や善を手掛かりとしてイデアを想い起こす

※洞窟のイドラ（ベーコンの命名，資質や環境に応じて個々の人間の身についた偏見のこと）

▶イデアと形相・質料

プラトン	アリストテレス
イデア	形相 （エイドス） 質料 （ヒュレー）
理性によってのみとらえることのできる永遠的・普遍的な「真の実在」	形相…イデアが内在化したもの。個物に内在する本質。 質料…素材

倫理篇

① 善のイデアを追究する生き方を理想としたプラトンを批判して、善は人によって異なるので、各自が自分にとっての善を追究すべきだと説いた。

② 理性で捉えられるイデアを事物の原型としたプラトンを批判して、事物が何であるかを説明する唯一の原理は、事物を構成する質料であるとした。

③ 永遠不変のイデアが存在するとしたプラトンを批判して、すべては現実態から可能態へと発展するのであり、同一であり続けるものはないと述べた。

④ 個々の事物を離れて存在するイデアを真の知の対象としたプラトンを批判して、個々の具体的な事物こそ探究の対象とすべきだと主張した。

問8 〈アリストテレスの自然観〉アリストテレスの自然観の説明として最も適当なものを、次の①～④のうちから一つ選べ。　　　　　　　　（2018・本・14）

① 自然界の事物は、質料に形相が与えられることで成り立っており、事物は質料の実現という目的に向かって生成・発展していく。

② 自然界の事物は、質料と形相とが結び付いて成り立っており、事物は形相の実現という目的に向かって生成・発展していく。

③ 自然界の事物は、質料に形相が与えられることで成り立っており、形相がもつ潜在性によって、偶然的で自由な仕方で生成・発展していく。

④ 自然界の事物は、質料と形相とが結び付いて成り立っており、質料がもつ潜在性によって、偶然的で自由な仕方で生成・発展していく。

問9 〈愛をめぐる思索〉文章中の　a　～　c　に入れる語句の組合せとして正しいものを、下の①～⑥のうちから一つ選べ。　　　　　　　（2013・本・19）

　　プラトンの説く愛（エロース）が、具体的な美への憧れを経て完全な美そのものの　a　へと向かわせる愛であるのに対して、アリストテレスの説く真の友愛（フィリア）は、　b　のために　c　にとっての善を願い、その実践へと向かわせる愛である。他方、『新約聖書』における愛（アガペー）とは、第一に、無条件にすべての人に与えられる無償の神の愛のことであり、次いで、それによって引き起こされた人間による　c　への愛を意味する。

① a 観　想　　b 親しい人　　　c 自　己
② a 創　造　　b 親しい人　　　c 他　者
③ a 観　想　　b 親しい人　　　c 他　者
④ a 創　造　　b すべての人　　c 自　己
⑤ a 観　想　　b すべての人　　c 自　己
⑥ a 創　造　　b すべての人　　c 他　者

問10 〈ストア派〉ストア派のアパテイアの説明として正しいものを、次の①～④のうちから一つ選べ。　　　　　　　　　　　　　　　　（2013・本・12）

① 自然に従って生きることで、魂が完全に理性的で調和したものとなり、欲望や快楽などの情念によって動かされない状態。

② 情念や欲望が理性の命令に聞き従うことで、魂の三部分間の葛藤や分裂が克服され、心が全体として理性によって制御された状態。

③ 過剰な情念に満たされることと、情念に心が少しも動じないことの中庸として見いだされる、有徳な人間にふさわしい適度な情念をもった心の状態。

④ 苦しみや悲しみなどが取り除かれて、心のうちに快楽が得られることによって、魂が浄化された平静な状態。

解明POINT

▶二つの自然観

目的論的自然観
事物が一定の目的に従い、変化しているとする自然観。アリストテレスが代表的。

機械論的自然観
自然を機械のように捉え、数学的な因果関係に従って捉える。ニュートンやデカルトが代表的。

解明POINT

▶愛の諸相

アガペー：イエス
神の愛、神の無差別・無償の愛、価値がないと見なされるものへの愛、下降的愛
↓↑
エロース：プラトン
完全なものへの思慕
上昇的愛
↓↑
フィリア：アリストテレス
親しき人が善くなることを求める相互的な愛（真の友愛があるなら正義は不要ともいう）

解明POINT

▶幸福についての考え方

ピュタゴラス	魂の調和と秩序。音楽と数学とにより得られる
ソクラテス	福徳一致
プラトン	魂が全体として調和の取れている状態。肉体という牢獄から魂が解放されること

問11 〈エピクロス〉機械論的自然観の古代における先駆者の一人としてエピクロスがいる。エピクロスの倫理思想の記述として最も適当なものを，次の①～④のうちから一つ選べ。 (2004・本・12)

① 美のほとんどが便宜・効用という観念から生まれるのだから，快楽や苦痛は，美や醜の観念に必然的に伴うだけでなく，美や醜の本質をなす。

② いかなる快楽をも貪(むさぼ)る人は放埒だし，あらゆる快楽を遠ざける人は逆に無感覚な人になる。私たちは，双方の中庸である節制を目指すべきである。

③ 快楽や苦痛は，その強さ，持続性，確実性，遠近性などと，それが及ぶ人々の数を考慮に入れることによって，その総計を計算することができる。

④ 私たちが人生の目的とすべき快楽は，放蕩(ほうとう)者の快楽でも性的な享楽でもなく，身体に苦痛のないことと，魂に動揺のないことにほかならない。

問12 〈ヘレニズムの思想家〉理想的な生き方を考察したヘレニズムの思想家についての説明として最も適当なものを，次の①～④のうちから一つ選べ。 (2021・①・本・3)

① エピクロスは，あらゆる苦痛や精神的な不安などを取り除いた魂の状態こそが，幸福であると考えた。

② エピクロスは，快楽主義の立場から，いかなる快楽でも可能な限り追求すべきであると考えた。

③ ストア派の人々は，人間の情念と自然の理法が完全に一致していることを見て取り，情念に従って生きるべきだと考えた。

④ ストア派の人々は，いかなる考えについても根拠を疑うことは可能であり，あらゆる判断を保留することにより，魂の平安を得られると考えた。

問13 〈古代ギリシア・ローマの哲学者〉古代ギリシア・ローマにおける哲学者についての記述として最も適当なものを，次の①～④のうちから一つ選べ。 (2017・本・16)

① ヘラクレイトスは，万物の根源を火であるとしたうえで，「万物は流転する」と唱え，その絶えず変化する様子に法則性は認められず，調和した秩序は見せかけのものにすぎないと主張した。

② パルメニデスは，論理的思考に基づいて，在るものは常に在ると説き，世界における変化や生成は見かけだけの現象にすぎず，存在するものはただ一つであって，生成も消滅もしないと主張した。

③ プラトンは，この世に生まれた人間の魂を，感覚の世界に囚(とら)われ，イデアを忘却してしまったものと考え，イデアの世界はいかなる手段によっても知ることができないとする二世界説を唱えた。

④ マルクス・アウレリウスは，ローマ皇帝であると同時に，自らも哲学を修め，この世の現象は原子の不規則な動きによって構成されているという原子論の考えを発展させた。

アリストテレス	幸福こそが最高善で，観想的生活が最も望ましい。観想的生活は知性的徳と習性的徳とにより実現する
ゼノン	アパテイア
エピクロス	アタラクシア

解明POINT

▶魂（プシュケー）の系譜

ピュタゴラス：魂の浄化
↓
ソクラテス：魂への配慮
↓
プラトン：魂の三分説
↓
アリストテレス

魂の領域	
理性的領域	感情・欲望的領域
↓	↓
知性的徳（思慮）	習性(倫理)的徳（勇気・節制）
	→ 中庸

↓

ゼノン（ストア派）
アパテイア（動揺しない心）

エピクロス
アタラクシア（心の平静）

解明POINT

▶ローマ時代のストア派

キケロ，セネカ，エピクテトス，マルクス＝アウレリウス（『自省録』）。ローマ帝国の理念とストア派のコスモポリテースが一致。

② 唯一神の宗教　キリスト教・イスラーム教

⊜ 整理・要約

1　ユダヤ教

[神ヤハウェ]：「一神教」「人格神」「裁きの神」「イスラエル民族の神」（民族宗教）

↓　救済・祝福

[契約]：預言者モーセ（モーセの十戒），イザヤ，エレミア，エゼキエル

↑　律法（トーラー）の遵守（律法主義）

[イスラエル民族]：選民思想，終末観，メシア思想

└出エジプト（前13世紀ごろ），王国の分裂（北…イスラエル王国，南…ユダ王国　前10世紀）

バビロン捕囚（前586年），ローマ帝国の支配下（前1世紀）→ディアスポラ（離散，紀元後70年）

2　キリスト教の愛　　　　＊神の愛，神への愛，隣人愛は一体

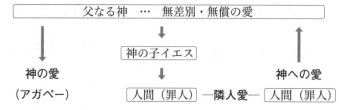

	父なる神　…　無差別・無償の愛	

神の子イエス

神の愛　　　　　　　　　　　　　　　神への愛
（アガペー）　　　人間（罪人）─隣人愛─人間（罪人）

人間が守るべき二つの律法
（イエスの黄金律）
「心をつくし，精神をつくし，思いを
　つくし，力をつくして主なるあな
　たの神を愛せよ」
「自分を愛するようにあなたの隣り
　人を愛せよ」

3　ユダヤ教からキリスト教へ

否定：[民族宗教・裁きの神・律法主義]

↑

[ユダヤ教]　➡　[一神教・終末観・メシア思想・偶像禁止]　➡　[キリスト教]
　　　　　　　　共通するもの（継承）

↑

改革：[世界宗教・愛の神・律法の内面化]

4　パウロの思想

[ダマスコでの回心]　➡　[パウロの思想]　➡　[異邦人への布教（世界宗教へ）]
（ユダヤ教→キリスト教）　　①　贖罪（しょくざい）の思想…イエスの十字架の死の意味は，人間の罪への贖罪

②　信仰義認説…人が義とされるのは，律法ではなく信仰によってである

③　三元徳…信仰・希望・愛→愛を最上のものとする

5　アウグスティヌスとトマス゠アクィナス

	アウグスティヌス	トマス゠アクィナス
主著	『告白』『神の国』	『神学大全』
哲学	教父哲学	スコラ哲学
思想	恩寵予定説…恩寵の仲立ちをするのが教会 神への愛（カリタス）と愛の秩序を説く 三位一体説と原罪の教義の確立 「神の国」と「地上の国」との戦い 七元徳…キリスト教の三元徳を上位	信仰と理性の調和（信仰のための理性） 「哲学は神学の侍女」 神を観想する生活こそ至福とする
影響	プラトン哲学の援用，二元論的世界観	アリストテレス哲学の援用，目的論的世界観

6 イスラーム教

イスラーム（絶対的帰依）

→ アッラー（神）：一神教，徹底した偶像崇拝禁止

天使 ↓ 啓示

ムハンマド：最後で最大の預言者，あくまでも人間 …モーセもイエスも預言者の一人

『クルアーン（コーラン）』 …聖典，ムハンマドが神から託された真理の言葉をまとめたもの

『ハディース』 …ムハンマドの言行（スンナ）や慣行をまとめたもの

『シャリーア』 …イスラーム法，生活規範（飲酒や利子の取得の禁止）

| 六信 | 信仰の柱 | アッラー，天使，聖典（啓典），預言者，来世，天命を信じること |
| 五行 | 実践的な義務 | 信仰告白，礼拝，断食，喜捨，巡礼 |

● ムスリム…イスラーム教徒。● ウンマ…信仰で結ばれた共同体（聖職者なし，徹底した平等主義）

● ジハード（聖戦）…神の平和の実現のために自己を犠牲にして努力すること（武力の行使も含まれる）

● イスラーム文化と哲学…イブン＝シーナー（アヴィセンナ），イブン＝ルシュド（アヴェロエス）

　→ ギリシアの理性主義を継承して，哲学・医学・数学・化学などが発展 → ルネサンスに影響

　　＊直観や身体的修行を重視するスーフィズム（イスラーム神秘主義）の展開

●●● 演習問題

問1 〈旧約聖書〉旧約聖書に関する記述として**適当でないもの**を，次の ①〜④ のうちから一つ選べ。　　　　　　　　　　　　　　　　　　　　　　(2004・追・5)

① 世界の創造者である神ヤハウェへの信仰を基礎としている。『創世記』や『出エジプト記』などから成り，様々な形で神ヤハウェによる人類全体への平等な愛を説いていることが特徴である。

② 『創世記』や『出エジプト記』といった多くの歴史書，預言の書などから成り立っている。ヘブライ人のエジプト寄留と脱出，またモーセの十戒などの話は，この『創世記』や『出エジプト記』に記されている。

③ ユダヤ教およびキリスト教の聖典とみなされている。イスラエルの民だけが神ヤハウェから使命を帯びて選ばれたとする選民思想や，神の言葉としての律法を遵守しなければならないとする考え方がその特徴である。

④ 主にヘブライ語で書かれており，旧約とは本来，「旧い契約」という意味である。ここで「契約」とは，神ヤハウェとイスラエルの民とのモーセを通じた契約を意味している。

問2 〈律法〉律法の説明として**適当でないもの**を，次の ①〜④ のうちから一つ選べ。　　　　　　　　　　　　　　　　　　　　　　　　　　　　(2016・本・16)

① イスラエル人は，律法を守れば祝福が与えられ，律法を破れば裁きの神としてのヤハウェに厳しく罰せられるとされている。

② 律法の中心をなす十戒は，神の絶対性に関わる宗教的な規定（義務）と人間のあり方に関わる道徳的な規定（義務）から成り立っている。

③ イスラエル人は，エジプトに移り住む際の心構えとして神から与えられた律法を，神と民との間に結ばれた契約の 徵 とみなしている。

④ 律法に従って神の恩恵に応える限り，イスラエル人は神に選ばれた特別な民として，神から民族の繁栄を約束されている。

問3 〈罪についての考え〉罪についてのイエスの考え方の説明として最も適当な

解明 POINT

▶旧約聖書（『聖書』）…「信仰の書」としてだけでなく，「文学書」としても重要。天地創造，エデンの園，ノアの箱舟，バベルの塔，出エジプトと十戒，ダヴィデの物語などが記されている。

解明 POINT

▶「モーセの十戒」と「五戒」（仏教）の共通項

1 あなたには，わたしをおいてほかに神があってはならない（一神教）。

2 あなたはいかなる像も造ってはならない（偶像禁止）。

3 あなたの神，主の名をみだりに唱えてはならない。

4 **安息日を心に留め，これを聖別せよ。**

5 あなたの父母を敬え。

6 殺してはならない〈**不殺生戒**〉。

7 姦淫してはならない〈**不邪淫戒**〉。

8 盗んではならない〈**不偸盗戒**〉。

9 隣人に関して偽証してはならない〈**不妄語戒**〉。

ものを，次の ①〜④ のうちから一つ選べ。　　　　　　　　　(2012・本・10)

① イエスは，神の意志に反する行為を実際に行ってしまう人間の傾向を罪とみなし，その罪からの救済が誰に起こるかは，人間を超えた神の意志によって予定されていると主張した。

② イエスは，たとえそれを実行せずとも，人間が心のなかで悪しき思いを抱くことそれ自体を罪とみなし，自らが罪人（つみびと）であることを自覚し，その罪を赦（ゆる）す神の愛を信じるよう説いた。

③ イエスは，原初の人間が自由意志を悪用して神に背いたことに由来する人間のあり方を罪と考え，自由意志を正しく用いて自己自身を高めることで，その罪から脱却できると説いた。

④ イエスは，人間が神なしでも自力で生きていけると考えている傲慢（ごうまん）を根源的な罪であると考え，その罪は，律法を厳格に遵守することでのみ，神から義とされて赦されると主張した。

問4 〈イエスの教え〉イエスの教えについての説明として最も適当なものを，次の ①〜④ のうちから一つ選べ。　　　　　　　　　　(2016・本・17)

① 愛を実践する生き方の基本として，「人にしてもらいたいと思うことは何でも，あなたがたも人にしなさい」と説いた。

② ユダヤ教の教典に書かれた律法を重視し，たとえ形式的であっても律法を厳格に順守しなければならないと説いた。

③ 旧約聖書の根幹をなす「敵を愛し，迫害する者のために祈りなさい」という教えを受け継ぎ，敵をも赦（ゆる）す普遍的な愛を説いた。

④ 神が与えてくれた悔い改めの機会として，安息日を忠実に守り，すべての労働を避けなければならないと説いた。

問5 〈パウロの思想〉罪深い人間の救済に関するパウロの義認の教えの説明として正しいものを，次の ①〜④ のうちから一つ選べ。　　　(2013・本・13)

① 罪深い人間が義とみなされるのは，イエスの十字架の犠牲に倣った身体的な苦行によるのみである。

② 罪深い人間が義とみなされるのは，イエスの贖罪に示された神の愛への信仰によるのみである。

③ 罪深い人間が義とみなされるのは，信仰・誠実・愛というキリスト教の三元徳によるのみである。

④ 罪深い人間が義とみなされるのは，父・子・聖霊の三位が一であるという教義への精通によるのみである。

問6 〈アウグスティヌスの説く神と人間〉アウグスティヌスが説いた，神と人間との関（かか）わりについての記述として最も適当なものを，次の ①〜④ のうちから一つ選べ。　　　　　　　　　　(2008・本・9)

① 我々は自らの原罪を克服しようと努めるべきであり，その努力に応じた神の恩寵によってのみ救済される。

② 我々は神の無償の愛によってのみ救済されるのであり，原罪のゆえに自ら善をなす自由を欠いている。

③ 我々は神のロゴスにより創造されているため，そのロゴスに従うよう努めることによってのみ救済される。

10 隣人の家を欲してはならない。

＊十戒には**不飲酒戒**はない。

＊クルアーンにも，**十の戒律**がある。

解明POINT

▶**ユダヤ教**

サドカイ派	司祭階級が中心で儀式を尊重
パリサイ（ファリサイ）派	律法学者が中心で律法を尊重。パウロも最初は熱心なパリサイ派

▶**イスラーム**

スンニー（スンナ）派	多数派。話し合いによって選ばれたものがカリフとなるべきとする。家系にこだわらない
シーア派	少数派。ムハンマドの血統につながるものを正統な後継者とする

▶**キリスト教（カトリック）**

アタナシウス派	三位一体説，ニケーアの公会議で正統とされる
アリウス派	イエスを人間とする

解明POINT

▶**パウロの三元徳**

パウロは**信仰・希望・愛**をキリスト教の三元徳としたが，その中でも愛が一番大切であると説いた。「心に愛がなければどんな美しい言葉も相手の胸に響かない」「たとえ，山を動かすほどの完全な信仰を持っていようとも，愛がなければ，無に等しい」と述べている。

④ 我々は神の律法を遵守することによってのみ救済されるが，その律法を破ったならば神の罰を受ける。

問7 〈キリスト教と人間の欲望〉次のア～ウは，キリスト教における，人間の欲望についての考え方である。その正誤の組合せとして正しいものを，下の①～⑧のうちから一つ選べ。 (2014・本・16)

ア パウロは，分かっていながら欲望のために悪を行ってしまう人間のあり方に悩み，そこからの救済は福音への信仰によるほかにないと考えた。

イ アウグスティヌスは，生まれつき人間にそなわっている自由意志により，欲望から悪を犯してしまう傾向を克服できると考えた。

ウ イエスは，欲望を抱いて女を見る者は，心のなかで既に姦淫（かんいん）をしていると述べ，情欲を克服した善き人だけが，他者を裁くことができると主張した。

① ア 正 イ 正 ウ 正 ② ア 正 イ 正 ウ 誤
③ ア 正 イ 誤 ウ 正 ④ ア 正 イ 誤 ウ 誤
⑤ ア 誤 イ 正 ウ 正 ⑥ ア 誤 イ 正 ウ 誤
⑦ ア 誤 イ 誤 ウ 正 ⑧ ア 誤 イ 誤 ウ 誤

問8 〈信仰と理性〉信仰と理性の関係についてのトマス・アクィナスの思想の説明として最も適当なものを，次の①～④のうちから一つ選べ。 (2017・追・18)

① 信仰も理性も等しい価値をもつが，信仰によって得られる真理と，理性によって得られる真理とは異なると考え，両者を分離する二重真理説を説いた。

② 神が啓示した真理は，信仰によって受け入れられるものであり，この真理の理解には理性が必要であるため，信仰と理性は調和すると説いた。

③ 救済のために最も重要なのは愛であるが，信仰も理性も等しく愛の働きを支えると考え，信仰・理性・愛の三つの徳をもって生きることを説いた。

④ 人間の本性である理性と，万物を貫く理性は同一であるため，自然に従うことによって，その造り主である神への信仰にめざめると説いた。

問9 〈イスラームの特徴〉イスラーム教の説明として最も適当なものを，次の①～④のうちから一つ選べ。 (2015・本・13)

① 最後の審判の日，ムハンマドが神の代理人として一人ひとりの人間を裁き，天国と地獄に振り分けるとされる。

② 一日に五回，定められた時に，神の像に向かって礼拝を行うことは，ムスリムの務めの一つとされる。

③ ムハンマドは，モーセやイエスに続く預言者であり，神は，ムハンマド以降も預言者を遣わすとされる。

④ 唯一神への絶対的帰依が説かれ，開祖ムハンマドであっても，神格化の対象とはならないとされる。

問10 〈イスラームの教え〉イスラーム教の教えに関する記述として適当でないものを，次の①～④のうちから一つ選べ。 (2014・本・13)

① アッラーはムハンマドの死後も，新たな啓示をカリフに伝え，それを記録したものがクルアーン（コーラン）とされる。

② アッラーの定めた戒律は，神と人間との関係，および人間同士の関係の両方を規定しており，結婚や遺産相続にまで及んでいる。

③ イエスは神の子であると信じるキリスト教を批判して，三位一体説を認め

解明POINT

▶原罪の自覚と救済

アウグスティヌス
●罪深い人間（原罪）が救われるのは，神の恵み（恩寵）によるのみで，それはあらかじめ決められており，神の代理者である教会を通じてのみ行われる（恩寵予定説）

パウロ
●「私は自分が望むべき善は行わず，望まない悪を行っている」
●罪深い人間（原罪）が義とされるのは，イエスの贖罪に示された神の愛への信仰のみである（贖罪説，信仰義認説）

解明POINT

▶キリスト教の歩み
（古代）

| ユダヤ教 |
↓
| イエス |
↓
原始キリスト教：ペテロ，パウロ
↓
（中世）
教父哲学…アウグスティヌス
スコラ哲学…トマス＝アクィナス
↓
（近代）
宗教改革：ルター，カルヴァン

解明POINT

▶聖典

イスラーム	『クルアーン』
ユダヤ教	『聖書』
キリスト教	『旧約聖書』『新約聖書』
バラモン教	『ヴェーダ』

29

ず，唯一神への信仰を説いている。

④　メッカのカーバ神殿への巡礼は，ムスリムに課せられた務めの一つであり，巡礼月には世界各地から巡礼者が集まってくる。

問11　〈イスラーム教〉イスラーム教の説明として最も適当なものを，次の①〜④のうちから一つ選べ。　　　　　　　　　　　　　　　　(2019・本・17)

①　クルアーン（コーラン）は，ムハンマドと彼を取り巻く人々に下された神の啓示を，集録し，編纂したものとされる。

②　イエスを救世主とみなすキリスト教の教えを継承し，ムハンマドを救世主として信じることは，六信の一つに数えられる。

③　五行などの実践によって神への信仰を体現することだけでなく，天使の存在を信じることも信徒の義務であるとされる。

④　イスラーム教は，中東，東南アジアなどを中心に世界各地で信仰されており，少数派のスンナ派と多数派のシーア派に大別される。

問12　〈イスラームの戒律〉生徒Xとムスリムの留学生Zが，イスラームの戒律に則った経済活動について交わした会話中の　a ・ b　に入る語句の組合せとして最も適当なものを，下の①〜⑥のうちから一つ選べ。

(2021・①・本・7)

X：今日，授業でイスラームについて習ったんだけど，　a　が禁止されているんだよね？　お金を集めたいときはどうするの？

Z：確かに，　b　シャリーアでは　a　が禁止されているよ。でも，例えばイスラーム銀行という機関もあって，事業者のためにお金を集める役割を担っているんだ。資金提供者は，共同事業者という位置付けが強くて，事業による損益を契約に従って配分するんだよ。

X：なるほど。イスラームの世界にはそういうお金の集め方があるのか。

①　a　寄　付　　b　クルアーン（コーラン）やスンナなどに基づく
②　a　寄　付　　b　ムハンマドの言行録のみに基づく
③　a　寄　付　　b　神の啓示のみを記録した
④　a　利　子　　b　クルアーン（コーラン）やスンナなどに基づく
⑤　a　利　子　　b　ムハンマドの言行録のみに基づく
⑥　a　利　子　　b　神の啓示のみを記録した

問13　〈イスラームと異文化〉イスラームにおける異文化や他民族との関わりについての説明として最も適当なものを，次の①〜④のうちから一つ選べ。

(2022・本・3)

①　イスラーム文化は，古代ギリシア思想から距離を置き，その中でも特にアリストテレス哲学を否定することで，独自の思想文化を形成した。

②　イスラーム共同体（ウンマ）では，信徒は神の前で互いに平等とされるが，この共同体の範囲は民族や国家の枠組みを超えるものではない。

③　イスラームでは，神の平和の実現のために努力することをジハードと言うが，これには外敵に対する自衛のための武力行使は含まれない。

④　イスラームでは，モーセも預言者として認められており，ユダヤ人であるモーセもまた，神の言葉を預かったと考えられている。

仏教	『スッタニパータ』
	『法句経』
	『涅槃経』
	『法華経』

解明POINT

▶六信…信仰の柱

アッラー	唯一絶対の神
天使	ムハンマドに啓示を伝えるガブリエルが最上位の天使
聖典	『クルアーン』
預言者	ムハンマド…最後で最大の預言者
来世	最後の審判の日に，生前の行いにより来世が決定
天命	いかなることもアッラーの支配を受ける

解明POINT

▶五行…実践的な宗教的義務

信仰告白	「アッラーのほかに神はなく，ムハンマドはアッラーの使徒である」と唱える
礼拝	1日に5回メッカに向かって礼拝
喜捨	貧者救済のために，所得に応じ税を払う
断食	イスラーム暦の9月（ラマダーン）には早朝から日没まで飲食を行わない
巡礼	一生に一回，メッカのカーバ宮殿に巡礼

●イスラームの特徴は，信仰と生活が一体であること。また，人間の弱さに対する認識が，具体的な行為を求めている。

3 仏教　智慧と慈悲の教え

整理・要約

1　インド思想の流れ

バラモン教…ウパニシャッド哲学 ➡ 六師外道
ジャイナ教
（ヴァルダマーナ）
仏教（原始仏教）

↓　民間信仰を取り入れ

現在　ヒンドゥー教

部派仏教
上座部 ➡ 上座部仏教（南伝仏教）
大衆部 ➡ 大乗仏教（北伝仏教）
竜樹（ナーガールジュナ）
無着（アサンガ）
世親（ヴァスバンドゥ）

2　四法印

一切皆苦	この世は苦に満ちている（四苦八苦）	四苦…生老病死 八苦…四苦に愛別離苦などを加えたもの 　愛別離苦…愛するものと別れる 　怨憎会苦…憎むものとは会わなければならない 　求不得苦…求めるものを得られない 　五蘊盛苦…心身の働き（色・愛・想・行・識）自体が苦となる 　＊苦とは，人間の力では「思い通りにならないこと」の意味
諸行無常	この世のものは絶えず変化し消滅する	縁起の法…すべては因と縁によって生じる 空の思想（竜樹）…縁起の法・諸行無常・諸法無我を徹底（色即是空，空即是色）
諸法無我	あらゆる存在には不変の実体はない	唯識思想（無着・世親）…すべては心が生み出したもの
涅槃寂静	煩悩の炎が消えた安らぎの境地	涅槃（ニルヴァーナ）は，輪廻を超越した理想の境地であり，人生の最高目的

3　四諦（四聖諦）

苦諦（現実）…人生は苦であるという真理，**一切皆苦**（四苦八苦）

↓

集諦（その原因）…苦の原因は**煩悩・強い執着（我執）**であるという真理

↓

滅諦（理想）…苦の原因である煩悩・強い執着（我執）を滅することによって苦しみをなくすことができるという真理

↓

道諦（その方法）…苦をなくして悟りにいたるための修行法は**八正道＝中道**であるという真理

＊「四法印」の「法」，「四諦」の「諦」はともに真理の意。「法印」は真理のしるし。
　四法印を時系列で説明したものが四諦。

4　上座部仏教と大乗仏教の比較

	上座部仏教	大乗仏教
伝播	南伝仏教…スリランカ・東南アジア	北伝仏教…中国・朝鮮・日本
解脱	自己の解脱（自利），保守的	衆生の救済（利他行），進歩的 ● 一切衆生悉有仏性　● 即身成仏 ● 六波羅蜜の実践
悟りへの理想	阿羅漢（修行によって得た最高位）	菩薩（悟りを求める衆生）
思想	出家と厳しい戒律を守り，修行する	縁起の思想の展開→空の思想，唯識思想

5　大乗仏教の思想

竜樹（ナーガールジュナ）	無着（アサンガ）・世親（ヴァスバンドゥ）
空の思想の理論化と無自性	唯識説
● ブッダの縁起の法・諸行無常・諸法無我を発展させ，すべてのものごとは，実体を欠き，固有で不変の性質（自性）をもたない無自性＝空であると説く	● 空の思想を受け継いで，あらゆる事物はただ心がつくりだしたものにすぎないとする ● ヨーガ（精神の集中・統一を重視）
主著『中論』，中観派を形成	唯識学派を形成

●●● 演習問題

問1　〈古代インドの思想〉古代インドで展開された思想についての記述として最も適当なものを，次の ①〜④ のうちから一つ選べ。　（2017・本・14）

① ウパニシャッド哲学は，真の自己とされるアートマンは観念的なものにすぎないため，アートマンを完全に捨てて，絶対的なブラフマンと一体化するべきであると説いた。

② バラモン教は，聖典ヴェーダを絶対的なものとして重視していたため，ヴェーダの権威を否定して自由な思考を展開する立場を六師外道と呼んで批判した。

③ ウパニシャッド哲学では，人間を含むあらゆる生きものが行った行為，すなわち業（カルマ）の善悪に応じて，死後，種々の境遇に生まれ変わると考えられた。

④ バラモン教では，唯一なる神の祀り方が人々の幸福を左右するという考えに基づいて，祭祀を司るバラモンが政治的指導者として社会階層の最上位に位置づけられた。

問2　〈ジャイナ教〉ゴータマ・ブッダとほぼ同時代に生きたジャイナ教の開祖ヴァルダマーナ（マハーヴィーラ）の教説として最も適当なものを，次の ①〜④ のうちから一つ選べ。　（2006・本・7）

① 人間の思惟の形式は，世界の一部しか理解できない限定的なものであり，真理に到達するためには人間の思惟を否定しなければならない，と説いた。

② 運命によって人間の幸不幸は決まっており，人智の及ぶところではないので，いかに努力しても幸福になれるとは限らない，と説いた。

③ 人間の行為の善悪の究極的な基準は存在せず，悪行を行う人を非難する根拠もなく，善行も賞賛の対象にはならない，と説いた。

④ 解脱を目指して徹底した苦行主義に立つとともに，生き物に対する慈悲の行為として不殺生を実践しなければならない，と説いた。

問3　〈ブッタが説いた教え〉ブッダが説いたとされる教えについての説明として最も適当なものを，次の ①〜④ のうちから一つ選べ。　（2020・追・13）

① 全ての生き物は，生老病死の苦しみから逃れることはできない。よって，バラモン教の祭祀に基づき，苦しみを超克する道を歩むべきである。

② 自己の身体を含め，あらゆるものは自己の所有物ではない。よって，我執を断つことにより，それらへの執着を捨てる道を歩まなければならない。

③ ウパニシャッド哲学などで説かれた涅槃は認められない。人は，涅槃の境

解明POINT

▶**カースト制度（ヴァルナ）とジャーティ**

バラモン（祭祀）
クシャトリア（王侯・武士）
ヴァイシャ（庶民）
シュードラ（隷属民）
不可触賤民

● カーストは古くは四つのヴァルナを指したが，その後血縁・出身地・職業・信仰などによる区分（ジャーティ）が重なり，数多くのカーストに細分化された。

解明POINT

▶**梵我一如**

梵（ブラフマン）
宇宙の究極的真理
↓↑
我（アートマン）
個人の本質，真の自我

● 厳しい修行や瞑想（ヨーガ）によって**梵我一如**の境地に達し輪廻からの解脱をめざす
● 荘子…天地自然と一体，**逍遙遊**
● 朱子…天人合一

解明POINT

▶**ジャイナ教**
　六師外道の一つ。**ヴァルダマーナ（マハーヴィーラ）**が創始。カースト制度を否定，**徹底した苦行と不殺生**を説いた。農業などは不殺生の戒に

ではなく，輪廻からの解脱を目指さなければならない。

④　貪りと怒り，そして忍辱の三つの煩悩は，三毒と呼ばれる。人は，物事のあるがままの真理を見つめて，煩悩の炎を消さなければならない。

問4　〈苦の原因〉苦についてのブッダの思想の説明として最も適当なものを，次の ①～④ のうちから一つ選べ。 (2012・本・6)

①　苦の原因は，自分が何であるかを知らないという点にある。だから，苦をなくすためには，世界の事物を存在させる原因や条件を超越したものが自分の本質であると正しく認識しなければならない。

②　苦の原因は，自分でないものを誤って自分と思い込むところにある。だから，苦をなくすためには，存在するともしないとも言えない不可知なものこそが真の自分であると正しく認識しなければならない。

③　苦の原因は，自分でないものを誤って自分と思い込むところにある。だから，苦をなくすためには，他の事物の存在を可能にする根源的な精神こそが真の自分であると正しく認識しなければならない。

④　苦の原因は，自分が何であるかを知らないという点にある。だから，苦をなくすためには，自分と呼ばれるものは恒常不変の実体ではなく，変化してやまないものであると正しく認識しなければならない。

問5　〈ブッダの解脱観〉ゴータマ・ブッダの解脱観の記述として最も適当なものを，次の ①～④ のうちから一つ選べ。 (2007・本・6)

①　人は，苦の原因を認識し執着から離れることによって解脱できる。

②　人は，自分の中に永遠的要素を見出（みいだ）すことによって解脱できる。

③　人は，身体的な苦行を積み重ねることによって解脱できる。

④　人は，不可知なるものの存在を認めることによって解脱できる。

問6　〈現世での境遇と業〉ゴータマ・ブッダが説いたとされる次の文章では，現世での境遇と業の関係についても述べられている。その趣旨に合致する記述として最も適当なものを，下の ①～④ のうちから一つ選べ。 (2008・本・10)

　　ヴェーダ読誦者（どくじゅしゃ）の家に生まれ，ヴェーダの文句に親しむバラモンたちも，しばしば悪い行為を行っているのが見られる。そうすれば，現世においては非難せられ，来世においては悪いところに生まれる。（身分の高い）生まれも，かれらが悪いところに生まれまた非難されるのを防ぐことはできない。生まれによって賤（いや）しい人となるのではない。生まれによってバラモンとなるのでもない。行為によって賤しい人ともなり，行為によってバラモンともなる。

（『スッタニパータ』）

①　現世での境遇は現世での生まれのみによって決定され，現世での行為は来世での境遇に影響を与える。

②　現世での境遇は現世での行為により影響を受けるが，現世での行為は来世での境遇に影響を与えない。

③　現世での境遇は現世での生まれによって決定されることはなく，現世での行為により影響されることもない。

④　現世での境遇は現世での生まれのみによっては決定されず，現世での行為は現世と来世での境遇に影響する。

問7　〈四諦〉ブッダが初めて教えを説いた際に語ったとされている四諦について

反するため，商人のあいだに広がった。

解明POINT

▶アートマンと諸法無我・空

ウパニシャッド哲学	仏教
我（アートマン）	諸法無我
変化することのない実体	それ自体で存在している実体はない。ナーガールジュナは，諸法無我を発展させ，**空の思想を展開**，**無自性**を説いた。

解明POINT

▶仏典

部派仏教『スッタニパータ』

ブッダの言葉を収録した最古の仏典。パーリ語（上座部仏教の古典語）で書かれた『法句経』と並ぶ

『法句経（ダンマパダ）』

仏教の真理を詩句で表現

大乗仏教『涅槃経』

ブッダの最期の言葉や，一切衆生悉有仏性，空を説く。空の真理を直観する智慧（般若）の体得を説く。『般若心経』は『涅槃経』のエッセンスを短くまとめたもの。「色即是空，空即是色（事物（色）は実体がなく，色と空は一体である）を説く。

『法華経』

一乗思想が説かれる。仏とは，歴史的人物である釈迦を超えた，**久遠実成**の永遠性をもつものである。聖徳太子，最澄，日蓮が重視

『華厳経』

毘盧舎那仏の下，宇宙のあらゆるものは相互に関係しあうと説いている

の説明として最も適当なものを，次の ① ～ ④ のうちから一つ選べ。

(2015・本・18)

① 苦諦とは，人間は誰しも，苦しみを嫌い楽を求める心をもっているという真理を指す。また，集諦とは，そうした思いが積み重なって煩悩が増大するという真理を指す。

② 苦諦とは，人間の生の有り様は苦しみであるという真理を指す。また，集諦とは，そうした現実のゆえに，心の集中が妨げられ悟りが得られないという真理を指す。

③ 滅諦とは，煩悩の滅した安らぎの境地があるという真理を指す。また，道諦とは，そうした境地に至るための，極端に陥ることのない正しい修行法があるという真理を指す。

④ 滅諦とは，あらゆる存在はいつか必ず滅ぶという真理を指す。また，道諦とは，そうした道理を心に留めて，禁欲的な苦行を実践すべきであるという真理を指す。

問8 〈ブッダの教え〉ブッダの教えの説明として最も適当なものを，次の ① ～ ④ のうちから一つ選べ。
(2013・本・14)

① 煩悩に苦しむ他者を救済することができて，はじめて自らが煩悩から解放されることになる。そのため，他者への慈悲心に基づいて，布施，持戒，忍辱，精進，利他，智慧の六波羅蜜を実践すべきである。

② 煩悩に苦しむ衆生の有り様は，大河に流され必死に漂流物にしがみついている姿に譬えられる。この漂流物とは，絶えず変転する物質世界のなかで永続する自己を意味しており，その理解によって人は煩悩から解放される。

③ 道諦は苦の滅却に至る道筋についての真理であり，具体的には八正道として示されている。この解脱に至る修行過程は，出家した修行者でさえ耐え難いほどの苦行であるので，煩悩から解放される者は極めて少数である。

④ もろもろの煩悩は苦しみや悲しみを引き起こすが，その根本原因は，無常や無我に関する無知にある。それゆえ，この世を貫く理法を正しく悟ることによって，煩悩から解放されることになる。

問9 〈八正道〉ブッダの示した修行方法である八正道についての説明として最も適当なものを，次の ① ～ ④ のうちから一つ選べ。
(2014・本・17)

① 「正語」とは，ブッダの語った言葉を正しく記憶することである。

② 「正見」とは，清らかで正しい生活を送ることである。

③ 「正精進」とは，肉食を避け正しく食事を取ることである。

④ 「正定」とは，正しい瞑想を行い精神を統一することである。

問10 〈慈悲〉仏教の実践としての慈悲の説明として最も適当なものを，次の ① ～ ④ のうちから一つ選べ。
(2019・本・18)

① 慈悲とは，四苦八苦の苦しみを免れ得ない人間のみを対象として，憐れみの心をもつことである。

② 慈悲の実践は，理想的な社会を形成するために，親子や兄弟などの間に生まれる愛情を様々な人間関係に広げることである。

③ 慈悲の実践は，他者の救済を第一に考える大乗仏教で教えられるものであり，上座部仏教では教えられない。

『無量寿経』	『阿弥陀経』
阿弥陀仏による涅槃浄土への往生を説く	

解明POINT

▶六波羅蜜…大乗仏教で菩薩が実践すべきとされた徳目。

布施	他者に施しを与える
持戒	戒律を守る
忍辱	苦難に耐える
精進	修行に努める
禅定	精神を集中・統一する
般若	智慧をおこす

＊イスラームの六信・五行と比較しながら理解しよう。

解明POINT

▶五戒…世俗の人に対する具体的な道徳。

不殺生戒	生きものを殺さない
不偸盗戒	盗むな
不邪淫戒	邪淫をするな
不妄語戒	嘘をつかない
不飲酒戒	酒を飲まない

＊モーセの十戒と比較しながら理解しよう。

解明POINT

▶八正道

正見	正しい見解
正思	正しい思考
正語	正しい言葉
正業	正しい行為
正命	正しい生活
正精進	正しい努力
正念	正しい気づき
正定	正しい精神統一，瞑想

● 六波羅蜜の一つである禅定と正定とはほぼ同じ内容。

④　慈悲の「慈」とは他者に楽を与えることであり，「悲」とは他者の苦を取り
　除くことを意味する。

問11　〈大乗仏教の思想〉次のア〜ウは，大乗仏教において説かれた様々な思想に
　ついての説明である。その正誤の組合せとして正しいものを，下の①〜⑧の
　うちから一つ選べ。　　　　　　　　　　　　　　　　　　　　　　(2015・追・15)

ア　ヴァルダマーナによって唱えられた空の思想では，縁起の教義が徹底され，
　あらゆる事物は，固定的な不変の実体をもたないと説かれた。

イ　アサンガやヴァスバンドゥによって確立された唯識思想では，すべての事物
　は，心によって生み出された表象にほかならないと説かれた。

ウ　『涅槃経』などにおいて強調された仏性思想では，六波羅蜜の修行を実践し
　て功徳を積むことで，自らが仏となる可能性を獲得すべきと説かれた。

① ア　正　イ　正　ウ　正　　　　② ア　正　イ　正　ウ　誤
③ ア　正　イ　誤　ウ　正　　　　④ ア　正　イ　誤　ウ　誤
⑤ ア　誤　イ　正　ウ　正　　　　⑥ ア　誤　イ　正　ウ　誤
⑦ ア　誤　イ　誤　ウ　正　　　　⑧ ア　誤　イ　誤　ウ　誤

問12　〈大乗仏教〉大乗仏教についての説明として最も適当なものを，次の①〜④
　のうちから一つ選べ，　　　　　　　　　　　　　　　　　　　　　(2020・本・13)

①　大乗仏教は，上座部仏教が自らを「小乗仏教」と名のったのに対して，自ら
　を大きな乗り物に譬えてその立場の違いを鮮明にした。

②　大乗仏教で尊敬の対象とされる菩薩とは，在家の信者とは異なり，他者の救
　済を第一に考える出家修行者のことである。

③　大乗仏教の代表的な経典の一つである『般若経』では，あらゆる事象には固
　定不変の本体がないと説かれている。

④　大乗仏教は，スリランカから東南アジアへと伝えられ，その後，東アジア世
　界に広がっていったため，「南伝仏教」と呼ばれる。

問13　〈仏教における執着や欲望〉仏教における執着や欲望などから離れることに
　ついての説明として最も適当なものを，次の①〜④のうちから一つ選べ。
　　　　　　　　　　　　　　　　　　　　　　　　　　　　　　　　(2019・追・13)

①　ブッダは，執着や欲望などの根本的な原因として無明を説き，その原因を取
　り除くために苦行をはじめとする五戒が必要であることを示した。

②　大乗仏教では，執着や欲望などから離れることのできない在家信者のために，
　仏の戒めを守らなくても，布施を行えば成仏できると教えられた。

③　ナーガールジュナ（竜樹）は，何も存在しない状態である空を体得すること
　で，執着や欲望などから離れた不変の自己を見いだすべきであると説いた。

④　唯識思想では，一切の世界は心が作り出した表象にすぎないことを知ること
　で，外的な事物に対する執着を離れることが説かれた。

解明POINT

▶数字でまとめる仏教用語

梵我一如	アートマンとブラフマンの一体
一切皆苦	この世は苦に満ちている
一切衆生悉有仏性	すべての生きものは仏性を有している
三毒	貪・瞋・癡
三宝	仏・法・僧
四法印	一切皆苦，諸行無常，諸法無我，涅槃寂静
四諦	苦諦，集諦，滅諦，道諦
四苦	生老病死
四門出遊	ブッダの出家のエピソード
五戒	不殺生戒，不偸盗戒，不邪淫戒，不妄語戒，不飲酒戒
五蘊	色・受・想・行・識
六師外道	バラモン教を批判した仏教以外の自由思想家
六道	地獄，餓鬼，畜生，修羅，人間，天界
六波羅蜜	布施，持戒，忍辱，精進，禅定，智慧
八苦	四苦と怨憎会苦，愛別離苦，求不得苦，五蘊盛苦
八正道	正見，正思，正語，正業，正命，正精進，正念，正定

4 中国の思想　儒教・老荘思想

▶整理・要約

1　中国思想の流れ

周の時代…天の思想，礼を基礎

```
┌─────────────────────────────────┐          ┌──────────────────────────────┐
│ 春秋・戦国時代（諸子百家）        │          │                              │
│ 儒家　孔子　　→　　孟子…仁の重視，性善説 │ ←  批判  │ 墨家…墨子（兼愛交利，非攻）  │
│ （仁・礼）　　　　　荀子…礼の重視，性悪説 │          │ 道家…老子・荘子              │
└─────────────────────────────────┘          └──────────────────────────────┘
```

↑批判

```
┌──────────────────────────────────────────────────────────────────────┐
│ 法家…韓非子：法治主義と徳治主義との対立，荀子の性悪説の影響，李斯：焚書坑儒，商鞅：変法 │
└──────────────────────────────────────────────────────────────────────┘
```

2　諸子百家

儒家	孔子 孟子	仁と礼 性善説，四端（の心），四徳，浩然の気，大丈夫，五倫の道，王道政治，易姓革命	縦横家	蘇秦 張儀	合従策…秦に対抗して六国が縦に連合 連衡策…秦と六国がそれぞれに同盟を結んで衡に連合
	荀子	性悪説，礼治主義			
道家	老子 荘子	無為自然，柔弱謙下，小国寡民 万物斉同，心斎坐忘，真人	兵家	孫子 呉子	戦術・戦略の論理的思考
法家	商鞅 韓非子	法治主義（信賞必罰） 法治主義（形名参同）	農家	許行	農本主義
墨家	墨子	兼愛交利…仁を別愛（差別的な愛）と批判，非攻，節葬	陰陽家	鄒衍	陰陽五行説
			名家	公孫竜	論理的思考

3　孔子の思想

仁	忠	自分を欺かないこと（まごころ）
	恕	他者への思いやり
	信	他者を欺かないこと
	孝悌	親子や兄弟への自然な愛情
	克己	自分のわがままを抑えること→克己復礼…「己に克ちて礼に復る」

4　孟子と荀子の比較

人物	孟子	荀子
思想	仁の重視	礼の重視
	性善説 ↓ 四端（の心）と四徳	**性悪説** ↓ 「人の性は悪にしてその善なるは偽りなり」
	惻隠の心…仁　羞悪の心…義 辞譲の心…礼　是非の心…智	↓ 人間は欲望に従って利己的に行動する
	↓ 浩然の気…四端の心を備え不動の心 大丈夫　…四端の心を備えた理想的人間	↓ 社会的混乱と礼の重視
教育観	四端の心を育む	人間の善い性質というものは後天的な矯正の成果
政治観	王道政治…仁義に基づく政治，覇道政治の否定	● 礼治主義…礼に従って，民を矯正し国を治める

社会観	易姓革命（天人相関説）…民意に背く政治があれば，天命により姓が易わる 五倫の道…親・義・別・序・信	●性悪説は，法家の韓非子などに影響を与える

5 儒家の系譜

孔子…「仁」と「礼」…孔子の思想は，弟子たちの編纂した『論語』にまとめられている

↓

仁（忠恕）の重視 → 曽子・子思 → 孟子…性善説
礼の重視 → 子游・子夏 → 荀子…性悪説

↓

*仏教に対抗して儒学が成立

（宋代）朱子（朱熹）…朱子学	（明代）王陽明…陽明学
*著作…『四書集注』『資治通鑑綱目』『近思録』 ●理気二元論…世界は，宇宙の原理（理）と，万物の元素である運動物質（気）によって構成されている ●性即理…人間の本質（性）も理である ●本然の性と気質の性…人間は本来，理と一体のものである（本然の性）が，現実の人間は物質的な気（気質の性）に妨げられている ↓ ●居敬窮理（持敬窮理） つつしみによって人欲を捨て（居敬・持敬），理を窮めて（窮理），天人合一を回復する ●格物致知…物の理を窮め，知を完成させること ↓ 理論を重視	*著作…『伝習録』 ●理気一元論…朱子学を批判 理は，天地万物に内在する客観的なものではなく，心の中に存在する ●心即理…理を人間の心の中に見いだす ●良知…生まれながらに備わっている是非善悪を判断する能力 ●致良知…良知にしたがって生きる ↓ 知行合一…知と実践の一致

*朱子学は，元・明の国家の教学となり，科挙にも取り入れられ，支配者のための学問として思想が硬直化していった。日本でも，江戸幕府の官学となる。また，スコラ哲学も同じような社会的性格を有している。

6 道家の思想…老子と荘子との比較

人物	老子	荘子
共通点	●万物の根源で自然そのものである「道」（タオ）を求める ●「道」は「無」「無名」ともいわれる…人為や作為を超えた真の道 ●儒家の人倫としての「道」を批判	
世界観 人生観	●無為自然…人為を捨てて，自然に従う ●柔弱謙下…世俗への執着を捨て，人と争わない。「上善は水の如し」。	万物斉同…万物は本来，平等一体である。善悪・貴賤の区別も相対的なもの ↓ 心斎坐忘…心を空しくして自然の働きと一体となる 逍遥遊…何にもとらわれない絶対的自由の境地 真人…理想的な人間像
政治観	小国寡民	個人的生活を重視

*道家の思想は，民間の信仰などとも融合し，道教として発展。

問1 〈天の思想〉中国では時間の運行を含め，自然の秩序や政治的秩序が天と結び付けられていた。その天についての記述として最も適当なものを，次の①〜④のうちから一つ選べ。 (2018・追・12)

① 周の王たちは，万物はすべて天の支配のもとにあるという信仰を背景として，自らを天と同一視し，自身の下す命令がとりもなおさず天命であると考え，王の権威を神聖化した。

② 孔子は，「怪力乱神」を語らず，神秘的な存在について積極的に言及することを避ける一方で，「五十にして天命を知る」と述べ，天から与えられた使命を果たそうとした。

③ 孟子は，天命を受けた者が天子となって天下を治めるという考え方を逆転させ，実力本位で王の位についた者を，天命を受けた者として事後的に承認すべきだという易姓革命の考えを説いた。

④ 荘子は，気質の性ではなく，本然の性こそが天によって与えられた理であるとし，天の理に従って自らを律することが人間の正しい生き方であると主張した。

問2 〈諸子百家〉諸子百家についての説明として最も適当なものを，次の①〜④のうちから一つ選べ。 (2020・本・14)

① 墨子は，侵略戦争を有利に進めるために，自集団の中で習得した知識や技術を積極的に利用しようとして，各地を奔走した。

② 墨子は，道を重んじる立場から，無為自然の理想社会を目指し，自給自足の生活を送る小さな共同体の実現を説いて，各地を奔走した。

③ 孟子は各国を遊説して，人間は美醜や善悪といった区別や対立にこだわるが，本来，万物は平等であるという万物斉同の思想を説いた。

④ 孟子は各国を遊説して，君主は仁義に基づいた政治を行うべきであり，民衆に支持されない君主は，天命を失ったものとして追放されると説いた。

問3 〈人間同士の関係〉中国の思想家が人間同士の関係について説いた内容の説明として最も適当なものを，次の①〜④のうちから一つ選べ。 (2017・追・15)

① 孔子は，最初は，他者一般に対して親愛の情をかけることから始めて，次に，身近な者への思いやりの心を育み，さらに，それによって自己修養していくことが仁の実践だと説いた。

② 孟子は，人は生まれながらにして，他者の不幸に無関心でいられないという惻隠の心をそなえており，この心情を養い育てていくことが仁を発揮することだと唱えた。

③ 墨子は，社会に混乱や戦乱が起こるのは，人々が互いに憎み合い利他心を欠いているからであると考え，愛の対象を自己から他者へと段階的に拡（ひろ）げていく社会を理想とした。

④ 韓非子は，利に左右される人間の悪しき本性を考慮に入れ，儒家の徳治主義を補完する法治主義を説き，君主が厳格な信賞必罰を行うことで，人々は相互扶助にいそしむように導かれると主張した。

問4 〈孔子の礼〉次の文章中の ［ a ］ 〜 ［ c ］ に入れる語句の組合せとして

解明POINT
▶天の思想（敬天思想）

天（天帝）

天命‥‥‥‥‥（天意）

［ 天下 （天子） ］

天は，自然の運行などをつかさどる主宰者で，天を支配するのが天帝（上帝）である。天命によって現実世界（天下）を治めるのが天子である。

解明POINT
▶墨子の思想
● 兼愛交利…他者への無差別平等な愛。人々がお互いに利益をもたらしあうこと
● 非攻…侵略戦争を否定
● 節用…節約と勤労の精神
● 節葬…葬儀を簡素化すること
＊墨子は孔子の仁は，家族を対象とする別愛（差別愛）であると，きびしく批判した。

解明POINT
▶韓非子の思想
● 荀子の礼治主義の影響を受けて，法治主義の立場
● 法や刑罰による社会秩序の維持（信賞必罰の必要を説く）。
● 臣下に実際の行動や発言などの一致を求め，反すると処罰する形名参同を説く。
● 性悪説が根底にある。

正しいものを，下の ①〜⑧ のうちから一つ選べ。 (2016・本・11)

　孔子は，社会を支える規範として礼を重んじたが，それは，単に外形的なものではなく，内面性に裏打ちされるべきであると考えた。つまり，他者を愛する心持ちである　　a　　が，立ち居振る舞いや表情・態度として外に現れ出たものが礼であるとしたのである。その実現には，私利私欲を抑えるとともに，他人も自分も欺くことなく，他人を自分のことのように思いやることが重要だとされた。このうち，自分を欺かないことは，　　b　　と呼ばれる。このようにして礼を体得した　　c　　によって，秩序ある社会の実現も可能であると孔子は考えた。

① a 恕　　b 忠　　c 真人　　② a 恕　　b 忠　　c 君子
③ a 恕　　b 信　　c 真人　　④ a 恕　　b 信　　c 君子
⑤ a 仁　　b 忠　　c 真人　　⑥ a 仁　　b 忠　　c 君子
⑦ a 仁　　b 信　　c 真人　　⑧ a 仁　　b 信　　c 君子

問5　〈老子〉老子の説く「道」の説明として**適当でないもの**を，次の ①〜④ のうちから一つ選べ。 (2017・追・14)

① 万物を育みながら，その働きを意識したり，その功績を誇ったりすることのない，万物の母としての根本原理である。

② 人間の感覚や知性によっては把握できない，神秘的な宇宙の根本原理であり，名付けようがないため「無」とも呼ばれる。

③ 何もしていないように見えながら天地万物を生み出し，成長させ，秩序づける，無限の力をもつ根本原理である。

④ 宇宙や人間など万物を貫く様々な働きの根本原理であり，道徳規範としての「礼」を必然的に規定するものである。

問6　〈朱子〉朱熹（朱子）の理と気についての説明として最も適当なものを，次の ①〜④ のうちから一つ選べ。 (2019・本・13)

① 心のなかにのみ存在する理を規範とし，非物質的な気を媒介として，物質としての万物が形成される。

② 万物に内在する理を規範とし，物質的な気が運動することによって，万物が形成される。

③ 心のなかにのみ存在する理を規範とし，物質的な気が運動することによって，万物が形成される。

④ 万物に内在する理を規範とし，非物質的な気を媒介として，物質としての万物が形成される。

問7　〈先哲の言葉〉次のア・イは，諸子百家の説いた思想についての説明であるが，それぞれ誰のものか。その組合せとして正しいものを，下の ①〜④ のうちから一つ選べ。 (2019・追・14)

ア 「いまだ生を知らず，いずくんぞ死を知らんや」と説き，現実の世界を重視し，仁に基づく礼の実践による社会秩序の構築を目指した。

イ 「上善は水のごとし」と説き，他の人よりへりくだりつつ，あらゆる形や物事に囚われない，作為のない自然な生き方を目指した。

① ア 韓非子　　イ 孫子　　　② ア 韓非子　　イ 老子
③ ア 孔子　　　イ 孫子　　　④ ア 孔子　　　イ 老子

解明POINT

▶孔子の仁と礼

仁	心のもち方 「忠」「恕」「孝悌」「信」「克己」などの言葉で表される
	● 君子…仁と礼とを備えた人間 ↓ 修己治人
	● 徳治主義 …仁と礼とに基づいた政治
礼	仁を形にしたもの

＊仁と礼との関係…克己復礼

解明POINT

▶老子

道 …万物の根源
↓
● 無為自然
● 柔弱謙下
● 小国寡民

解明POINT

▶朱子と王陽明の重要語句

朱子	王陽明
理気二元論	理気一元論
性即理	心即理
居敬窮理 （持敬窮理）	致良知 （良知）
格物致知	知行合一

解明POINT

▶道

儒家	人間が守らなければならない道徳，人倫の道 孔子…忠恕 朱子…性即理 王陽明…心即理
道家	宇宙の根本原理，無為自然の道

＊儒家と道家では，道の内容が違うことに注意

問1 〈ソフィストとストア派〉AとBは図書館で見付けた次の**資料1**と**資料2**を比べ，後のメモを作成した。メモ中の a ～ c に入る語句の組合せとして最も適当なものを，後の①～⑥のうちから一つ選べ。　(2023・本・7)

資料1　プラトン『国家』で紹介されるソフィストの思想

　全ての者の自然本性は，他人より多く持とうと欲張ることを善きこととして本来追求するものなのだが，それが法によって力ずくで平等の尊重へと，脇へ逸（そ）らされているのだ。

資料2　キケロ『義務について』より

　他人の不利益によって自分の利益を増すことは自然に反する。……我々が自己利益のために他人から略奪し他人を害するようになるなら，社会——これが自然に最も即している——が崩壊することは必然だ。

メモ

　資料1によれば，ソフィストは a を重視し，これが社会的に抑圧されているとする。先生によると**資料2**の背景にも，自然の 掟（おきて） を人為的な法や慣習より重視するという**資料1**との共通点があるとのことだが，**資料2**では他者を犠牲にした b の追求は，自然に反する結果を招くとされる。さらに調べたところ，**資料2**を書いたキケロの思想はストア派の主張を汲（く）んでおり，これは c の一つの源流とされているということを学んだ。

---

① a 人間の欲求　　b 自己の利益　　c 功利主義
② a 人間の欲求　　b 自己の利益　　c 自然法思想
③ a 人間の欲求　　b 社会の利益　　c 自然法思想
④ a 平等の追求　　b 自己の利益　　c 功利主義
⑤ a 平等の追求　　b 社会の利益　　c 功利主義
⑥ a 平等の追求　　b 社会の利益　　c 自然法思想

問2 〈古代ギリシアとローマの思想家〉次の**資料1・2**は，古代ギリシアとローマの思想家が，恥と評判や名誉との関係について述べたものである。その内容として最も適当なものを，次の①～④のうちから一つ選べ。　(2021・①・本・8)

資料1　〈ソクラテスがアテナイ人に向けて言った言葉〉

　金銭ができるだけ多く自分のものになるよう気を遣って恥ずかしくないのか。評判や名誉は気にしても，知恵と真実には気を遣わず，魂ができるだけ優れたものになるよう配慮しないで恥ずかしいと思わないのか。

　　　　　　　　　　　　　　　　　　　　　（『ソクラテスの弁明』より）

資料2　〈キケロが友情について語った言葉〉

　友の命や評判が危機にある状況で，友の必ずしも正しくはない望みに手を貸す必要があれば，道を外れてでも手を貸して然（しか）るべきだ。ただし，あまりに恥ずべきことが結果しない限りで。友情のために許される言動にも限度があるのだ。

　　　　　　　　　　　　　　　　　　　　　　　　　　（『友情について』より）

解明POINT

▶**ソフィストの特徴**

　ソフィストの思想は相対主義，主観主義などといわれ，やがて自分に都合のよい理屈を相手に強要する方法（詭弁）に陥った。

解明POINT

▶**キケロ**

　ローマ共和政の政治家・哲学者で，雄弁家として知られる。カエサルの死後，政争に巻き込まれて暗殺される。**ストア派**などの影響を受け，ギリシアの哲学についてラテン語で紹介する。後の**自然法思想**にも影響を与えた。

　『義務について』は，ローマ市民が道徳的・社会的義務を現実のなかでどのように果たすべきかを述べている。

解明POINT

▶**『ソクラテスの弁明』**

　アテナイの法廷で弁明するソクラテスの様子と彼の思想を，プラトンが記述したもの。

　徳とは魂（プシュケー）をできるだけ優れたものにすること（「魂への配慮」）や，自分は何も知らないということを自覚する（「無知の知」）にいたった経緯などが述べられている。

① ソクラテスは，知恵や真実や魂ではなく，評判や名誉ばかりを気遣うのは恥だとし，キケロは，友の命や評判のためなら，極度に恥ずべきことにならない限り，必ずしも正しくはない望みでも手助けすべきだとしている。

② ソクラテスは，知恵や真実や魂ではなく，評判や名誉ばかりを気遣うのは恥だとし，キケロは，友の命や評判のための手助けは，それが恥につながる限り，どのような場合でも行ってはならないとしている。

③ ソクラテスは，魂が優れたものになるよう配慮することより評判や名誉の追求を重視し，キケロは，友の命や評判のためなら，極度に恥ずべきことにならない限り，必ずしも正しくはない望みでも手助けすべきだとしている。

④ ソクラテスは，魂が優れたものになるよう配慮することより評判や名誉の追求を重視し，キケロは，友の命や評判のための手助けは，それが恥につながる限り，どのような場合でも行ってはならないとしている。

問3 〈老子・旧約聖書〉 AとBは，次の**資料1**・**資料2**を見付け，先生と3人で後の会話を交わした。会話中の下線部①～④は，それぞれ**資料1**・**資料2**から読み取れる内容の説明，ならびに老子・旧約聖書についての説明である。その内容として**適当でないもの**を①～④のうちから一つ選べ。　　（2022・本・6）

資料1　『老子』からの引用
　有と無，難と易，長と短……（という対立する言葉や概念）は，互いに依存し合い相対的な関係にある。ゆえに，聖人は無為を決め込み，言葉に依らない教えを実行するのだ。
資料2　旧約聖書「ヨブ記」からの引用
　主はヨブに言われた。非難する者が全能者と言い争うのか。……ヨブは主に答えた。私は取るに足りない者。何を言い返せましょうか。……それゆえ，私は自分を退け塵と灰の上で悔い改めます。

A：**資料1**も**資料2**も，黙することの大切さを説いているようだね。

B：**資料1**では，①様々な言葉や概念は相対的なものにすぎないから，聖人は言葉に依らない教えを行うと言われているよ。

A：授業で，②老子は，人々が道から外れて，文明や道徳を人為的に作ったことを批判したって習ったね。**資料1**はそれと関連しているのかな。

B：**資料2**はどうだろう。旧約聖書の「ヨブ記」は，様々な不幸に見舞われたヨブが，全能者である神にその理由を問いかける物語らしいね。

A：③「旧約」って，古くからの伝統に基づく神との契約という意味で，ユダヤ教徒自身が誇りを持ってそう呼ぶようになったんだよね。

B：**資料2**では，④ヨブが自らの卑小さを忘れて，その神と言い争おうとした自分を反省している様子が描かれているね。

A：うーん，むやみに議論を追い求めるのが正しいわけでもないのか…。

先生：一か所誤りもありますが，**資料1**・**資料2**を基によく考えていますね。

問4 〈仏教の世界観〉 次のメモは，仏教の世界観について調べた高校生Bが作成したものである。　a　・　b　に入る記述の組合せとして最も適当なものを，次の①～④のうちから一つ選べ。　　（2021・②・本・6）

▶『友情について』
　友情は富・権力・名誉よりもはるかに価値のあるものとし，資料では友人の要求を何でも聞けばよいというものではないと説いている。

解明POINT
▶老子の思想
　万物の根源を「**道（タオ）**」に求め，**無為自然**，**柔弱謙下**，**小国寡民**を説いた。
▶「ヨブ記」
　『旧約聖書』の中の一篇で，神が創造した世界で，なぜ善人だけが苦難を受けなければならないかをテーマとしている。ヨブが神に問いかけると，神は「世界は複雑で人間の知恵では測り知ることができない，私を信頼することである」と応える。ヨブは謙遜と悔い改めをもって応え，神を責めたことを謝罪し，分を超えたことを悔いた。ここには**神への絶対的信仰**が説かれている。

解明POINT
▶古代インドのウパニシャッド哲学
　『ウパニシャッド』の中心は，**業による輪廻**とそれからの**解脱**であり，宇宙の根本原理（ブラフマン，梵）と個々人の根本原理（アートマン，我）が一体である**梵我一如**の境地に達することだと説く。

メモ
　インドにおける仏教の縁起思想の中には，全てのものは　a　　という考え
があることが分かった。「先生」を例にして考えてみると，　b　　と理解す
ることができる。

① a　独立して存在するから，固有の本性を持つ
　　b　先生は，宇宙の根本原理（ブラフマン）の一つであり，先生としての固
　　　有の本性を持つ
② a　独立して存在するから，固有の本性を持つ
　　b　先生は，先生自身の努力だけで先生としての能力を保ち続けているので
　　　あり，先生としての固有の本性を持つ
③ a　他に縁って存在するから，固有の本性を持たない
　　b　先生は，宇宙の根本原理（ブラフマン）から生じたものであり，根本原
　　　理に縁っているため，先生としての固有の本性を持たない
④ a　他の縁って存在するから，固有の本性を持たない
　　b　先生は，生徒など他のものに縁って先生たり得ているのであり，先生と
　　　しての固有の本性を持たない

問5　〈三つの宗教の比較〉次のノートは，ユダヤ教，キリスト教，イスラームを
　　特徴づける事項について整理したものの一部である。ノートの三つの宗教を共
　　通に特徴づける事項の　X　　に入る語句として適当なものを，下の①～⑧
　　からすべて選べ。　　　　　　　　　　　　　　　　　　　　（2018・プレ・11）

ユダヤ教を特徴づ
ける事項
・選民思想
・律法（トーラー）
・嘆きの壁

キリスト教を特徴
づける事項
・世界宗教
・神の子
・『新約聖書』

イスラームを特徴
づける事項
・世界宗教
・六信五行
・『クルアーン（コーラン）』

三つの宗教を共通に特徴づける事項
・全知全能の神
・　X

① 祈り　　　　　　② 四書五経　　　③ 預言者　　　④ 多神教
⑤ 神からの啓示　　⑥ 出家　　　　　⑦ 徳治主義　　⑧ 一神教

問6　〈愛について〉(1)愛に関する言葉の説明を，次の①～④のうちから任意に一
　　つ選べ。なお，(1)で①～④のいずれを選んでも，次の(2)の問いについては，
　　それぞれに対応する適当な選択肢がある。　　　　　　（2018・プレ・12・13）
① この言葉はもともと愛の神を意味していた。完全なもの・価値あるものを求
　める愛で真の知恵を愛し求める原動力となるものである。
② この言葉は無差別・無条件の神の愛を意味する。すべての人間，善人にも罪
　人に対しても，分け隔てなく，注がれるものである。

▶縁起思想
　縁起（「縁って生起する」
の意）は，何ごとも原因によ
って生じ，原因によって滅す
ることで，「これあるとき，
かれあり。これの生ずること
によって，かれ生ずる」とい
うように，仏陀の悟りの内容
の一つ。

解明POINT
▶三つの宗教の比較

ユダヤ教
◆ヤハウェ
◆『聖書』（旧約聖書）
◆偶像…絶対禁止

キリスト教
◆主，キリスト，聖霊
◆キリスト像やマリア像は
　偶像ではない

イスラーム（イスラーム
教）
◆アッラー
◆『クルアーン』他
◆偶像…絶対禁止

▶一神教と多神教

一神教
◆唯一絶対の神への信仰
◆万物の創造主

多神教
◆多くの神々の存在とそれ
　への崇拝
◆ギリシア神話，ヒンドゥ
　ー教，八百万神（日本）

解明POINT
▶愛の諸相

ギリシア哲学
◆エロース…完全なるもの
　（イデア）への希求，上
　昇的な愛，プラトン
◆フィリア…友愛，互いに
　相手に向かう相互的な
　愛，アリストテレス

キリスト教
◆アガペー…神の愛，自己
　犠牲的な無償の愛，カリ
　タスともいう

③　この言葉はあらゆる命への普遍的な愛のことである。苦悩する衆生に差別なく向けられるものである。

④　この言葉は本来，親と子の間にわき起こる自然な愛情を意味する。社会的な関係の中で広げられていくものである。

(2)　(1)で選んだ愛に関する言葉の説明と関連の深い資料として最も適当なものを，次の ① ～ ④ のうちから一つ選べ。

①　いかなる生物生類であっても，怯えているものでも強剛なものでも，悉（ことごと）く，長いものでも，大きなものでも，中くらいのものでも，短いものでも，微細なものでも，粗大なものでも，目に見えるものでも，見えないものでも，遠くに住むものでも，近くに住むものでも，すでに生まれたものでも，これから生まれようと欲するものでも，一切の生きとし生けるものは，幸せであれ。

②　人間の生まれつきが，孝行で柔順だというのに上役にさからいたがるものは，まず珍しいね。その上役にさからいたがらないものが内乱をおこしたという例は，まだ聞いたことがない。りっぱな人間は根本をたいせつにする。根本がかたまると道は自然にできる。

③　だれであれ，自分の半身を探し求めるような人たちは恋しているのだという説が語られていますね。しかし，私の説が主張するところでは，恋が求めるのは半分でも全体でもないのです。（中略）人々が恋するものは，善きもの以外には何もありません。（中略）恋とは，善きものが永遠に自分のものになることを求めているのです。

④　ある人が羊を百匹持っていて，その一匹が迷い出たとすれば，九十九匹を山に残しておいて，迷い出た一匹を捜しに行かないだろうか。（中略）もし，それを見つけたら，迷わずにいた九十九匹より，その一匹のことを喜ぶだろう。

問7　〈ブッダとパウロ〉次のア・イはブッダとパウロの思想についての説明，ウ・エは資料の内容についての説明である。ア～エから適当なものを全て選んだとき，その組合せとして正しいものを，後の ① ～ ⑨ のうちから一つ選べ。

(2023・本・5)

資料1　ブッダの言葉を収めた『スッタニパータ』より
　いかなる生き物であっても，怯えているものも動じないものも，悉（ことごと）く，……既に生まれたものも，これから生まれようとするものも，全ての生き物は，幸せであれ。

資料2　新約聖書「ガラテヤの信徒への手紙」（パウロ）より
　あなたがたは皆，真実によって，キリスト・イエスにあって神の子なのです。……ユダヤ人もギリシア人もありません。奴隷も自由人もありません。男も女もありません。あなたがたは皆，キリスト・イエスにあって一つだからです。

ア　ブッダは，この世のあらゆる生き物は絶えず変化してとどまることがないため，それらの生涯は苦とも楽とも断定できないと説いた。

イ　パウロは，十字架上でのイエスの死を，人間の罪のためのいけにえとして解釈し，これによって人間の罪が贖（あがな）われたと考えた。

ウ　資料1では，現在生きている生き物に対してだけでなく，未来の生き物に対しても，等しく幸せを願うことが説かれている。

仏教（仏陀）

◆慈悲…生きとし生けるものへの無量のいつくしみ。他者に楽を与えることを「慈」，他者の苦を取り除くことを「悲」，抜苦与楽ともいう

儒教（孔子）

◆仁…家族や肉親に対する愛のような他者への温かい思い，孝悌，忠恕，信，誠などと表現される

解明POINT

▶『スッタニパータ』
　パーリ語（上座部仏教の古典語）で書かれた『ダンマパタ（法句教）』と並ぶ最古の仏典。
　人間として正しく生きる道が記されており，ブッダは「犀の角のようにただ独り歩め」と述べ，出家して煩悩に惑わされずに，独り生きることを説いている。

▶「ガラテヤの信徒への手紙」
　パウロの手紙の中でも特に重要な「四書簡」の一つ。この手紙の中で，すべての人々は律法ではなく，イエスへの信仰によって義とされ，救済されるとする信仰義認説が説かれている。
　新約聖書には，四福音書とパウロの13の手紙が収められている。

エ 資料2では，信徒は全て神の子であるため，民族や身分，性別などを問わず，平等であることが説かれている。

① アとイ　　　② アとエ　　　③ イとウ

④ ウとエ　　　⑤ アとイとウ　　⑥ アとイとエ

⑦ アとウとエ　⑧ イとウとエ　　⑨ アとイとウとエ

問8 〈孔子と老子〉資料1・2は，人間のあり方を水になぞらえた言葉を伝えている。孔子や老子の思想を踏まえて，資料から読み取れる内容として最も適当なものを，下の①〜④のうちから一つ選べ。　　　　(2021・②・本・4)

資料1 〈孔子の言葉〉
そもそも水は，広く万物に生命を与えながらそれ以上の余計なことをしないという点が，徳ある人のようだ。　　　　　　　　　　　　　(『荀子』より)

資料2 〈老子の言葉〉
最上の善とは水のようなものだ。水は万物に利益を与えて争うことがなく，誰もが嫌がる低湿地に落ち着く。　　　　　　　　　　　　(『老子』より)

---

① 自分のわがままを抑え，人の心を思いやることに基づく社会秩序を追求した孔子は，資料1によると，徳ある人は，あらゆるものに生命を与える水のあり方に譬えられると考えた。

② 自然の現象を超えた神秘的な現象を解き明かすことを目指した孔子は，資料1によると，徳ある人は，あらゆるものに必要以上に関わる水のあり方に譬えられると考えた。

③ 万物の根底にある道に従って生きることを本来の生き方だと考えた老子は，資料2によると，誰もが嫌がる場所を避けて流れ行く水のあり方を，最上の善と表現した。

④ 他人にへりくだることのない自然な生き方を説いた老子は，資料2によると，あらゆるものに利益を与えながらも軋轢を生じさせることのない水のあり方を，最上の善と表現した。

問9 〈徳への考察〉徳について考察した哲学者たちの思想の記述として最も適当なものを，次の①〜④のうちから一つ選べ。　　　　(2018・プレ・4)

① ストア派は，宇宙を支配する理法を理解する賢者のみが徳を獲得できると考え，「自然に従って生きよ」と説いた。

② ソクラテスは，人が徳を獲得すれば財産や名誉も手に入れることができると考え，魂の世話の重要性を説いた。

③ アウグスティヌスは，キリスト教徒に必要なのは四元徳ではなく三元徳のみであると考え，神の愛の貴さを説いた。

④ プラトンは，人が幸福であるためには徳が必須であると魂の三部分説に基づいて考え，「隠れて生きよ」と説いた。

問10 〈人間のあり方〉人間のあり方について説かれた様々な教えや思想の説明として最も適当なものを，次の①〜④のうちから一つ選べ。　(2021・②・本・1)

① ホメロスの叙事詩では，人間の生き方や世界の諸事象は，神々と無関係であるとする世界観が展開されている。

② ソクラテスは，良さや卓越性を意味する徳（アレテー）について，人間の徳

は生まれが社会的に高貴であるかどうかに基づいて成立すると考えた。

③　大乗仏教では，菩薩が実践すべき徳目の一つとして「布施」が説かれ，悟りに役立つ教えを授けることと財（財物）を与えることが推奨された。

④　ウパニシャッド哲学では，人間はカルマ（業）によって決まる境遇に永遠に生まれ変わり続け，その連鎖から抜け出すことは不可能だと考えられた。

問11　〈共同体と社会〉共同体や社会をめぐる思想についての説明として最も適当なものを，次の ① 〜 ④ のうちから一つ選べ。　　　　（2021・①・本・1）

①　ペテロ（ペトロ）らは，イエスが死後に復活したと信じ，彼を救世主（キリスト）とみなす教団を形成した。

②　荀子は，社会に秩序がもたらされるためには，人間に本性的に備わる欲望が，自然と落ち着いていくことを待つ以外にないと考えた。

③　董仲舒は，天人相関説を唱え，自然災害は，善政を敷く君主の統治する社会においてこそ起こると説いた。

④　スンナ派では，預言者の血統を受け継いだカリフが，ムスリムの共同体（ウンマ）を治めるべきだとされる。

問12　〈森羅万象への思想〉森羅万象について説かれた様々な教えや思想の説明として最も適当なものを，次の ① 〜 ④ のうちから一つ選べ。　（2021・②・本・2）

①　イスラームとキリスト教では，ともに万物は神の被造物であり，世界は終末に向かって進んでいると考えるが，キリスト教とは異なり，イスラームに最後の審判という考えはない。

②　プラトンは，感覚によって捉えられるものは全て，イデアという真実在の模像であると考え，全てのイデアを秩序付け，統一するものとして善のイデアを構想した。

③　朱子（朱熹）は，万物が理と気の二元によって構成されていると考え，理が万物の物質的な元素であるのに対し，気は万物を貫き成り立たせる根拠であると捉えた。

④　大乗仏教では，無著（アサンガ）と世親（ヴァスバンドゥ）の兄弟が，この世の全てのものは，心の働きである識と物質である色の二元から構成されていると説いた。

問13　〈規範や社会秩序〉規範や社会秩序について説いた宗教や思想家の記述として最も適当なものを，次の ① 〜 ④ のうちから一つ選べ。　（2021・①・本・5）

①　ユダヤ教では，十戒など，イスラエルの民が自ら定めた律法を守れない場合，神から裁きが下されると考えられた。

②　孟子は，為政者が武力によって人々を支配する王道の政治を退け，人民の幸福に配慮し，徳に基づいた覇道の政治を提唱した。

③　ジャイナ教の教えの中には，生き物を殺してはいけないという不殺生（アヒンサー）が含まれる。

④　アリストテレスは，正義の徳について，人々の間の公平と平等に関わる全体的正義と，法律の遵守に関わる部分的正義に区別した。

解明POINT

▶ペテロ（ペトロ）

　イエスの十二使徒の筆頭で，初代のローマ教皇とされる。イエスこそ救世主（キリスト）であるとして，エルサレム教会設立の中心的役割を担った。

解明POINT

▶二元的な考え方と否定

プラトン
イデア界と現実界（現象界）の二世界論の展開
朱子（朱熹）
理気二元論で，理は天地万物に内在する規範原理，気は万物の物質的要素・元素であるとする
大乗仏教
空の思想から否定的な見解を展開（「色即是空」は竜樹（ナーガールジュナ）が説き，「般若心経」の一節にある）

解明POINT

▶ジャイナ教

バラモン教

　　否定し，苦行による解脱

↓

ジャイナ教…禁欲
　不殺生（アヒンサー）
　無所有

解明POINT

▶アリストテレスの正義

◆全体的正義

◆部分的正義（公正さ）
　├ 配分的正義
　└ 調整的正義

整理・要約

1 ルネサンスの思想家

- ●ルネサンス…「再生」「文芸復興」，古代ギリシアやローマ文化の復興
- ●神中心主義からヒューマニズム（人文主義，人間中心主義）への転換
- ●北イタリアのフィレンツェからフランス・イギリス・ドイツなどに広がる（14世紀から16世紀）

分野	人名	国	著書・作品	思想内容
文学	ダンテ	伊	『新生』『神曲』	●ラテン語ではなく，トスカナ語で表記
	ペトラルカ	伊	『カンツォニエーレ』（抒情詩集）	●抒情詩 ●最初の近代人と呼ばれる
	ボッカッチョ	伊	『デカメロン』	●『十日物語』，人間の欲望の肯定
美術 彫刻	ボッティチェッリ	伊	「ヴィーナスの誕生」「春」…人間の美しさと生命の息吹を描く	
	レオナルド゠ダ゠ヴィンチ	伊	「モナ゠リザ」 「最後の晩餐」	●「万能人」（普遍人） ●「手稿」…膨大な自然科学に関するデッサン
	ミケランジェロ	伊	「ダヴィデ像」 「最後の審判」	●彫刻家・画家としてだけでなく，建築家として「聖ピエトロ寺院」も設計
	ラッファエッロ	伊	「聖母子像」 「アテネの学堂」	●「アテネの学堂」で理想主義のプラトン，現実主義のアリストテレスを描く
哲学 思想	ピコ゠デラ゠ミランドラ	伊	『人間の尊厳について』	●人間の**自由意志**の尊重
	エラスムス	蘭	『痴愚神礼讃』	●最大の人文主義者（ヒューマニスト）
政治	マキャベッリ	伊	『君主論』	●政治を宗教や倫理から独立，権謀術数
	トマス゠モア	英	『ユートピア』	●私有財産制のない理想郷を描く

2 宗教改革

人名	ルター（ドイツ）	カルヴァン（フランス）
著書 著述	『キリスト者の自由』 「95か条の論題」 新約聖書のドイツ語訳	『キリスト教綱要』
救済	信仰義認説…「信仰のみ」 聖書中心主義（福音主義） …「聖書のみ」	予定説（二重予定説）…救済は，すべて神によって予定されている。ある者には永遠の生命が，ある者には永遠の滅亡が予定されている
職業 観	職業召命観 万人司祭説	勤労と禁欲の倫理（カルヴィニズム）…職業を神からの**召命**（天職）とし，職業から得られる富を正当で神聖なものとした。（M.ウェーバー） 職業人（専門人）
政治 観	政教分離 ドイツ農民戦争への批判	政教一致 ジュネーブ市での神政政治

3 モラリストの思想

- ●ありのままの人間の姿を見つめ，生き方（モラル）を模索する思想

  モンテーニュ（フランス）
- ●著書…『エセー（随想録）』
- ●懐疑論…「ク・セ・ジュ」（私は何を知るか？）
- ●謙虚で内省的な心

  パスカル（フランス）
- ●著書…『パンセ』
- ●「人間は考える葦である」
- ●人間は偉大と悲惨の**中間者**
- ●三つの秩序…身体・精神・愛
- ●気晴らし…人間は存在のみじめさから目を背ける
- ●**幾何学的精神**（理性の論理）だけでなく，**繊細の精神**（心情の論理）の重要性を説く

- ●宗教改革の先駆者…イギリスのウィクリフ，ボヘミアのフス
- ●**カトリック改革（対抗宗教改革）**…イグナティウス゠デ゠ロヨラを中心として**イエズス会**を設立，教皇権の至上性を確認，フランシスコ゠ザビエルら修道士の日本への派遣など布教活動を行う。

問1 〈ルネサンス期の思想〉ルネサンス期の説明として**適当でないもの**を，次の①〜④のうちから一つ選べ。　　　　　　　　　　　　　　　　　　(2015・本・29)

① ルネサンス期には，古代ギリシア・ローマの文芸を再生し，古典を学び直そうという運動が広く展開した。古典を模範とすることで，人間性を解放し，新たな人間像を探究する人間中心の文化が花開いた。

② ルネサンス期には，古典研究を通して，キリスト教世界の根源にある古代の異教的世界を再興しようという考えが現れた。自然を再発見することで，古代の神々を中心とする神話的世界観が復活した。

③ ルネサンス期には，美術の世界でも，遠近法が確立し，人体の写実的な描写が始まるなどの革新がみられた。「最後の審判」など，絵画や彫刻作品を数多く制作したミケランジェロは，建築の分野でも活躍した。

④ ルネサンス期には，人間の本性はあらかじめ定まってはいないという考えが現れた。ピコ＝デラ＝ミランドラは，人間は自由意志に基づいて自分の本性を形成する存在であるとし，そこに人間の尊厳の根拠をみた。

問2 〈ルネサンスの文学・芸術〉ルネサンス期の文学・芸術についての説明として**適当でないもの**を，次の①〜④のうちから一つ選べ。　　　　　　　(2016・本・29)

① ボッカチオは，快楽を求める人々の姿を描いた『カンツォニエーレ』を著し，人間解放の精神を表現した。

② レオナルド・ダ・ヴィンチは，解剖学などを踏まえた絵画制作を通じ，人間や世界の新たな表現法を提示した。

③ アルベルティは，建築を始め様々な分野で活躍し，自らの意欲次第で何事をも成し遂げる人間像を示した。

④ ダンテは，罪に苦悩する人間の魂の浄化を描いた『神曲』を著し，人文主義的な機運の先駆けをなした。

問3 〈ルネサンス期の人物〉中世の封建的な考え方から個人を解放したとされるルネサンス期の人物についての説明の正誤の組合せとして正しいものを，後の①〜⑧のうちから一つ選べ。　　　　　　　　　　　　　　　　　　(2023・本・17)

ア マキャヴェリは，政治を，宗教や道徳から切り離して，非道徳的な手段をとることを含め，あらゆる手段を使って人間を統治するものだと考えた。

イ ラファエロは，メディチ家の庇護(ひご)を受け，人文学者と交わって古典を学び，「ダヴィデ」などの作品で，理想的な美しさを追求した。

ウ ペトラルカは，『デカメロン』において，感情や欲望を人間の本性として生き生きと描くことで，人間性を解放しようとした。

①	ア 正	イ 正	ウ 正		②	ア 正	イ 正	ウ 誤
③	ア 正	イ 誤	ウ 正		④	ア 正	イ 誤	ウ 誤
⑤	ア 誤	イ 正	ウ 正		⑥	ア 誤	イ 正	ウ 誤
⑦	ア 誤	イ 誤	ウ 正		⑧	ア 誤	イ 誤	ウ 誤

問4 〈トマス・モア〉トマス・モアは，架空の島を舞台とした『ユートピア』を著したが，その内容の説明として最も適当なものを，次の①〜④のうちから一つ選べ。　　　　　　　　　　　　　　　　　　　　　　　　　　(2014・本・30)

解明POINT

▶自由意志

人間の自由意志を否定
ルター

↓↑**自由意志論争**

人間の自由意志を肯定
エラスムス

‖

ピコ＝デラ＝ミランドラ
自分で自分のあり方を決定する**自由意志**を持っているところに，**人間の尊厳**が存在する

● アウグスティヌスは，神の恩寵に拠らなければ人間は善を志すことができないとした。

※スピノザも人間の自由意志を否定した。

解明POINT

▶理想的人間像

古代ギリシア
●善美の人
中世キリスト教社会
●信仰の人
近代
ルネサンス期
●万能人
●自由意志を持つ人間
宗教改革期
●職業人（専門人）

解明POINT

▶私有財産制の否定

● **トマス＝モア**…『ユートピア』

● **ルソー**…人間の不平等の起源は土地の私的所有制に始まる

● **マルクス**…生産手段の私有化を否定し社会的所有を主張

● **ロバート＝オーウェン**…ニュー－ラナーク工場の創設

① 国家の干渉を批判し，個人が自らの利益を追求することが社会全体の繁栄につながると主張している。

② 現実に対応できない統治者を批判し，国家の統治のためには道徳に反した行いも許されると主張している。

③ 土地所有者が農地の囲い込みをしている社会を批判し，私有財産制のない社会のあり方を示している。

④ 互いに争う人々を批判し，『旧約聖書』の怪物に譬（たと）えられる強大な権力をもった国家による支配を正当なものとして示している。

問5 〈宗教改革期の人物〉宗教改革期に活躍した人物についての説明として最も適当なものを，次の ①〜④ のうちから一つ選べ。　(2018・追・30)

① ルターは，『キリスト教綱要』のなかで，誰が永遠の生命を与えられる者で，誰が永遠に断罪を受ける者であるかは，神の意志によってあらかじめ定められているとした。

② ウィクリフは，ルターやカルヴァンらの宗教改革に影響を受けて，聖書に忠実であろうとする立場から，ローマ・カトリック教会の教義や教皇のもつ権力を批判した。

③ エラスムスは，『愚神礼讃（痴愚神礼讃）』のなかで，教会や聖職者の堕落を風刺したが，自由意志を否定するルターとは対立し，激しさを増していった宗教改革と距離をおいた。

④ イグナティウス・ロヨラは，プロテスタンティズムの勢力に対抗するため，イエズス会を創設し，教皇などの特権的な身分を認めない立場から，教会の改革を行った。

問6 〈ルター〉宗教改革の始まりに大きな役割を果たしたのがルターである。ルターの思想の説明として正しいものを，次の ①〜④ のうちから一つ選べ。　(2011・本・25)

① 神の前ではすべてのキリスト者は平等であり，教会の権威によってではなく，自己の信仰心によって直接神と向き合う。そして，聖書のみがキリスト教の信仰のよりどころである。

② どの人間が救われるかは，神の意志によってあらかじめ定められており，各人が聖書の教えに従って，神への奉仕として世俗の職業生活に励むことが，救いの確証になり得る。

③ 聖書に説かれた信仰の真理と自然の光に基づく理性の真理とは区別されるが，両者は矛盾するのではなく，理性の真理が信仰の真理に従うことによって互いに補足し合い調和する。

④ キリスト者は，すべてのものの上に立つ自由な主人であって，誰にも従属していない。したがって，農民が教会や領主の支配に対抗して暴徒化することには十分な理由がある。

問7 〈ルターの著作〉ルターの著作として正しいものを，次の ①〜④ のうちから一つ選べ。　(2013・本・30)

① 『愚神礼讃（痴愚神礼讃）』　② 『キリスト者の自由』

③ 『キリスト教綱要』　④ 『人間の尊厳について』

問8 〈宗教改革〉次の発表中の ┌ a ┐ 〜 ┌ c ┐ に入る記述を下のア〜オから

解明POINT

▶救済についての考え方

●ローマ・カトリック教会

[神]
↓↑
[教会]

救い　↓　贖宥状，儀式

[人間]

*教会が救済のカギを握る

*アウグスティヌスは，教会こそ救いを与える，神の国の代理人とした。

●ルターの宗教改革

[神]

救い　↓　信仰のみ

[人間]　聖書のみ
万人司祭

*個人の信仰が救済のカギ

解明POINT

▶コミュニケーション革命

ラテン語	ドイツ語
羊皮紙	紙
木版印刷	グーテンベルクの活版印刷

カトリック　ルター

*ルターの宗教改革を後押ししたものがコミュニケーション革命。人々はドイツ語で書かれた安価な聖書を手にすることができ，聖書中心主義の信仰が可能となった。

*ウィクリフは『新約聖書』を英語に訳し，ダンテは『神曲』をイタリアのトスカーナ語で著した。

解明POINT

▶ルターとカルヴァン

ルター

『キリスト者の自由』

● 人間の**自由意志**に否定的。自由意志を説くエラスムスと対立

● 人間は神の恩寵によってのみ自由となる

● 職業は，神から与えられたもの（**職業召命説**）

選び，その組合せとして正しいものを，後の ①〜⑥ のうちから一つ選べ。

(2021・②・本・18 改)

> **発表**
>
> 　宗教改革の中で，神との関係から世俗的生活の意義が問い直されます。　　a　　と考えたカルヴィニズムでは，世俗的な職業は，　　b　　を実現するためのものとされました。この点に関して，20 世紀の社会学者ウェーバーは，人々が，　　c　　資本が蓄積された，と論じています。

ア　誰が救済されるかは，あらかじめ決まっている
イ　誰が救済されるかは，まだ決まっていない
ウ　神の栄光
エ　人間の救済
オ　救済の確信を得るために仕事に励み，禁欲的な生活を送ったから
カ　享楽的な生活を送るために仕事に励み，その結果として

① a−ア　b−ウ　c−オ	② a−ア　b−エ　c−オ
③ a−ア　b−エ　c−カ	④ a−イ　b−ウ　c−オ
⑤ a−イ　b−ウ　c−カ	⑥ a−イ　b−エ　c−カ

問9　〈モンテーニュ〉モンテーニュの思想の説明として最も適当なものを，次の ①〜④ のうちから一つ選べ。　　　　　　　(2017・本・29)

①　人間は，「私は何を知っているか」と問い，謙虚に自己吟味を行うことによって，自らに潜んでいる偏見や独断から脱することができる。

②　人間は，単に行為するだけにとどまらず，行為の正不正に関する道徳的判断をも下す存在だが，この判断は知性ではなく感情の働きである。

③　人間は，生の悲惨さを自ら癒すことができないために，娯楽や競争などの気晴らしに逃避して，気を紛らわそうとする。

④　人間は，自由意志に従うと「堕落した下等な被造物」にもなり得るため，自由意志の上位に信仰をおくことによって正しき者となる。

問10　〈パスカル〉パスカルの思想の説明として最も適当なものを，次の ①〜④ のうちから一つ選べ。　　　　　　　(2014・本・31)

①　人間には外的なものから受ける影響で様々な情念が生じるが，人間は，自らの意志によってそれらの情念を支配し，自分の行動を決定していくことができる高邁の精神をもつと考えた。

②　考えることに人間の尊厳を見いだし，特に，人間のあり方や事柄の本質を捉えるためには，推理や論証を行う能力だけではなく，直観的に物事を把握する能力が必要であるとした。

③　人間にはその本性や感覚によって誤謬や錯覚が生じるが，実験と観察を通じて得られた知識によって，それらを取り除き，自然の一般的な法則を捉えることで，自然を支配できると考えた。

④　自己自身を形成することに人間の尊厳を見いだし，特に，人間が自分の生き方を選択し，自らの存在のあり方を決定するためには，各自の自由意志が必要であるとした。

カルヴァン

『キリスト教綱要』

● 救済は，神の意志によって予定されている（**予定説**）

● ルターと同じように，職業を神からの**召命**とし，職業から得られる富は，神の栄光を増大させるものと考えた

解明 POINT

▶**『プロテスタンティズムの倫理と資本主義の精神』**（マックス＝ウェーバー）

　カルヴァン派の教えは，市民階級である商工業者の間に広がった。それはローマ・カトリックで否定されていた営利の追求を認め，神の栄光を増大させるものとしたためである。また禁欲の倫理は，資本の蓄積をもたらし，資本主義の発展の源となった。

解明 POINT

▶懐疑主義

ゴルギアス（ギリシア）
「何も有らぬ。有るにしても，何も知りえない。たとえ知り得るにしても，それを何人も他の人に明らかにすることはできない」

ピュロン（ギリシア）
心の平静を得るために，経験的な事がらの真偽について「判断停止」を説く

モンテーニュ（フランス）
「ク・セ・ジュ（私は何を知るか）？」

デカルト（フランス）
「われ思う，ゆえにわれあり」（方法的懐疑）

ヒューム（イギリス）
因果関係や知覚による実体の認識を疑問視。人間の心も「**知覚の束**」にすぎない

2 真理の認識　経験論と合理論

⬛ 整理・要約

1 近代科学の誕生（科学革命）

コペルニクス （ポーランド）	●天動説（アリストテレス，プトレマイオス）に対して，**地動説**を唱える
ガリレオ゠ガリレイ （イタリア）	●主著『**天文対話**』 ●振り子の等時性，落下の法則，望遠鏡による天体観測など ●地動説を支持したために異端審問所による宗教裁判で有罪の判決を受ける 　→「それでも地球は回っている」 ●「自然という書物は数学の言葉で書かれている」
ケプラー （ドイツ）	●惑星運動の三法則を発見
ニュートン （イギリス）	●主著『**自然哲学の数学的諸原理（プリンキピア）**』…機械論的自然観 ●万有引力の法則

・科学革命…科学のパラダイム（思考の枠組み）の転換（トマス゠クーン）

2 F.ベーコンとデカルト

人名	F.ベーコン（イギリス）	デカルト（フランス）
主著	『ノヴム‐オルガヌム（新機関）』	『方法序説』『省察』『情念論』
哲学	イギリス経験論	大陸合理論
生得観念	認識能力は後天的（生得観念を認めない）	認識能力は先天的（生得観念を認める）
学問の方法	**帰納法** 一般的法則 ↗　↑　↖　観察・実験 事実　事実　事実	**演繹法** 一般的法則・確実な知識 推論 ↙　↓　↘ 推論 結論　結論　結論
言葉	「知は力なり」	「われ思う，ゆえに我あり」
思想	●「知は力なり」 スコラ哲学は空虚な議論に陥っていると批判。自然にはたらきかけ，自然法則を発見，自然を支配して，人類の生活を改善する ●ベーコンの求めた知 古代ギリシア人の自然に対する態度（テオーリア）と対立。ソクラテスのような徳に対する知ではなく，自然に対する知を求めた ●四つのイドラ 「種族のイドラ」…人間の生来持つ偏見 「洞窟のイドラ」…個々人が身に付けた偏見 「市場のイドラ」…言葉の不適切な使用による偏見 「劇場のイドラ」…権威を無批判に受け入れることによる偏見	●明晰判明な原理（誰にとっても，どのような場合でも確実で疑い得ない原理）を求める ↓ **方法的懐疑**…真理を得るための懐疑 ↓ **哲学の第一原理**…疑っても疑いえないのは疑っている自己の理性（良識・ボン‐サンス） 「私は考える，ゆえに私はある」 （コギト・エルゴ・スム） ●**物心二元論（心身二元論）**…精神と物体，人間の精神と身体は相互に独立した実体 精神は**思惟**，物質は**延長**（空間的な広がりを持ち，数量化が可能）という属性 →機械論的自然観 ●情念と高邁の精神…身体と結合した情念を統制するものが，高邁な精神（『情念論』）

3 経験論の系譜

ベーコン（イギリス）
イギリス経験論の祖

ロック（イギリス）
- 主著『人間知性論』
- 生得観念（人間が生まれつき持っている観念）の否定
- 白紙（タブラ‐ラサ）説
  心は最初は白紙であった。すべての観念は経験から生まれる

バークリー（イギリス）
- 経験論を徹底
- 「存在するとは知覚されること」

ヒューム（イギリス）
- 主著『人性論（人間本性論）』
- 因果関係や知覚による実体の認識を疑問視。因果関係は主観的確信や信念に過ぎない
- 人間の心も「知覚の束」にすぎない
- 懐疑主義

- ブッダの諸法無我，ゴルギアスやモンテーニュの懐疑主義との関連性を理解すること

4 合理論の系譜

デカルト（フランス）
大陸合理論の祖

スピノザ（オランダ）
- 主著『エチカ』
- 神即自然（汎神論），一元論
- 自然そのものを神ととらえる
- 自然を「永遠の相の下」にとらえることの重要性を説く

ライプニッツ（ドイツ）
- 主著『モナドロジー（単子論）』
- すべての存在の最小の単位をモナド（単子）とよぶ
- 多元論
- 予定調和…宇宙は神の創造したモナドからなり，各モナド間はあらかじめ調和が保たれている

- デカルトは，物質を「延長」ととらえたが，ライプニッツはモナドを，非空間的で不可分な実体であるとした。
- メルロ゠ポンティは，デカルトの物心二元論を批判して，「私とは私の身体」であるとした。

カント（ドイツ）…合理論と経験論の批判的総合（批判哲学）

5 世界をどう見るか

一元論	プロティノス…万物の根源に一者（ト・ヘン）が存在し，すべては一者から流出する パルメニデス…「在るものは在り，在らぬものは在らぬ」（存在一元論） スピノザ…神即自然，王陽明…理気一元論 フィヒテ…自我をすべての根本原理とする，シェリング…同一性の哲学 ＊メルロ゠ポンティ…身体は主体と客体とが交差（キアスム）したもの，現象的身体 ＊デリダ…西洋哲学の二項対立（二元論的な対立）を否定し脱構築を唱える
二元論	プラトン…イデアの世界と現実の世界，アウグスティヌス…神の国と地上の国 朱子…理気二元論，デカルト…精神と物体，サルトル…即自存在と対自存在
多元論	エンペドクレス…土・水・火・空気，ライプニッツ…モナド論

問1 〈科学革命〉クーンの思想の説明として最も適当なものを，次の ①〜④ のうちから一つ選べ。 (2017・本・34)

① 科学は，仮説が従来の実験によって確かめられない場合でも，新たに実験をやり直すことで危機を乗り越える。科学者たちの地道な作業の蓄積によってパラダイムの転換が生じ，科学革命が起きる。

② 科学は，世界を一般的なパラダイムで解釈する限り，多様な価値観が共存する現代では危機に陥る。そのため，科学が進歩するには，具体的状況で思考する「小さな物語」を中心にすえなくてはならない。

③ 科学は，個々の事実を一定のパラダイムのなかで解釈する。既存の理論では理解できない事実が積み重なり，それらの新たな事実を説明しようとするとき，パラダイムの転換が生じて，科学革命が起きる。

④ 科学は，命題一つ一つの真偽を確かめることはできない。そのため，科学が進歩するには，理論的枠組みとしてのパラダイム全体を単位として真偽を問う「ホーリズム」の見方に移行する必要がある。

問2 〈ベーコンのイドラ〉次のア・イは，ベーコンによるイドラについての説明であるが，それぞれ何と呼ばれているか。その組合せとして正しいものを，下の ①〜④ のうちから一つ選べ。 (2019・本・30)

ア 人間相互の交わりおよび社会生活から生じる偏見。例えば，人々の間を飛び交う不確かな 噂（うわさ）を，事実であると信じ込むこと。

イ 個人の資質や境遇に囚（とら）われることから生じる偏見。例えば，自分が食べ慣れた好物を，誰もが好むに違いないと思いこむこと。

① ア 種族のイドラ イ 劇場のイドラ
② ア 種族のイドラ イ 洞窟のイドラ
③ ア 市場のイドラ イ 劇場のイドラ
④ ア 市場のイドラ イ 洞窟のイドラ

問3 〈方法的懐疑〉デカルトが行った方法的懐疑についての説明として最も適当なものを，次の ①〜④ のうちから一つ選べ。 (2022・本・19)

① デカルトは，僅（わず）かでも疑わしいものは真ではないとみなす方法的懐疑を経て，精神としての自己の存在を哲学の第一原理として見いだした。

② デカルトは，過誤に陥ることを避けるために，結論を導くことを回避し続ける方法的懐疑を自身の哲学の中で実行し続けた。

③ デカルトは，疑わしいものに関する真偽の判断を差し控える方法的懐疑の過程で，数学上の真理だけは疑い得ないことに気付いた。

④ デカルトは，自分の感覚を疑うことは不可能であるという経験から出発して，あらゆる知識を方法的懐疑にかけ，その真偽を見極めるに至った。

問4 〈経験論の思想家〉次のア〜ウは，それぞれ誰のことか。その組合せとして正しいものを，下の ①〜⑧ のうちから一つ選べ。 (2016・本・33)

ア 事物が存在するのは，私たちがこれを知覚する限りにおいてであり，心の外に物質的世界などは実在しないと考え，「存在するとは知覚されることである」と述べた。

解明POINT

▶パラダイムの転換（パラダイム－シフト）とコペルニクス的転回

パラダイムの転換
それまでの思考の枠組みを根本から転換すること。イギリスの科学史家バターフィールドは 17 世紀の近代科学の成立を**科学革命**とよんだ。アメリカの科学史家**クーン**はこの語を一般化させ，**パラダイム・シフト**としての科学革命を唱えた。

‖

コペルニクス的転回
コペルニクスはそれまでの宇宙観である天動説を転換して地動説を唱えた。コペルニクスにちなんで，今までの考えを根本的に転換することをコペルニクス的転回という。
＊認識論におけるコペルニクス的転回（カント）

解明POINT

▶イドラとドクサ
イドラ…イドラとは正しい認識を妨げる偏見・先入見をいう。幻影・偶像ともいう。
ドクサ…古代ギリシアの用語で主観的な思い込みや根拠のない知識をいう。ソクラテスはドクサの排除を求めた。

解明POINT

▶自然観

機械論的自然観…自然は精巧な機械のような存在である。
● エピクロス…古代の先駆者
● デカルト…物心二元論・身体を精巧な機械ととらえる
● ニュートン…力学的な法則によって動く自然像を描く

イ 私たちには生まれつき一定の観念がそなわっているという見方を否定し，心のもとの状態を白紙に譬えつつ，あらゆる観念は経験に基づき後天的に形成されるとした。

ウ 因果関係が必然的に成り立っているとする考え方を疑問視し，原因と結果の結び付きは，むしろ習慣的な連想や想像力に由来する信念にほかならないと主張した。

① ア ヒューム　　　イ ベーコン　　　ウ バークリー
② ア ヒューム　　　イ ベーコン　　　ウ ロック
③ ア ヒューム　　　イ ロック　　　　ウ バークリー
④ ア ヒューム　　　イ ロック　　　　ウ ベーコン
⑤ ア バークリー　　イ ベーコン　　　ウ ヒューム
⑥ ア バークリー　　イ ベーコン　　　ウ ロック
⑦ ア バークリー　　イ ロック　　　　ウ ヒューム
⑧ ア バークリー　　イ ロック　　　　ウ ベーコン

問5 〈スピノザ〉スピノザの思想の説明として正しいものを，次の ①〜④ のうちから一つ選べ。 (2011・本・27)

① 無限実体である神から区別された有限実体は，思惟を属性とする精神と，空間的な広がりである延長を属性とする物体から成り，精神と物体は互いに独立に実在する。

② 事物の究極的要素は，非物体的で精神的な実体としてのモナド（単子）であり，神はあらかじめ，無数のモナドの間に調和的秩序が存在するように定めている。

③ 神は人間に自己の生き方を自由に選択できる能力を与えたのであり，人間は自由意志によって，動物に堕落することも，神との合一にまで自己を高めることもできる。

④ 自然は無限で唯一の実体である神のあらわれであり，人間の最高の喜びは，神によって必然的に定められたものである事物を，永遠の相のもとに認識することにある。

問6 〈ライプニッツ〉実体について考察したライプニッツの説明として最も適当なものを，次の ①〜④ のうちから一つ選べ。 (2017・追・31)

① 実体とは不滅の原子のことであり，世界は原子の機械的な運動によって成り立っていると考えた。

② 存在するとは知覚されることであるとして，物体の実体性を否定し，知覚する精神だけが実在すると考えた。

③ 世界は分割不可能な無数の精神的実体から成り立っており，それらの間にはあらかじめ調和が成り立っていると考えた。

④ 精神と物体の両方を実体とし，精神の本性は思考であり，物体の本性は延長であると考えた。

↓↑

目的論的世界観…自然はある目的に向かって変化・発展する（アリストテレス・スコラ哲学）。

生命的自然観…自然は意志や霊魂を備えた生命体である（中国や日本の自然観）。

解明POINT

▶高邁の精神と繊細の精神

デカルト	パスカル
高邁の精神：身体と結合した情念を統制する精神『情念論』	**繊細の精神**：心情の論理**幾何学的精神**：理性の論理『パンセ』

解明POINT

▶「理性」のいろいろなとらえ方

古代ギリシア	ロゴス
ストア派	自然
デカルト	良識（ボン・サンス）
朱子	理
カント	理論理性実践理性悟性
フランクフルト学派（ホルクハイマー，アドルノ）	道具的理性批判的理性
ハーバーマス	コミュニケーション的理性
フロイト	超自我

解明POINT

▶スピノザの汎神論

● スピノザは，デカルトの精神と身体の二元論を批判的に継承し，**精神も身体もただ一つの神の属性**であるとして，**汎神論・一元論**を展開した。

● スピノザの汎神論は，無神論であるとして，ユダヤ教会から破門された。

▆整理・要約

1 政治思想の転換

王権神授説		社会契約説
絶対王政を支える政治思想		市民社会を支える政治思想
ボシュエ，フィルマー，ジェームズ1世	市民革命	**ホッブズ，ロック，ルソー**

2 **社会契約説**…自由で平等な個人が**契約**を結び，国家や社会を形成しようとする思想

人名	ホッブズ（イギリス） （1588～1679）	ロック（イギリス） （1632～1704）	ルソー（フランス） （1712～78）
著書	『リヴァイアサン』	『市民政府二論（統治二論）』 『人間知性論』	『人間不平等起源論』 『社会契約論』『エミール』
本性	自己保存欲求を追求する利己的存在	理性的	自己愛と思いやりの情
自然状態	「**万人の万人に対する闘争**」 「人間は人間に対して狼である」	**不安定**な自由・平等・平和な状態	●自己愛・思いやりの情にあふれた自由・平等の状態 ●土地私有制が不平等を生む （「**自然に帰れ**」）
成立	契約	契約	契約
社会・国家の形態	●個人または合議体に**自然権（自己保存権）**を譲渡 ↓ ●**絶対王政を擁護** ＊ただし，支配の正当性の根拠を，神ではなく人々の社会契約に求めた	●政府（国家）に**自然権（生命・自由・財産権）**の一部を信託 ●間接民主制（議会制民主主義） ●**革命権（抵抗権）**の思想 ●名誉革命，「バージニア権利章典」，アメリカ独立革命に影響 ●立法権優位の二権（立法権・同盟権）分立論	●**人民主権** ●**直接民主制** ●**一般意志**（公共の利益の実現） ＊**全体意志**（単なる全体の意志。利己的な意志である**特殊意志**の総和）とは異なる ●フランス革命や近代日本の自由民権運動に影響（中江兆民『民約訳解』は『社会契約論』の翻訳）
哲学	経験論	●経験論 ●**白紙説（タブラ・ラサ）** ●労働の成果としての所有権を自然権の一つとした	フランス啓蒙思想 ＊啓蒙思想家が理性を重視するのに対して，ルソーは**人間の感情を重視**した

＊**ロールズ**（アメリカ，1921～2002）…社会契約説を現代において再構築。著書『**正義論**』
社会の構成員は**原初状態**（自然状態）では「**無知のベール**」に覆われているとして，公平な機会均等の原理や，「もっとも**不遇な人々**の境遇を改善することが正義である」と公正としての正義（**格差原理**）を説く。ベンサム的な功利主義を批判。**アファーマティブ－アクション**（積極的差別是正策）の根拠となる。

3 **フランス啓蒙思想**…啓蒙とは，「理性の光」によって，無知蒙昧な暗闇を照らし出すという意味。

モンテスキュー	ヴォルテール	ディドロ，ダランベール
●主著『**法の精神**』	●主著『哲学書簡』『寛容論』	●主著『**百科全書**』
●三権分立論	●イギリス思想，とくにロックやニュートンの思想を紹介	●百科全書派
●アメリカ合衆国憲法に影響		●モンテスキューやヴォルテールも協力

●●● 演習問題

問1 〈ホッブズとロックⅠ〉社会契約説を唱えたホッブズとロックの思想の説明として**適当でないもの**を、次の ①〜④ のうちから一つ選べ。　(2018・追・31)

① ホッブズによれば、人間は、自然状態では、自己保存の欲求に基づいて自由に行動をするので、互いに 狼 のように争ってしまう。そこで、互いの安全を図るため社会契約を結ぶ必要がある。

② ロックによれば、人間は、他人を思いやる良心をそなえているので、内的制裁によって利己的な行為を抑えるものである。しかし、それだけでは自然権の保障は確実ではないため、社会契約を結ばなければならない。

③ ホッブズによれば、自然権を譲渡された個人ないし合議体は、リヴァイアサンのような強大な権力をもつべきである。そして、人民はこの権力に服従しなければならない。

④ ロックによれば、最高権力である主権はあくまでも人民にある。それに対し、政府の役割とは、もともと人民のもつ、生命や財産などの権利を保障することである。

問2 〈ホッブズとロックⅡ〉社会契約論者の考え方についての説明として最も適当なものを、次の ①〜④ のうちから一つ選べ。　(2020・本・30)

① ロックは、人間が生来持っている権利として、生命・自由・財産の所有権を認めたが、ルソーは、財産の私的な所有を争いや不平等の源泉とみなし、自らの権利を共同体に譲渡する社会契約の必要性を唱えた。

② ロックは、神が君主に与えた権利として、生命・自由・財産の所有権を認めたが、ルソーは、財産の私的な所有を争いや不平等の源泉とみなし、君主の所有物を人々に平等に分配する社会契約の必要性を唱えた。

③ ホッブズは、人間が生来持っている権利を守るために、万人が万人に戦いを挑むことを求めたが、ロックは、そうした戦いを絶対的な権力によって制圧することで、人々の権利を保障すべきとした。

④ ホッブズは、神が君主に与えた権利を人々の手に取り返すために、万人が君主に戦いを挑むことを求めたが、ロックは、そうした戦いを絶対的な権力によって制圧することで、君主の権利を保障すべきとした。

問3 〈ロックⅠ〉ロックについての記述として最も適当なものを、次の ①〜④ のうちから一つ選べ。　(2005・追・13)

① 確実な原理を見いだすためにすべてのものを疑い、感覚や外界の実在はもちろん、数学的知識の確実性も疑った。

② あくまでキリスト教的な精神世界にとどまりながらも、貴族や教会の愚行を風刺して、人間の尊厳と自由意志を主張した。

③ 人間とは、無限に対しては虚無であり、虚無に対してはすべてであり人間は無とすべてとの中間であると考えた。

④ 人間の心は白紙のようなもので何も書かれておらず、知識は経験によって得られるものであると考えた。

問4 〈ロックⅡ〉ロックの社会思想の説明として最も適当なものを、次の ①〜④ のうちから一つ選べ。　(2018・本・30)

解明 POINT

▶**絶対王政の擁護**

王権神授説	ホッブズ
王権は神から授けられたものであるとする思想。支配の正当性を神においている	人々が社会契約を結んで、個人または合議体に自然権を譲渡。支配の正当性を、人々の社会契約に求めている

＊王権神授説も、ホッブズも絶対王政を擁護するが、その**正当性の根拠**が違うことに注意。

＊ホッブズの社会契約説は、**ピューリタン革命前後の混乱した社会**での強力なリーダーシップの必要性という**社会背景**の中から生まれた。

解明 POINT

▶**自然権の譲渡と信託**

ホッブズ	ロック
譲渡	信託
無条件で自然権を委ねる	条件付きで自然権を委ねる
ルソー	↓
自然権を一般意志に全面的に委ねる	社会契約に違反した場合は**抵抗権・革命権**を行使できる

＊信託という概念から、必然的に**抵抗権・革命権**という政治思想が生まれてくることを理解しよう。

倫理篇

① 各人は，公共の利益を目指す一般意志に服従して，すべての権利を国家に譲渡するが，国家がこの一般意志を実現することで，各人の権利は保障されることになる。

② 知識や理論は，人間が環境によりよく適応していくための道具であり，我々は，創造的知性を用いることによって社会を改善し，理想的な民主社会を実現することができる。

③ 各人が利己心に従って自分の利益を自由に追求すれば，おのずから社会全体の利益は増大するが，これは，「（神の）見えざる手」の導きによるものであると考えられる。

④ 国家による権力の濫用を防ぎ，権力がその役割を公正に果たすためには，立法権や行政権（執行権）などが一定の独立性をもって互いを制約する，権力の分立が必要である。

問5 〈国家や社会についての思想〉次のア・イは，国家や社会についての思想の説明であるが，それぞれ誰のものか。その組合せとして正しいものを，後の①～⑥のうちから一つ選べ。 (2022・追・19)

ア 人間は，自然状態において互いに闘争するが，死への恐怖の情念に駆られて平和を求める。こうして人々は自己保存の欲求のままに振る舞う権利を特定の人間や合議体に譲渡し，国家が形成される。

イ 人間は，自然状態においてそれぞれが自由で平等であるが，やがて私有財産が形成され不平等が生じる。これを解消するためには，共通の利益のみを目指す一般意志に基づく国家が必要である。

① ア ルソー イ ロック ② ア ルソー イ ホッブズ
③ ア ロック イ ルソー ④ ア ロック イ ホッブズ
⑤ ア ホッブズ イ ルソー ⑥ ア ホッブズ イ ロック

問6 〈ルソーⅠ〉ルソーの思想の記述として最も適当なものを，次の①～④のうちから一つ選べ。 (2015・本・33)

① 文明社会においては，あらゆるものが技術的な操作の対象とみなされることで，存在が何であるかを問うことは忘れられ，自然との関わりが失われている。だが，存在の呼びかけに耳を傾けることが大切である。

② 自然状態においては，人間は自由だが，他者と結び付き社会状態へと移行する際に，各自の権利を譲渡し，一般意志に委ねる。このようにして，共同の自我や意志をもった統一的な社会が成立する。

③ 幸福は量的なものに単純に還元することはできず，むしろ，精神的快楽の質のほうが重要な要素である。真の幸福とは献身の行為であり，見返りを求めることなく，社会や他者に役立つことが大切である。

④ 人間の心は，生まれたときには何も書かれていない，いわば白紙の状態である。したがって，生得の観念はなく，様々な観念は，感覚という外的な経験と，反省という内的経験によって与えられる。

問7 〈ルソーⅡ〉次のア～ウは，「一般意志」についてのルソーの考え方の説明である。その正誤の組合せとして正しいものを，下の①～⑥のうちから一つ選べ。 (2019・追・32)

ア 一般意志は公共の利益を目指すものであり，個々人の私的な利益を目指す特

殊意志の総和として得られる。

イ　一般意志は，その全体を分割し，一部を譲渡することができるので，議会が全人民を代表する間接民主制が可能である。

ウ　人々は，自分のすべての権利を共同体に譲渡し，その一般意志に従うことによって，市民としての自由を得ることができる。

① ア　正　イ　正　ウ　誤　　② ア　正　イ　誤　ウ　正
③ ア　正　イ　誤　ウ　誤　　④ ア　誤　イ　正　ウ　正
⑤ ア　誤　イ　正　ウ　誤　　⑥ ア　誤　イ　誤　ウ　正

問8　〈自然状態〉自然状態に言及している思想家たちの著作の説明として最も適当なものを，次の ①〜④ のうちから一つ選べ。　　　　　　　　（2010・本・32）

① 『リヴァイアサン』には，自然状態にある人間は一般意志に従い自由で平和に暮らしていたとある。
② 『統治論（市民政府論）』には，自然状態は理性的な自然法が支配する平和な状態だとある。
③ 『人間不平等起源論』には，自然状態における人間の一生は「きたならしく，残忍で，しかも短い」とある。
④ 『社会契約論』には，自然状態は各自が自己保存の権利を恣意的に追求する闘争状態だとある。

問9　〈フランス啓蒙主義〉次の資料は，フランス啓蒙主義を代表する『百科全書』の「人間性」の項目であり，後のア・イは百科全書派の思想についての説明，ウ・エは資料の内容についての説明である。ア〜エから適当なものを全て選んだとき，その組合せとして正しいものを，後の ①〜⑧ のうちから一つ選べ。　　　　　　　　（2023・追・21）

資料
　人間性は，全ての人間に対して向けられる慈愛の感情に現れる。……この高貴で崇高な感情は，他者の痛みやそれを和らげる必要を感じるとき，大いに燃え上がり，全世界を経めぐり，隷属や迷信，悪徳，不幸を廃絶しようとするのである。……とはいえ，この感情は，私たちを個々の絆から引き離すのではない。むしろ，私たちをよき友，よき市民，よき配偶者にする。というのも，この感情は，私たちの近くにいる存在に向けられた場合にこそ湧き起こりやすいからだ。

ア　百科全書派は，人間は合理的な存在であり，理性の光によって物事を判断し，無知や偏見を脱することが重要だと考えた。
イ　ヴォルテールによって編集された『百科全書』は，伝統的な知識や学問，技術を集成し，それを継承することを目指すものであった。
ウ　資料では，人間性は，私たちの関心を，全人類に対してではなく，自分の身近な存在へこそ向かわせるものだと説かれている。
エ　資料では，人間性は他者の痛みを感知し，それを改善しようとするときに現れ，隷属や迷信などの廃絶へと向かうと説かれている。

① アとウ　　② アとエ　　③ イとウ　　④ イとエ
⑤ アとイとウ　⑥ アとイとエ　⑦ アとウとエ　⑧ イとウとエ

解明 POINT
▶ルソーの意志

特殊意志
個人の利己的な意志

全体意志
特殊意志の総和

一般意志
自由と平等を志向する人間の共通の意志，公共の利益を実現させようとする意志。代表されず，分割できない

＊ルソーは人民主権の下で，人々の意志が全体意志に陥ることを懸念し，公共の利益を実現する一般意志の重要性を説いた。

※自由意志（ピコ・デラ・ミランドラ，エラスムス），善意志（カント），生への意志・盲目的意志（ショーペンハウアー），力への意志（ニーチェ）などの意志と比較しよう。

解明 POINT
▶フランス啓蒙思想とイギリス

モンテスキュー（フランス）	ヴォルテール（フランス）
イギリス人が自由なのは，権力が分立されているためであるとする『法の精神』を著し，三権分立論を唱えた。	『哲学書簡』で，進んだイギリスの思想，とくにロックやニュートンの思想をフランスへ紹介した。

＊彼らは，フランスの旧制度（アンシャン−レジーム）を批判した。

■整理・要約

1 カントの哲学

イギリス経験論	
大陸合理論	

→ カント 批判哲学 → フィヒテ 主観的観念論 → シェリング 同一哲学 → ヘーゲル

ドイツ観念論哲学 の創始者

ドイツ観念論哲学 の完成者

‖

経験論における理性の過小評価と合理論における理性の過大評価を批判

↓ ：「独断のまどろみ」からの解放

理性の能力を吟味・検討し，人間の認識能力の源泉と限界を明らかにした

‖

認識のコペルニクス的転回（理論理性）

＊とらえ得る事物は「物自体」ではなく「現象」

カント以前 認識が対象に従う	→	カント 対象が認識に従う

＝

認識のプロセス　　　　　ア・プリオリ（先験的）なもの

対象物 → 感性 → 悟性 → 理性

（対象を受け取る）　（概念を形成する）　（概念に対する推理）

‖

理論理性	『純粋理性批判』	「何を知り得るか」
		認識に関わる理性：対象領域は人間が経験できるものに限られる
実践理性	『実践理性批判』	「何をなすべきか」
		道徳に関わる理性：神・自由・霊魂等の経験を超えたものが対象

三批判書

＊『判断力批判』…理性と感性を調和する，美的な判断力や目的論的な判断力の考察

命法

仮言命法	「もし〜ならば，〜せよ」（条件付きの命令）…適法性
定言命法	「〜せよ」（無条件の命令）…道徳性

行為の結果よりも**動機の純粋性**を重視（**動機主義**）

↓

「汝の意志の格率が，つねに同時に普遍的な立法の原理として妥当しうるように行為せよ」

●**格率**…主観的な個人の行動基準

●**普遍的な立法の原理**…道徳法則

「汝の人格やほかのあらゆる人の人格のうちにある人間性を，いつも同時に目的として扱い，けっして単に手段としてのみ扱わないように行為せよ」

↓

目的の国…善意志を持つ人格が，たがいの人間性を尊重し合う道徳的共同体

↓

『永遠平和のために』…共和制，常備軍の廃止，国際的平和機構の創設

道徳法則に従って**義務**として行動しようとする善い意志。無条件に善

実践理性→**道徳法則**→**善意志**→**自律**（道徳法則に自ら従うこと）→**人格**（道徳法則にみずから従う主体）

：**自由とは自律である**　　　　　　：**人格主義**…人間の尊厳の根拠

2　ヘーゲルの思想

- **弁証法**…世界のすべての事物や事象を支える存在と運動の原理
- **正（テーゼ）→ 反（アンチテーゼ）→ 合（ジンテーゼ）**と連続的に発展，矛盾を統合して，高次なものへ**止揚**（アウフヘーベン）し，発展する

真の自由（個人と社会の自由が実現される場）　　　　　人倫の最高形態

```
        人倫  相互承認の場                    国家                欲望の体系・
       ↗    ↖                            ↗    ↖              人倫の喪失態
   法 ──→ 道徳      現実の場のなかで実現    家族 ──→ 市民社会
```

客観性，法律的自由　　主観性，道徳的自由　　　　　　自然の情愛　　自由な契約による結合

- **精神**…世界のすべての存在を成り立たせるもの。精神は自己の理念を現実の世界で表現し，実現していく（**自己外化**）
- **絶対精神**…世界全体を支え，動かしている究極の精神。**自由と理性**を本質とする

　　　　　世界精神は，絶対精神が「理性の狡知」により，世界史の中で形をとってあらわれたもの

　　　　　＊若きヘーゲルは，ナポレオンを見て「馬上に乗っている世界精神を見た」と語っている
- **人倫**…個人の主観的な道徳と社会の客観的な法・制度が統一された場，共同体
- **人倫の三段階**…家族（愛情を基礎とするが個人の独立性が不十分）

　　　　　　　　　→市民社会（個人は自立しているが欲望の体系となり，人倫の喪失態となっている）

　　　　　　　　　→国家（個人の自由と共同性をともに実現する）
- **ヘーゲルの哲学の特徴**…国家を絶対視し，人倫の最高形態とする

3　カントとヘーゲルの比較

人名	カント（ドイツ）	ヘーゲル（ドイツ）
主著	『純粋理性批判』『実践理性批判』『判断力批判』の三批判書，『永遠平和のために』	『精神現象学』『法の哲学』『歴史哲学講義』
自由観	個人的，主観的，固定的な自由	社会的，客観的，発展的な自由
	自由とは自律である ↓ 個人の内面において実現 ↓ 固定的	●「理性的なものは現実的であり，現実的なものは理性的である」（『法の哲学』） →実際の法や社会制度の中に，客観的なものとして具体的に実現する ●「世界史とは自由の意識の進歩である」 　自由は**弁証法的に発展**するもの ●「精神の外化」…精神は労働を通じて自ら望むことを実現する。自覚し自由を実現する
政治観	●「目的の国」の実現 　…すべての人々が，他者の人格を目的として尊重する理想の共同体 ●『永遠平和のために』 　…目的の国の実現を国際社会まで推し進める。共和制，常備軍の廃止，国際的平和機構の創設を主張	●プロシアの絶対王政を擁護 ●「理性の狡知」…絶対精神は，自己の理念と一致する人間を発展させ，そうでない人間を没落させるという形で，歴史を推し進める ●自由の発展…東洋では専制君主のみが自由，都市国家では市民のみが自由，近代のヨーロッパではすべての人々が自由

4　功利主義

- **功利主義**…善悪の基準を，幸福や快楽を生み出すのに役立つかどうかの**功利性**（有用性）に求める考え方。幸福主義の哲学で，**個人と社会の調和**を求め，**社会の改革**に努力する

アダム = スミス（イギリス）の思想		
倫理思想	共感（シンパシー） ● 公平な第三者（観察者）による利己心の規制	『道徳感情論』
経済思想	自由放任主義（レッセ - フェール） （神の）「見えざる手」，予定調和 労働価値説	『諸国民の富』

↓

人名	ベンサム（イギリス）	J. S. ミル（イギリス）
主著	『道徳および立法の諸原理序説』	『自由論』『功利主義』『経済学原理』
倫理思想	〈量的功利主義〉 ● 「最大多数の最大幸福」 ‖ 人間は快楽を求め，苦痛を避ける存在 幸福とは快楽で，不幸とは苦痛 ↓　（功利性の原理） 快楽計算が可能	〈質的功利主義〉 ● 「満足した豚であるよりも，不満足な人間であるほうがよく，満足した愚か者であるよりは不満足なソクラテスであるほうがいい」 ● 功利主義道徳の理想…イエスの黄金律「人にしてもらいたいと思うことを，人にもしなさい」（献身の行為）
制裁	● 外的制裁 物理的・政治的（法律的）・道徳的・宗教的制裁の四つの制裁を挙げる ＊特に政治的（法律的）制裁を重視	● 内的制裁 良心による制裁 ● 他者危害の原則…他者に迷惑をかけないかぎり，個人の自由は最大限に尊重されるべきである（自己決定権）
政治	● 監獄の改善（パノプティコン），選挙法の改正 ● 多数者中心の政治（民主主義）	● 女性への参政権の主張，『女性の解放』 ● 多数者の専制への批判，少数意見の尊重

5　実証主義と社会進化論

実証主義：コント（フランス）	社会進化論：スペンサー（イギリス）
● 人間の知識と社会の三段階を提起 　知識…神学的段階→形而上学的段階→実証的段階 　社会…軍事的段階→法律的段階→産業的段階 ● 実証科学としての社会学の創設，人類教	● ダーウィンの生物進化論を社会へ適用 ● 社会進化論を展開 ● 社会有機体説…社会も生物と同じような有機体として進化する

6　プラグマティズム

● 行動主義・行為主義の哲学，プラグマとは「行動」を意味するギリシア語

● アメリカで展開した哲学（アメリカ哲学）

● ピューリタニズムとフロンティア - スピリット（開拓者精神）が基盤，科学技術に対する信頼

パース（アメリカ）	ジェームズ（アメリカ）	デューイ（アメリカ）
論文「観念を明晰にする方法」 ● プラグマティズムの創始者 ● 概念の意味は，行動を通して明らかになる	『プラグマティズム』 ● プラグマティズムを発展 ● 実用主義…ある概念が真理であるかどうかは，その概念を用いることが実生活に有用性を持つかどうかによって決まる ● 感情の末梢起源説	『哲学の改造』『民主主義と教育』 ● プラグマティズムの完成者 ● 創造的知性…問題の解決に向かって行動を導く能力で，問題を解決する道具としての知性 ● 道具主義…人間の知性は，問題解決のための道具であるとする考え ● 教育による民主主義の実現

問1 〈カントの批判哲学Ⅰ〉カントの批判哲学について述べた次の文章を読み，
 a ・ b に入れる語句の組合せとして正しいものを，下の ①～⑥
のうちから一つ選べ。 (2015・本・34)

　　カントによれば，経験論も合理論も，人間の認識の成立条件を解明しておら
ず，そのために，前者は不可知論につきあたり，後者は独断論に陥る。このよう
な反省から，カントは，人間理性の能力を検討し，認識能力の源泉と限界を
明らかにしようと試みた。その主著 a においては，「我々の認識はすべ
て経験とともに始まるとはいえ，それだからといって我々の認識がすべて経験か
ら生ずるのではない」と述べられている。この一文は， b の働きがなけ
れば，いかなる対象も与えられないが，対象を客観的に捉えるための枠組みが
経験に先立って存在しなければ，認識は成立しないということを意味している。

① a 『人間悟性論』　　b 悟性　　② a 『人間悟性論』　　b 感性
③ a 『人間悟性論』　　b 意志　　④ a 『純粋理性批判』　b 悟性
⑤ a 『純粋理性批判』　b 感性　　⑥ a 『純粋理性批判』　b 意志

問2 〈カントの批判哲学Ⅱ〉カントの批判哲学についての記述として正しいもの
を，次の ①～④ のうちから一つ選べ。 (2013・本・33)

① 合理論と経験論の一面性を乗り越えるべく，両者の立場を総合して，人間が
物自体を理性によって認識できると論じた。

② ヒュームの著作に影響を受け，自然科学の客観性を疑問視して，その基礎に
ある因果関係が主観的な信念であると論じた。

③ ロックの著作に影響を受け，人間の霊魂や神など，人間が経験できる範囲を
超えた対象については，その存在を否定できると論じた。

④ 認識が成立する条件を考察し，人間の認識は，認識の素材を受け取る能力
と，その素材を整理し秩序づける能力の両者から生じると論じた。

問3 〈カントの自由〉次の文章は，自由を論じたカントの思想についてある生徒
が調べて作成した**読書ノート**の一部である。カントの思想を踏まえて，**読書ノ
ート**中の a ・ b に入る記述の組合せとして最も適当なものを，後
の ①～④ のうちから一つ選べ。 (2023・本・20)

読書ノート
　　カントは，自由を， a ことだと考えた。この自由についての考え方は，
私が考えていた自由の理解とは大きく異なるものだと感じた。私はこれまで「眠
くなったら，眠気に逆らわずに寝る」というようなことが自由だと思っていたが，
カントによれば，それは自由ではない。むしろカントは， a 自由な人格に
尊厳の根拠を見いだしている。そして， b 理想の道徳的共同体を目的の王
国とした。

① a 感覚や知覚からなる経験から推論する
　 b 各人が各々の欲求の充足を人格の目的として最大限追求しながら，誰も
　 がその目的を実現できる

② a 欲望から独立して自分を規定する

解明 POINT

▶カントの三批判書

『純粋理性批判』
我々の認識はすべて経験と
ともに始まるとはいえ，そ
れだからといって我々の認
識がすべて経験から生ずる
のではない

『実践理性批判』
「繰り返し長く考えれば考
えるほど，常に新たな感嘆
と崇敬をもって心を満たす
もの」として「私の上なる
星空と，私の内なる道徳法
則」の二つをあげる

『判断力批判』
『判断力批判』では，自然
美や芸術を考察の対象とし
て取り上げ，それらにかか
わる想像力（構想力）の自
由な働きを分析している

解明 POINT

▶悟性
感性が受け取った素材を，量
・質・関係・様相などの**カテ
ゴリー（形式）**に従って整理
し，**概念を形成する**人間の認
識能力。

解明 POINT

▶カントの自由
カントによると，自分の実践
理性が立てた道徳法則に，意
志自ら従うことである**意志の
自律**こそが，真の意味での自
由であって，人間の尊厳もこ
の自律としての自由に基づい
ているという。

b　各人がお互いの自由を尊重して，自分だけに妥当する主観的な行動原則を目的として行動できる

③　a　自らが立法した道徳法則に自発的に従う

　　b　各人が全ての人格を決して単に手段としてのみ扱うのではなく，常に同時に目的として尊重し合う

④　a　自然の必然的法則に従う

　　b　各人が公共の利益を目的として目指す普遍的な意志に基づき，徳と幸福とが調和した最高善を目指す

問4　〈カントの認識論〉人間の認識能力をめぐるカントの思想の説明として最も適当なものを，次の ①～④ のうちから一つ選べ。　　　　(2016・本・32)

①　時間・空間という形式をもつ悟性と，量・質・関係・様相という形式をもつ感性の協働により，認識は成立する。それゆえ，「内容なき思考は空虚」であり，「概念なき直観は盲目」である。

②　受容した素材を，経験に先立って存する形式によって秩序づけるのだから，私たちの認識は単なる模写ではない。「認識が対象に従う」というよりは，むしろ「対象が認識に従う」のである。

③　経験を通じて与えられるのは，現象のみである。だが，与えられた現象を手がかりとして，その背後に想定される物自体についてまで，私たちは認識をひろげることができるのである。

④　神，宇宙の始まり，自由，霊魂の不滅など，私たちの経験を超える事柄に関しては，理性はこれを認識の対象とすることができない。したがって，それらの存在は否定されるべきである。

問5　〈カントの平和論〉平和について論じた思想家にカントがいる。その考えとして最も適当なものを，次の ①～④ のうちから一つ選べ。　　　(2003・本・17)

①　永遠平和を実現するためには，国家の進む方向を国民自身が決定しうる体制をもった諸国家による平和連盟が必要である。

②　文化の破滅が戦争をもたらすのであるから，文化の再生によってしか平和は実現できないが，その文化の再生を担うのは個々の人間である。

③　個人間の搾取が国家間の搾取の原因であるので，各国内部で労働者が権力を握り階級対立を廃止すれば，国家間の対立に起因する戦争もなくなる。

④　人間は好戦的本能を有するが，戦争の原因はこの本能にあるのではなく，社会的制度や伝統，慣習にあり，これらを変えることは可能である。

問6　〈ヘーゲルの弁証法〉次のア・イはヘーゲルの弁証法についての説明である。その正誤の組合せとして正しいものを，後の ①～④ のうちから一つ選べ。

(2022・本・21)

ア　弁証法は，精神が自由を実現する過程を貫く論理である。全て存在するものはそれ自身と矛盾するものを内に含み，それとの対立を通して高次の段階に至る。この運動は個人のみならず社会や歴史の進展にも認められる。

イ　止揚は，否定と保存の意味を併せ持つ言葉である。弁証法において止揚するとは，対立・矛盾する二つのもののうち，真理に近い方を保存し，他方を廃棄して，矛盾を解消することである。

①　ア　正　イ　正　　②　ア　正　イ　誤

解明POINT

▶ニュートン・ルソーのカントへの影響

ニュートン
自然認識を学ぶ 「自然法則（私の上なる星空）」→理論理性
ルソー
自由と人間の尊厳を学ぶ 「道徳法則（わが内なる道徳法則）」→実践理性

＊いつも規則正しく散歩するカントが，ルソーの個性と人間の尊重を説く『エミール』を読んでいて，散歩の時間を忘れたというエピソードは有名。

解明POINT

▶『永遠平和のために』

　カントは，各国家における市民的体制は共和的でなければならない（「永遠平和のための第一確定条項」），また「常備軍は，時とともに全廃されなければならない」（平和のための予備条項の３項目）と述べている。

＊カントは，実際の目標として，平和をめざす諸国家の「連合」を提案した。「世界国家」については，各国や民族の独自性を奪う恐れがあるとして，慎重な態度をとっている。

＊アメリカ大統領ウィルソンは，カントの『永遠平和のために』に感銘し，集団的安全保障の考えにもとづく国際連盟の創設を提案した。

③　ア　誤　イ　正　④　ア　誤　イ　誤

問7　〈ヘーゲルの人倫〉ヘーゲルの人倫についての説明として最も適当なものを，次の ①〜④ のうちから一つ選べ。　　　　　　　　　　　　（2018・本・29）

① 欲望の体系である市民社会のもとでは，自立した個人が自己の利益を自由に追求する経済活動が営まれるなかで，内面的な道徳も育まれるために，人倫の完成がもたらされる。

② 人間にとって客観的で外面的な規範である法と，主観的で内面的な規範である道徳は，対立する段階を経て，最終的には，法と道徳を共に活かす人倫のうちに総合される。

③ 国家によって定められる法は，人間の内面的な道徳と対立し，自立した個人の自由を妨げるものなので，国家のもとで人々が法の秩序に従うときには，人倫の喪失態が生じる。

④ 夫婦や親子など，自然な愛情によって結び付いた関係である家族のもとでは，国家や法の秩序のもとで失われた個人の自由と道徳が回復され，人倫の完成がもたらされる。

問8　〈ヘーゲルのカント批判〉カントの立場について，純粋な責務の道徳論を形式的であると批判して，倫理の具体的内容を重視したのがヘーゲルである。ヘーゲルによるカント批判として最も適当なものを，次の ①〜④ のうちから一つ選べ。　　　　　　　　　　　　（2008・本・27）

① 責務を担う主体は，この私自身であるから，道徳は自己の実存に関わる真理の次元で具体的に考える必要がある。

② 責務を果たす手段は，物質的なものであるから，道徳の具体的内容を精神のあり方から観念的に考えてはならない。

③ 責務を担う場面は，人間関係や社会制度と深く関わっているから，これらを通して道徳を具体化せねばならない。

④ 責務を果たす目的は，人々の幸福の具体的な増大にあるから，道徳的に重視すべきは行為の動機よりも結果である。

問9　〈アダム・スミス〉「共感（同感）」についてのアダム・スミスの思想の説明として最も適当なものを，次の ①〜④ のうちから一つ選べ。　　　　　（2019・追・30）

① 人間は，もともと自然な自己愛と他人を思いやる共感的感情を調和させて平和に暮らしていたが，文明社会のなかでは他人に共感する思いやりの心が失われてしまった。

② 自己の利益を追求して自由に活動する諸個人も，第三者の立場に身をおいても共感の得られる行為をおのずから心がけ，自己の行為を内面から規制するようになる。

③ 人間は，本質的に利己的な存在であり，公平で中立的な視点には立つことができないので，積極的に互いの利己的な利害について共感し合うことが，社会全体の利益になる。

④ 自己の利益を追求して行われる経済活動も，やがて消費者からの共感を得るために利己心を捨て，公益を優先した真に自由な経済活動へとおのずから変化するようになる。

問10　〈功利主義〉功利主義を唱えた思想家の説明として最も適当なものを，次の

＊日本の平和憲法は，カントの平和思想に通じる。

解明POINT

▶アダム・スミスの倫理思想

● 共感…道徳哲学者であったアダム＝スミスは，ある行為が是認されるためには，第三者（「公平な観察者」）からの共感が得られるものでなければならないとした。

●「想像上の立場交換」…アダム＝スミスは，共感を得られるような行為を行うためには，他者の心の中に入り，他者の立場に立って行為することが必要であると説いた。

● カントとの共通性…「あなたの意志の格率が，常に同時に普遍的立法の原理として妥当しうるように行為せよ」。

解明POINT

▶予定調和と理性の狡知

アダム＝スミス
諸個人の自由な経済活動は神の「見えざる手」によって導かれ，社会全体に利益がもたらされて「予定調和」となる。
ライプニッツ
世界は独立したモナド（単子）からなるが，各モナドは全体として「予定調和」するよう，あらかじめ定められている。
ヘーゲル
絶対精神は，世界史の中では自由の実現をめざす世界精神としてはたらくが，世界精神そのものが直接に現れるわけではなく，人々の野心や思惑と結びついて，背後から巧みに自由の実現をはかる。間接的なこうしたはたらきが「理性の狡知」である。

①～④ のうちから一つ選べ。 (2017・追・32)

① ベンサムは，快を幸福とし苦痛を不幸としたうえで，その快苦を数量化し，社会全体の幸福の最大化を目指そうとしたが，最終的には快楽計算は不可能であると考えた。

② ベンサムによれば，個々人は利己的に振る舞いがちであり，利己的振る舞いを社会全体の幸福に一致させるためには，政治的制裁などの外的な強制力が必要である。

③ ミルは，快に質的差異があることを認めたが，人間には感性的な快を求める傾向性があるので，万人に等しく分配されている良識によって自らを律することが大切であると考えた。

④ ミルによれば，人間は精神的に成長するものであり，自らの良心の呼び声によって，頽落（たいらく）した世人から本来的な自己に立ち返り，利他的に振る舞うようになる。

問11 〈ミルと個性〉ミルが個性の発展を擁護した理由についての記述として最も適当なものを，次の ①～④ のうちから一つ選べ。 (2013・本・34)

① 個性の自由な発展は，自我の安定のために有益であり，それを社会が認めないと，無意識の欲望が抑圧されて，自我の不安を覚える人々が多くなってしまう。

② 個性の自由な発展は，個人の幸福にとって不可欠なだけではなく，社会全体が進歩していくためにも有益であり，他人に害を与えない限り，それを制限してはならない。

③ 個性の自由な発展は，人間が生まれながらにしてもっている自然権の一つであり，それを社会が抑圧しようとするのは，いかなる理由をもってしても絶対に許されない。

④ 個性の自由な発展は，人間が神から与えられた才能を開花させることであり，それを抑圧しようとするのは，神を信じることのできない人間の傲慢（ごうまん）に基づいている。

問12 〈自己決定権〉自己決定権という考え方の一つの基礎となったミルの思想の説明として最も適当なものを，次の ①～④ のうちから一つ選べ。 (2016・追・8)

① 他者に危害を加えず，かつ家族の承認も得られることを行う限り，人は何を行うのも自由であり，その行為に反する強制や拘束などを誰も行ってはならないとする他者危害原則を主張した。

② 社会全体の幸福の増進を目指す功利主義の思想を基礎に，各人が個性を伸ばすことが社会全体の発展につながると考え，そのために個人の自由を最大限保障することが重要であると主張した。

③ 自己決定の自由を最大限保障するために，大人であるか子どもであるか，判断能力を有するか否かに関係なく，あらゆる人間について，各自の身体や精神に関する本人の決定を尊重しなければならないと主張した。

④ 各自の自己決定権を主張する一方，幸福の最大化を目指す功利主義の立場から，将来的な不利益や不幸につながると推測される行動を取る者に対しては，他者が積極的に強制や干渉を行うべきだと主張した。

問13 〈ジェームズ〉何を真理とするかも千差万別だと主張することもできる。その主張を支えるジェームズの考え方として最も適当なものを，次の ①～④ のうちから一つ選べ。 (2007・追・22)

解明POINT

▶ **ベンサムの快楽計算**

● 快楽は計算できると考えた。

● 快楽計算の七つの基準

強度	持続性	確実性
遠近性	多産性	純粋性
範囲		

● J. S. ミルは「満足した愚か者であるよりも不満足なソクラテスであるほうがよい」として，**精神的快楽を重視**した。古代ギリシアのエピクロスも同様に**精神的快楽を重視**した。

解明POINT

▶ **ベンサムの四つの制裁**

物理的制裁
政治的制裁（法律的制裁）
道徳的制裁
宗教的制裁

● 制裁…サンクション（強制力）。個人の幸福と社会の利益を一致させるための措置。ベンサムは**法律的制裁の役割を重視**した。

解明POINT

▶ **功利主義の修正**

ミルは，ベンサムの量的功利主義を**質的功利主義に修正**し，**良心による内的制裁を重視**，**イエスの黄金律に功利主義の理想を求める**など，利他的色彩を強めた。

▶ **イギリス哲学**

経験論	F. ベーコン，ロック，バークリー，ヒューム
功利主義	アダム＝スミス，ベンサム，ミル
プラグマティズム	パース，ジェームズ，デューイ
分析哲学	ラッセル，ヴィトゲンシュタイン

① 真理を主張するには，個人の性癖や境遇などに囚(とら)われることで生ずる偏見を排除することが必要だと考える。

② ある主張は必ずそれと対立するものを含んでおり，それらを統一するところに真理の認識があると考える。

③ 個々人の精神はモナドであり，それぞれが表現する真理は，異なったままにあらかじめ調和がとれていると考える。

④ 真理というものは，自分にとって役立つものであり，個別的で相対的であるとともに条件的なものだと考える。

問14 〈デューイ〉環境に対する人間の適応について考えたデューイの主張として最も適当なものを，次の ①〜④ のうちから一つ選べ。 (2007・追・27)

① 非人間的な環境を生み出す資本主義を廃棄して社会主義を実現するために，労働者階級の団結が必要だと主張した。

② できるだけ多くの人々が環境に適応して幸せになることが最善であるとして，善悪の基準を功利性に求めることを主張した。

③ 人間は，知性を道具として活用することによって，よりよく環境に適応し，社会を改良するのだと主張した。

④ 社会環境は適者生存のメカニズムにより自動的によりよい状態になっていくから，個人の自由な活動を放任すべきだと主張した。

問15 〈コント〉社会学の創設者コントの思想の記述として最も適当なものを，次の ①〜④ のうちから一つ選べ。 (2015・本・32)

① 人間の知性は，環境に適応するための道具である。この創造的知性によって人間性を改善し，理想的な民主主義社会を作り上げねばならない。

② 人間においては，実存が本質に先立ち，あらかじめ決まった本性はない。このように自由な人間は，積極的に社会参加しなければならない。

③ 自由を本質とする精神は，まず個人の主観的精神として現れ，次に社会関係としての客観的精神となり，最後に両者を統一する絶対精神となる。

④ 人間の知識の発展は，神学的段階，形而上学的段階，実証的段階の三つに分けられ，その三段階は社会の進歩の三段階に対応している。

問16 〈自然選択〉自然選択（自然淘汰）や適者生存を論じた思想の説明として最も適当なものを，次の ①〜④ のうちから一つ選べ。 (2019・本・35)

① ダーウィンによれば，あらゆる生物は共通の祖先から枝分かれしながら進化してきたのであり，自然選択（自然淘汰）によって環境によりよく適応した種が生き残っていく。

② ダーウィンによれば，あらゆる生物の種はそれぞれの固有の祖先から変化することはなく，自然選択（自然淘汰）によって環境によりよく適応した種が生き残っていく。

③ スペンサーによれば，人間社会もまた自然選択（自然淘汰）の法則に従っており，適者生存のメカニズムを通じて軍事的指導者が支配する社会へと進化していく。

④ スペンサーによれば，人間社会もまた自然選択（自然淘汰）の法則に従っており，適者生存のメカニズムを国家が人為的に統制することで社会は進化していく。

解明POINT

▶プラグマティズムの思想的潮流

● イギリス経験論，功利主義哲学
● コントの実証主義
● ダーウィンの進化論を含めた科学技術に対する信頼や環境への適応の重視の思想
● 開拓者精神（フロンティア・スピリット）
● アメリカ資本主義

解明POINT

▶思考の三段階

● コントの三段階
（知識）　　（社会）
神学的段階　軍事的段階
↓　　　　　↓
形而上学　法律的段階
的段階
↓　　　　　↓
実証的段階　産業的段階
‖

● ヘーゲルの三段階
〈人倫〉
家族（愛）
↓
市民社会（欲望）
↓
国家（自由）
‖

● キルケゴールの三段階
美的実存
↓
倫理的実存
↓
宗教的実存
‖

● ニーチェの三段階
精神の「三段の変化」を遂げた存在：超人
ラクダ（忍耐心）
↓
ライオン（強い心）
↓
幼な子（無垢な心）

解明POINT

▶社会進化論
ダーウィン 『種の起源』
↓
スペンサー 社会進化論
↓
加藤弘之…最初は天賦人権論を展開。その後，社会進化論に基づく国権論を展開

倫理篇

65

整理・要約

1 社会主義の系譜

● 初期社会主義（空想的社会主義）…人道主義的な立場からの資本主義批判

ロバート＝オーウェン （イギリス）	● 環境改善によって人間の性格を改良するという**環境形成論**を説く ● ニュー－ラナーク（スコットランド）での模範的工場経営やニュー－ハーモニー村 　（アメリカ）での共同所有・共同生活にもとづく実験的な共同体の建設 ● 世界最初の幼稚園，**生活協同組合運動，工場法**制定に貢献
サン＝シモン （フランス）	● 近代社会における産業の重要性を指摘し，資本家・労働者・科学者などの**産業者**が 　共同して管理・支配する**産業社会**を構想
フーリエ（フランス）	● 商業社会を批判して，農業を中心とする理想的共同体「**ファランジュ**」の構想

科学的社会主義（マルクス・レーニン主義）	社会民主主義
マルクス（ドイツ） ● 主著…『**資本論**』『**共産党宣言**』 　　　　『**ドイツ・イデオロギー**』 ● **労働疎外**…生産物，労働，類的存在からの疎外 ● **人間は類的存在**…他者とのかかわりで生きる ● 商品が人間を支配する**物神崇拝・物象化**を批判 ● **剰余価値説**…資本家は労働者に支払った賃金を 　上回る利潤を獲得（**搾取**） ● **唯物史観** 　　　　↓ **レーニン（ロシア）** ● ロシア革命（1917）の指導者 ● 『**帝国主義**』…帝国主義戦争を批判 　『**国家と革命**』…国家の死滅と武力革命の主張 **毛沢東（中国）** ● 新民主主義	**ベルンシュタイン（ドイツ）** ● 主著…『**社会主義の諸前提と社会民主主義の任** 　　　　**務**』 ● マルクス・レーニン主義を批判 　　　　↓ ┌ 武力革命論を批判→議会を通じた**漸進的**な改革 │　　　　　　　　　　　による社会主義の実現 └ プロレタリア独裁を批判→**複数政党制** ● 西欧で代表的な社会主義…フランス社会党，ス 　ウェーデン社会民主 　党など **フェビアン社会主義（民主社会主義）** ● **ウェッブ夫妻**，バーナード＝ショウ ● イギリス功利主義の影響 ● 社会福祉政策や生産手段の公有化 ● イギリス労働党の理論

2 唯物史観（史的唯物論）…マルクスの歴史観

```
┌─────────────────────────────┐
│  精神文化（哲学・道徳・芸術・宗教）      │ …… 上部構造
│  社会制度（法律・政治）              │
└─────────────────────────────┘
        ↑  人間の社会的存在が意識を規定      「下部構造の変動とともに
                                        上部構造が変動する」
┌─────────────────────────────┐
│ 生産関係（人間関係）…搾取と抑圧の体系，固定化  │
│ （生産様式）　　　　階級闘争…「今までの歴史は  │ …… 下部構造（経済構造・土台）
│  ↑　　　　　　　　　階級闘争の歴史であった」  │
│ 生産力　…人々は生産力に応じた生産関係を結ぶ   │
└─────────────────────────────┘
```

＊ヘーゲルの観念論的弁証法（精神）を唯物論的弁証法（物質）に転換

3 実存主義：現実の存在を否定し，真実の存在に生きる哲学

人物	著作	思想内容
キルケゴール （デンマーク）	『あれかこれか』 『死に至る病』	● 主体的真理…「私にとって真理であるような真理を発見し，私がそれのために生き，そして死にたいと思うような理念」，例外者の意識 ● 「死に至る病」…絶望 ● 実存の三段階 　[美的実存] → [倫理的実存] → [宗教的実存] 　「あれも，これも」　　「あれか，これか」　神の前の「単独者」 　享楽的生活　　　　　道徳的生活　　　　　信仰的生活
ニーチェ （ドイツ）	『ツァラトゥストラはこう語った』 『悲劇の誕生』 『人間的な，あまりに人間的な』	● 反キリスト者 ● 「神は死んだ」…キリスト教的道徳，絶対的価値観の崩壊 ● ニヒリズム…生存の意義や目的を喪失した虚無主義 ● キリスト教的道徳は，強者に対するルサンチマン（怨恨）に満ちた奴隷道徳（画一的人間を生み出す弱者の道徳） ● 永劫回帰…すべての存在と事象が何の意味もなく永遠に繰される ● 超人…力への意志を持った人間，運命愛を積極的に受け止める人間
ヤスパース （ドイツ）	『理性と実存』	● 限界状況…死・苦しみ・争い・罪などのような，人間の力では乗り 　　　↓　　　越えることのできない状況 ● 超越者（包括者）との出会いによる実存への到達 　実存的交わり…「愛しながらのたたかい」
ハイデガー （ドイツ）	『存在と時間』	● 人間は「現存在」（ダーザイン）で，「世界内存在」（被投性） 　「ひと（世人，ダス‐マン）」…存在忘却（存在喪失，故郷喪失） ● 死へとかかわる存在（死への存在）の自覚，あらかじめ自分の死と向き合う「死への先駆」の意識の重要性
サルトル （フランス）	『存在と無』 『弁証法的理性批判』『嘔吐』 『実存主義はヒューマニズムである』	● 「実存が本質に先立つ」…投企的存在 ● 「人間は自由の刑に処せられている」…一切の行為についての責任 ● 人間は「即自存在」（それ自体で存する固定的存在）ではなく，「対自存在」（自己を意識し，未来に向かって新しい自己を形成しようとする存在） ● アンガジュマン（社会的参加）…ベトナム反戦運動，フェミニズム
ボーヴォワール （フランス）	『第二の性』	● 「人は女に生まれるのではない，女になるのだ」，フェミニズム ● サルトルと従来の結婚の形態を採らない契約結婚を採る
カミュ （フランス）	『シーシュポスの神話』『異邦人』	● 不条理…不可思議と矛盾に満ち，何らの意味も目的もないこの世界で生きること

4 現象学

フッサール （ドイツ）	● 現象学…つねに対象に向かう意識のはたらき（志向性）と日常の自然的態度を排して，「事象そのものへ」迫ろうとする現代哲学の理論 ● 現象学的還元…事象そのものへ立ち返るために，世界に対する判断をいったん停止（エポケー）して，対象と意識との関係を厳密にとらえ直す作業 ● 最晩年は，自然的態度の意義を見なおし，日常的な生活世界にまず立ち返るべきことを説いた
メルロ゠ポンティ （フランス）	● デカルト（精神と物質）やサルトル（「即自存在」と「対自存在」）の物心二元論を批判 ● 身体性…人間の身体は，物体であると同時に意識が浸透した存在でもある ● 身体の両義性…私たちの身体は単なる物体（客体的身体）ではなく，主体と客体，主観と客観が「交差」（キアスム）する現象的身体である

問1 〈初期社会主義〉次のア～ウは産業革命がもたらした社会問題の克服を模索
した思想家についての記述であるが，それぞれ誰のものか。その組合せとして
正しいものを，下の ①～⑥ のうちから一つ選べ。 (2015・本・31)

ア 経営者の立場から，労働者の生活や労働条件の改善に努めた後，理想社会の
実現を目指してアメリカに渡り，共同所有・共同生活の村（ニューハーモニー
村）を実験的に建設した。

イ 自由競争下での産業社会は統一性を欠いた無政府的なものであり，不正や欺
瞞（ぎまん）に満ちていると考え，農業を基本とした，調和と統一のとれた理想的な共同
社会（ファランジュ）を構想した。

ウ フェビアン協会の指導者の一人であり，福祉政策の充実や，生産手段の公有
化などを行うことによって，現代社会が抱える悲惨な状況を少しずつ改善して
いくべきであると主張した。

① ア フーリエ　　　　イ バーナード・ショウ　　　ウ オーウェン
② ア フーリエ　　　　イ オーウェン　　　　　　　ウ バーナード・ショウ
③ ア バーナード・ショウ　　イ フーリエ　　　　ウ オーウェン
④ ア バーナード・ショウ　　イ オーウェン　　　ウ フーリエ
⑤ ア オーウェン　　　　イ フーリエ　　　　　　ウ バーナード・ショウ
⑥ ア オーウェン　　　　イ バーナード・ショウ　　ウ フーリエ

問2 〈マルクスとエンゲルスの思想〉マルクスとエンゲルスの思想の説明として
最も適当なものを，次の ①～④ のうちから一つ選べ。 (2014・本・34)

① 資本主義社会においては，土地や工場など生産活動に必要なものをもつ人々
と，そこで働くだけの人々との関係が，政治や芸術など人間の精神的な営みを
規定すると考えた。

② 社会は個人をすべて合わせたものなので，社会の幸福を最も大きくするため
には，最も多くの個人ができるだけ幸福になる必要があり，その目的の達成が
社会の改革の基準となると考えた。

③ 世界は，絶対精神が自ら現実のものとなることによって展開していくのであ
り，労働者や資本家の意識や，その両者の関係は，絶対精神が客観的に実現さ
れたものであると考えた。

④ いかなる状況にあっても人間は相互に助け合わなければならないので，主に
資本家の善意に基づき，人間が平等に扱われる理想的な共同体を作り出すこと
で，幸福な社会が実現すると考えた。

問3 〈マルクス〉高校生Pと先生Tの会話中の下線部 ①～④ のうちから，マル
クスについての説明として適当でないものを一つ選べ。 (2021・①・本・32)

P：先生，ベンヤミンが言う「解放」って何のことですか？

T：そこには様々な意味が込められていますが，この言葉の背後にある思想の一
つは，マルクス主義です。マルクスの歴史観を覚えていますか？

P：マルクスは，①歴史を弁証法的に捉えるヘーゲルの影響を受けているんでし
たね。そして，彼は②物質的な生産関係という上部構造が歴史を動かす原動力
になると言っていたはずです。その上で彼は，③対立する階級間の闘争によ

解明POINT

▶初期社会主義と科学的社会
主義
　マルクスやエンゲルスは，
ロバート＝オーウェン，サン
＝シモン，フーリエらの社会
主義を，資本主義に対する分
析が科学的でないとして，空
想的社会主義とよび，自らの
社会主義を科学的社会主義と
よんだ。空想的社会主義はマ
ルクスらの立場からの呼び方
である。現在では公平な視点
から，初期社会主義とよぶ。

▶フェビアン社会主義
　フェビアン協会の中心的指
導者は，ウェッブ夫妻やバー
ナード＝ショウで，イギリス
労働党の結成や労働党の労働
者問題や福祉問題などの政策
形成に影響を与える。

解明POINT

▶マルクス・レーニン主義と
社会民主主義

マルクス・レーニン主義	社会民主主義
マルクス，エンゲルス，レーニン，毛沢東	ベルンシュタイン，ウェッブ夫妻，バーナード・ショウ
科学的社会主義，共産主義	修正マルクス主義
発展途上国型	先進国型
武力革命	議会を通じた漸進的な改革
プロレタリア独裁（共産党独裁）	複数政党制
旧ソ連共産党 中国共産党	仏社会党 英労働党 スウェーデン社会民主党

＊西欧では，社会主義といえ
ば，社会民主主義を指す。

って歴史は発展すると考えたんでした。だとすると，「解放」は，マルクスが
④労働者階級による革命が起こることで資本主義が打破されると主張したこ
とと関係がありそうです。

T：よく理解していますね。でもね，一つだけ間違いがありましたよ。

P：あれぇ，どこだろう。

問4　〈実存についての思想〉次のア・イは，人間の実存について考えた思想家の
　　説明である。その正誤の組合せとして正しいものを，後の ①〜④ のうちから
　　一つ選べ。　　　　　　　　　　　　　　　　　　　　　　（2022・追・23）

ア　キルケゴールは，人間は自分のあり方を自分自身で選び，未来へ向けて自分
　の本質を自由に作り上げるが，それは，その選択の責任を全人類に対して負う
　社会参加（アンガージュマン）でもある，と主張した。

イ　ハイデガーは，人間は日常性において自己を世間に埋没させて生きているが
　自分自身の死の可能性と向き合うことで，本来的な自己に立ち返ることにな
　る，と主張した。

① ア　正　　イ　正　　　② ア　正　　イ　誤
③ ア　誤　　イ　正　　　④ ア　誤　　イ　誤

問5　〈ヤスパース〉「限界状況」をめぐるヤスパースの思想の説明として最も適当
　　なものを，次の ①〜④ のうちから一つ選べ。　　　　　　　（2022・本・22）

①　限界状況とは，死，苦悩，罪責，争いなど，人間の力では回避することので
　きない人生の困難である。生きている限り誰もが行き当たるこの壁を克服し得
　たとき，はじめて人は自己の生の真実に触れることができる。

②　限界状況に直面し，人は自己の有限性を自覚する。自分が何ものにも支えら
　れない無力で孤独な存在であることを知った人は，神のような超越的な存在に
　頼ることのない，人間同士の実存的な交わりを求めるようになる。

③　限界状況と向き合いつつ，真の自己を求める者同士で心を開いて語り合うの
　が実存的交わりである。自己の全てを賭けたこの全人格的な対話に身を投じる
　ことで，互いの実存が明らかになる。

④　限界状況に直面したとき，人は絶望し，挫折を味わう。自己の生の真実を理
　性によって捉えることはできないと悟った人は，理性に拠らない「愛しながら
　の戦い」を通じて，自己の実存に目覚めることができる。

問6　〈ニーチェ〉ニーチェについての説明として最も適当なものを，次の ①〜④
　　のうちから一つ選べ。　　　　　　　　　　　　　　　　　　（2020・本・35）

①　キリスト教の教義に基づく禁欲的な道徳を，強者の自己肯定に根ざした高貴
　な者たちの道徳として賞賛した。

②　個々人が，必ずや訪れる自らの死と向き合うことを通じて，本来的な自己の
　あり方に目覚める重要性を説いた。

③　既成の道徳や価値観への信頼が失われた事態を正面から引き受け，新たな価
　値を自己自身で創造しつつ生きることを求めた。

④　他者や世俗的な出来事の中に埋没し，本来的な自己のあり方を見失ったまま
　生きる人間を「ダス・マン（世人）」として批判した。

問7　〈ハイデガーⅠ〉次の文章は，大衆社会と科学技術を批判したハイデガー
　　の思想について説明したものである。　　a　　〜　　c　　に入れる語句の組

解明POINT

▶マルクス思想の源流

ドイツ哲学
フォイエルバッハ（唯物論）
ヘーゲル（弁証法）
→唯物論的弁証法
イギリス経済学
アダム＝スミス，リカード 労働価値説
→剰余価値説（資本家の利潤は労働者が労働で生み出した剰余価値の搾取である）
フランス社会主義
サン＝シモン，フーリエ 空想的社会主義
→科学的社会主義

解明POINT

▶実存主義の特徴

● 大衆社会における画一化・平均化に対する自己回復の哲学

● 人間の意志や感情を重視…カントやヘーゲルの近代理性主義を批判

● 人間の個別性を強調…人間一般・普遍性を問題としない

● 主体性の回復による人間疎外の克服…社会改革による人間疎外の克服ではなく，主体性の回復による克服をめざす

解明POINT

▶実存主義の系譜

有神論的実存主義	無神論的実存主義
キルケゴール （単独者）	ニーチェ （神は死んだ）
ヤスパース （包括者）	サルトル
マルセル	

合せとして正しいものを，下の①〜⑥のうちから一つ選べ。　　　(2013・本・36)

　　ハイデッガーは，人々がうわさ話に夢中になり，新奇なものを求め，なんとなく曖昧（あいまい）に生きている日常的なあり方を　　a　　と呼んだ。こうしたあり方から本来の自己へと至るには，　　b　　のただなかで，自己の死の可能性を直視することが必要だとした。後に彼は，科学技術のあり方を考察し，そこでは人間も含めてあらゆるものが利用されるべき材料とみなされていることを批判した。彼はこうした状態を　　c　　の喪失と呼び，そこから脱却する道を模索した。

① a ルサンチマン　　b 絶望　　c 故郷
② a ダス・マン　　　b 不安　　c 人倫
③ a ルサンチマン　　b 不安　　c 故郷
④ a ダス・マン　　　b 絶望　　c 人倫
⑤ a ルサンチマン　　b 絶望　　c 人倫
⑥ a ダス・マン　　　b 不安　　c 故郷

問8　〈ハイデガーⅡ〉次のア〜ウのうち，ハイデガーの思想についての説明として正しいものはどれか。その組合せとして最も適当なものを，下の①〜⑦のうちから一つ選べ。　　　(2016・本・36)

ア　人間は，存在するとはそもそもいかなることかを問うことのできる，唯一の存在者である。私たちのそうしたありようは，現存在（ダーザイン）と呼ばれる。

イ　人間は，それ自体で存在する事物（即自存在）とは異なって，未来に向けて投企しつつ，自己を意識する。私たちのそうしたありようは，対自存在と呼ばれる。

ウ　人間は，世界のなかに投げ出されており（被投性），そこで様々な事物や他者と関わりながら日常を生きる。私たちのそうしたありようは，世界内存在と呼ばれる。

① ア　　　② イ　　　③ ウ　　　④ アとイ
⑤ アとウ　　⑥ イとウ　　⑦ アとイとウ

問9　〈サルトル〉サルトルの思想の説明として**適当でないもの**を，次の①〜④のうちから一つ選べ。　　　(2019・本・34)

① 人間は，自己と自己を取り巻く社会の現実に関わらざるを得ないが，全人類への責任を自覚し，自ら進んで社会へ身を投じることで，現実を新たにつくりかえていく可能性に開かれている。

② 人間は，絶えず自らを意識しながら，自らを新たに形作ろうと努める存在であるため，いかなる状況においても変化しない，同一の本質をそなえた事物とは異なっている。

③ 人間は，自由であることから逃れられず，自由であることから生じる責任を他者に委ねることもできないため，不安に耐えて，自己と自己を取り巻く社会の現実に関わらざるを得ない。

④ 人間は，あらかじめ自らの本質が定められており，その本質を実現するために自らを手段として活用することによって，未来の可能性を切り開いていく，自由な存在である。

問10　〈性への差別をめぐる運動や思想〉性に関する差別をめぐる運動や思想につ

解明POINT

▶「存在」とは

マルクス

類的存在…人間は本来労働によって他者と結びつくが，資本主義が労働における疎外をもたらしている。

社会的存在…社会的地位。「意識がその存在を規定するのではなく，人間の社会的存在が意識を規定する」

ハイデガー

現存在（ダーザイン）…人間は存在に関心を持ち，その意味を問うことができる。

世界内存在…人間は世界のうちに投げ込まれ（被投性），世界によって規定されている存在。

存在の忘却…人間が根底にある「存在」をすっかりと忘れ去っていること。

死へとかかわる存在…自己の死から目を背けることができない存在。

サルトル

投企的存在…人間は未来に向かって自らを投げ出し，自らを創造していく存在。

即自存在…本質が実存に先立つ。意識もなくただ存在。

対自存在…実存が本質に先立つ。常に自己を意識して，未来に向かって新しい自己を形成する存在。

※ハイデガー…「存在」は神にも通じるものとも捉える。

いての記述として最も適当なものを，次の ① ～ ④ のうちから一つ選べ。

（2022・追・25）

① フェミニズムは，伝統的な女性差別に反対し，様々な運動を展開してきたが，その根底にあるのは，女性を男性よりも上位に位置付けて，社会生活の様々な場面で女性を優遇するという思想である。

② フェミニズムは，「男性らしさ」や「女性らしさ」のイメージを人為的な構築物とみなし，文化や慣習，社会通念が暗に前提としている性差別的な構造を指摘している。

③ ボーヴォワールは，「人は女に生まれるのではない，女になるのだ」と述べて，慣習的で伝統的な「女性らしさ」を身に付けていくことこそが，理想の女性の生き方であると主張した。

④ ボーヴォワールは，「人は女に生まれるのではない，女になるのだ」と述べて，男女が異なる社会的な役割を引き受けることで，女性の地位が向上し，自由が獲得されると主張した。

問11 〈サルトルとカミュ〉 a ～ c に入れる語句の組合せとして正しいものを，下の ① ～ ⑧ のうちから一つ選べ。 （2014・本・36）

『 a 』のなかで，主人公が公園のマロニエの木を見て，存在の偶然性を発見する場面を描いたサルトルは，第二次世界大戦後，人間について， b のあり方を示した。一方，カミュは，『シーシュポスの神話』のなかで，山の上から転げ落ちる岩を運び上げることを無限に反復するシーシュポスの姿を描き，人間の生が c であることを示し，そのなかで生き続けることを人間の運命とした。

① a 嘔 吐　　b 本質に先立つ実存　　c 不条理
② a 嘔 吐　　b 本質に先立つ実存　　c 苦 行
③ a 嘔 吐　　b 実存に先立つ本質　　c 不条理
④ a 嘔 吐　　b 実存に先立つ本質　　c 苦 行
⑤ a 第二の性　b 本質に先立つ実存　　c 不条理
⑥ a 第二の性　b 本質に先立つ実存　　c 苦 行
⑦ a 第二の性　b 実存に先立つ本質　　c 不条理
⑧ a 第二の性　b 実存に先立つ本質　　c 苦 行

問12 〈現象学〉ハイデガーの思索の出発点となった人物にフッサールがいる。次のア・イは，フッサールの現象学についての説明である。その正誤の組合せとして正しいものを，下の ① ～ ④ のうちから一つ選べ。 （2021・①・本・22）

ア 現象学によれば，世界の実在を信じるような自然的態度を一旦停止するエポケーによって，意識の内部に現れるがままの「事象そのものへ」迫ることができる。

イ 現象学によれば，自覚ないし自己意識こそ精神の基本的な働きであり，人間は，他者との関係を通じてその自己を外化することにより，自由を獲得することができる。

① ア 正　イ 正　　② ア 正　イ 誤
③ ア 誤　イ 正　　④ ア 誤　イ 誤

解明POINT

▶行動する知識人

サルトルは，実存主義の主体性の理論と社会主義の社会正義の理論を総合し，**積極的に政治運動に参加**（アンガジュマン）した。

解明POINT

▶フェミニズム

フェミニズムは，ジェンダー（文化的・社会的・心理的に構築された男女の性差）に潜む制度的・規範的な性差に注目し，女性差別の解放を目指すもので，ボーヴォワールは1960年代以降のフェミニズム運動の中心的存在の一人である。

解明POINT

▶実存主義的小説

『嘔吐』（サルトル）
主人公ロカンタンが公園のマロニエの木の根っこを見て，世界の存在が無意味で偶然性に満ちていることを発見。なんでもない単に存在するだけで本質を欠いている樹木を見て主人公が嘔吐する内容。ただ存在するだけであることへの嫌悪を表現している。即自存在を批判し，対自存在を求める小説。
『シーシュポスの神話』（カミュ）
ニーチェの**永劫回帰**の世界と同じ，不条理な世界を描く。
『異邦人』（カミュ）
裁判で殺人の動機を聞かれた主人公が「**太陽が眩しかったから**」と述べる内容。

解明POINT

▶フッサールの現象学

- 判断を中止（エポケー）することで，意識に現れた現象を厳密に考察する
- エポケーの後に残る純粋意識（超越論的主観性）を対象とする

6 現代の思想

■ 整理・要約

1 社会参加と他者への奉仕

シュヴァイツァー （フランス）	◆「**生命への畏敬**」…生きようとする生命に囲まれた，生きようとする生命であることの自覚。「**密林の聖者**」とよばれる
ベルクソン （フランス）	◆生命の進化は，はかり知れない「**生命の躍動**」（エラン・ヴィタール）によってもたらされ，人間の社会も生命の躍動によって**開かれた社会**へと進展する ◆道徳を，**閉じた道徳**と**開かれた道徳**に区分する。開かれた道徳は「**愛の躍動**」（エラン・ダムール）によって高められた全人類的な動的・情緒的道徳である
ガンディー （インド）	**非暴力の徹底**を貫くことでインドの独立を指導，インド独立の父とよばれる ◆**アヒンサー（不殺生）**…生命を傷つけ，殺すことは許されない ◆**サティヤーグラハ（真理把持）**…真理を把握し，自己と社会に実現させようと努める
キング牧師 （アメリカ）	アメリカにおける**公民権運動**の指導者，「私には夢がある（I have a dream）」と演説 ◆公民権法の制定（1964）に影響を与える
マザー゠テレサ （インド）	カトリック修道女としてインドで「死を待つ人の家」「子どもの家」，ハンセン病患者のための「平和の村」などを開設 ◆キリスト教の精神にもとづく愛とあわれみ（ピエタ）の献身的な奉仕を実践
シモーヌ゠ヴェイユ （フランス）	フランスの哲学者，ボーヴォワールに影響 ◆自ら工場労働者として働き，工場労働者の中で不幸を直視。不幸は魂を粉砕するとし，人々を助けながら，彼らと同じ不幸を生き抜くことを選んだ

2 現代思想の展開

① フランクフルト学派

ホルクハイマーとアドルノ	ハーバーマス（第二世代）
共著『啓蒙の弁証法』 ●**道具的理性**…現代の理性（啓蒙的な思想）は自然と人間とを規格化し，技術的に操作する ●**批判理論の構築**…理性の道具化を批判，理性の本来的な機能である**批判的理性**の重要性を説く（批判こそ哲学の本質） ●アドルノ…フロムとともに，権威をもつものに服従を求める**権威主義的パーソナリティ**を批判	主著『公共性の構造転換』 　　　『コミュニケーション的行為の理論』 ●**生活世界の植民地化**…公共性は，近代社会のコーヒーハウスやサロンなどの公共的な場での自由な議論を特徴とするが，マスメディアや経済主義の発達により文化を消費する**公共性の構造変換**を生み，人々の生活世界の植民地化をもたらした ●効率化という**システム合理性**を追求する**道具的理性**は，官僚制と経済主義をまねいた ●**コミュニケーション的合理性の追求**…コミュニケーションや討議（ディスクルス）を通して**合意**を形成する。理性（対話的理性・コミュニケーション的理性）を重視。**公共性の再構築**と**市民的公共性**の形成をめざした ●**市民的公共性**のあり方を問い直す

フロム	マルクーゼ	ベンヤミン
主著『自由からの逃走』 ●自由がもたらす**孤独**や**不安**に耐えきれず，自由から逃走する人々がファシズムの基盤となる ●大衆の社会的性格である**権威主義的パーソナリティ**を批判	主著『一次元的人間』 ●豊かな消費生活において批判精神を失い，管理された人間を**一次元的人間**とよんで批判	主著『複製技術時代の芸術』 ●芸術作品は神秘的な力である**アウラ**を喪失，映画や写真などの複製技術に積極的意味を求めた ●暴力批判論…「法」そのもののなかに「暴力」が潜む

② 言語の構造化

ソシュール『一般言語学講義』	構造主義・近代言語学の祖
	● パロール（個人が発する言語）はラング（共同体の言語体系）という**構造**に規定される
	● 言語は，言語相互の関係性（**差異**）のなかで，はじめて意味を持つ**記号**の体系（**差異の体系**）からなっている

③ 構造主義

レヴィ゠ストロース	フーコー
フランスの文化人類学者	フランスの哲学者
主著『野生の思考』『悲しき熱帯』	主著『狂気の歴史』『言葉と物』『監獄の誕生』
● ソシュールの言語学の影響を受け，文化人類学に構造主義的分析を応用→**構造人類学の確立**	● **エピステーメー**…人間の思考や行動力を無意的に規定する知の枠組み。西洋社会での言説の歴史研究（**知の考古学**）を行う
● **文化相対主義**…エスノセントリズム（自民族中心主義）を批判，文化は相対性・多様性をもつ	● 近代の理性主義は，**狂気を非理性として選別，排除**
● **野生の思考**…未開社会の**野生の思考**と西洋社会の科学的思考には優劣の差はない	● 近代の権力は，人々が自発的に従う**規律の権力**（**規格化する権力**）という抑圧の構造をもつ

④ 構造主義的精神分析　⑤ ポスト構造主義

ラカン	デリダ	リオタール
フランスの哲学者，精神分析家	フランスの哲学者	フランスの哲学者
主著『エクリ（書かれたもの）』	主著『エクリチュールと差異』	主著『ポストモダンの条件』
● フロイトの無意識の理論を掘り下げ，無意識の言語的構造を明らかにした	● **脱構築**…西洋的な思考の根底にある二項対立を内側から解体させ，硬直した思考を解放する思考の動き	● **ポスト－モダン**の概念の定式化
	● 脱構築できないものとして「**正義**」をあげる	● **大きな物語**…ヘーゲルやマルクスらによる，世界や歴史を全体としてとらえる思考の枠組みを批判
● 無意識は一つの言語活動（**ランガージュ**）として構造化・法則化	● **エクリチュール**（書き言葉，文字言語）の重要性を説く	● **小さな物語**…学問や科学の専門化・細分化が進み，個々の具体的な状況のうちで思考することが求められる
	ドゥルーズ，ガタリ	ボードリヤール
● 幼児が鏡で自分に気づくように，人間が自己を形成するためには他者を媒介とする（**鏡像段階説**）	● 西洋哲学の伝統である一元的な哲学を批判。差異を肯定する哲学や，無意識や資本主義社会を**欲望する機械**とし，欲望の多様性と解放を説いた	● 商品は使用価値としてあるのではなく，ブランドなどの**記号的な差異化**を通じて，個性を表現するという**差異の原理**にもとづく情報社会理論を展開

⑥ 他者の尊重

アーレント政治哲学者	主著『全体主義の起原』『人間の条件』
	● ナチズムなど**全体主義の起原**を解明。孤立化した大衆が全体主義の起原であるとする
	● 人間生活を「**労働**」（生活に必要な糧を生み出す），「**仕事**」（道具や芸術作品などをつくりあげる），「**活動**」（言葉を介した相互行為）に分類
	● 対話にもとづいた「**活動**」によって，「**公共性**」の領域がつくられる
レヴィナス	主著『全体性と無限』
	● **近代哲学批判**…自我を中心としてすべてを説明し取り込む「**全体性**」の下で，他者についての視点が欠如している
	● **他者の基本的性格**…他性（「私」とは根本的に同じではあり得ず，「私」の自己意識の中に取り込めない存在であり，「**無限**」）
	● **顔**…他性は，他者が私を見つめるまなざしに現れる。倫理的な責任とは，「私」が他者の重みを知ることである

⑦　アメリカの政治哲学

リベラリズム（自由主義）	リバタリアニズム（自由至上主義）	コミュニタリアニズム（共同体主義）
ロールズ，セン	ノージック	マッキンタイア，サンデル
● ロールズは，政治的には個人の自由を尊重し，経済的には福祉政策などによる再分配を重視。**公正としての正義**，**アファーマティブ・アクション**を唱える ● センは，人々の持つ「**潜在能力**」（ケイパビリティ）や「**達成可能な生き方の幅**」を広げる「**潜在能力論**」を展開	● 「公正」の立場から，個々人の行動を制限しない ● 個人の自由を最大限に尊重すべきだとする立場で，国家による所得の再分配に対して否定的 ● **最小国家**を主張	● 共同体（コミュニティ）の価値を重視する立場 ● マッキンタイアは，コミュニタリアニズムの先駆者，アリストテレスの哲学の影響を受け，**徳倫理学**を再興 ● サンデルは，ロールズの理論は社会関係から切り離された「**負荷なき自己**」を前提にしていると批判。人々は共同体に位置づけられた自己で，共同体の**共通善**を追求すべきとした

⑧　分析哲学と科学哲学

ウィトゲンシュタイン	クーン
● 分析哲学の祖であるラッセルの影響を受ける ● 言語の本質を，客観的な世界のあり方を写し取る像としてはたらくとした**写像理論**を提唱 ● 「語り得ないことについては沈黙しなければならない」として，宗教や倫理の問題は，言語で表現できる限界を超えている「語り得ないこと」と主張 ● **言語ゲーム**…言語は日常の生活の中で多様な文脈に応じで展開される行為である	● アメリカの科学史家 ● 科学は，個々の事実を一定の**パラダイム**（理論的な枠組み）で解釈する ● パラダイムである枠組み自体の転換を，**科学革命**とよんだ
クワイン	ポパー
● 知の**全体論**（ホーリズム）を展開 …科学の進歩のためには，パラダイム（理論的枠組み）全体を単位として命題の真偽をとらえなければならない	● **反証可能性**…科学理論の成立根拠。科学的な命題とそうでない命題（疑似科学）を区別する基準 ● **批判的合理主義**（反証主義）の展開 ● 漸進的社会工学…社会を漸進的に改善する方法

●●● 演習問題

問1　〈ガンディーの非暴力主義〉ガンディーの非暴力主義に関する記述として最も適当なものを，次の ①〜④ のうちから一つ選べ。　　　　　（2003・追・33）

① 暴力を振りかざす者に対して，一切の対抗暴力を用いることなく，黙って彼らに服従することによって，精神的な勝利を収めることができる。

② 非暴力運動は，核兵器をもたなかった時代のイギリスに対しては有効であったが，今後は核抑止力のもとでのアヒンサーを追求する必要がある。

③ 暴力を用いずに，しかし決して相手に屈伏することなく，非協力を貫き通すことによって，相手の良心に訴え相手を変えていかなければならない。

④ 非暴力という手段は，勇敢な者たちばかりでなく，臆病（おくびょう）な者たちにも実行可能なので，抵抗活動を大衆運動として拡大していくために不可欠である。

問2　〈マザー・テレサの言葉〉キリスト教における隣人愛の「隣人」とはどんな人を指しているのか。次のマザー・テレサの言葉を読み，最もよく合致するも

解明POINT

▶ガンディーの思想

根本思想
● **サティヤーグラハ**（真理把持） ● **ブラフマチャリヤー**（自己浄化）…あらゆる欲望を抑えて，身体と精神を浄化する。 ● **アヒンサー**（不殺生）
手段
● 非暴力 ● 不服従 ● 無抵抗

のを，下の ① 〜 ④ のうちから一つ選べ。 (2002・本・7)

　この世の中で，私たちがたんなる数ではないと思うことは，すばらしいことです。私たちは神ご自身の子どもです。インド，日本，アメリカ，ヨーロッパに住む人も，そして世界のどの地域に住む人びとも，みな，私の兄弟，私の姉妹なのです。あのとてもさみしそうな人，とても貧しい人，とてもかわいそうな人，そしてとても偉い人も，私の姉妹，私の兄弟です。……神はすぐそこにおられます。どこ？　貧しい人びとのなかに，私の家族の母，兄，妹，夫や妻のなかに。そこにいらっしゃるのです。

(マザー・テレサ『生命(いのち)あるすべてのものに』)

① 同じ神を信じ，互いの利益をはかり合う宗教的な共同体のメンバー。
② 血縁でつながった家族や親族，あるいは同一の民族に属する人間。
③ 恵まれた人たちからの経済的な助けを必要とする社会的弱者。
④ 様々な状況において出会い，神の愛のもとで共に生きる人間。

問3 〈文明社会への批判〉次のア〜ウは文明社会を批判的に考察した思想家の見解であるが，それぞれ誰(だれ)の見解であるか。その組合せとして正しいものを，下の ① 〜 ⑥ のうちから一つ選べ。 (2013・本・37)

ア 現代の消費社会において，人々が商品を購入するのは，それが必要だからというよりも，他人との差異を示すためであり，そうした差異への欲望を刺激し消費拡大を目指す企業を批判する言説も，消費の対象になっている。

イ 実現すべき目的を批判的に検討する能力であった理性は，近代社会の発達に伴って，任意の目的に手段が形式的に適合するかどうかを判断するだけの道具的理性と化し，個人を抑圧する画一的な社会を形成してきた。

ウ 合理性を徹底的に追求した近代官僚制を特徴とする社会を作り上げた現代人は，いわば鉄の檻(おり)と化したこの社会のなかで管理され，豊かな精神と人間性を欠く存在に堕する危険にさらされている。

① ア ウェーバー　　　イ ボードリヤール　　ウ ホルクハイマー
② ア ウェーバー　　　イ ホルクハイマー　　ウ ボードリヤール
③ ア ボードリヤール　イ ウェーバー　　　　ウ ホルクハイマー
④ ア ボードリヤール　イ ホルクハイマー　　ウ ウェーバー
⑤ ア ホルクハイマー　イ ウェーバー　　　　ウ ボードリヤール
⑥ ア ホルクハイマー　イ ボードリヤール　　ウ ウェーバー

問4 〈ホルクハイマーとアドルノ〉ホルクハイマーやアドルノは近代的な理性をどのように考えたか。その説明として最も適当なものを，次の ① 〜 ④ のうちから一つ選べ。 (2008・本・26)

① 理性は，自然を客体化し，技術的に支配することを可能にする能力として，手段的・道具的なものである。
② 理性は，物事を正しく判断し，真と偽とを見分ける良識として，すべての人間に等しく与えられている。
③ 理性は，真の実在を捉(とら)えることができる人間の魂の一部分として，気概と欲望という他の二部分を統御する。
④ 理性は，人と人とが対等の立場で自由に話し合い，合意を形成することができる能力として，対話的なものである。

解明 POINT
▶社会への批判的考察

ボードリヤール（フランスの社会学者）
主著『消費社会の神話と構造』
●商品は，他者との差異を生み出す記号である

M. ウェーバー（ドイツの社会学者）
●官僚制の分析
●責任倫理の確立を説く

解明 POINT
▶フランクフルト学派第一世代

ホルクハイマー，アドルノ
共著『啓蒙の弁証法』
●近代理性主義の見直し 自然支配の手段としての道具的理性を批判
●現代の管理社会への批判理論を展開

解明 POINT
▶ファシズム（ナチズム）批判

フランクフルト学派
ホルクハイマー，アドルノ 既存の価値基準や社会思想を批判する批判理論（批判的理性）を展開
フロム ファシズムの社会心理学的分析…『自由からの逃走』，権威主義的性格への批判
ハーバーマス ナチスのプロパガンダ（政治的宣伝）を批判し，対話的理性の重要性を説く
アーレント 社会的領域（労働，仕事）よりも人間と人間の間の関係である公共的領域（活動）や公共性を重視。公共性の喪失がファシズムを生んだと主張
レヴィナス 全体主義の画一性を批判し，他者の異質性（他性）を尊重。他性の象徴が「顔」

問5 〈アドルノ〉ファシズムを批判した思想家にアドルノがいる。アドルノについての記述として最も適当なものを，次の ①〜④ のうちから一つ選べ。

(2005・追・17)

① 現象を目的と手段の関係に還元する技術的な思考が，効率性を追求するあまり，人間の相互行為を著しく阻害するようになっている。このことを批判して，対話的理性を重視した。

② 権威に弱く硬直した性格の人は，偏見をもちやすく，人間を上下関係のなかに序列づけて考える傾向がある。このような権威主義的性格の特性を，社会学的な研究によって明らかにした。

③ 管理された社会の中で批判的理性を喪失して現状を単に肯定するだけの人間を一次元的人間と名づけ，本来の人間的自由を疎外するそうした社会を厳しく批判した。

④ 心理的に孤立化して時代の流れのままに流される人間の病理を分析し，同時代の人々に準拠して自分の行動を決定していくという社会的適応の形式を他人志向型と名づけた。

問6 〈ハーバーマスの対話的理性〉ハーバーマスの「対話的理性」という考え方に合致している発言として最も適当なものを，次の ①〜④ のうちから一つ選べ。

(2013・本・7)

① 議論をしても埋まらない立場の相違や利害の衝突は，多数者の意思に基づいて解決していく。それが，民主主義社会の公共性の原理でしょ。

② 多数決なんて乱暴だな。理想論って言われるかもしれないけど，みんなが互いに納得し合えるまで，とことん話し合いを続けるべきだよ。

③ 納得し合う必要もなくて，とことん意見をぶつけ合っていけばいいのさ。議論で一番大切なのは，互いの意見の違いを明らかにすることだからね。

④ 理想的な対話は，見知らぬ者同士では難しいよ。理性的に話し合うためには，互いに信頼し合える親密な関係が不可欠だよ。

問7 〈ハーバーマス〉誰の立場から見ても正しいと思える行為の原理やルールを確立しようとした第二次世界大戦後の哲学者の一人にハーバーマスがいる。ハーバーマスの考え方についての説明として最も適当なものを，次の ①〜④ のうちから一つ選べ。

(2009・本・31)

① 他者の権利を侵害しない限り，私たちの自由は平等に尊重されるべきである。ただし，自由競争によって生じる不平等については，社会において恵まれない立場にある者たちの生活を改善する限りで許される。

② 人は，互いに合意に至ることを可能にするような理性をもっている。したがって，そのような理性を対等な立場が保障されたうえで使用するならば，万人が同意することができる社会のルールを発見できる。

③ 人は，互いの自由や財産を権利として尊重するべきだというルールを理解できる理性をもっている。そして，各人の自由や財産をより確実に保障するために，合意のもとに政府を設立する。

④ 自己利益だけでなく，万人に共通する利益が第一に考えられるべきだという一般意志が存在する。そして，それを強制するルールに基づく社会を築けば，個人の権利と自由は保障される。

解明POINT

▶道具的理性のとらえ方

ホルクハイマー，アドルノ
- 近代の理性は，**自然を規格化し技術的に操作する**ものとなっている
- 社会に対する**批判的理性，批判理論**の重要性を説く

ハーバーマス
- フランクフルト学派の第二世代
- 近代の理性は，形式的な手続きを重視する官僚制や貨幣による経済関係を重視する**システム合理性**を追求する道具的理性に陥っている
- 対話を重視する**コミュニケーション的理性**によって，合意形成を行う**市民的公共性**の重要性を説いた

解明POINT

▶自由からの逃走

フロム（ドイツ生まれの社会心理学者）
主著『自由からの逃走』
- 自由や自立を重荷と感じる個人は，自由を放棄することで権威に服従する → 「自由からの逃走」を企てる
- 権威主義的性格（パーソナリティ）

問8 〈フロム〉自由であることの困難さについて考察したフロムの説明として最も適当なものを，次の ①〜④ のうちから一つ選べ。　　(2013・追・36)

① 死への恐怖や飢えにより精神的自由すら奪われてしまう収容所での体験をもとに，人間らしい生き方とは何かを探究した。

② 自由によってもたらされる孤立を恐れるあまり，人々が支配・被支配の関係を求めて，自ら服従へと向かう場合があると指摘した。

③ 人間は，他人との争いや愛する者の死など人生の壁に直面し，自分の有限性を痛感する限界状況を通して自己の本来のあり方にめざめると説いた。

④ 権力が日常的な人間関係のなかで働いて本来の自由が損なわれる危険性を指摘し，権力を強化する監獄などの装置を作り出した近代社会を批判した。

問9 〈レヴィ・ストロース〉構造主義の代表的思想家にレヴィ・ストロースがいる。次のア〜ウのうち，彼の思想を正しく説明したものはどれか。その組合せとして正しいものを，下の ①〜⑦ のうちから一つ選べ。　　(2015・本・35)

ア 西洋における科学技術文明の絶対化を批判し，「野生の思考」と科学的思考の間に優劣はないと主張した。

イ 理性的思考を言語の観点から考察し，言語活動は一定の規則に従う「言語ゲーム」であり，共同体において習得されるとした。

ウ 「未開社会」における親族や神話などの研究を通して，個人の主観的意識を超えたシステムが存在していることを見いだした。

① ア　　　② イ　　　③ ウ　　　④ アとイ
⑤ アとウ　　⑥ イとウ　　⑦ アとイとウ

問10 〈フーコーの理性批判〉人間理性のあり方を批判的に検討した現代の思想家フーコーについての記述として最も適当なものを，次の ①〜④ のうちから一つ選べ。　　(2009・本・29)

① 西洋哲学を成り立たせてきた主体などの概念が覆い隠してきた問題を，歴史のなかで新たに問うために脱構築を主張し，理性の概念を捉え直した。

② 理性と狂気とが区別されるようになってきた西洋の歴史を分析し，確固とした理性という考えが歴史の過程の産物であることを明らかにした。

③ 非西洋の未開社会の実地調査を通して，西洋社会とは異なる独自の思考体系を見いだし，西洋の理性的思考を特権化するような考えを斥(しりぞ)けた。

④ 自己意識のなかに取りこめない他者性が現れる場を「顔」という言葉で表現し，そのような他者に向き合えない理性の暴力性に照明を当てた。

問11 〈フーコー〉フーコーは，「パノプティコン」を例にとって，近代社会における人間の主体性について考察した。次のフーコーの文章を読み，そこから読み取れる内容として最も適当なものを，下の ①〜④ のうちから一つ選べ。

(2014・追・9)

パノプティコンとは，ベンサムが構想した監獄である。円状に獄舎が建てられ，その円の中心には監視塔がそびえる。円状の獄舎は独房に区分けされ，各房に囚人が配置されている。塔にいる監視者は独房の内部にいる囚人の様子を完全に見ることができるが，囚人が監視者を見ることは決してできない。このような状況において，見られる可能性がある状態に置かれ，その状態にあることを知っている者は，自らすすんで権力の拘束を受け入れ，自発的に規則に従

▶構造主義の代表的思想家

構造主義…人々の思考や行動を説明する枠組みとして，個人の意識を超えて社会に広がる構造を明らかにする立場。

レヴィ＝ストロース
● 親族関係や婚姻関係の**構造**を明らかにする（『親族の基本構造』）
● 未開社会にも事物や事象を秩序づける論理性がある →**野生の思考**（『野生の思考』）
● 文化相対主義

フーコー
● 狂気を西洋近代は理性から排除することで成立した（『狂気の歴史』）
● 近代社会の権力構造の分析（『監獄の誕生』）
● 知の考古学…人間の知識や思考の隠された動向や構造を明確にしようとする試み

▶ポスト構造主義

デリダ（アルジェリア出身の哲学者）
● 構造主義は，近代における西洋中心主義を共有していると批判
● 哲学や文学の作品の読解の方法として，西洋哲学の二項対立を批判して**脱構築**を主張

うようになる。すなわち，権力の主体かつ対象という二役を同時に演じる関係を自分に組み込んで，自分から強制と服従の源になるのである。

（『監獄の誕生』より作成）

① 実際に監視者に見られていると確認できなくても，見られる可能性を知っていれば，囚人は監獄の規則に従うようになる。つまり，囚人は，規則にかなう行動を，自分で自分に強制する。

② 実際に監視者に見られていると確認できてはじめて，囚人は監獄の規則に従うようになる。つまり，監視者のみが，囚人に対して，規則にかなう行動を強制することができる。

③ 実際に誰かに見られていなくても，見られる可能性を知っていれば，人は規則に従うようになる。つまり，囚人たちは，規則に従って行動することを，互いに強制し合う。

④ 実際に誰かに見られていることを知ってはじめて，人は規則に従うようになる。つまり，囚人は，監視者が自分を見ているか確かめながら行動することを，自分に強制する。

問12 〈言語ゲーム〉ウィトゲンシュタインの「言語ゲーム」についての説明として最も適当なものを，次の ①〜④ のうちから一つ選べ。 (2018・本・34)

① 言語は，日常生活の具体的な場面や状況に応じて使用されるが，我々は，他者との会話に参加しながら，適切な使用のルールを次第に身に付ける。その様子は，ゲームになぞらえられる。

② 言語は，語彙や文法といったルールのうえに成り立っている点で，ゲームになぞらえられる。そのなかでは，日常的な発話（パロール）が，構造としての言語（ラング）から区別される。

③ 言語は，人間の無意識の形成に深く関わっており，我々は成長の過程で，言語活動を通して，他者の欲望を自分自身の欲望としてつくりかえる。その様子は，ゲームになぞらえられる。

④ 言語は，語彙や文法といったルールを常につくりかえる点で，ゲームになぞらえられる。そのために，我々の日常的な会話では，語や概念の連関を解体する脱構築が常に行われる。

問13 〈レヴィナス〉レヴィナスは，自己とは異なる存在としての他者を重視する思想を展開した。その記述として最も適当なものを，次の ①〜④ のうちから一つ選べ。 (2014・追・36)

① 「私」から出発してすべてを説明しようとする近代哲学は，他者を自己に同化する全体性の思想である。しかし，他者は同化し得ない絶対的な他性をもつ存在であり，その重みを知ることこそが，倫理の出発点となる。

② 人間は本来，労働を通して他者と関わり，連帯して生きる類的存在である。しかし，近代産業社会の非人間的な労働環境のもとで，このあり方は損なわれてしまい，人間の人間からの疎外が起こっている。

③ 人間は，他者との関係のなかで存在しており，選択は他者との関係において行われ，他者を巻き込まずにはいられない。私たちは，そのようにして，全人類に自己を「アンガージュマン（参加）」させて生きているのである。

④ 人間精神にとって，「自分はこういう者である」と自覚する自己意識が成り

立つうえで，他者の存在は不可欠である。異なる他者のうちに自らを見いだすことで，はじめて自己意識が生じるのである。

問14 〈枠組みの相対化〉次のア～ウは既存の枠組みを相対化する見方を示した思想家についての説明であるが，それぞれ誰についての説明か。その組合せとして正しいものを，下の ①～⑥ のうちから一つ選べ。　　　　　(2014・追・35)

ア　真理，善，美などは，それが人間の生活において有用であるか否かによって決まり，具体的な状況における実践の結果に左右されるので，普遍的でも絶対的でもないとした。

イ　観察など研究活動の蓄積から理論が徐々に進歩していくという科学像に代えて，理論の枠組み（パラダイム）のなかではじめて研究活動は可能になり，その枠組みは時に革命的に変化するという科学像を示した。

ウ　個人の主観的意識を超えた構造として言語を捉え，自由で主体的にみえる人間の言語活動や思考も，そうした構造によって可能になっているとして，構造主義の成立に大きな影響を与えた。

① ア ソシュール　　イ ジェームズ　　ウ クーン
② ア ソシュール　　イ クーン　　　　ウ ジェームズ
③ ア ジェームズ　　イ ソシュール　　ウ クーン
④ ア ジェームズ　　イ クーン　　　　ウ ソシュール
⑤ ア クーン　　　　イ ソシュール　　ウ ジェームズ
⑥ ア クーン　　　　イ ジェームズ　　ウ ソシュール

問15 〈アーレントとロールズ〉人間の自由をめぐる思想家の考え方の説明として最も適当なものを，次の ①～④ のうちから一つ選べ。　　　　(2022・追・28)

① アーレントによれば，人間には，生命維持のために働いたりする能力とは別に，他者と言葉を交わすことを通して公共的な空間に参加する能力があり，この能力を発揮することが自由な活動である。

② アーレントによれば，社会の中で有利な立場にいる人であっても，仮想的な社会契約の段階では，最も不遇な境遇に置かれることを想像して，基本的な自由を万人に等しく保証するようなルールを採択するはずだと主張した。

③ ロールズによれば，社会の基本原則にとって最も重要な条件は基本的自由であり，万人に基本的自由が保証されていれば，競争によって格差が生じたとしても，是正する必要はない。

④ ロールズによれば，自由を獲得した近代人には，自分のことを自ら決定する責任とそれに伴う不安に耐えかねて，むしろ権威に自発的に従属するようになる傾向があると指摘した。

問16 〈コミュニタリアニズム〉次の文章は，望ましい社会のあり方についてのコミュニタリアニズム（共同体主義）による見解を説明したものである。文章中の　a　～　c　に入れる語句の組合せとして正しいものを，下の ①～⑧ のうちから一つ選べ。　　　　(2016・本・9)

コミュニタリアニズムは，　a　が前提とする人間像や社会観を批判し，そのうえに成り立つ道徳観や正義観に異議を唱える。　a　では，社会とは自由で独立した個人の集合体であり，個人はあたかも自分にとって望ましい生き方を好きなように取捨選択することができる存在，いわば　b　であ

解明POINT
▶ソシュールの思想

ソシュール（スイスの言語学者，構造主義の祖）
言語や文化は差異の体系であり，その背後にある構造をとらえる
ラング
言語共同体に蓄積された言語の総体（日本人が話す日本語）
●シニフィアン…音声や文字としての記号（記号表現）
●シニフィエ…シニフィアンが指示する意味されるもの（記号内容）
パロール
個人がその場面場面において発する言葉

解明POINT
▶アーレントとロールズ

アーレント
主著『人間の条件』
労働…食事や育児など生きるために不可欠な一連の行為
仕事…生活のために人工物などを生み出す営み
活動…言論などのように人間を互いに結びつけて共同体を形成運営する営み
ロールズ
主著『正義論』『公正としての正義』
●リベラリズムの立場で，政治的・平等主義的な二つの面をもつ
●正義の二原理
第一のルール …平等な自由の原理
第二のルール（二つある） …公正な機会均等の原理，格差原理

るかのように捉えられている。ところが，現実の人間は，国家や民族，地域社会や家族など様々な共同体に帰属しており，その成員の間で広く共有され，その共同体それ自体を成り立たせる □c□ に照らすことにより，はじめて自らのアイデンティティを形成し得る。自由で独立した個人を前提とし，またその結果として，個人の権利や個人間の公正さを重視する道徳観・正義観は，道徳や正義が共同体の □c□ を離れて成立し得るかのようにみなしている点で，狭 隘（きょうあい）な見方に陥っているのである。そのため，コミュニタリアニズムは，抽象的な正義によって一元的に統制された社会ではなく，それぞれの共同体が育んできた複数の徳が継承され，成員が友愛や道徳的・政治的な責務を積極的に担うような社会が望ましいと考える。

① a 社会主義　b 負荷なき自我　c 最高善
② a 社会主義　b 負荷なき自我　c 共通善
③ a 社会主義　b 超自我　　　c 最高善
④ a 社会主義　b 超自我　　　c 共通善
⑤ a 自由主義　b 負荷なき自我　c 最高善
⑥ a 自由主義　b 負荷なき自我　c 共通善
⑦ a 自由主義　b 超自我　　　c 最高善
⑧ a 自由主義　b 超自我　　　c 共通善

問 17 〈セン〉センによる福祉の捉え方の説明として最も適当なものを，次の①〜④のうちから一つ選べ。 (2018・本・9)

① 個人の才能としての「潜在能力」を最大限に引き出し，各人が自分の能力を社会で発揮できるようにすることによって，財や所得の豊かさという福祉の目標を実現しなければならない。

② 生き方の幅としての「潜在能力」を改善し，各人が自分の達成できる状態・活動をより自由に実現できるようにすることで，財や所得の豊かさという福祉の目標を実現しなければならない。

③ 個人の才能としての「潜在能力」を最大限に引き出し，各人が自分の能力を社会で発揮できるようにすることが福祉の目標であり，財はこの目的のために分配されなければならない。

④ 生き方の幅としての「潜在能力」を改善し，各人が自分の達成できる状態・活動をより自由に実現できるようにすることが福祉の目標であり，財はこの目的のために分配されなければならない。

解明 POINT

▶アメリカの政治哲学

リベラリズム（自由主義）
ロールズ

「公正としての正義」
● （社会的）**基本財**の分配
● 第一原理と第二原理

リバタリアニズム（自由至上主義）
ノージック（『アナーキー・国家・ユートピア』）

● **最小国家**の構想…社会的平等よりも個人の自由を守る国家でなければならず，警察・裁判・防衛の役割のみを果たす国家

コミュニタリアニズム（共同体主義）
マッキンタイア，サンデル

● リベラリズムへの批判
● **共同体**における個人…状況に位置づけられ，自己以外の他者に支えられている
● **市民的共和主義**（公民的美徳の涵養）…自由の**自己統治**，**共通善**（友愛・相互扶助など）の重視，市民としての「**徳**」の育成

解明 POINT

▶センの思想

アマルティア・セン（インド出身の経済学者）

● 経済学と倫理学の橋渡し
● **潜在能力**（ケイパビリティ）…各人が自ら選んでいく人生の選択の幅，選択できる様々な機能の組合せで，何ができるかという自由
● **人間の安全保障**…人間の生存と生活の重視

問1 〈ピコ・デラ・ミランドラ〉ピコ・デラ・ミランドラの思想の説明として最も適当なものを，次の ① 〜 ④ のうちから一つ選べ。　　　　　　　　　　(2022・本・17)

① 人間は，他の動物と同じように自由意志を持っているので，自己のあり方を自分で決めることができる。

② 人間は，他の動物と同じように自由意志を持っていないので，自己のあり方を自分で決めることができない。

③ 人間は，他の動物と違い自由意志を持っているので，自己のあり方を自分で決めることができる。

④ 人間は，他の動物と違い自由意志を持っているとはいえ，自己のあり方を自分で決めることはできない。

問2 〈ルター〉次の文章は，良心をめぐるルターの思想が後世に対して果たした役割について，心理学者・精神分析学者のエリクソンが論じたものである。その内容の説明として**適当でないもの**を，下の ① 〜 ④ のうちから一つ選べ。　　　　　　　　　　(2021・本・17)

> 　ルターの語った良心は，形骸化した宗教道徳の内部に溜まった澱（おり）のようなものではなかった。それは，むしろ，一人の人間が……知り得る最高のものだった。「私はここに立っている」という，後に有名になったルターの言葉＊……は，信仰においてのみならず，政治的にも，経済的にも，また知的な意味でも，自ら現実に向き合おうと決意し，その決意に自分のアイデンティティを見いだそうとした人々にとって，新たなよりどころとなった。……良心が人間各人のものであることをルターは強調し，それによって，平等，民主主義，自己決定といった一連の概念へ通じる道を開くことになる。そして，ルターを源とするこれらの概念が，……一部の人々のではなく，万人の尊厳と自由のための基盤となったのである。
> 　　　　　　　　　　　　　　　　　　　　　　　　　　　（『青年ルター』より）

＊ 1521年の帝国議会において，宗教制度の改革を唱える自説の撤回を迫られたルターが，皇帝の要求を拒んで述べたとされる言葉

① ルターの思想は，個々人の良心を政治や経済の諸問題から切り離すことで，信仰の純粋さを守る役割を果たした。

② ルターの思想は，人が，現実世界に対峙（たいじ）することを通して自らのアイデンティティを確立しようとする努力を支える役割を果たした。

③ ルターの思想は，人間としての尊厳があらゆる人に備わっている，という考えを用意する役割を果たした。

④ ルターの思想は，平等その他，その後の社会のあり方を支える諸概念の形成を促す役割を果たした。

問3 〈宗教改革の影響〉宗教改革の影響についての説明として適当な記述を次のア〜ウのうちから全て選んだとき，その組合せとして正しいものを，後の ① 〜 ⑥ のうちから一つ選べ。　　　　　　　　　　(倫政・2024・本・9)

ア　ウェーバーは，対抗宗教改革の中で創設されたイエズス会の厳格な規律が，近代ヨーロッパの資本主義を成立させたと論じた。

イ　世俗の職業を神聖視するカルヴァンの思想は，新興の商工業者らに支持され

解明 POINT

▶**自由意志をめぐる論争**

自由意志を肯定した思想家

ピコ・デラ・ミランドラ
●主著『人間の尊厳について』
●人間は**自由意志**を持つ唯一の存在で，そこに**人間の尊厳**がある。

アルベルティ
●「人は欲しさえすれば，自分の力で何でもできる」と語る。

エラスムス
●主著『痴愚神礼讃』
●優れた**ヒューマニスト**（人文主義者）。
●自由意志をめぐってルターと論争。

マキャヴェリ
●主著『君主論』
●「**運命**」（フォルトゥナ）を打破する自由意志に基づき**力量**（ヴィルトゥ）を重視。

＊カントやサルトルらの近代哲学は，自由意志を根拠に展開されている。

↓↑

自由意志を否定した思想家

アウグスティヌス
●主著『神の国』『告白』
●人間は，神の恩寵によらなければ善とされない。

ルター
●主著『キリスト者の自由』
●救済されるかどうかは，神の意志であるとする。

スピノザ
●主著『エチカ』
●人間の意志も含めて，すべては神の必然的なあらわれであるとし，世界を貫く必然性のもと（**永遠の相の下で**）に世界を認識することを説く。

て西ヨーロッパに広まり，イギリスではピューリタニズムを生んだ。

ウ　職業を神から与えられた使命とみなす職業召命観が元となって，様々な領域で自身の能力を全面的に発揮する「職業人」という理想が広まった。

① ア　　　　　　② イ　　　　　　③ ウ

④ アとイ　　　　⑤ アとウ　　　　⑥ イとウ

問4　〈パスカル〉次の**資料**は，パスカルが人間の惨めさについて論じた文章である。パスカルの思想と**資料**の内容の説明として最も適当なものを，後の①〜④のうちから一つ選べ。　　　　　　　　　　　　　　　　　　（2023・本・21）

資料　『パンセ』より

　人間の偉大さは，その惨めさからさえ引き出されるほど，明白である。……我々は，人間の本性が今日では獣のそれと似ている以上，人間は，かつては人間固有のものだった，より善い本性から堕ちたことを認めるのである。……王座を奪われた王でない限り，一体誰が自分が王でないことを不幸だと思うだろう。……自分に口が一つしかないからといって，誰が自分を不幸だと思うだろう。……我々にとって切実で，我々を喉首で押さえているこれらの惨めさ全てを見ながらも，我々には，我々を高めている押さえつけることのできない本能がある。……惨めさは偉大さから結論され，偉大さは惨めさから結論される。

---

① 人間が生きる三つの秩序のうち，愛の秩序こそ最上位にあると説いたパスカルは，**資料**では，人間は己の偉大さを深く省みることで，惨めにならずに済むと述べている。

② 信仰は己の惨めさから目を背けるための気晴らしにすぎないと主張したパスカルは，**資料**では，人間は本来偉大な存在だが，そのことが逆に人間の惨めさを一層際立たせると述べている。

③ 人間は虚無と無限の二面を持ち，その間を揺れ動く中間者だと考えたパスカルは，**資料**では，人間は偉大な存在だが，惨めさという不幸の中ではその偉大さを見いだすことはできないと述べている。

④ 真理は合理的推論ではなく繊細な心情によって直観されると主張したパスカルは，**資料**では，人間は惨めな存在だが，それは人間が偉大であることの証拠でもあると述べている。

問5　〈デカルト〉デカルトが説いた「高邁の精神」についての説明として最も適当なものを，次の①〜④のうちから一つ選べ。　　　　　　　　（2021・本・18）

① 高邁は，自分が独断，偏見，不寛容に陥っていないかどうか謙虚に自己吟味を続ける，懐疑主義的な精神である。

② 高邁は，あるがままの人間の姿を現実生活に即して観察し，人間の本来的な生き方を探求する，モラリストの精神である。

③ 高邁は，身体と結び付いた情念に左右されることなく，情念を主体的に統御する，自由で気高い精神である。

④ 高邁は，絶対確実な真理から出発することで，精神と身体・物体とを区別し，機械論的な自然観を基礎付けようとする，合理論的な精神である。

問6　〈経験論〉次の会話は，授業の後に高校生FとクラスメートのGが交わしたものである。会話中の　　a　　に入る記述として最も適当なものを，次の①

解明POINT

▶**マキャヴェリの思想**

主著『君主論』
分裂したイタリアに政治的秩序をもたらすため，君主はどのようにふるまうべきかがテーマとなっている。

近代政治学の祖
政治を宗教や倫理（道徳）から切り離し，政治的目的の実現には手段を選ぶべきでないと主張した（**権謀術数**，**マキャヴェリズム**）。

君主に求められる態度
「君主は愛されるよりも恐れられたほうがいい」「ライオンの力と狐の狡知が必要」「君主は私が列挙したような善徳を備える必要はない。ただ備えているように装うことが絶対必要である」。

運命（フォルトゥナ）と力量（ヴィルトゥ）
「運命は我々の行動の半分を支配し，残りの半分を我々自身にゆだねている」と述べ，運命に立ち向かう君主の力量の大切さを説く。

解明POINT

▶**『プロテスタンティズムの倫理と資本主義の精神』**（M. ウェーバー著）

　カルヴァン派の教えは市民階級である商工業者の間に広がった。ウェーバーは，営利の追求は神の栄光を増大させ，禁欲の倫理は資本の蓄積をもたらし，資本主義の源になったと指摘した。

解明POINT

▶**パスカルの「三つの秩序」**

● 人間（事物）には，**身体（物質）・精神・愛の三つの秩序**がある

● 全物質，全精神も神の愛の前には無に等しい。愛の秩序を最上位に置き，神の愛を信じ，神への信仰を説く

F：思考停止って怖いね。でも，知識さえあれば，他人の意見などを鵜呑みにせず，疑ってみることもできるから，思考停止も避けられるよ。

G：それはどうだろう。例えばこんな言葉があるよ。「あらゆることについて読書した人たちは，同時にあらゆることを理解していると考えられていますが，必ずしもそうではありません。読書は心に知識の素材を提供するだけであり，思考こそが，私たちが読んだものを自分のものにします」。

F：そうか……。知識だけがあればいいってことじゃないのか。これ，誰の言葉？

G：ほら，『人間知性論』を書き，人間の心を「白紙」になぞらえた思想家だよ。

F：ああ，それは　　a　　んだった。「白紙」は人間が知識を獲得する仕方を一般的に説明するための比喩だったね。その上で，この言葉は，自分の頭で考えることを通してこそ，知識は借り物ではなく，本当に自分のものになると述べているんだね。

① ヒュームだね。彼は，自我とは知覚の束にすぎず，諸々の観念も人間の心が慣習として作り出したものにすぎないと主張した

② ロックだね。彼は，生まれながらにして人間に具わっている観念から，経験を通じて知識が導き出されるとした

③ ヒュームだね。彼は，存在するとは知覚されることであるとする立場から，物質世界が実在することを否定した

④ ロックだね。彼は，生得の観念というものはなく，経験を通じて得られた観念やその組合せによって知識が生まれると主張した

問7 〈スピノザと自由〉次の文章は，スピノザが自由について述べたものである。その内容の説明として最も適当なものを，下の ①～④ のうちから一つ選べ。

(2015・追・32)

　　私は，自己の本性の必然性のみによって存在し行動する事物を自由であると言い，これに反して，他の事物から一定の仕方で存在し行動するように決定される事物を強制されていると言います。……被造物についてみてみましょう。被造物はすべて或る一定の仕方で存在し行動するように外的諸原因から決定されています。例えば，石は自己を突き動かす外部の原因から一定の運動量を受け取り，外部の原因の衝動がやんでから後も，必然的に運動を継続します。……ここに石について言えることは，(人間を含む)すべての個別的な事物について言えます。……すべての人は自由をもつことを誇りますけれども，この自由は単に，人々が自分の欲求は意識しているが自分をそれへ決定する諸原因は知らない，という点にのみあるのです。　　　　　(『往復書簡集』より)

① 人間は，他の被造物と異なり，自己の本性の必然性によって行動する。だが，個人的な欲求に囚われている限り，人間はこの点に気づかない。このような欲求を克服することで，人間は自由となり得る。

② 人間は，他の被造物と同じように自己を突き動かす原因を知らないのに，自分は自由だと思い込んでいる。これに対し，真の自由とは，他から決定されるのではなく，自己の本性によって行動することである。

③ すべての被造物は，他から一定の仕方で行動するように必然的に決定されている。私たち人間もまた，他の事物から強制されずには，何ごともなし得ない。

解明POINT

▶心身二元論・機械論的自然観と高邁の精神

┌─────────────┐
│ 心身二元論 │
│ 機械論的自然観 │
└─────────────┘

● 精神と物体は互いに独立して相互に関係しない

● 人間は，精密な自動機械である

↓↑

┌─────────┐
│ 高邁の精神 │
└─────────┘

● 精神と身体の結合も重視

● 高邁の精神は，身体と結びついた情念を統御する

解明POINT

▶合理論の系譜

┌─────────────┐
│ デカルト（フランス） │
└─────────────┘
● 演繹法の論理
● 生得観念の肯定

↓

┌─────────────┐
│ スピノザ（オランダ） │
└─────────────┘
● 神即自然の汎神論
● 一元論

↓

┌─────────────┐
│ ライプニッツ（ドイツ） │
└─────────────┘
● モナドによる予定調和
● 多元論

解明POINT

▶経験論の系譜

┌─────────────┐
│ ロック（イギリス） │
└─────────────┘
● 生得観念の否定
● 白紙（タブラ・ラサ）説

↓

┌─────────────┐
│ バークリー（イギリス） │
└─────────────┘
● 経験論の徹底
● 「存在するとは知覚されること」

↓

┌─────────────┐
│ ヒューム（イギリス） │
└─────────────┘
● 人間の心は「知覚の束」
● 懐疑主義

人間は自由でないのだから，欲求に従うべきである。

④　すべての被造物は，外的な原因によって突き動かされる。その外的な原因についての洞察は，神によって与えられる。そのため，人間が自由になることができるのは，被造物を超えたものの力によってである。

問8　〈規範や法〉次のア～ウは，規範や法を考察の対象とした思想家についての説明であるが，それぞれ誰のことか。その組合せとして正しいものを，後の①～⑧のうちから一つ選べ。　　　　　　　　　　　　　　（2023・本・19）

ア　快楽を求め苦痛を避ける存在である利己的な人間の行為を規制する強制力として，法律的制裁・道徳的制裁など，四つの制裁があると説いた。

イ　市民は，政府に立法権や執行権を信託するが，政府が権力を濫用する場合には，抵抗権に加え，新たな政府を設立する革命権を保持すると説いた。

ウ　この世界を統治する神の法と，人間の理性によって捉えられる法とは矛盾するものではなく，調和するものであると説いた。

① ア　モンテスキュー　　イ　ロック　　　ウ　トマス・アクィナス
② ア　モンテスキュー　　イ　ロック　　　ウ　グロティウス
③ ア　モンテスキュー　　イ　ルソー　　　ウ　トマス・アクィナス
④ ア　モンテスキュー　　イ　ルソー　　　ウ　グロティウス
⑤ ア　ベンサム　　　　　イ　ロック　　　ウ　トマス・アクィナス
⑥ ア　ベンサム　　　　　イ　ロック　　　ウ　グロティウス
⑦ ア　ベンサム　　　　　イ　ルソー　　　ウ　トマス・アクィナス
⑧ ア　ベンサム　　　　　イ　ルソー　　　ウ　グロティウス

問9　〈カント〉生徒Fと先生Tは次の会話を交わした。カントの思想と後の**資料**についての説明として最も適当なものを，後の①～④のうちから一つ選べ。　　　　　　　　　　　　　　　　　　　　　　（倫政・2024・本・10）

F：カントによれば，人間は道徳法則の命令に無条件に従うべきなのですね。美しさについても無条件の法則があると考えているのでしょうか？

T：いい質問ですね。カントは，道徳の判断も美の判断も，普遍的な立場から行われるべきだと述べていますが，美の場合は，普遍的な法則を根拠にするのとは異なる判断の仕方を求めています。彼は美を判断する能力のあり方を「共通感覚」と呼び，この**資料**のように説明しています。

> **資料**　『判断力批判』より
> 　私たちが共通感覚を働かせるためには，自分の判断を，他者の実際の判断と照合するというよりも，むしろ，ただ他者が行う可能性のある判断と照合し，私たち自身の判断にたまたま付きまとっている制約をただ取り除くことによって，他のあらゆる人の立場に身を置かなければならない。

F：なるほど。カントの要求を満たすのは簡単ではなさそうですね…。

① 認識能力の範囲と限界を問う批判哲学を唱えたカントは，**資料**によれば，他人なら美しさをどう判断するか，その可能性を考慮せよと求めた。

② ルソーによって「独断のまどろみ」から目覚めたカントは，**資料**によれば，美について自己の限定された視点を乗り越えるよう求めた。

③ 感性と悟性の協働により認識が成立するとしたカントは，**資料**によれば，美

解明POINT

▶スピノザの思想

●精神も物体も一つの神（自然）から生まれるとする**汎神論（神即自然）・一元論**を展開した。

●アウグスティヌスやルターと同様に，**人間の自由意志を否定**。人間の幸福は，理性によって「**永遠の相のもとに**」世界を認識することにあるとした。

※カントやサルトルなど近代の哲学は，人間の自由意志を根拠として展開される。

解明POINT

▶自然権・自然法思想

ストア派
自然は理性によって支配され，人間は理性に基づく法に従って生きるべきであるとした

トマス・アクィナス
世界は神の法によって支配され，その法を人間が理性でとらえたものが自然法であるとした

社会契約説
ホッブズ，ロック，ルソーらによって主張された社会契約説は，自然権・自然法思想に基づいた政治思想

モンテスキュー
自然権に基づく自然法こそが，国家を形づくる法の根幹であるとして**三権分立論**を唱えた

グロティウス
自然権に基づいた国際法を提唱，**近代自然法の父・国際法の父**とよばれる

＊**自然権**とは，いつでもどこでも当てはまる自由や権利をいい，**自然法**とはそのような法思想をいう。特定の時代や国・地域に適用される**実定法**と区別される。

について自己が行う判断を，他者が行った判断と照合すべきだとした。

④ 「物自体は認識に従う」というコペルニクス的転回を唱えたカントは，**資料**によれば，人は自分の個性に即した独自の美の基準を持つべきだとした。

問10 〈シェリング〉高校生 D と先生は次の会話を交わした。会話中で示された**資料**の内容を踏まえて，会話中の ┌ a ┐ に入る記述として最も適当なものを，後の ①〜④ のうちから一つ選べ。 (2023・本・23)

D：先生，自由が迷いを生じさせることもあると思ってしまうんですが……。

先生：むしろ迷うことにこそ意味があるんです。ドイツ観念論の哲学者シェリングはこの視点を，次の**資料**の中で善と悪の問題から論じています。

> **資料** 『人間的自由の本質』より
> 　人間は，善と悪とに向かう自己運動の源泉を等しく自分の内に持つという頂きに位置付けられている。つまり，人間の内の両原理の結び付きは，必然的な結び付きではなく，一つの自由な結び付きである。人間は分岐点に立っている。人間が何を選ぼうとも，それは人間がなしたことになる。しかし，人間は未決定のままでいることはできない。

D：私たち人間は善と悪の岐路に立たされる存在だと言っているんですね。

先生：そのとおりです。この**資料**では，人間は， ┌ a ┐ とされています。私たちは迷う存在で，そのことで悩むこともありますが，迷えないことはそもそも自由ではない，とも言えるのではないでしょうか。

① 善と悪の両方への可能性を自らの内に等しく持っていて，そのいずれかを選択する決断を下さざるを得ない点で自由な存在だ

② 善と悪への可能性を等しくは持っておらず，悪へ向かう傾向をより強く持つ存在だが，自ら選択する自由を有しているという点で自由な存在だ

③ 善であれ悪であれ，そのいずれへ向かうかを自ら選び決断する力はないが，善と悪への可能性をともに認識し得るという点で自由である

④ 善と悪への可能性を等しくは持っておらず，悪へ向かう傾向をより強く持つ存在だが，その悪への傾向が解消され得るという点で自由が保証される

問11 〈アダム・スミス〉経済を自由との関係で論じたアダム・スミスの思想についての記述として最も適当なものを，次の ①〜④ のうちから一つ選べ。 (2023・本・18)

① 富を求める自由競争は，人間の利己心に基づいているものである場合には，社会的に容認されるべきではない。

② 各人の私益を追求する自由な経済競争に任せておけば，結果的に社会全体の利益が生まれる。

③ 資本主義経済では，生産手段を所有しない労働者はその労働力を資本家に売るので，生産物は資本家のものとなり，労働も強制されたものとなる。

④ 資本主義は，生命活動を自由なものとするために他者との関わりの中で生産を行う類的存在であるという意識を，人間から失わせる。

問12 〈ニーチェの運命愛〉次の文章は，九鬼周造が，ニーチェの運命愛の思想について論じたものである。その内容の説明として最も適当なものを，下の ①〜④ のうちから一つ選べ。 (2019・本・33)

解明POINT
▶「判断力」とは
　カントが『判断力批判』で述べたもので，普遍的なものと特殊なものを関連づける能力のこと。カントは，特に自然の美や生命のあり方のうちに合目的性を見いだすはたらきを説き，19世紀以降の美学や目的論的自然観に影響を与えた。

解明POINT
▶シェリングの哲学

ドイツ観念論の哲学
● ドイツ観念論の哲学は，カントに始まり，フィヒテ，シェリングと継承され，ヘーゲルによって完成される。

同一哲学の提唱
● シェリングは，哲学における主観と客観，精神と自然の二元論的対立を，すべての根底に存在する絶対者により包括するという同一哲学を唱えた。

解明POINT
▶マルクスの疎外論

①生産物からの疎外
生産したものが労働者のものになるのではなく，資本家のものとなる。

②労働からの疎外
本来楽しいはずの労働が，苦痛で賃金を得るためだけの労働となること。

③人間的本質からの疎外
他者とのかかわりの中で生産を行う**類的存在**であるという意識を失わせる。

④人間からの疎外
資本家と労働者などの対立を生んでいること。

＊マルクスは，人間の本質を，他者との関わりの中で生産を行う**類的存在**であるとした。

あることもないこともできるようなもの，それがめったにないものならばなお目立ってくるわけでありますが，そういうものがヒョッコリ現実面へ廻り合わせると，それが偶然なのであります。……偶然な事柄であってそれが人間の生存にとって非常に大きい意味をもっている場合に運命というのであります。……「意志が引き返して意志する」ということが自らを救う道である……このツァラトゥストラの教は偶然なり運命なりにいわば活を入れる秘訣であります。人間は自己の運命を愛して運命と一体にならなければいけない。……他のことでもあり得たと考えられるのに，このことがちょうど自分の運命になっているのであります。人間としてその時になし得ることは，意志が引き返してそれを意志して，自分がそれを自由に選んだのと同じわけ合い*にすることであります。

（「偶然と運命」より）

*わけ合い：物事の筋道，意味，理由。

① 運命とは，起こることも起こらないこともあり得たような，取るに足りない偶然の出来事のことである。人は，そのような偶然を自分が選んだのだと考えることではじめて，その運命に重大な意味を与えることができる。

② 運命とは，人生にとって重大な意味をもった偶然の出来事のことである。そのような出来事は起こることも起こらないこともあり得たのだと考えることによって，人は，その運命を愛し，自らを救うことができる。

③ 偶然とは，めったに起こらないことが起こったものであり，それが人生にとって重大な意味をもつと，運命と呼ばれる。人は，たとえ自分が選んだものとして愛せなくても，その運命に耐えねばならない。

④ 偶然とは，起こることも起こらないこともあり得た出来事のことであり，それが人生にとって重大な意味をもつと，運命と呼ばれる。人は自らを救うために，偶然を自ら選んだこととして捉え，運命と一体化せねばならない。

問13 〈社会主義〉 次の文章は，19〜20世紀における思想家たちと現実との関係についての説明である。文章中の a ・ b に入る語句の組合せとして正しいものを，下の①〜⑥のうちから一つ選べ。 (2021・本・21)

第二次世界大戦の過酷な現実が，強制収容所を経験したフランクルや，ナチスへの抵抗運動に参加したサルトルなど，20世紀の思想家たちに深い影響を与えたように，19世紀においても，思想家たちは当時の深刻な現実に直面する中で，それぞれの思想を形成していった。例えば， a やフーリエが，搾取のない人道的な共同体を構想したのは，多くの労働者が低賃金で過酷な労働を強いられていた産業革命後の現実に対応するためだった。にもかかわらず，彼らの構想がマルクスらによって b と呼ばれた事実は，思想が現実の問題を実際に解消することの難しさを示している，と言えるだろう。

① a エンゲルス b 科学的社会主義
② a エンゲルス b 社会民主主義
③ a エンゲルス b 空想的社会主義
④ a オーウェン b 科学的社会主義
⑤ a オーウェン b 社会民主主義
⑥ a オーウェン b 空想的社会主義

問14 〈キルケゴール〉 次のア〜ウは，キルケゴールが説いた実存の三段階につ

▶九鬼周造「偶然と運命」

著書『いきの構造』で，江戸時代の美意識である「いき」(粋)を分析し，「いき」の反対を「野暮」とした。

問題文の「偶然と運命」は，1937年にラジオで放送された講演を活字化したもの。講演の最後に「自分の運命を心から愛することによって，溌剌たる運命を自分のものとして新たに送り出していくことさえもできるということを申し上げて私の講演を終わります」と述べている。

▶マルクスとエンゲルス

社会主義思想・運動における同志。科学的社会主義を唱える。エンゲルスは，オーウェンなどの空想的社会主義を批判した『空想から科学へ』を著し，マルクスとともに階級闘争論に基づく『共産党宣言』を出版した。また，困窮していたマルクスの生活を支え，マルクスの死後，未完であった『資本論』を刊行している。

いての説明である。その組合せとして最も適当なものを，下の ① ～ ⑥ のうちから一つ選べ。 (2021・本・20)

ア　自分の社会的な責務を引き受け，それを果たそうと努力するさなかで，自分の力の限界を思い知らされた状態。

イ　自分自身の無力さに打ちのめされて苦しむさなかで，自らを神の前に立つ単独者として発見するに至った状態。

ウ　その場限りの感覚的な快楽を際限なく追い求めるさなかで，欲望の奴隷となって自分を見失った状態。

① 第一段階－ア　　第二段階－イ　　第三段階－ウ
② 第一段階－ア　　第二段階－ウ　　第三段階－イ
③ 第一段階－イ　　第二段階－ア　　第三段階－ウ
④ 第一段階－イ　　第二段階－ウ　　第三段階－ア
⑤ 第一段階－ウ　　第二段階－ア　　第三段階－イ
⑥ 第一段階－ウ　　第二段階－イ　　第三段階－ア

問 15 〈ロールズ〉次の**資料**は，ロールズが才能について論じたものであり，倫理の授業で配付された。ロールズの思想と**資料**の内容の説明として最も適当なものを，後の ① ～ ④ のうちから一つ選べ。 (2023・本・30)

資料　ロールズ『正義論』より

　人が持つ道徳上の価値は，どれくらい多くの人がその人と同じような技能を提供しているか，どれくらい多くの人がその人が生み出せるものを欲することになるか，といった事情によって異なるはずがない。……希少な生得的才能を持っているために人より多く稼ぎ出される所得は，鍛錬にかかる費用を賄い，学ぼうとする努力を促すためだけではなく，共通利益を最大限高めるように能力を向かわせるためのものでもある。結果として生じる分配上の取り分は，道徳上の価値と相関するものではない。どのような天性の強みを生まれつき授かるか，その強みが若年期に発達し育つかどうかには，道徳的に重要な根拠があるわけではないから。

---

① 均等な機会の下での競争の結果であり，かつ最も恵まれない境遇を改善する場合にのみ不平等は許容されると説いたロールズが，**資料**では，人の道徳的な価値は才能や技能に対する需要で決まるものではないと論じている。

② 西洋思想の基礎にある，あらゆる二項対立的な図式を問い直す必要があると説いたロールズが，**資料**では，自らの才能を伸ばすことができるかどうかで人の道徳的優劣は決まらないと論じている。

③ 功利主義の発想に基づいて，社会全体の効用を最大化することが正義の原理に適うと説いたロールズが，**資料**では，才能ある人は道徳的な共通目標のために自らの私財を提供するべきだと論じている。

④ 無知のヴェールの下で正義の原理を決定しようとする際，人々は何よりも基本的な自由を重視することになると説いたロールズが，**資料**では，個々人の才能に応じて社会の利益を分配することこそが，正義に適うと論じている。

問 16 〈社会の仕組みや構造〉社会の仕組みや構造を論じた思想家についての説明として最も適当なものを，次の ① ～ ④ のうちから一つ選べ。 (2023・本・32)

解明POINT

▶キルケゴールとニーチェの比較

キルケゴール
〔第一段階〕
美的実存（美的世界）
…享楽的生活
〔第二段階〕
倫理的実存（倫理的世界）
…道徳的生活
〔第三段階〕
宗教的実存（宗教的世界）
…信仰的生活
↓
単独者

ニーチェ（精神の変化）
らくだ…キリスト教道徳
↓　神の死
ライオン…力への意志
↓　永劫回帰
子ども
↓　運命愛
超人

解明POINT

▶ロールズの正義論

- 原初形態…社会形成以前の人間の在り方→「無知のヴェール」に覆われている
- 公正としての正義（正義の原理）…自由，機会，所得などを公正に分配する

第一原理
　平等な基本的自由の原理
- 社会には平等な自由が与えられるべきで，他者の権利を侵害してはならない

第二原理
- 公正な機会均等の原理…社会的経済的不平等が発生した場合，是正をはかる
- 格差原理…社会の格差は，平等な機会と公正な競争の結果でなければならない（社会にあっては最も不遇な人々の利益を最大化するように調整をはかる）

① マッキンタイアによると，現代の資本主義社会においては，本来は自由に生成して秩序を創造し直していくはずの無意識的な欲望の流れを，法や道徳が機械の部品のように作用して制御する構造がある。

② ボードリヤールによると，脱工業化が進展した現代の社会においては，モノがその有用さにおいて使用されるよりも，他者との差異を示すための記号として消費される構造がある。

③ デューイは，狂気を理性から区別して排除していった近代社会の成立をたどり直す中で，学校や職場での教育や規律が人々の自発的な服従を促す，不可視な権力の構造を明らかにした。

④ ソシュールは，無意識的に作られた構造が人間の思考を規定しているという言語学の知見に学び，南米諸部族の親族関係や神話の分析を通じて，未開社会を基礎付ける複雑な思考の構造を明らかにした。

問17 〈デューイの主張〉先生は高校生Fに，「立ち止まって考える」ことについてデューイが論じている次の**資料**を示した。後の**メモ**は，それを読んでFが書いたものである。**資料**の内容と，デューイの思想を踏まえて，**メモ**中の　a　・　b　に入る記述の組合せとして最も適当なものを，後の①〜④のうちから一つ選べ。　　　　　　　　　　　　　　　　　　　　　　(2022・本・23)

資料

　いかなる場合であれ，自然な衝動や願望が行動の出発点となる。しかし，最初に現れてくる衝動や願望を，何らかのかたちで組み立て直し，あるいは作り変えることなしに，知的成長はない。……「立ち止まり，考えよ」という古くからの警句は，健全な心構えである。というのも，思考は衝動が即座に現れることを食い止め，……それによって，いっそう包括的で一貫した行動の見通しが形成されるからである。……人は，目，耳，手を使って客観的条件を観察したり，過去に何が起きたかを思い出したりする。このようにして，考えることは，即座の行動を先延ばしにすると同時に，観察と記憶との結合を通じて，衝動を自分の内部で統御することを可能にする。この結合が，自分を振り返るということの核心なのである。　　　　　　　　　　　　　　　　　　　　　　(『経験と教育』より)

メモ

　デューイはプラグマティズムに属する思想家で，　a　と主張している。この主張の根底には，資料に示されている，　b　という考えがある，と言えるだろう。

① a　知性には，科学的真理を探究するだけでなく，生活の中で直面する問題を把握し，課題の解決に向かって行動を導く創造的な働きがある
　 b　思考の役割は，自然な衝動や願望を抑えつつ，自己を取り巻く客観的な条件を観察したり，過去の事例を振り返るなどして，自分がこれからなそうとする行動の当否を吟味することだ

② a　社会もまた知性の働きによって改善されるべきであり，知性には，理想的な民主社会の実現に向けて重要な役割を果たすことが期待される
　 b　思考の役割は，自然な衝動や願望を抑えつつ，行動を妨げるであろう要

解明POINT

▶**マッキンタイアの思想**

●**コミュニタリアニズム（共同体主義）** の先駆的哲学者。

●ロールズのリベラリズムは「共同体から独立した個人」を前提にしていると批判。

●**個人は共同体の伝統や歴史で育まれる**とし，個人の自由よりも共同体の**共通善**を重視する。

●共同体の中でよく生きることを求めるアリストテレス倫理学の影響を受け**徳倫理学**を再興した。

解明POINT

▶**デューイの哲学**

道具主義…知性は人々が問題を解決し，環境に適応するための道具である。

環境への適応…デューイの哲学は，**生物学的な色彩の強い哲学**で，生物の適応の概念を人間にも当てはめた。

＊**デューイと教育**…デューイは**『民主主義と教育』**を著して，民主主義の発展の媒体としての教育や学校の重要性を説いた。また，知識注入型の教育を批判し，児童・生徒が教育の主体となって，問題を解決する**問題解決学習**を提唱した。

解明POINT

▶**プラグマティズムの特徴**

　プラグマティズムの考え方の基本的な特徴として，次のような内容が考えられる。

①唯一絶対の真理は存在しない，とする相対的な真理観に立つ多元的な考え方。

②経験や実証的な態度・方法を重視し，概念や知識は経験・実践によって検証され，その結果が有用であれば，真理として認める。

因を列挙して取り除いておくことで，環境の制約や過去の記憶から自由で
いられるようにすることだ

③　a　現代社会において人々の価値観は多様であるが，各々が知性を働かせて
協働することで，唯一絶対の普遍の価値に到達することができる

　　b　思考の役割は，自然な衝動や願望を抑えつつ，自己を取り巻く客観的な
条件を観察したり，過去の事例を振り返るなどして，自分がこれからなそ
うとする行動の当否を吟味することだ

④　a　資本主義の発展により知性は衰退し，民主主義の理念も崩壊の危機に瀕
（ひん）
しているため，教育により創造性を育むことがいっそう重要になる

　　b　思考の役割は，自然な衝動や願望を抑えつつ，行動を妨げるであろう要
因を列挙して取り除いておくことで，環境の制約や過去の記憶から自由で
いられるようにすることだ

問18　〈レヴィナスの思想〉他者についてのレヴィナスの思想の説明として最も適
当なものを，次の ①〜④ のうちから一つ選べ。　　　　　　　（2023・本・22）

①　他者は，顔を持たない無個性な存在であり，根本的に私と区別が付かないも
のとして，私と出会う。

②　他者と私とは，対等なものとして顔を合わせ，お互いを自己同一的な人格と
して承認し合う関係である。

③　他者とは，根本的に理解を超えた異質なものとして，彼方（かなた）から私をまなざす
顔において，訴え掛けてくるものである。

④　他者に出会うためには，私自身が，生きるための労働の領域から出て，活動
の主体として公共空間に自らの顔を現して発言しなければならない。

問19　〈歴史の中で生きる人間〉歴史の捉え方や，歴史の中で生きる人間のあり方
に関して考察した思想家についての説明として最も適当なものを，次の ①〜
④ のうちから一つ選べ。　　　　　　　　　　　　　　　　　（2021・本・25）

①　リオタールは，「小さな物語」が乱立し，歴史の全体が様々な立場から説明
される状況を批判し，統一的な「大きな物語」の復権を説いた。

②　フーコーは，真理が発見されるに至った歴史的過程を描くことで，人間が普
遍的理性に基づく絶対的な真理を探求する「知の考古学」を提唱した。

③　レヴィ＝ストロースは，人間の社会が未開から文明へ発展するという文明史
観に基づいて，未開社会を生きる人々の思考の独自性を強調した。

④　ヨナスは，時間の経過の中で現在の行為が将来にも影響を与えるため，現在
の世代が将来世代に対して責任を持つとした。

③知識や思想は，問題を解決
するために役立つ道具で，
知性は善や幸福を生み出
し，社会の進歩に役立つ。

④地方の町おこしやNPOな
どの活動にみられるような
さまざまな社会活動に影響
を与えている。それは探究
や行動を重んじているから
で，修正しながら改良を求
めていく考え方から生まれ
たものである。

解明POINT

▶レヴィナスの思想

全体性・他性・無限
主著『全体性と無限』
●近代的自我は，自らを中心としてすべてを説明しようとする**全体性**をもつ。
●他者の基本的性格は，「私」とは根本的で同じではありえないとする**他性**をもつ。他者は自己意識の中に取り込めない「**無限**」でもある。

「顔」
●顔とは，全体性の秩序を打ち破って現れる他性としての他者をいい，「顔」の訴えに「**応答**」して「**責任**」を果たすのが人間の本来のあり方である。

整理・要約

1　日本人の自然観（風土）

① 和辻哲郎の『風土』論

沙（砂）漠型	牧場型	モンスーン型
◆厳しい自然	◆従順で扱いやすい自然	◆豊かな恵み，破壊的暴威
◆対抗的・戦闘的	◆自発的・合理的	◆受容的・忍従的
西アジア地域	ヨーロッパ	日本を含む南アジア地域

② 日本の風土の二重性格…静かなあきらめの感情が，ときに強烈な激情に転化することを示す

● 日本神話の神々や武士のあり方など伝統のなかに見いだすことができる

2　日本人の人間観

◆清明心	人間相互間の感情的な融和
◆暗き心	感情的な融和への妨害，不正

（時代による変遷）→「正直」（中世）→　「誠」（近世）

罪・穢れ（ケガレ）…祓い（祓え）・禊により取り除く

3　日本人の宗教観

① 日本の神話（記紀神話）…神々の事跡として日本の国土・国家の成り立ちを物語る（『古事記』『日本書紀』）

② 日本の神々

◆多神教としての信仰	自然現象など畏敬の対象はすべて神として崇拝，**究極的な神は存在しない** →八百万神はアニミズム的な感覚を表現している
◆祖先神への崇拝	氏神，産土神（太陽神，皇祖神，祖先神などが融合） 天照大神…神々の世界である高天原の中心的存在，皇祖神でもある
◆祟りと祭祀	自然災害などの災厄は神の祟りと考え，祟りを和らげるために祭祀を行う
◆呪術と宗教の未分化	シャーマニズム的な儀式，農耕神事のなどが混合 → 祈年祭・新嘗祭など

●●● 演習問題

問1　〈古代日本の思想〉古代の日本の思想についての説明として最も適当なものを，次の ①～④ のうちから一つ選べ。　　　　　　　　　　（2020・本・22）

① 自然の様々な事物に宿る八百万の神々への信仰が，外来思想の影響を受けることなく，神道と呼ばれる日本独自の宗教として体系化された。

② 古代国家が形成される過程で，『古事記』や『日本書紀』が編纂され，神々の系譜が天皇につながる神話として統合された。

③ 日本神話では，天地はおのずから「なった」のではなく，伊邪那岐命と伊邪那美命の二神の意志によって「つくられた」とされている。

④ 罪や悪は，人間の心の中から出てくる穢れであると考えられたため，それを清めるための儀式として，禊や祓があった。

問2　〈日本の神々Ⅰ〉日本で祀られる神についての記述として最も適当なものを，次の ①～④ のうちから一つ選べ。　　　　　　　　　　（2021・②・本・11）

① 古代からそれぞれの土地を鎮め守ってきた日本の神々は，復古神道において仏教と習合したことで，広く人々の信仰の対象となった。

② 太陽を神格化したと考えられるアマテラス（天照大神）は，高天原で祭祀を

解明POINT

▶伊邪那岐命と伊邪那美命

記紀神話で日本の国土と神々を生んだ男女の二神。この二神の間から自然をつかさどる神々が生まれ，最後に天照大神，月夜見命，須佐之男命 が生まれた。伊邪那岐命が，国生みの途上で亡くなった伊邪那美命を黄泉国に追っていく物語が有名。

行う神であるため，祀られる対象とはならない。

③　人々に災厄をもたらさず，五穀豊穣など様々な恵みを与えてくれるありがたい存在だけが，日本の土着の神々として祀られる対象とされた。

④　人間の力や知恵を超えた不可思議な自然の現象や存在物は，神秘的霊力を持つ神々として，畏怖や崇拝の対象とされた。

問3　〈日本の神々Ⅱ〉日本の神々についての説明として最も適当なものを，次の ①～④ のうちから一つ選べ。　　　　　　　　　　　　　　　　　（2023・本・10）

①　『古事記』によれば，イザナキとイザナミは日本の国土を生むに当たって，より上位の神の意向を問うたが，その命令に反発して従わなかった。

②　日本の神話における「天つ神」は，最上位の人格神であるため，全てを自分自身の判断で決定した。

③　より上位の神に奉仕し，その神意を問うアマテラスを，和辻哲郎は「祀るとともに祀られる神」と規定し，その尊貴さを否定した。

④　日本神話に登場するスサノヲは，アマテラスに心の純粋さを問われ，自分に清き明き心があるのを示すことに成功した。

問4　〈日本人の理想的なあり方〉古代の日本人が重んじたあり方についての説明として最も適当なものを，次の ①～④ のうちから一つ選べ。　　　（2022・本・9）

①　自然との調和を重んじた古代の人々は，自然の恵みを受けて共同体が繁栄することを理想とし，自然の中に神が存在することを認めなかった。

②　自然との調和を重んじた古代の人々は，自然の威力に逆らわないことを理想とし，災厄が生じたときには身を慎んで，一切の祭祀を行わなかった。

③　純粋な心を重んじた古代の人々は，人間が生まれながらに持っている罪を禊によって祓い清め，神と一体になることを目指した。

④　純粋な心を重んじた古代の人々は，偽りのない心で神に向き合うことを大切にし，祭祀を妨げて共同体の安穏を脅かす行為を罪であると考えた。

問5　〈『古事記』〉『古事記』の内容を踏まえて，世界の始まりに関する次の資料から読み取れる内容として最も適当なものを，下の ①～④ のうちから一つ選べ。　　　　　　　　　　　　　　　　　　　　　　　　　　　　　　（2021・①・本・9）

資料
　最初にカオスが生じた。それから次に生じたのは，広き胸のガイア（大地）……，またガイアは，実りもたらさぬ海，大波荒れるポントス（大海）をも，情愛なくして生んだ。それから，ウラノス（天）と結ばれ，深く渦巻くオケアノス（大河）を生んだ。　　　　　　　　　　（ヘシオドス『神統記』より）
(注) ガイア，ポントス，ウラノス，オケアノスは，それぞれ自然を人格化した神の名

①　『古事記』では，究極の唯一神が天地を創造したとされるが，資料には，ガイアから生まれたポントスやオケアノス等，複数の神々が描かれている。

②　『古事記』では，究極の唯一神が天地を創造したとされるが，資料には，ウラノスが生んだポントスやオケアノス等，複数の神々が描かれている。

③　『古事記』には，天地を創造した究極の唯一神は登場せず，資料にも，ガイアから生まれたポントスやオケアノス等，複数の神々が描かれている。

④　『古事記』には，天地を創造した究極の唯一神は登場せず，資料にも，ウラノスが生んだポントスやオケアノス等，複数の神々が描かれている。

解明POINT

▶天照大神
　太陽を神格化した存在で，最高神的な性格をもつ。岩戸隠れの伝説が有名。日本の神話に登場する神々を「祀る神」と「祀られる神」に分類したのは，倫理学者の和辻哲郎である。

解明POINT

▶祭祀

祟りと祭祀
祟りをなだめるために祭祀を行う

祭政一致
祭祀を執り行う者は政治の指導者でもある

解明POINT

▶『古事記』と『日本書紀』

『古事記』	『日本書紀』
天皇支配の起源と正統性を示す神話・歴史書	
日本最古の歴史書で，**文学性が高い**	編年体で記述された最古の**官撰の歴史書**
3巻。上巻で創世神話，中・下巻で神武天皇から推古天皇までの歴史を記す	30巻。神代から持統天皇までの歴史を記す

解明POINT

▶神話の比較

日本の神話	ギリシア神話
多神教	多神教
●創世神話…イザナギ，イザナミ→アマテラス	●宇宙創成…カオス→ウラノス，ガイア
●『古事記』『日本書紀』	●『イリアス』『オデュッセイア』（ホメロス），『神統記』（ヘシオドス）

2 仏教の受容と隆盛

■ 整理・要約

1 飛鳥・奈良時代の仏教

① 聖徳太子…「十七条憲法（憲法十七条）」→「和」の精神，三宝（仏・法・僧）の尊重

『三経義疏』（勝鬘経，維摩経，法華経の注釈書）
「世間虚仮，唯仏是真」

② 奈良仏教

聖武天皇	（三宝の奴）…鎮護国家を目指し東大寺大仏の造立 現世利益を願う私度僧集団を率いた 行基 の活躍，鑑真が戒壇を設け授戒制度を整える
南都六宗	三論宗・法相宗・華厳宗・倶舎宗・成実宗・律宗による教学研究

③ 神仏習合

● 仏と日本古来の神々への信仰が融合する…神宮寺の建立（神前での読経）
● 本地垂迹説の登場…神の本来の姿（本地）は仏であって，神は仏が仮に姿を変えて現れた（権現）とする

2 最澄と空海の比較

	最 澄	空 海
主著	『山家学生式』	『三教指帰』
宗派	（比叡山）天台宗	（高野山）真言宗
思想	◆『法華経』の信仰 ◆一乗思想→一切衆生悉有仏性（生命あるものはすべて仏になる可能性がある） ＊最澄と徳一（三乗思想）の論争がある	◆三密→即身成仏→大日如来との一体化 ◆加持祈禱の重視 ◆曼荼羅（仏の世界の図像） ◆「綜芸種智院」の創設

3 末法思想・浄土思想…阿弥陀仏への信仰

源信	主著『往生要集』，（地獄の恐怖を描き，極楽への憧れをいだかせる） 「厭離穢土，欣求浄土」，観想念仏（心に阿弥陀仏や極楽浄土を思い描く）のすすめ
空也	口称（称名）念仏，市聖・阿弥陀聖と呼ばれ阿弥陀仏信仰を説く

● 浄土教信仰のはじまり…末法思想の広がり，無常観，救済への道を求める
● 無常の世と罪障の自覚→鎌倉仏教へとつながる

4 鎌倉仏教の成立背景と特色

① 成立背景

◆歴史的な背景	平安時代から鎌倉時代への政治権力の転換と交替
◆社会的な背景	戦乱（貴族の没落，武士の台頭…源平の争い），天変地異，民衆の苦難など
◆思想的な背景	末法思想の浸透により民衆の救済とともに，人間そのものの生き方を探る

② 鎌倉仏教の特色

(1) 修行の簡素化…念仏（法然，親鸞），坐禅（道元），唱題（日蓮）
　　　　　　　　→方法こそ違うが庶民の不安や苦悩に応える
(2) 現実的・民衆的な性格（広く庶民のための仏教となる）
(3) 個人の安心立命としての仏教

	法　然	親　鸞	道　元	日　蓮
主著	『選択本願念仏集』	『教行信証』 ※『歎異抄』は弟子の唯円	『正法眼蔵』 ※『正法眼蔵隨聞記』は弟子の懐奘	『立正安国論』 『開目抄』
宗派	浄土宗	浄土真宗	曹洞宗	日蓮宗
思想	◆末法思想の肯定 ◆念仏の一行のみで往生する 　→専修念仏 ◆他力本願	◆末法思想の肯定 ◆煩悩具足の凡夫であるとの自覚 ◆絶対他力の信仰（悪人正機説） ◆念仏は阿弥陀仏のはからい（自然法爾）	◆末法思想の否定 ◆自力による信仰 ◆ただひたすらに坐禅（只管打坐） 　→仏法へ身を投げかけて身心脱落をめざす 　→修証一等	◆「法華経」を最高の教えとする，国家の安泰 　→法華経の行者としての自覚 ◆他宗の排撃（折伏，四箇格言）

●●● 演習問題

問1　〈憲法十七条〉次のア〜ウは，役人のあるべき姿を示した「憲法十七条（十七条憲法）」の条文に書かれた言葉についての説明である。その正誤の組合せとして正しいものを，後の ①〜⑥ のうちから一つ選べ。　　（2022・本・10）

ア　「和をもって貴しとなし」という言葉は，人々が出家して仏教の真理を体得することで，共同体の調和が実現されるという意味である。

イ　「篤く三宝を敬え」という言葉は，仏，法，僧の三つを尊重することが大切であるという意味である。

ウ　「ともにこれ凡夫のみ」という言葉は，誰もが欲望にとらわれた存在であるという意味であり，他人に意見を求めることの無意味さを説いている。

① ア　正　イ　正　ウ　誤　　　② ア　正　イ　誤　ウ　正

③ ア　正　イ　誤　ウ　誤　　　④ ア　誤　イ　正　ウ　正

⑤ ア　誤　イ　正　ウ　誤　　　⑥ ア　誤　イ　誤　ウ　正

問2　〈仏と神の関係〉仏教が伝来することによって生じた，仏と在来の神との関係についての説明として最も適当なものを，次の ①〜④ のうちから一つ選べ。

（2017・本・20）

① 仏教が伝来した当初，仏は，異国から到来した神と認識され，人々に利益や災厄をもたらすと考えられた。平安時代になると，神は仏が人々を救済するために現れた仮の姿であるという考え方が生まれた。

② 仏教が伝来した当初，仏は，当時の人々が唯一絶対の貴い神と考えていたアマテラスと対立する存在とみなされた。平安時代になると，仏はアマテラスが人々を教化するために現れた化身であるという考え方が生まれた。

③ 仏教が伝来した当初，仏は，異国から到来した神と認識され，人々に利益や災厄をもたらす存在であると考えられた。平安時代になると，仏は神が人々を守護するために現れた仮の姿であるという考え方が一般化した。

④ 仏教が伝来した当初，仏は，当時の人々が不可思議な現象や存在として捉えた神々と同様のものであると考えられた。平安時代になると，仏と神は異なる国に誕生した対立する存在であるという考え方が一般化した。

解明POINT

「十七条憲法」の概要

第一条	「和」の精神
第二条	三宝を敬う（三宝とは仏・法・僧）
第十条	凡夫の自覚

解明POINT

▶仏教伝来

● 6世紀ごろ，中国・朝鮮を通して大乗仏教が伝来

● 仏教の受け入れをめぐり，排仏派（物部氏）と崇仏派（蘇我氏）との権力闘争

● 当初は，外国からの神のひとつ（蕃神）として受容

解明POINT

▶本地垂迹説と反本地垂迹説

本地垂迹説
平安時代に盛んに信仰される。権現思想

反本地垂迹説
「神道」には一貫した流れはないが，鎌倉時代には反本地垂迹説が生まれた

倫理篇

問3 〈神仏習合思想〉神仏習合思想について記述したものとして最も適当なものを，次の ①〜④ のうちから一つ選べ。 (2005・追・23)

① 神仏習合思想は，平安時代には本地垂迹思想として展開されたが，日本の神々は，衆生の教化のために諸仏が権（かり）に神となって現れた化身，すなわち権現とみなされた。

② 神仏習合思想は，儒学とも習合して神儒仏一体の思想を生み出し，それは，近世になって本居宣長らの国学思想に継承され，日本独自の宗教思想を形成していった。

③ 神仏習合思想は修験道として結実したが，それは本来神の領域とみなされていた山において仏教の修行をし，験力（げんりき）を修めようとするものであり，修行者は遊行僧と呼ばれた。

④ 神仏習合は中世になって，日本の神々への信仰を中心とする従来の神道に対し，仏教の教説を取り込んだ新たな神道を形成したが，それは復古神道と呼ばれた。

問4 〈源信と空也〉平安時代の中頃に活躍した仏教者についての説明として最も適当なものを，次の ①〜④ のうちから一つ選べ。 (2020・本・20)

① 民衆に念仏を広めた源信は，市井に入り，道路や井戸の整備，無縁の死骸の火葬などを行ったことから，「市聖」と呼ばれた。

② 民衆に念仏を広めた空也は，市井に入り，道路や井戸の整備，無縁の死骸の火葬などを行ったことから，「市聖」と呼ばれた。

③ 民衆に念仏を広めた源信は，日本全国を遊行し，生活の全てを捨てて念仏に生涯（しょうがい）を捧げたことから，「捨聖」と呼ばれた。

④ 民衆に念仏を広めた空也は，日本全国を遊行し，生活の全てを捨てて念仏に生涯を捧げたことから，「捨聖」と呼ばれた。

問5 〈空海〉次のレポートは，高校生 C がある仏教者について簡潔にまとめたものの一部である。後の会話中の ┃ a ┃・┃ b ┃ に入る記述の組合せとして最も適当なものを，後の ①〜⑥ のうちから一つ選べ。 (2022・追・12)

> レポート
> 　彼は誰もが仏になり得るという教えを学び，それに基づいてマントラを唱える修行などに励んだ。彼はまた，この宇宙の大本に働く不思議な力とこの身のままで一体になろうとした。その一方で，自己と世界とを貫くその力を自覚しつつ，庶民のための学校の設立など様々な活動に尽力したのである。

先生：この後は，どのようなレポートを展開させるのですか。

C：はい。この後は，彼の思想と多様な活動との関係をさらに説明します。だから，全体の題は，「 ┃ a ┃ の思想と活動」に決めたのですが，副題を「 ┃ b ┃ 」にしようかと悩んでいます。

先生：彼の人生に合っていますので，良いと思いますよ。

① a 行基　b 加持祈祷を通じてあらゆるものの幸福を求めた僧
② a 行基　b 東大寺の大仏造立（ぞうりゅう）に加わり民間布教をした私度僧
③ a 空海　b 加持祈祷を通じてあらゆるものの幸福を求めた僧
④ a 空海　b 東大寺の大仏造立に加わり民間布教をした私度僧
⑤ a 空也　b 加持祈祷を通じてあらゆるものの幸福を求めた僧
⑥ a 空也　b 東大寺の大仏造立に加わり民間布教をした私度僧

▶ 神仏習合

神仏習合という信仰形態
奈良時代末期になると，古来の神への信仰はしだいに仏への信仰と重なって神仏が融合する信仰形態を生み出す
ほとんどの神社に神宮寺が設けられ，読経が行われて，寺には鎮守の神が祀られた

＊修験道…役 小角（えんのおづの）を開祖とし，修験者である山伏によって呪術的な治療や除災などを行うもので，山岳信仰がもととなっている。

▶「聖」として敬われた仏教者

行基（奈良時代）
私度僧集団を率いて民間への布教活動
空也（平安時代）
市聖，阿弥陀聖として口称念仏を広める
一遍（鎌倉時代）
捨聖，遊行上人として時宗の開祖

▶ 空海の思想

空海（弘法大師）
真言宗
主著『三教指帰』『十住心論』
高野山金剛峯寺
● 大日如来（毘盧遮那仏（びるしゃなぶつ））…密教における宇宙の永遠の真理そのものを仏とみなす
●「三密（身密・口密・意密）の行」による即身成仏（この身のまま速やかに仏となる）道を説く

問6 〈鎌倉仏教〉次のア～ウは，人々を救済に導く新しい教えを説いた鎌倉時代の人物について説明したものである。その正誤の組合せとして正しいものを，下の①～⑧のうちから一つ選べ。 (2017・本・22)

ア 法然は，身分や能力に応じた念仏の唱え方を考案し，それぞれの唱え方に応じて異なる浄土に往生すると説いた。

イ 道元は，悟りを得るためには，坐禅の修行とともに師から与えられた公案について議論することが必要であると説いた。

ウ 栄西は，悟りを得るためには，坐禅の修行と戒律の遵守が必要であるとし，禅の教えが国家の安寧にも役立つと説いた。

① ア 正 イ 正 ウ 正　　② ア 正 イ 正 ウ 誤
③ ア 正 イ 誤 ウ 正　　④ ア 正 イ 誤 ウ 誤
⑤ ア 誤 イ 正 ウ 正　　⑥ ア 誤 イ 正 ウ 誤
⑦ ア 誤 イ 誤 ウ 正　　⑧ ア 誤 イ 誤 ウ 誤

問7 〈親鸞〉親鸞についての説明として適当でないものを，次の①～④のうちから一つ選べ。 (2019・追・22)

① 念仏も往生も阿弥陀仏の限りないはたらきによってもたらされるものであるという確信から，阿弥陀仏のはからいにすべてを任せることを説いた。

② 念仏は，極楽往生の実現のために自力で行う修行ではなく，阿弥陀仏による救いに対する報恩感謝であると考えた。

③ いくら修行を重ねても煩悩から離れることのできない存在であることを自覚する者は，阿弥陀仏の慈悲にすがることで往生できると考えた。

④ 穢れた世界である現世を厭い離れ，極楽浄土への往生を実現するための手段として，阿弥陀仏の姿や功徳を心に思い浮かべる念仏を勧めた。

問8 〈道元Ⅰ〉次のレポートは，高校生Cがまとめたものの一部である。レポート中の a ・ b に入る記述を，下のア～オから選び，その組合せとして最も適当なものを，下の①～⑥のうちから一つ選べ。 (2021・①・本・11)

レポート
道元は， a ，と考えていた。また，時間に関して，本来的な時間とは，一方向に進んでいくものではなく，「今というこの瞬間」が絶え間なく連続しているものと捉えていた。このような時間の捉え方が， b という「修証一等」の考えにも関係しているのではないだろうか。

ア ひたすら坐禅に打ち込み，一切の執着から解き放たれることが重要である
イ 南都六宗の立場から，念仏によらない修行のあり方を捉え直す必要がある
ウ 自らは罪深い凡夫であるため，自力によって悟りを開くことはできない
エ 三密の修行によって，仏と一体になることができる
オ 修行とは悟りの手段ではなく，悟りそのものである

① a-ア　b-エ　② a-ア　b-オ　③ a-イ　b-エ
④ a-イ　b-オ　⑤ a-ウ　b-エ　⑥ a-ウ　b-オ

問9 〈道元Ⅱ〉次の道元の文章を読み，その趣旨を記述したものとして適当でないものを，下の①～④のうちから一つ選べ。 (2005・追・25)

仏道をならふといふは，自己をならふ也。自己をならふといふは，自己をわするゝなり。自己をわするゝといふは，万法に証せらるゝなり。万法に証せら

解明POINT

▶禅の種類

看話禅（臨済宗）
●坐禅と**公案**（師が門弟に与える問題）
●栄西は『興禅護国論』で鎮護国家を説く
黙照禅（曹洞宗）
坐禅そのものが悟り

解明POINT

▶念仏

称名念仏（口称念仏）
口に「南無阿弥陀仏」と称える。空也は，死骸を火葬しながら念仏を称え，法然は，称名念仏を発展・深化させた
観想念仏（源信）
心に阿弥陀仏や極楽浄土を思い描きながらの念仏
専修念仏（法然）
他の修行法を捨てて，ただひたすら称名を称える念仏
報恩感謝の念仏（親鸞）
阿弥陀仏の慈悲に感謝して称える念仏
踊念仏（空也，一遍）
踊りながら念仏を称える。盆踊りの起源とされる。空也にはじまり，一遍によって広まる

解明POINT

▶道元の坐禅

修証一等
「只管打坐」により「身心脱落」に達し，修行と悟りは不二一体としての「修証一等」である。坐禅の修行は悟りのための手段ではない

るゝといふは，自己の身心および他己の身心をして脱落せしむるなり。

（道元『正法眼蔵』）

① 修行に徹するということは，自己中心的なあり方を去り，自己を包むものとしての世界と真に出会うことにほかならない。

② 修行に徹するということは，世界を超えた仏の力が自己に入ることであり，自己が仏と一体化していくことを意味する。

③ 修行に徹するということは，本来の自己に目覚めることであり，そのような自己において，身心への執着は消滅している。

④ 修行に徹するということは，自己が世界に向かうありようではなく，世界の方から自己が根拠づけられることを意味する。

問10 〈日蓮〉日蓮についての説明として**適当でないもの**を，次の ①〜④ のうちから一つ選べ。 (2018・本・22)

① 個人の救済だけでなく，正しい仏法に基づく政治の実現が重要だと考え，為政者への布教も行うことで，現実社会を仏国土とすることを目指した。

② 国難の到来を防ぎ，国土安穏を実現するためには，宗派間での融和を図ることが必要だと考え，他宗に協力を呼びかけた。

③ 『法華経』には，釈迦は時を超えて永遠に存在し続けると説かれていることに着目し，末法の世であっても救済は達成され得ると主張した。

④ 『法華経』には，人々の救済に献身する菩薩が描かれていることに着目し，その姿に自己をなぞらえることで教えを説こうとした。

問11 〈宗派による論争〉次の文章は，宗派の異なる僧の争いを描く狂言『宗論』についての記述である。文章中の ┃ a ┃ 〜 ┃ c ┃ に入れる語句の組合せとして正しいものを，下の ①〜⑧ のうちから一つ選べ。 (2018・追・23)

　　　二人の僧は旅の途中であり，一人は宗祖が晩年に隠棲（いんせい）した ┃ a ┃ に参詣した帰りであり，もう一人は善光寺参りの帰りである。相手の宗派に気づいた二人は「例の黒豆数（くろまめかぞ）へ」「例の情強者（じょうごわもの）」と心のうちに相手を謗（そし）る。「黒豆数へ」とはその宗派の人々が黒豆の数珠をつまぐって念仏したことを嘲ったものであり，「情強者」とは四箇格言にみられるようなこの宗派の激しさへの揶揄（やゆ）である。互いに譲らぬ二人は踊り念仏と踊り唱題で競うが，その激しさにつられて口にする文句が途中で入れ代わってしまう。つまり，善行寺参りの「黒豆数へ」が「 ┃ b ┃ 」と言い，他方がその逆を唱えてしまうのである。はっとして口を押える二人だが，考えてみれば，これらの宗派の母胎とも言える ┃ c ┃ は両方の要素を含んでいる。比叡山という本源を共有する二人の僧は仲直りし，互いの教えに「隔てはあるまじ」という二人の唱和で，狂言はめでたく結ばれるのである。

① a 高野山　　b 南無阿弥陀仏　　c 天台宗

② a 高野山　　b 南無阿弥陀仏　　c 律　宗

③ a 高野山　　b 南無妙法蓮華経　　c 天台宗

④ a 高野山　　b 南無妙法蓮華経　　c 律　宗

⑤ a 身延山　　b 南無阿弥陀仏　　c 天台宗

⑥ a 身延山　　b 南無阿弥陀仏　　c 律　宗

⑦ a 身延山　　b 南無妙法蓮華経　　c 天台宗

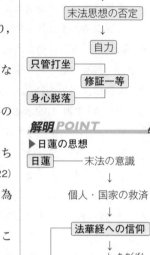

⑧　a　身延山　　　b　南無妙法蓮華経　　　c　律　宗

問12　〈親鸞・道元・日蓮〉次のア〜ウの正誤の組合せとして正しいものを，下の①〜⑧のうちから一つ選べ。　　　　　　　　　　　　　(2015・本・22)

ア　親鸞は，阿弥陀仏の誓願を深く信じて念仏を称えよと説いた。彼の弟子の伝えによれば，これを実践できず，自力で悟ろうとする悪人こそ，救われるべき対象である。この教えは，悪人正機と呼ばれる。

イ　道元は，ただひたすら坐禅するべきことを説いた。彼によれば，身心を尽くして静かに坐りぬく修行こそが，悟りという目的に達するための，最善の手段である。この教えは，修証一等と呼ばれる。

ウ　日蓮は，「南無妙法蓮華経」という七字の題目を唱えよと説いた。彼によれば，『法華経』こそが釈迦による究極の教えであり，唱題は，その功徳のすべてにあずかることを可能にする行である。

① ア　正　イ　正　ウ　正　　　② ア　正　イ　正　ウ　誤
③ ア　正　イ　誤　ウ　正　　　④ ア　正　イ　誤　ウ　誤
⑤ ア　誤　イ　正　ウ　正　　　⑥ ア　誤　イ　正　ウ　誤
⑦ ア　誤　イ　誤　ウ　正　　　⑧ ア　誤　イ　誤　ウ　誤

問13　〈栄西と一遍〉鎌倉時代の仏教についての説明として最も適当なものを，次の①〜④のうちから一つ選べ。　　　　　　　　　　(2019・本・21)

① 日本に臨済宗を広めた栄西は，正式な僧となるには戒律が必要不可欠であるとの考えをもとに，東大寺に戒壇を設立して，僧を育成するための受戒制度を確立した。

② 時宗の開祖である一遍は，寺院や道場をもたずに全国を遊行し，踊り念仏を広めて衆生を救済することに生涯を捧げ，その教えの内容を『立正安国論』を著して示した。

③ 日本に臨済宗を広めた栄西は，末法の時代であっても，禅の修行により優れた人物が育つことが鎮護国家をもたらすと考え，その主張を『興禅護国論』を著して示した。

④ 時宗の開祖である一遍は，ただ一度だけでも「南無妙法蓮華経」と唱えれば，信・不信を問わず，すべての人が極楽へ往生できると主張し，行き合う人々に札を配って布教に努めた。

問14　〈叡尊〉叡尊についての説明として最も適当なものを，次の①〜④のうちから一つ選べ。　　　　　　　　　　(2022・追・15)

① 渡来僧として東大寺に戒壇を設け，正式な僧侶としての資格を与えるための授戒制度を整えて，仏教の普及に力を尽くした。

② 『法華経』こそがあらゆる人を救うことのできる最高の教えだと信じ，流刑などの度重なる迫害にもかかわらず布教に努めた。

③ 生前の罪によって死後に地獄へ堕ちた人々が，様々な苦しみを与えられる様子を書物にまとめ，天台僧として浄土信仰を勧めた。

④ 戒律を重んじて，それを厳格に守るとともに，病人や貧民を救済し，橋を修築するなど広く社会事業を行った。

解明POINT
▶栄西の思想

栄西 ──── 臨済宗
　　　　　　↓
　　天台宗の改革
　　　　　　↓
　　禅宗を学ぶ
　　　　　　│
　　坐禅の修行

鎮護国家…『興禅護国論』

解明POINT
▶『法華経』と関係の深い仏教者

聖徳太子
『三経義疏』で注釈している
最澄
『法華経』に基づいて「一切衆生悉有仏性」とする一乗思想を説く
日蓮
『法華経』こそが真のブッダの教えとし，弾圧に対しては法華経の行者としての自覚を持つ。「南無妙法蓮華経」の題目を唱えることを説く
宮沢賢治
『法華経』の影響の下で，童話や小説を発表

解明POINT
▶旧仏教の改革者

叡尊・忍性
律宗を復興し，非人の救済などを行う（真言律宗として独立）
明恵
法然を批判，華厳宗を再興し，民衆への教化
貞慶
法相宗の立場から法然を批判する
凝然
華厳宗で『八宗綱要』を著す

③ 近世社会の思想

● 第Ⅳ章：国際社会に生きる日本人の自覚

■ 整理・要約

1 朱子学の日本的な展開

朱子学の導入とその他の朱子学派		江戸幕府体制のために身分秩序を支えるための精神的支柱として採用→**藤原惺窩**が先駆者 朱子学は寛政異学の禁により**正学**と定められる
	林 羅山	江戸幕府による官学化，幕府政治の擁護 **上下定分の理**…天地に上下の差があるように，人間にも身分の差がある **居敬窮理**…「敬」の重視→**存心持敬，礼儀法度**の重視
	山崎闇斎	厳格な修養主義→「敬」と「義」を展開する倫理道徳の主張 朱子学と神道の融合（垂加神道の提唱）→幕末の尊王思想への影響
	貝原益軒	朱子学の窮理に基づく精神を発揮，『大和本草』『養生訓』など多数の著書がある
	新井白石	正徳の治を推進，朱子学の**合理的・実証的精神**を発揮し歴史研究を果たす 『西洋紀聞』『読史余論』『折たく柴の記』など
	雨森芳洲	木下順庵に学ぶ，**朝鮮通信使との交流**→外交に尽力（誠信の交わり）

2 日本の陽明学

中江藤樹	◆近江聖人といわれ，「孝」の強調（具体的実現として**愛敬**を説く） ◆「孝」の実践…時（時期），処（場所），位（身分に応じた道徳の実現） 晩年は，陽明学の実践的な思想に共感（**良知**）→**致良知**（人間には良知良能の善性が備わっているのでこれを窮める） **知行合一**（心の内面と実践の重視），主著『翁問答』
熊沢蕃山	藤樹の弟子，「治国平天下」の儒学の理念→「治山治水」の主張（環境論の先駆者）
大塩中斎	大塩平八郎，江戸後期の儒学者で，大坂の与力として民衆のために兵を挙げるが失敗

3 古学派の人々

山鹿素行	伊藤仁斎	荻生徂徠
古学	古義学	古文辞学
『聖教要録』『中朝事実』	『童子問』『語孟字義』『論語古義』	『弁道』『弁名』『政談』『論語徴』
◆朱子学の観念性を批判 　→聖学（聖人そのものの教えとする学問） ◆「周公・孔子を師とする」 　→古学の提唱 ◆**士道**…武士は三民（農工商）の道徳的指導者（「士の本とするのは職分を知るに在る」）	◆儒学本来の精神の探究…『論語』は「最上至極宇宙第一の書」 　→**古義学**の提唱 ◆儒学の根本精神（人倫日用の道） ◆仁愛を成り立たせる条件 　→**誠**（真実無偽）， 　→**忠信**（他人を欺かない）・ 　　**忠恕**（他者の心情を察する）	◆古代の経典を解読するための方法 　→**古文辞学**の提唱 ◆儒学の根本（政治と道徳の分離） 　…「**先王の道**」 　→安天下の道，経世済民 ◆聖人の道…礼楽（礼法と音楽）と刑政（刑罰と法律） ◆弟子の太宰春台（『経済録』を著す）

4 日本人の美意識

● 仏教的な**無常観**（感）などをはじめとして，平安末期から鎌倉時代を経て，室町時代に形成される

幽 玄	藤原俊成（和歌の世界）→世阿弥の能楽（『風姿花伝』）	＊江戸庶民の美意識を分析
わ び	西行の和歌（『山家集』）→千利休の茶道（村田珠光，武野紹鴎のわび茶）	し，「粋」と表現したのが
さ び	松尾芭蕉の俳諧	九鬼周造（『「いき」の構
あはれ	本居宣長は「もののあはれ」と表現，「いき」「通」（町人たちの理念）	造』）である。

98

5　国学の系譜　＊国学…（古文辞学の影響を受け）日本固有の道を発見し，実証的に解読する

契　沖	『万葉代匠記』	『万葉集』の研究→古典研究の基礎を確立，「柔和な心」
荷田春満	『創国学校啓文』	契沖に傾倒，伊藤仁斎に古義学を学ぶ→古語を理解し，古義を明らかにする，国学勃興の機運をつくる
賀茂真淵	『国意考』『万葉考』	『万葉集』を中心に古典を広く研究→古典理解の方法論を確立「ますらをぶり」「高く直き心」を重視
本居宣長	『古事記伝』『玉勝間』『源氏物語玉の小櫛』	国学の大成，日本固有の道→惟神(かんながら)の道，古道→「真心」(漢意(からごころ)の排除)，「たをやめぶり」→『古今和歌集』『新古今和歌集』「もののはあれ」→文芸の本質（『源氏物語』）
平田篤胤	『霊能真柱(たまのみはしら)』	国学の宗教化，復古神道の提唱→幕末の尊王攘夷運動に影響

6　庶民の思想

石田梅岩	『都鄙問答(とひ)』	商人の道→正直・倹約・勤勉，知足安分→職分の違い（現実肯定の立場）「商人の買利（利益）は士の禄（俸禄）に同じ」，石門心学と呼ばれる
安藤昌益	『自然真営道』	武士など→不耕貪食(とんじき)の徒（法世への批判）→万人直耕（自然世を理想とする）
二宮尊徳	『二宮翁夜話』	天道と人道，分度・推譲→天地三才の徳に報いる真道（報徳思想）
富永仲基	『出定後語(しゅつじょうごご)』	懐徳堂の人，加上説（後代の思想は前代の上に付け加えて展開する）
山片蟠桃	『夢の代(しろ)』	懐徳堂の人，合理的な思想の転回（地動説を認める），無鬼論を展開

7　町人文化と思想

井原西鶴	浮世を中心とする男女の世界や町人の世界を描く，『好色一代男』『世間胸算用』
近松門左衛門	浄瑠璃・歌舞伎作家，義理と人情に苦しむ世界を描く，『心中天網島』
鈴木正三(しょうさん)	あらゆる職業も仏の働きとみる（職分仏行説，「世法即仏法」），『万民徳用』
西川如見(じょけん)	天文・暦算学者，町人の生き方を積極的に肯定する，『町人嚢(ぶくろ)』

●●● 演習問題

問1　〈日本の儒学〉次の文章の著者が受容した中国などから伝わった**学問**をあ・いから，この文章の著者が**主張**したことを**X・Y**からそれぞれ選ぶとき，組合せとして最も適当なものを，下の ①〜④ のうちから一つ選べ。

(2018・プレ・21)

> 礼と云(いふ)ものは，先代帝王の定めおかれた事也。「承天之道(ことなり)」とは，天は尊く地は卑し。天はたかく地は低し。上下差別あるごとく，人にも又君はたふとく，臣はいやしきぞ。その上下の次第を分(わけ)て，礼儀・法度と云ことは定めて，人の心を治められたぞ。

学問

あ　朱子学　　い　陽明学

主張

X　形式的な礼儀や身分秩序を重視する考え方を批判し，心の内面と実践を重視する考え方を主張した。

Y　封建的身分秩序を思想的に根拠づけ，常に心の中に敬をもつ心の在り方を主張した。

①　あ－X　　②　あ－Y　　③　い－X　　④　い－Y

問2　〈林羅山〉林羅山についての説明として最も適当なものを，次の ①〜④ のう

解明 POINT

▶儒学の日本的展開

●朱子学

朱子	林羅山
理気二元論	上下定分の理礼儀法度
居敬窮理（持敬窮理）	居敬窮理存心持敬
格物致知	格物致知

●陽明学

王陽明	中江藤樹
良知心即理良知知行合一	朱子学批判→「孝」晩年に陽明学を取り入れる→致良知知行合一

ちから一つ選べ。 (2017・追・24)

① 自己の欲望を抑制する居敬の実践を重視するとともに，天皇への尊崇を説き，後の尊王思想に大きな影響を与えた。

② 天理を実現することを重んじ，そのための方法として，天理の具体化である礼儀法度を順守すべきことを説いた。

③ 多様な個性こそ人間の本質であると考え，それぞれの人間に個性を発揮させながら，全体として調和させることが道の働きであるとした。

④ 宇宙万物の根本原理である孝が，人間においては人を愛し敬う心として現れると考え，孝の実践を重んじた。

問3 〈中江藤樹Ⅰ〉次のメモ中の │ a │ ・│ b │ に入る語句の組合せとして最も適当なものを，下の ①〜④ のうちから一つ選べ。 (2021・②・本・13)

> メモ
> 　中江藤樹は，│ a │を道徳の根本に据えた。そして，この │ a │ という原理を，│ b │であるとした。

① a　孝
　 b　人間関係だけでなく，あらゆる事象や事物をも貫くもの

② a　孝
　 b　人間関係のみに当てはまる，人間関係に固有なもの

③ a　愛
　 b　人間関係だけでなく，あらゆる事象や事物をも貫くもの

④ a　愛
　 b　人間関係のみに当てはまる，人間関係に固有なもの

問4 〈中江藤樹Ⅱ〉中江藤樹についての説明として最も適当なものを，次の ①〜④ のうちから一つ選べ。 (2023・追・10)

① 儒学者として，封建社会の身分や秩序を正当化する朱子学を固守する一方で，「誠信の交わり」を旨として朝鮮との善隣外交に尽力した。

② 儒学のみならず，神道や仏教も取り入れて，心を磨く学問を確立させて，正直や倹約に基づく商人の道徳思想を説いた。

③ 儒学者として，朱子学を表面的な形式に囚われていると批判し，時や場所や身分に応じた道徳の実践を説いた。

④ 修身中心であった従来の儒学に対して，安定した公の秩序の実現を目指した儒学を志して，礼楽刑政によって世の中を治めることを説いた。

問5 〈近世の学問〉次の文章中の │ a │ 〜│ c │ に入れる語句の組合せとして正しいものを，下の ①〜⑧ のうちから一つ選べ。 (2018・本・23)

　近世に学問が興隆した背景の一つに，出版業の発展がある。│ a │は，初学者に向け，和文で『大和本草』『養生訓』などを著し，その書は広く読まれた。書物の普及につれて，塾や学校が各地に設立された。例えば，懐徳堂からは，儒学や仏教などがいかに歴史的に展開するかに関して加上説という考え方を唱えた │ b │ など，独自の学説を打ち出す人物が数多く輩出した。

　塾や学校では，漢籍の素読のほか，師匠による講釈，現在の読書会にあたる会読などが行われた。山崎闇斎は，朱子学の真髄を伝えようとして講釈を重視したが，朱子の解釈に頼らず儒学の原典に直接向き合うことを重視し

解明POINT

▶朱子学とスコラ哲学

朱子学	スコラ哲学
林羅山	トマス゠アクィナス
上下定分の理	宇宙を，神を中心とする階層秩序とみなす目的論的世界観
ともに封建的な身分秩序を支える思想となった	

解明POINT

▶中江藤樹の思想

中江藤樹…「近江聖人」

[孝] ⟶ [愛敬]
　　↓　　実践
[致良知]
　　↓　　─── 実践態度
[知行合一]

解明POINT

▶江戸時代の思想家の特徴

◆貝原益軒…本草学
◆新井白石…実証的な歴史研究
◆雨森芳洲…朝鮮通信使
◆山崎闇斎…垂加神道
◆中江藤樹…時・処・位
◆石田梅岩…正直と倹約
◆荻生徂徠…礼楽刑政

解明POINT

▶講釈と会読

講釈
師匠による講義
山崎闇斎

会読
◆学ぶ者が一堂に会して，意見をたたかわせる形式。現在の読書会にあたる。席次や等級を決定する方法もあった
◆儒学者である広瀬淡窓の私塾「咸宜園」は，身分や年齢を問わず，学ぶ者を受け入れたことで知られる

た　　c　　は，講釈よりも会読を重視した。このように思想的立場の違いは教え方の違いにも反映された。

① a　貝原益軒　　b　安藤昌益　　c　新井白石
② a　貝原益軒　　b　安藤昌益　　c　荻生徂徠
③ a　貝原益軒　　b　富永仲基　　c　新井白石
④ a　貝原益軒　　b　富永仲基　　c　荻生徂徠
⑤ a　本居宣長　　b　安藤昌益　　c　新井白石
⑥ a　本居宣長　　b　安藤昌益　　c　荻生徂徠
⑦ a　本居宣長　　b　富永仲基　　c　新井白石
⑧ a　本居宣長　　b　富永仲基　　c　荻生徂徠

問6　〈山崎闇斎〉山崎闇斎の思想を踏まえて，次の**資料**から読み取れる内容として最も適当なものを，後の ①～④ のうちから一つ選べ。　(2022・追・11)

> **資料**
> 　嘉右衛門殿*は，「敬」とは内で，身心に関わる徳目であるとし，「義」とは外で，我が身より外のことに関わる徳目であるとおっしゃった。つまり『大学』**の「修身」までを内，「斉家」からを外とおっしゃったのだ。……内は心とだけ言ってしまうと，仏見***になってしまうのだと（嘉右衛門殿は）おっしゃったのだった。　　　　　　　　　　　　　　　（佐藤直方『韞蔵録』より）
> 　　*嘉右衛門殿：山崎闇斎のこと
> 　　**『大学』：『大学』では修養の方法として，順に，格物・致知・誠意・正心・修身・斉家・治国・平天下が説かれている
> 　　***仏見：仏教的な見方のこと

① 儒学と神道とを結合させて，神人合一を説く神道説を唱えた山崎闇斎は，**資料**では，「敬」を心から身にまで及ぶものだと述べている。
② 独自の神道理論からなる復古神道を唱えた山崎闇斎は，**資料**では，『大学』で言う「修身」までが「内」に当たると述べている。
③ 誠を修養の根本に据え，仁愛の実現を説いた山崎闇斎は，**資料**では，「敬」を「心」の問題とのみ捉えるのは仏教の考え方だと述べている。
④ 行いの一つひとつを厳しくつつしむことが「敬」であると説いた山崎闇斎は，**資料**では，「義」を心から身にまで及ぶものだと述べている。

問7　〈山鹿素行〉山鹿素行についての説明として最も適当なものを，次の ①～④ のうちから一つ選べ。　(2020・本・23)

① 朱子学の説く理を道徳の基礎として重視し，私利私欲をつつしむ心の修養を説くとともに，儒学と神道を融合させて垂加神道を唱えた。
② 朱子学の説く理を道徳の基礎として重視し，『論語』や『孟子』などの原典に立ち返ることで，日常的な道徳の規範を明らかにすることを目指した。
③ 朱子学の説く理が抽象的であることを批判し，私利私欲をつつしむ心の修養を説くとともに，儒学と神道を融合させて垂加神道を唱えた。
④ 朱子学の説く理が抽象的であることを批判し，『論語』や『孟子』などの原典に立ち返ることで，日常的な道徳の規範を明らかにすることを目指した。

問8　〈伊藤仁斎〉伊藤仁斎が説く「仁」の説明として最も適当なものを，次の ①～④ のうちから一つ選べ。　(2023・本・12)

解明POINT

▶**富永仲基**
　仏教（インドの道），儒教（中国の道），神道（日本の道）はいずれも「古の道」にすぎないと批判し，「誠の道」を求めるべきだと説いた。

解明POINT

▶**山崎闇斎**（崎門学派を形成）
● 厳格な修養主義を唱える
● 朱子学の「理」と日本神話の神々との一致を説いた**垂加神道**を提唱
▶**崎門学派の三傑**
　佐藤直方，浅見絅斎，三宅尚斎をさす。浅見絅斎と三宅尚斎は闇斎の神道説を批判した。

解明POINT

▶**武士道と士道**
武士道…山本常朝『葉隠』
●「武士道と云ふは死ぬ事と見つけたり」
士道…山鹿素行
● 武士がその責任を果たすことができないならば，人倫をみだす「遊民」にすぎない
→武士は三民（農工商）の道徳的指導者

① 人の心を，安易に信じては危ういね。そんなものより，礼儀により外面を整えることが大事だと思う。私が先輩に挨拶すれば，先輩も私に挨拶を返す，この礼儀が「仁」だよ。

② 本当に大切なことは，日常の間柄にあるはずだよ。あらゆる偽りを排することを心掛け，私が弟に思いやりを持って接すれば，弟も私に思いやりを返す，この思いやりが「仁」だよ。

③ 人間の私利私欲は，厳しくつつしまなければならないよね。欲望から完全に脱することによって可能となるような，私が友人を思いやって友人も私を思いやる，愛に満ちた間柄が「仁」だよ。

④ 人間関係には，厳格さが必要だよね。人間の上下関係の秩序を重んじ，その道理と心を一体にすることによって可能となる，先生に対する正しい振る舞いが「仁」だよ。

問9 〈荻生徂徠〉荻生徂徠についての説明として最も適当なものを，次の①〜④のうちから一つ選べ。 (2019・追・23)

① 道とは，古代中国の聖人が天下を安んずるために制作した制度や文物であり，一人一人の民がその道に則（のっと）って生きることによってはじめて安天下が実現されると説いた。

② 道とは，古代中国の聖人が天下を安んずるために制作した制度や文物であり，一人一人の民がその道を改善していくことによってはじめて安天下が実現されると説いた。

③ 天地自然にそなわる道に基づいて社会秩序を形成することが必要であるとし，一人一人の民が天理に則って制度や文物を整えることによってはじめて安天下が実現されると主張した。

④ 天地自然にそなわる道に基づいて社会秩序を形成することが必要であるとし，一人一人の民が天理に則って修身に励むことによってはじめて安天下が実現されると主張した。

問10 〈日本の美意識〉無常観に関連する日本の美意識についての説明として適当でないものを，次の①〜④のうちから一つ選べ。 (2020・本・21)

① 西行は，各地を遍歴しながら人生の無常を和歌に詠み，それらは後に『山家集』に収められた。彼は，桜の花や月といった自然の風景に思いを託し，「願わくは花の下にて春死なむ　その如月（きさらぎ）の望月（もちづき）の頃」などの歌を詠んだ。

② 吉田兼好は，無常な人生をいかに生きるべきかに思いを巡らせ，『徒然草』を著した。「世はさだめなきこそ，いみじけれ」という彼の言葉は，この世は儚く移ろいゆくがゆえに味わい深いとする美意識を表現している。

③ 雪舟は，色彩を否定した絵画技法である「水墨画」を大成し，『風姿花伝』を著した。「秘すれば花なり，秘せずは花なるべからず」という彼の言葉は，切り詰められた簡素な表現にこそ，美が現れることを説いている。

④ 九鬼周造は，江戸時代から受け継がれてきた「いき」という美意識を哲学的に分析し，『「いき」の構造』を著した。彼によると，「いき」とは，「諦め」や「意気地」をもって，偶然的で儚いこの世を軽やかに生きる生き方である。

問11 〈芸道や生活の美意識〉日本の芸道や生活における美意識についての説明として適当でないものを，次の①〜④のうちから一つ選べ。 (2019・本・23)

▶伊藤仁斎の思想

伊藤仁斎…古義学

仁＝愛
↓　実践の基礎
誠 ── 真実無偽

忠信　忠恕

▶荻生徂徠の思想

荻生徂徠…古文辞学

先王の道 ── 安天下の道

孔孟の道…六経

礼楽刑政 ──→「経世済民」

● 荻生徂徠の説く道
礼楽刑政…礼楽（礼法・音楽）・刑政（刑罰・法律）

● 古文辞学の影響
中国古典の研究を説くことで，聖人の道を研究→実証的な文献研究は，国学に影響を与える

● 徂徠の弟子：太宰春台
経済学を研究し，経世済民の学として儒学の発展に貢献した

解明POINT

▶美意識の変化

●「幽玄」和歌の世界
　　　…藤原俊成
→能楽の世界
　　　…世阿弥
●「わび」茶道の世界
　↓
　　　…千利休
●「さび」幽玄の世界を
　　俳諧の世界へ
　　　…松尾芭蕉
●「つう（通）」江戸時代の
　　庶民の憧れ
　　る生活理念
●「いき（粋）」江戸時代の
　　町人の理想
　　…哲学者九鬼周造
　　　『いき』の構造
●「すい（粋）」江戸時代，
　　上方で理想
　　とされた美
　　意識

① 「幽玄」は，世阿弥が大成した能楽において重んじられた，静寂のなかに神秘的な奥深さを感じとる美意識である。

② 「さび」は，松尾芭蕉が俳句を詠むなかで追求した，閑寂・枯淡のなかに情趣を見いだして安らぐ美意識である。

③ 「つう（通）」は，世事や人情の機微を深く理解することを良しとする美意識であり，近世の町人の間に広まった。

④ 「いき（粋）」は，武骨で垢抜（あか ぬ）けない素朴さを良しとする美意識であり，勤労と倹約を貴ぶ近世の町人によって生み出された。

問12 〈国学者〉古典を基に日本固有の精神を探究した国学者の説明として最も適当なものを，次の ①～④ のうちから一つ選べ。　　　　　　　　（2017・本・25）

① 契沖は，古典を原典に即して読解しようとする実証的な方法により，古代日本の精神を伝える古典として『万葉集』を研究し，その注釈書である『万葉代匠記』を著した。

② 荷田春満は，儒学・仏教・神道を通して己の理想的な心のあり方を究明する心学の方法を基にして，古代日本の心を伝える古典として『日本書紀』を実証的に研究した。

③ 本居宣長は，『源氏物語』の研究を通して，事物にふれて生じるありのままの感情を抑制する日本古来の精神を見いだし，儒学や仏教などの外来思想によって，その精神が失われたと考えた。

④ 平田篤胤は，『古事記』の研究を通して，身分の相違や差別のない日本古来の理想世界を見いだし，儒学や仏教などの外来思想によって理想世界が差別と搾取の世界へ転じたと批判した。

問13 〈賀茂真淵〉古典文学を研究した賀茂真淵の思想の説明として最も適当なものを，次の ①～④ のうちから一つ選べ。　　　　　　　　（2022・追・9）

① 古典を実証的に研究する古学派の方法を排除して，国学の立場から『源氏物語』を研究し，「たをやめぶり」の心を日本人の理想とした。

② 古典を実証的に研究する古学派の方法を排除して，国学の立場から『万葉集』を研究し，その歌風を「ますらをぶり」と捉えた。

③ 古典を実証的に研究する古学派の方法に影響を受け，国学の立場から『源氏物語』を研究し，「たをやめぶり」の心を日本人の理想とした。

④ 古典を実証的に研究する古学派の方法に影響を受け，国学の立場から『万葉集』を研究し，その歌風を「ますらをぶり」と捉えた。

問14 〈本居宣長〉本居宣長の真心についての考え方に即してなされた発言として最も適当なものを，次の ①～④ のうちから一つ選べ。　　　　　　　　（2022・本・12）

① 図書館で借りた本を返さない人がいるんだよ。借りた物を期限までに返すのは，人として当たり前のことなのに。誰もが物事の善悪を考えて，道理に従って正しく行動すれば，世の中のことは万事うまくいくと思うんだ。

② 知り合いに，いつも腹を立てている人がいるんだ。何かにつけて怒りをあらわにするなんて，大人げないよね。心の状態にかかわらず，自分の立場や役割をよく考えて，全ての人に親切に接することが大切だと思うんだ。

③ あえて感情を抑えて，理知的に振る舞うことを心掛けている人もいるみたい。でも，悲しいときには泣けばいいし，嬉しい（うれ）ときには喜べばいいんだよ。そう

解明POINT

▶契沖と荷田春満

契沖	荷田春満
◆古代日本の遺風を伝えるのは，『万葉集』（この書の注釈書が『万葉代匠記』） ◆和歌の心を「柔和の心」とする	◆国学の名づけ親で，古義に基づいて古代の精神を探究 ◆国学の学校設立のための建白書（『創国学校啓文』）

解明POINT

▶賀茂真淵と本居宣長

賀茂真淵	本居宣長
『万葉集』の研究	『古事記』『源氏物語』の研究
ますらをぶり	**たをやめぶり**
おおらかで男性的な精神 ●『万葉集』の歌風	繊細で女性的な精神 ●『古今和歌集』の歌風
高く直き心	**真心**（まごころ）
力強く，ありのままの古代の理想的な精神	漢意（からごころ）を取り除き，日本古来の道ある惟神（かんながら）の道に見いだされる精神

＊本居宣長は，『源氏物語』に現れた「たをやめぶり」の心にもとづく感情の動きを「もののあはれ」と呼び，文芸の本質とした。

することが，人の本来の生き方であると思うんだ。

④　学級委員の二人，文化祭のことで感情的になっちゃって，かなり険悪な雰囲気だったよね。感情に任せて他人と争うなんて，愚かなことだよ。一時の感情に身を任せずに，丁寧に説明すれば分かり合えるはずなのに。

問15　〈石田梅岩〉石田梅岩についての説明として最も適当なものを，次の ① ～ ④ のうちから一つ選べ。　　　　　　　　　　　　　　　　（2018・本・24）

①　心を磨くための教えとして，儒教だけではなく神道や老荘思想も柔軟に取り入れながら自説を形成したが，仏教を排斥しようとする姿勢を崩すことはなかった。

②　商家で奉公していた経験を活かし，京都の自宅で日常生活に即した平易な講話を行った。受講料を取らず，聴講は自由としたが，女性の聴講を認めることはなかった。

③　身分を上下関係としてではなく社会的分業を示すものと捉え，職業に励むことでそれぞれの役割を果たすことを人々に勧めたが，身分制そのものを否定したわけではなかった。

④　当時，蔑視されがちであった商業行為を肯定し，品物を流通させることで為政を助ける点に積極的役割を認めた。だが，利益を獲得することを肯定したわけではなかった。

問16　〈民衆の思想〉次のア・イは，江戸時代に民衆の生き方を説いた思想家についての説明であるが，それぞれ誰のことか。その組合せとして正しいものを，下の ①～⑥ のうちから一つ選べ。　　　　　　　　　　　　　　　（2020・本・24）

ア　もとは徳川家に仕える武士であったが，出家して僧侶となった。従来の仏教の隠遁的な傾向に反対し，士農工商のいずれであっても，この世においてそれぞれの職業に専念することが，仏道の修行であると説いた。

イ　農家に生まれたが，独学して農政家となり，幕府にも登用された。人は自然や祖先の恩に徳をもって報いるべきであり，そのために，収入に応じて支出を制限し，そこから生じた余剰を社会に還元すべきであると説いた。

①　ア　鈴木正三　　イ　二宮尊徳　　　②　ア　鈴木正三　　イ　安藤昌益
③　ア　鈴木正三　　イ　石田梅岩　　　④　ア　西川如見　　イ　二宮尊徳
⑤　ア　西川如見　　イ　安藤昌益　　　⑥　ア　西川如見　　イ　石田梅岩

問17　〈安藤昌益〉安藤昌益についての説明として最も適当なものを，次の ①～④ のうちから一つ選べ。　　　　　　　　　　　　　　　　　　（2022・本・13）

①　町人が経済的な力を持つようになったことを背景として，町人としての生き方を積極的に肯定し，「ただの町人こそ楽しけれ」と唱えた。

②　天道を受け止めながらも，ひたむきに努力する人道の大切さを説き，分をわきまえて倹約に努める報徳の実践を重視した。

③　あらゆる差別と搾取を排除した平等な社会を理想とし，武士が農民を支配するような封建的な社会のあり方を，法世として批判した。

④　人間が本来持っている心情と，社会において守るべき道徳との葛藤に着目し，その相克に苦しみながら生きる人間の姿を浄瑠璃に描いた。

問18　〈町人社会に注目した人物〉次のア・イは，町人社会に注目した人物についての説明である。その正誤の組合せとして正しいものを，下の ①～④ のうちから一つ選べ。　　　　　　　　　　　　　　　　　　　　　　（2021・①・本・13）

解明POINT
▶石田梅岩の思想
商人倫理…営利追求の正当化
↓
万人の道
── 正直
── 倹約
── 勤勉
── 知足安分

＊石門心学…神道・儒教・仏教・老荘思想などを取り入れた独自の処世哲学。
＊石田梅岩の思想には，カルヴァン派の禁欲と勤労の倫理に通ずるものがある。

解明POINT
▶鈴木正三の思想
・仏教の立場から営利活動を肯定（『万民徳用』）
・職分仏行説…「渡世の業（あらゆる職業）」は仏の働き
・職業倫理…「世法即仏法，四民日用」（民の仕事や生活は仏法の場）

解明POINT
▶二宮尊徳の思想

天道 ── 農業
人道 ── 分度／推譲　報徳思想

ア　石田梅岩は，町人の営利追求を賤しいものとして否定し，「正直」と「倹約」を重んずる心学を説いた。

イ　井原西鶴は，町人たちが自らの欲望に従って，富を追求する姿や恋愛に熱中する姿を，浮世草子の中に描き出した。

① ア　正　イ　正　　　② ア　正　イ　誤

③ ア　誤　イ　正　　　④ ア　誤　イ　誤

問19　〈近松門左衛門〉次の**資料**は，芸術鑑賞の授業で見た近松門左衛門の『冥途の飛脚』の中で，孫右衛門が，今にも捕縛されそうな息子について思いを語った台詞の一部である。後の**ア・イ**は**資料**の内容についての説明，**ウ・エ**は近松の事績についての説明である。ア〜エから適当なものを全て選んだとき，その組合せとして正しいものを，後の ①〜⑨ のうちから一つ選べ。　(2023・追・11)

資料

　成人した息子と訳あって縁を切り，大坂へ養子に出したが，息子は根性に魔が差して随分他人の金を使い込み，あげく逃走し，捜索されているところ。……世の 諺 に言う，盗みをする子は憎くなく，縄を掛ける人が恨めしいとはこのこと。縁切った親子だから，善きにつけ悪しきにつけ，関係ないとはいっても，大坂へ養子に行き利発で器用で身持ちもよく，財産も築いたあのような子を勘当した孫右衛門は戯け者，阿呆者と言われても，その嬉しさはどうあろう。今にも探し出され，縄を掛けられ引かれる時，よい時に勘当して孫右衛門はでかした，幸せじゃと褒められても，その悲しさはどうあろう。

ア　縁を切った親子なのだからもはや関係ないといっても，孫右衛門は，縄を掛けられそうにな息子の身の上に心を動かされている。

イ　孫右衛門は，縁を切った息子の評判や将来に無関心であるから，その子が盗みを働いたとしても憎いとは思わない。

ウ　近松は，天理に基づく礼や法の遵守をひたすら重んじる作品を残した。

エ　近松は，町人社会での義理と人情の葛藤や恋の悲劇を作品に描いた。

① アとウ　　　② アとエ　　　③ イとウ

④ イとエ　　　⑤ アとイとウ　　⑥ アとイとエ

⑦ アとウとエ　　⑧ イとウとエ　　⑨ アとイとウとエ

問20　〈近世の仏道批判〉近世の思想家の仏道批判についての記述として**適当でない**ものを，次の ①〜④ のうちから一つ選べ。　(2021・②・本・15)

① 富永仲基は，仏典に書かれていることは，釈迦の言葉に後世の人が解釈を加えたものであり，釈迦本人の教えをそのまま伝えるものではないと批判した。

② 山片蟠桃は，僧侶たちは霊魂不滅などということを説くが，霊魂など実際にはどこにも存在しないと，合理的な立場から仏道を批判した。

③ 手島堵庵は，古代の人々が持っていたおおらかで生き生きとした感情を押し殺したとして，儒学の考え方も仏道の考え方も，ともに批判した。

④ 安藤昌益は，人間の生き方を堕落させ，差別と偏見に満ちた社会を作り出したとして，儒学や神道とともに，仏道を批判した。

解明POINT

▶**安藤昌益の思想**

法世 …封建社会への批判

武士
商人　　不耕貪食の徒

自然世 →万人直耕
　　（徹底した平等主義）

＊安藤昌益は長い間「忘れられた思想家」であったが，1899年に哲学者である狩野亨吉が偶然『自然真営道』を発見し，また，戦後カナダの外交官であるノーマンが『忘れられた思想家—安藤昌益のこと』を世界に広く紹介したことから，多くの人に知られるようになった。

解明POINT

▶**懐徳堂**

大坂商人の学問への要求
富永仲基…大乗非仏論，加上説（新しい思想は既存の思想に何かを加えたり，批判しながら形成されるとする説）
山片蟠桃…迷信の否定，蘭学の評価，無鬼論

解明POINT

▶**心学の継承**

●石田梅岩が説いた学問（心学）は，禅宗や陽明学との区別から**石門心学**と呼ばれる。

●**手島堵庵**は，心学の継承者として普及に努め，京都に明倫舎を設立し，自己批判中心の精神修養を説いた。

■ 整理・要約

1 蘭学・洋学の摂取と影響

① 蘭学…科学革命以後の西洋科学（コペルニクスの地動説，ケプラー，ニュートンの力学など）

- 志筑忠雄…ニュートン著『プリンキピア』の解説書をもとに『暦象新書』を著す
- 青木昆陽の影響から前野良沢・杉田玄白らによる『解体新書』の刊行
- 高野長英：『戊戌夢物語』，渡辺崋山：『慎機論』で幕府政治を批判，尚歯会（蛮社）の結成→蛮社の獄

② 洋学…蘭学をふくむ西洋文化・科学技術全般に関する知識

佐久間象山	『省諐録』	和魂洋才の思想，「東洋道徳，西洋芸術」（芸術とは技術のこと）
吉田松陰	『講孟余話』	松下村塾を開く→一君万民論を展開，草莽崛起を説く
横井小楠	『国是三論』	攘夷論から開国論へと転換

2 啓蒙思想の展開：明六社の人々

森 有礼	『妻妾論』，男女対等の倫理の確立，一夫多妻制への批判
西 周	『百一新論』，西洋思想の移入，「哲学」「理性」「客観」など多くの翻訳語を残す
津田真道	西周とともにオランダに留学，コントの実証主義の影響を受ける，西洋の法学の紹介
中村正直	スマイルズの『自助論』を『西国立志編』として翻訳， 『自由の理』（J.S. ミル『自由論』の翻訳）→自由民権思想の発展に影響
加藤弘之	立憲政体の紹介，天賦人権論を主張→スペンサーの社会進化論の影響を受けて社会的不平等の合理化・天賦人権論を否定（『人権新説』）→晩年には自由民権運動に反対，国家主義を唱える
福沢諭吉	◆『学問のすゝめ』『文明論之概略』など多数 ◆封建的身分秩序への批判…「門閥制度は親の敵で御座る」 ◆天賦人権論の展開…「天は人の上に人を造らず，人の下に人を造らずといへり」 ◆学問の精神と独立の精神…「一身独立して一国独立す」 ◆実学→独立自尊…「人間普通日用に近き実学」「有形にして数理学，無形にして独立の精神」 ◆官民調和，富国強兵論→脱亜論（「亜細亜東方の悪友を謝絶する」）

3 自由民権運動の展開

中江兆民	民権 ── 恩賜的民権（上から恵み与えられた民権） ── …しだいに変えていく 　　　　 恢復的民権（下から勝ちとった民権）← ◆東洋のルソー…『民約訳解』（漢文），『三酔人経綸問答』『一年有半』
植木枝盛	「東洋大日本国国憲按」（私擬憲法）を起草（抵抗権が盛り込まれている）

4 国家主義・国粋主義の高まり

◆明治維新以後の日本の近代化により啓蒙思想の広がりとともに，日清戦争前後の欧化政策への批判
◆日本固有の文化や国民性を見直すことを主張
◆ 1889 年に大日本国憲法の発布，1890 年に施行（同年，教育勅語の発布）

徳富蘇峰	平民主義から転向して，排外的な国家主義へと転じる（雑誌「国民之友」の創刊）
三宅雪嶺	志賀重昂らとともに，国粋主義の主張（雑誌「日本人」の創刊）
西村茂樹	教育家，明六社を結成するが，儒教を中心とする国民道徳を説く（『日本道徳論』）
陸羯南	ジャーナリスト，国粋主義（国民主義の立場）で，新聞「日本」を創刊
井上哲次郎	哲学者・教育者，内村鑑三の不敬事件に際し『教育と宗教の衝突』でキリスト教を批判する
北一輝	超国家主義，『日本改造法案大綱』で，天皇大権を発動しクーデタによる国家改造を説く

5　日本のキリスト教

内村鑑三	二つの J (Jesus, Japan)，信仰の自由，非戦論（社会批判），無教会主義（教会批判）
新渡戸稲造	『武士道』（キリスト教を育てる土台として武士道徳の継承を説く），「太平洋のかけ橋とならん」
新島襄	仏教徒が多い京都にキリスト教精神に基づく同志社英学校を設立
植村正久	東京神学社を創設し，福音主義に基づく日本神学の基礎を築く

6　大正デモクラシー・女性解放運動・社会主義思想

① 　大正デモクラシー…**吉野作造**→**民本主義**を唱える

② 　女性解放運動…**平塚らいてう**，「元始，女性は実に太陽であった」（文芸誌「**青鞜**」創刊）

③ 　社会主義思想…**幸徳秋水**（平民主義・社会主義・平和主義を柱とする「平民新聞」を創刊，非戦論）
　　　　　　　　　　　→アナーキズムに傾斜し，直接行動論（議会主義と対立）→大逆事件で処刑

④ 　キリスト教的人道主義者…片山潜・安部磯雄・木下尚江らの活動

7　近代的自我の確立

北村透谷	『内部生命論』…「**実世界**」（現実の社会や人間）と「**想世界**」（文学等々の精神世界）
夏目漱石	◆**自己本位**（自己のために生きる生き方）→最終的な境地として「**則天去私**」 ◆**内発的開化**と**外発的開化**…「日本の開化は外発的である」
森 鷗外	諦念（レジグナチオン）の境地を見いだす

8　西田哲学と和辻倫理学

西田幾多郎	西洋的な主客の対立を否定→**純粋経験**（『善の研究』）である**主客未分**の直接的世界の経験を説く 　→その後，「**場所**」（絶対無と呼ぶ）の論理を「**絶対矛盾的自己同一**」として展開
和辻哲郎	◆西洋的な主客の対立を否定→人間（個人と社会の二つの側面をなす）は**間柄的存在**とする ◆日本文化…二重性格を示し，重層的構造をとる

9　民俗学と民芸運動

柳田国男	日本民俗学の創始者，**常民**（村落共同体で生活を営むごく普通の人々）	→新国学
折口信夫	**まれびと**（日本における神の原型で客人）	
柳 宗悦	**民芸運動**の展開（日常的に庶民が使用する実用品に，民族固有の美を見いだす）	
南方熊楠	民俗学発展に寄与，明治政府の神社合祀令への批判 → 自然保護運動の先駆者	

伊波普猷	沖縄学の父，沖縄の民俗・言語・宗教・歴史など幅広く研究
宮沢賢治	農民への指導（菩薩としての利他行…『法華経』の影響の下に童話や小説を発表）

10　戦後の思想

小林秀雄	文芸批評，意匠（趣向）でなく，主体的な自己に目覚めることを主張
坂口安吾	文学者，『堕落論』において偽り飾ることのない自己に根ざした道徳の回復
丸山真男	政治学者，超国家主義の分析（「無責任の体系」とよび批判），自由な主体的意識に目覚めた個の確立 日本思想の古層に流れる歴史意識を「つぎつぎになりゆくいきほひ」と指摘
加藤周一	評論家，日本文化の特色を雑種文化と表現
吉本隆明	自立した個の思想を根拠とし，生活者としての大衆のあり方を求める（『共同幻想論』）

●●● 演習問題

問 1　〈吉田松陰〉吉田松陰の思想と**資料**の内容を踏まえて，**スピーチ**中
　　の　a　・　b　に入る記述の組合せとして最も適当なものを，後の①
　　～④のうちから一つ選べ。　　　　　　　　　　　　（2023・本・13）

資料

　いま我々は囚人となり，また世間に出て陽の目を見ることも望めない。お互いに学問を講じても……，何の功利があるだろうか云々，というのは，いわゆる利の説である。仁義の説はそうではない。……人と生まれて人の道を知らず……士と生まれて士の道を知らないのは，恥の最たるものではないか。もしこれを恥じる心があるならば，書を読み道を学ぶより他に方法はない。

(吉田松陰『講孟余話』より)

スピーチ

　これは　　a　　を説いた吉田松陰が，獄中での『孟子』の会読と講義の意義を論じた文章です。松陰は獄中でも，問いをもって『孟子』を読みました。松陰は**資料**で，　　b　　ために問い，学ぶべきだと言うのです。……

① a　「誠」を掲げて，自己の心情の純粋さを追い求めること
　 b　道をわきまえぬことを恥じる心に基づき，人としての道を知る

② a　「一君万民論」を唱えて，天皇のもとで国民が一体となること
　 b　恵まれた境遇が巡ってきたときに，力を発揮する

③ a　武士道を儒学により体系化し，「士道」という武士のあり方を守ること
　 b　士として生まれた以上，どんな境遇でも，士の道を知る

④ a　「死ぬこと」に武士道の本質を見いだし，ひたすら主君に献身すること
　 b　書物の世界に没頭し，囚人という境遇から自由になる

問2　〈**幕末の思想家**〉幕末の思想家についての説明として最も適当なものを，次の ① ～ ④ のうちから一つ選べ。　　　　　(2019・本・25)

① 吉田松陰は，仏教や儒学の影響を排除して，純粋な日本古来の神の道を説く復古神道を唱え，尊王攘夷論の立場から江戸幕府の政治を批判した。

② 吉田松陰は，すべての民は身分にかかわらず，藩などの枠を超え日本の主君である天皇に忠誠を尽くすべきだとする一君万民の思想を主張した。

③ 会沢正志斎は，水戸学の立場から，国の危機に際し，日本人としての自覚と主君への忠誠心を絶対視する大義名分論を唱え，公武合体論を推進した。

④ 会沢正志斎は，水戸学の立場から，儒学に基づきつつ西洋文化を受容して富国を図るために開国論を主張し，諸外国との平和な関係構築を目指した。

問3　〈**高野長英**〉高野長英についての説明として最も適当なものを，次の ① ～ ④ のうちから一つ選べ。　　　　　(2022・追・14)

① 朱子学における窮理の精神に基づいて，実証的な博物学を探究し，『大和本草』などの本草書を編纂した。

② 天文学をはじめとした西洋科学と儒学との調和を試み，条理学という独自の自然哲学体系を構築した。

③ 尚歯会を結成して西洋科学の摂取を試みたが，次第に国際情勢の知識の習得にまで関心の幅を広げ，その結果，鎖国政策への批判に及んだ。

④ もともと儒学を学んでいたが，アヘン戦争における清国の敗北をきっかけにして西洋の学術に注目するようになり，和魂洋才の立場をとった。

問4　〈**明六社**〉次のア・イは，明六社の一員についての説明であるが，それぞれ誰のことか。その組合せとして正しいものを，後の ① ～ ⑥ のうちから一つ選べ。

(2023・本・14)

解明POINT

▶**吉田松陰の思想**

尊王攘夷思想

● 天皇を尊崇し，外敵（夷狄）を排除しようとする政治思想。
● 草莽崛起…民衆が立ち上がることを説く。

誠

●「至誠にして動かざる者未だ之にあらざるなり」と説く。

一君万民論

● 天皇のもとで国民が一体になること。天皇を主君とする。

松下村塾

● ペリーの船に乗り込み密航を計るが，失敗し，蟄居（自宅謹慎）を命じられる。
● 故郷の山口の萩に松下村塾という私塾を開き，久坂玄瑞，高杉晋作，伊藤博文，山県有朋などの明治の指導者を育成。
● 安政の大獄に連座して刑死。

解明POINT

▶**水戸学**

● 水戸藩で『大日本史』編纂事業に関わった学派で，幕末には藤田幽谷・東湖，会沢正志斎（『新論』）らが国体論・尊王攘夷論を唱え，尊王の志士に影響を与えた。

解明POINT

▶**条理学**

● 西洋科学を学んだ**三浦梅園**が唱えた自然哲学体系である。**条理**という天地万物を存在・構成する動的な原理としての条理があり，その条理を認識するには**反観合一**（弁証法に近い考え方）でなければならないとした。

ア 封建的な一夫多妻に対して問題を提起し，夫婦平等の権利と義務を訴え，欧米を参考にした近代的な婚姻形態のルールを世に問うた。

イ 明治時代の日本の行き過ぎた西洋化に対して疑問を覚え，西洋思想を取り入れつつも，日本の伝統的な儒学に根ざした国民道徳論を世に問うた。

① ア 森有礼　　イ 加藤弘之　② ア 森有礼　　イ 西村茂樹
③ ア 加藤弘之　イ 森有礼　　④ ア 加藤弘之　イ 西村茂樹
⑤ ア 西村茂樹　イ 森有礼　　⑥ ア 西村茂樹　イ 加藤弘之

問5 〈福沢諭吉〉福沢諭吉についての説明として最も適当なものを，次の①〜④のうちから一つ選べ。　　　　　　　　　　　　　　　　　　(2017・追・27)

① 欧米諸国が勢力を拡大する情勢において，国家の独立を守ることが急務であると考えた。そのためには，国民を政府に従属させることで，国全体の統一を図る必要があると論じた。

② 人間は生まれながらに平等であるとしながらも，現実の人間には貴賤上下の差があることを認めた。このような差は生まれついてのものではなく，学問するか否かによって生じると考えた。

③ アジア全体を興隆させて，ともに西洋に対抗すべきだと一貫して主張した。そのためには，先進的な西洋文明を取り入れようとしない隣国を，文明的に進歩させる必要があると論じた。

④ 国家を発展させるためには，国民一人一人が学問を行う必要があると考えた。その学問とは，実際の生活に役立つ西洋の実学と，社会の秩序を教える儒学であるとした。

問6 〈中江兆民〉次の文章は，近代日本における「市民」の道徳について考えた人物の思想に関する説明である。文章中の　A　〜　C　に入れる語句の組合せとして正しいものを，下の①〜⑥のうちから一つ選べ。(2020・本・26)

　　幸徳秋水が師事した　A　は，『三酔人経綸問答』の中で「民主平等の制」とは「国人をして皆学に就きて君子と為るの手段を得せしめ」るものだと述べた。「君子」とは，儒教の伝統において有徳者や有徳な為政者を意味する概念である。また彼は，　B　を翻訳する際，通常は「市民」と訳される「シトワイヤン」を，「君子」の類義語である「士」と訳した。このような，「市民」とはかつての「君子」や「士」のような道徳的人間であるとする考え方の背景には，彼がフランスで学んだ，「市民の徳」を重視する　C　という思想の影響があった。

① A 片山潜　　B 『社会契約論』　C 共産主義
② A 片山潜　　B 『自由論』　　　C 共和主義
③ A 片山潜　　B 『自由論』　　　C 共産主義
④ A 中江兆民　B 『社会契約論』　C 共和主義
⑤ A 中江兆民　B 『社会契約論』　C 共産主義
⑥ A 中江兆民　B 『自由論』　　　C 共和主義

問7 〈西洋の知識の受容〉西洋の知識を積極的に取り入れた思想家についての説明として最も適当なものを，次の①〜④のうちから一つ選べ。(2018・本・25)

① 西周は，アメリカから帰国した後に，同志社英学校を創立して，キリスト教の精神に基づく教育を行った。

右段：

解明POINT

▶**明六社の人々**

明六社：明治6年に，森有礼を中心に結成した洋学者の団体。津田真道，西周，中村正直，加藤弘之など。

▶**森有礼の西周**

森有礼…『妻妾論』で男女平等，一夫一婦制を説く。

西周…philosophy を「哲学」と訳す。コントや J. S. ミルを紹介。主著『百一新論』

解明POINT

▶**福沢諭吉の思想**

福沢諭吉
― 封建制批判→**天賦人権**（自由・平等）
― **自主独立の精神**
　　→一身の独立，一国の独立
― **実学の尊重**
― 官民調和・脱亜論
　　→**富国強兵論を支持**し，**脱亜論**に立つ。脱亜入欧を説き，中国や朝鮮に対して日本の指導的立場の強調に傾いた

解明POINT

▶**中江兆民の思想**

中江兆民
― 自由・平等
　　→藩閥政治への批判
― 民権……**恩賜的民権**
　　　　　↓
　　　恢復的民権
― 憲法制定・国会開設
　　自由民権運動

解明POINT

▶**植木枝盛**

　自由民権運動を理論面で支えた思想家。主権在民や天賦人権論を主張した「東洋大日本国国憲按」を発表し，国民の抵抗権の保障を説いた。主著『民権自由論』がある。

② 植木枝盛は，ルソーの『社会契約論』を翻訳した『民約訳解』を出版し，日本の実情に即した民権のあり方を説いた。

③ 西周は，「門閥制度は親の敵」と述べ，欧米への視察旅行で得た知見をもとに，封建的な秩序や意識を批判した。

④ 植木枝盛は，西洋の民権思想をもとに主権在民の必要を説き，人民には政府の専制に対して抵抗する権利があると主張した。

問8 〈政治体制を見直した思想家〉抑圧的な政治体制を見直す活動を展開した思想家についての説明として最も適当なものを，次の①〜④のうちから一つ選べ。 (2019・追・26)

① 幸徳秋水は，偏狭な愛国心に基づいて他国を侵略する帝国主義を批判し，天皇主権を訴える一方で，民衆の意向を憲政に反映させようとした。

② 幸徳秋水は，国民の利益と幸福を増進することを目的に民本主義を唱え，主権が運用される際には，民衆の意向が尊重されるべきだとした。

③ 吉野作造は，国民の利益と幸福を増進することを目的に民本主義を唱え，主権が運用される際には，民衆の意向が尊重されるべきだとした。

④ 吉野作造は，偏狭な愛国心に基づいて他国を侵略する帝国主義を批判し，国民主権を訴えることで，民衆の意向を憲政に反映させようとした。

問9 〈近代日本のキリスト者たち〉近代日本のキリスト者についての説明として最も適当なものを，次の①〜④のうちから一つ選べ。 (2019・本・26)

① 新島襄は，『代表的日本人』を著し，中江藤樹などの優れた先人が育んできた日本の文化的土壌にこそキリスト教が根付くと主張した。

② 新渡戸稲造は，国際社会における地位向上のため，キリスト教に基づく教育を行い，日本の西欧化に尽力するとともに，脱亜論を主張した。

③ 植村正久は，『武士道』を著し，武士道道徳を基盤として，キリスト教的な人格主義教育を行うことが日本の近代化に必要だと主張した。

④ 内村鑑三は，日清戦争を正義のための戦いと捉えて肯定したが，日露戦争に際してはキリスト教に基づく非戦論を主張した。

問10 〈内村鑑三の伝道活動〉次の文章の内容の説明として最も適当なものを，下の①〜④のうちから一つ選べ。 (2018・本・27)

罪から救われた者がまだ罪に沈んでいる者を救おうとするのが伝道であり，救済である。私が救済を唱えるのは，私が完全無欠の人であるからではなく，私はかつて病を癒されたことがあるから，その快さを他人と分かち合いたいと思うからにほかならない。……私たちは世の人々を教えようとする教師ではなく，体験したことを世の人々に分かとうとする表白者である。私たちは人々を私たちのもとに導こうとする者ではなく，私たちを経由して人々を神のもとへと導こうとする者である。したがって，私たちは欠点を指摘されることを厭わない。なぜならば，私たちの欠点はかえって神の完全性を示すことになるからであり，私たちの弱さは神の強さを確認させることになるからである。

（「基督教と師弟の関係」より）

① キリスト教の伝道は，罪に沈む人々を伝道者の力で直接に救済するものではないのだから，伝道者は弱き自己が救済された体験を伝えることに徹するべきであり，神の完全性を示すことを目指すべきではない。

解明POINT

▶幸徳秋水

幸徳秋水
＊中江兆民に師事
├ 帝国主義批判
└ 非戦論（日露戦争）

解明POINT

▶吉野作造の民本主義

民本主義…天皇主権のもと，国民の利益と幸福のための政治
→大正デモクラシー
→政党政治や普通選挙法の成立

解明POINT

▶近代日本のキリスト者たち

内村鑑三
● 二つのJ(JapanとJesus)
●「武士道の上に接木されたるキリスト教」
→日本の伝統とキリスト教の一致を説く
● 無教会主義
● 日露戦争を批判して非戦論を展開
● 不敬事件により免職

新島襄
● 幕末に国禁を犯してアメリカへ密航。帰国後，仏教徒の多い京都にキリスト教精神に基づく同志社英学校を設立。
● 良心主義，自由・自治の教育を行う。
● 門下に徳富蘇峰（戦前のジャーナリスト・思想家）・徳富蘆花（『不如帰』），留岡幸助（日本の社会福祉の草分け），山室軍平（救世軍），安部磯雄（キリスト教社会主義），柏木義円（非戦を唱え，軍国主義・教育勅語を批判），海老名弾正（神道キリスト教を説く）などを輩出

② キリスト教の伝道は，伝道者が弱さを自ら克服した体験を語ることによって，人々に弱さを克服する意志をもたせるものである。したがって，伝道者のもつ弱さは，伝道を行ううえでかえって好都合ともなり得る。

③ キリスト教の伝道は，人々を神に出会わせるという重責を担っているため，伝道者は自らの弱さを自覚し，厳しい自己鍛錬によって神の強さに少しでも近づくことができるよう努めなければならない。

④ キリスト教の伝道は，人々を神に出会わせ，罪から救われる喜びを伝えるものである。その際に，伝道者のもつ弱さが人々に露わになったとしても，そのことはかえって神の強さを示すことにもなり得る。

問11 〈理想と現実〉次のア・イは，理想と現実の間で葛藤した思想家についての説明であるが，それぞれ誰のことか。その組合せとして正しいものを，後の①～⑥のうちから一つ選べ。　　　　　　　　　　　（2022・本・14）

ア キリスト教的人道主義の立場から，近代化の進展に伴い発生した社会問題に心を痛め，競争や階級のない平等な社会の実現を目指した。

イ 現実的な政治の世界に理想の実現を求めた後に，文学の世界に身を投じ，文学を通して，自己の内部生命の要求を実現することを求めた。

① ア 石川啄木　イ 安部磯雄　② ア 石川啄木　イ 北村透谷
③ ア 安部磯雄　イ 石川啄木　④ ア 安部磯雄　イ 北村透谷
⑤ ア 北村透谷　イ 石川啄木　⑥ ア 北村透谷　イ 安部磯雄

問12 〈徳富蘇峰〉日本において西洋近代思想の普及に努めた思想家の一人として，徳富蘇峰がいる。彼についての説明として最も適当なものを，次の①～④のうちから一つ選べ。　　　　　　　　　　　（2020・本・25）

① 政府主体の欧化主義を批判し，民衆主体の近代化を重視する平民主義を唱えたが，後年は国家主義の立場に転じた。

② 幸徳秋水らと共に平民社を設立し，平民主義・社会主義・平和主義を三つの柱とする『平民新聞』を創刊した。

③ 明六社で天賦人権論や立憲政治の紹介に努めたが，後年はスペンサーの社会進化論に基づいて国家主義を主張した。

④ 結婚を男女の対等な契約と捉えて一夫一婦制を主張し，後年は初代文部大臣となって学校制度の確立に尽力した。

問13 〈三宅雪嶺〉伝統的な道徳や文化の重要性を主張した人物に三宅雪嶺がいる。彼についての説明として最も適当なものを，次の①～④のうちから一つ選べ。　　　　　　　　　　　（2018・本・26）

① 天皇制国家主義の立場から教育勅語の道徳を重視し，忠と孝を国民道徳の中心に据えるべきと主張した。

② 自己の内面を見つめることの必要を説く人格主義の立場から，東西の古典を積極的に摂取する必要を呼びかけた。

③ 政府の欧化主義を批判し，日本固有の風土や文化に即して西洋文明を取捨選択すべきとする国粋主義（国粋保存主義）を唱えた。

④ 天皇の名のもとでこそ国民の平等が達成されるとしたうえで，超国家主義の立場から国家の改造を主張した。

問14 〈伝統思想を模索した思想家〉次のア・イは，近代において，日本の伝統思

植村正久
● 東京神学校の設立
● 教会の自主独立と日本人牧師の育成を推進
● 日本基督教会

新渡戸稲造
主著『武士道』（英文の著作）
● 国際連盟の事務局次長として活躍
● 「太平洋の架け橋とならん」
● キリスト教に基づく教育に尽力

解明POINT
▶ **安部磯雄**
　キリスト教的人道主義者。社会民衆党や社会大衆党の党首を歴任，戦後は日本社会党の顧問を務めた。1901年に**片山潜，幸徳秋水，木下尚江**らと社会主義政党である社会民主党を結成したが，2日後に禁止を命じられた。新島襄に心酔し，彼から洗礼を受けた。

解明POINT
▶ **平民主義**
　徳富蘇峰が主張した思想で，鹿鳴館に代表される欧化主義を批判し，普通の人民を主人公とする新しい近代化としての殖産主義・平和主義などを提示した。

解明POINT
▶ **三宅雪嶺**
　ジャーナリスト，哲学者。井上円了，杉浦重剛，志賀重昂らの支持で政教社を組織し，雑誌「日本人」を発行。陸羯南が創刊した新聞「日本」に参加し，国粋主義の立場から評論活動を展開。『真善美日本人』など多数の著書がある。

想をどのように引き受けていくかを模索した思想家についての説明であるが，それぞれ誰のことか。その組合せとして正しいものを，後の①～⑥のうちから一つ選べ。 (2022・追・13)

ア　伝統の中で育まれた「武士道」は，自身のキリスト教信仰の精神的な素地であると同時に，日本人を生かす精神でもあると述べた。

イ　天皇を中心とした国家主義の立場に立ち，不敬事件をきっかけとして，キリスト教を教育勅語の道徳に反する教説だとして攻撃した。

① ア　西村茂樹　　　　イ　井上哲次郎
② ア　西村茂樹　　　　イ　内村鑑三
③ ア　井上哲次郎　　　イ　西村茂樹
④ ア　井上哲次郎　　　イ　内村鑑三
⑤ ア　内村鑑三　　　　イ　西村茂樹
⑥ ア　内村鑑三　　　　イ　井上哲次郎

問15 〈社会主義に関わる人物〉日本の社会主義に関わりをもつ人物についての説明として適当でないものを，次の①～④のうちから一つ選べ。 (2018・追・26)

① 木下尚江はキリスト教的人道主義に基づく社会主義者であり，日本最初の社会主義政党の結成に参加した。

② 河上肇はマルクス主義に基づく社会主義者であり，資本主義に特有の問題としての貧困を論じ，『貧乏物語』を著した。

③ 石川啄木は『一握の砂』などを著した文学者であったが，大逆事件などをきっかけにして社会主義へ傾倒していった。

④ 大杉栄は中江兆民の民権論の流れをくむ社会主義者であり，『廿世紀之怪物帝国主義』を著して帝国主義を批判した。

問16 〈社会運動に関わった思想家〉次の文章は、社会運動に関わった様々な思想家についての説明である。文章中の　a　・　b　に入れる語句の組合せとして正しいものを，下の①～⑥のうちから一つ選べ。 (2019・追・25)

　北村透谷は当初，自由民権運動に参加したが，後に詩作や評論を通じて，内部生命の要求する自由や幸福を　a　において実現しようとした。また，自由民権運動に参加した岸田俊子や影山（福田）英子の活動から始まる女性解放運動は，明治末から大正期にかけて，その活動の場を文壇へと拡げていく。　b　は「元始，女性は実に太陽であった」と宣言し，女性に対して自由の自覚と精神的自立とを促すとともに，母性の尊重と保護を通じた女性解放を訴えた。

① a　実世界　　b　市川房枝　　② a　実世界　　b　木下尚江
③ a　実世界　　b　平塚らいてう　④ a　想世界　　b　市川房枝
⑤ a　想世界　　b　木下尚江　　⑥ a　想世界　　b　平塚らいてう

問17 〈近代日本の思想家〉次の文章中の　a　・　b　に入る語句の組合せとして最も適当なものを，下の①～④のうちから一つ選べ。 (2021・②・本・10)

　森鷗外は，当時の日本社会を，近代国家として発展途上にあると捉えた。その上で彼は，そうした状況下で否応なく生じる社会と自我との矛盾や葛藤を解消する方法を模索していく中で，「　a　」の思想を提示した。また，　b　は，西洋近代の芸術観を批判し，伝統と自然に支えられ，生活に密着

解明POINT
▶不敬事件と井上哲次郎
　内村鑑三が教育勅語の奉戴式に対して拝礼を拒んだ事件が不敬事件で，これをきっかけに井上哲次郎はキリスト教を非国家主義と批判した。キリスト教は日本の国体と相容れないと激しく攻撃した。

解明POINT
▶日本の社会主義の系譜
〈初期〉

キリスト教社会主義
片山潜，安部磯雄，木下尚江
自由民権運動の流れ
幸徳秋水，堺利彦

＊日本最初の社会主義政党である社会民主党が結成（1901）される
↓
大逆事件（1910）後，社会主義運動は冬の時代を迎える。石川啄木は『時代閉塞の現状』で強権的国家批判を展開

解明POINT
▶女性の活躍

平塚らいてう
●雑誌「青鞜」創刊
●「元始，女性は実に太陽であった」
●良妻賢母主義批判 →与謝野晶子との母性保護論争
市川房枝
平塚らいてうとともに新婦人会を結成し，戦後はベトナム反戦運動などで活躍した

解明POINT
▶森鷗外の立場
近代的自我と既成秩序の衝突を避けて生きる知識人の姿を描く
↓
『舞姫』

した「工芸の道」に「用の美」を見ようとする，民芸運動を主導するなどした。

① a 諦念（レジグナチオン） b 柳宗悦
② a 諦念（レジグナチオン） b 岡倉天心
③ a 自己本位 b 柳宗悦
④ a 自己本位 b 岡倉天心

問18 〈南方熊楠〉民俗学に携わった南方熊楠についての説明として最も適当なものを，次の ①〜④ のうちから一つ選べ。 (2021・①・本・15)

① フランスの民権思想の影響を受けて主権在民を主張し，自由民権運動の理論的指導者として活動した。

② 『先祖の話』を著し，歴史書に記録されない無名の人々の生活や習俗を明らかにすることを試みた。

③ 足尾鉱毒事件が起こったとき，農民の側に立って反対運動を行い，「民を殺すは国家を殺すなり」と訴え，この公害問題に生涯にわたって関わった。

④ 神社合祀（ごうし）によって神社やその境内の森林が破壊されることに反対し，鎮守の森の保護運動を推進した。

問19 〈宮沢賢治〉宮沢賢治についての説明として最も適当なものを，次の ①〜④ のうちから一つ選べ。 (2019・追・27)

① 「世界がぜんたい幸福にならないうちは個人の幸福はあり得ない」と述べ，人間を含むあらゆる生命が宇宙と一体化する境地を追求した。

② 「世界がぜんたい幸福にならないうちは個人の幸福はあり得ない」と述べ，人道主義に基づく理想の社会を目指して「新しき村」を建設した。

③ 雑誌『白樺』を創刊することで理想主義の文学を提唱し，人間を含むあらゆる生命が宇宙と一体化する境地を追求した。

④ 雑誌『白樺』を創刊することで理想主義の文学を提唱し，人道主義に基づく理想の社会を目指して「新しき村」を建設した。

問20 〈西田幾多郎Ⅰ〉「無の場所（絶対無）」を論じた西田幾多郎についての説明として最も適当なものを，次の ①〜④ のうちから一つ選べ。 (2019・本・27)

① すべての意識や実在の根底に「無の場所」を考え，「無の場所」の限定である現実の世界において，様々な事物や事象が絶対的な矛盾や対立を残したまま，統一されていると説いた。

② 西洋哲学における伝統的な二元的思考に基づいて，主観により生じる「無の場所」を否定し，現実世界においては，様々な事物や事象が絶対的な矛盾や対立を残したまま，統一されていると説いた。

③ すべての意識や実在の根底に「無の場所」を考え，「無の場所」の限定である現実の世界においては，様々な事物や事象の間にいかなる矛盾も対立も存在しないと説いた。

④ 西洋哲学における伝統的な二元的思考に基づいて，主観により生じる「無の場所」を否定し，現実世界においては，様々な事物や事象の間にいかなる矛盾も対立も存在しないと説いた。

問21 〈西田幾多郎Ⅱ〉西田幾多郎の哲学についての記述として最も適当なものを，次の ①〜④ のうちから一つ選べ。 (2023・本・15)

① 主観と客観の対立から出発し，主観の根底にあるものとしての「場所」とい

↓
運命に対する諦念（ていねん）
↓
『予が立場』
＊レジグナチオン（諦念）

解明POINT
▶日本の民俗学者

柳田国男
主著『遠野物語』『先祖の話』『海上の道』
●無名の民衆である「常民」の姿を明らかにするために，民間伝承・習俗を研究

折口信夫（歌人としては釈迢空）
主著『死者の書』『古代研究』
●日本の神の原像を，常世国（とこよのくに）から村落を訪れる「まれびと」（来訪神）にあるとした

柳宗悦
主著『民芸四十年』
●民芸運動により，無名の職人によって作られた日用品に工芸美を見いだす

南方熊楠
●在野にあって民俗学を研究
●神社合祀令に反対し，自然環境保護の先駆けといわれる

解明POINT
▶西田幾多郎の哲学

新カント派哲学 プラグマティズム ／ 仏教 儒教
↓
禅の体験
↓
純粋経験
↓
真の人格＝善
＊「純粋経験……未だ主観客観の対立もない」（『善の研究』）

う考えを打ち出し，そこから純粋な客観的世界を説明した。

② 主観と客観の対立を乗り越えるべく，主観的なものを一切含まない，純粋な客観的世界としての「場所」という考えを打ち出した。

③ 現実の世界の根源的なあり方として，絶対的に対立するものが，矛盾しつつも同一性を保つという「絶対矛盾的自己同一」を唱えた。

④ 現実の世界においては，歴史の進歩に伴い，様々な矛盾は乗り越えられると考え，その成果を「絶対矛盾的自己同一」と名付けた。

問22 〈和辻哲郎〉次の**資料**の趣旨を踏まえて，レポート中の ［ a ］ に入る記述として最も適当なものを，下の ①～④ のうちから一つ選べ。 (2021・②・本・16)

資料

　人間生活の不断の転変を貫ぬいて常住不変なるものは，古くより風習として把捉せられていた。風習は過ぎ行く生活における「きまり」「かた」であり，従って転変する生活がそれにおいて転変し行くところの秩序，すなわち人々がそこを通り行く道である。人倫における五常とはまさにこのような秩序あるいは道にほかならぬ。しかるに人間共同態は本来かくのごとき秩序にもとづくがゆえに可能なのである。

（和辻哲郎『人間の学としての倫理学』より）

レポート

　資料の中で論じられている「きまり」「かた」というのは，［ a ］ のことです。
　和辻哲郎をはじめ，近代の様々な思想家たちが，伝統的な「道」の思想に着目し続けたのは，明治期以降，日本人の生活が大きく変わったことで，生きるための指針が見えにくくなったことと深く関係しているのではないかと考えました。

① 人々の生活を貫く秩序ではあるが，道とは言えないもの

② 人倫における五常とは，どのような場合にも対立するもの

③ いかなる時代の人間とも関わりを持ってこなかったもの

④ 転変し続ける人間生活を貫いて，あり続けるもの

問23 〈近代以降の社会や思想のあり方〉次のア～ウは，近代以降の社会や思想のあり方を考察した思想家についての説明であるが，それぞれ誰のことか。その組合せとして正しいものを，下の ①～⑥ のうちから一つ選べ。 (2021・①・本・14)

ア 近代社会を担う主体性の確立を思想的課題として位置付け，伝統的な日本の思想のあり方を，様々な思想の「雑居」にすぎないと批判した。

イ 近代批評の確立を目指すとともに，明治以来，思想や理論が，その時々の流行の「意匠」として 弄（もてあそ）ばれてきたと批判した。

ウ 国家や社会組織の本質を問い直す『共同幻想論』を著すとともに，大衆の実生活に根ざす，自立の思想の確立を目指した。

① ア　小林秀雄　イ　吉本隆明　ウ　丸山真男

② ア　小林秀雄　イ　丸山真男　ウ　吉本隆明

③ ア　吉本隆明　イ　小林秀雄　ウ　丸山真男

④ ア　吉本隆明　イ　丸山真男　ウ　小林秀雄

⑤ ア　丸山真男　イ　小林秀雄　ウ　吉本隆明

⑥ ア　丸山真男　イ　吉本隆明　ウ　小林秀雄

解明POINT

▶西田哲学と禅

　西田哲学は，禅の哲学といわれるほど禅の影響を受けている。彼は学生の頃，京都の妙心寺の塔頭退蔵院で参禅した。また，彼の墓も同じ妙心寺の塔頭霊雲院にある。**純粋経験**や**絶対無**の境地は，道元の身心脱落やブッダの涅槃寂静に通じるものがある。

解明POINT

▶人間の学としての倫理学

個人的存在「人」 ⇔ 社会的存在「世の中」
↓
同時的存在
↓
弁証法的統一
↓
近代西洋の個人主義的人間観を批判
↓
間柄的存在

主体性の確立 ｜ 個人主義批判

＊「人間とは『世の中』であるとともにその世の中における『人』である。だからそれは単なる『人』ではないとともにまた単なる『社会』でもない」（『倫理学』）

解明POINT

▶吉本隆明の思想

吉本隆明

主著『共同幻想論』

●大衆の心情に着目し，国家は**共同幻想**であると説いた。1960年代後半の**大学闘争**で，新左翼の学生に大きな影響を与えた。

問1　〈罪とその償い〉スサノヲの行為として描かれた，古代日本における罪およびその償いの説明として最も適当なものを，次の ①〜④ のうちから一つ選べ。

（2016・本・20）

① アマテラスの稲田の畔を壊し，汚物をまきちらして宮殿を穢すなど，農耕や祭祀を妨害するという罪を犯したため，その償いとして，多くの物品を献じる「祓い」を科せられた。

② 天上世界の統治権をアマテラスから奪い取ろうとする反逆の罪を犯したため，その償いとして，ヤマタノヲロチの退治を命じられ，改めて統治者に忠誠を誓う「清明心」を証し立てた。

③ 母であるイザナミに会いに黄泉国に赴くが，その醜さにおののいて逃げ出し，地上世界に穢れを持ち込むという罪を犯したため，その償いとして，川で身を清める「禊」を行った。

④ 国造りを推進するうえで，草木を切り払い，鳥獣を襲うなどして，神々の宿る自然界を荒らすという罪を犯したため，その償いとして，災厄を始めとする「祟り」を引き受けた。

問2　〈日本の神について〉日本における神についての説明として最も適当なものを，次の ①〜④ のうちから一つ選べ。

（2019・追・20）

① 古代の神信仰は，形をもたずに自然のなかに宿る神を祀る，儀礼を中心とするものであった。仏教や儒教が伝来した後もそれは変わらず，近世に至るまで体系的な教義や教派が生まれることはなかった。

② 古代以来，寺院の境内に鎮守の神社を設け，仏教を守る存在として神を祀ることが行われた。後に，神道のなかには，神こそが真理の本体であり，仏は神が仮の姿をとって現れたものとみなす考え方も生まれた。

③ 近世には，外来思想の影響を排し，神の事跡に従う「惟神の道」に日本人固有のあり方を見いだす思想も生まれた。そこでは，その道に従って善悪を合理的かつ理性的に判断しながら生きることが理想とされた。

④ 現代も行われる盆行事は，天照大神など，神話に登場する神を家ごとに迎えて祀る儀礼である。これらの神は，村々において子孫を守り，あるいは豊作をもたらす「田の神」などと同一視されることもある。

問3　〈仏と神の関係〉日本における仏と神との関係についての説明として最も適当なものを，次の ①〜④ のうちから一つ選べ。

（2018・追・24）

① 蕃神とは，外国の神という意味であるが，仏教伝来当初は日本の神を指して使われた語である。

② 神宮寺とは，神前で読経するなど，神に対して仏教の儀式を行うために神社の境内に設けられた寺である。

③ 権現とは，仏が仮に神として現れることを指して，反本地垂迹説の立場から唱えられた語である。

④ 神仏分離令とは，仏教を神道から切り離し，仏教の優位を明確にするために出された法令である。

問4　〈神々への信仰と仏教〉次のア〜ウは，日本古来の神々への信仰と仏教との

解明POINT

▶日本の神々

『古事記』に登場する神々
イザナキ，イザナミ
● 「天つ神」の命令でこの国や神々を生んだ神々（国生みと神生み）。 ● この男女二神からアマテラスとスサノヲが生まれる。
アマテラス
● 伊勢神宮の皇祖神（天皇家の祖）として祀られる神であるが，コメや布など供物を捧げ，他の神をもてなす神でもある。
スサノヲ
● アマテラスの弟。荒々しい性格であったが，アマテラスのもとに訪れたとき，清明心があるとして高天原に入るのを許されたが，乱暴をはたらき，追放された。ヤマタノヲロチを退治し，出雲の統治者となる。

解明POINT

▶日本神話の世界

高天原 <small>たかまがはら</small>	天照大神を中心とする神々の世界
葦原中国 <small>あしはらのなかつくに</small>	人間が住む地上の世界
黄泉国 <small>よみのくに</small>	死後の世界

の関わりについての説明である。その正誤の組合せとして正しいものを，後の
①〜⑥のうちから一つ選べ。 （2022・追・10）

ア　日本では，様々な文化が重層的に保たれる傾向があり，伝来した仏教を受容
し，神々への信仰と併存させたのはその一例である。

イ　本地垂迹説によれば，仏や菩薩は，日本の神々が生きとし生けるものを救う
ために仮に姿を現したものである。

ウ　明治時代になると，天皇中心の国家を目指した政府が，仏教を国教にするた
めに神仏の分離を命じた。

① ア　正　イ　正　ウ　誤　　② ア　正　イ　誤　ウ　正
③ ア　正　イ　誤　ウ　誤　　④ ア　誤　イ　正　ウ　正
⑤ ア　誤　イ　正　ウ　誤　　⑥ ア　誤　イ　誤　ウ　正

問5　〈僧侶の活動〉次のア〜ウは，仏教の僧侶の活動についての説明である。そ
の正誤の組合せとして正しいものを，下の①〜⑥のうちから一つ選べ。
（2021・②・本・14）

ア　日本において臨済宗を開いた栄西は，中国の禅を日本にもたらすとともに，
『喫茶養生記』を著して，喫茶の習慣を伝えた。

イ　日本天台宗の開祖である最澄は，唐から帰国した後，広く種々の学問を学ぶ
ことのできる，庶民のための学校である綜芸種智院を設立した。

ウ　日蓮宗の開祖である日蓮は，国難について研究し，『般若経』が興隆するこ
とで，国も民も安泰となると説き，人々に「題目」を唱えることを勧めた。

① ア　正　イ　正　ウ　誤　　② ア　正　イ　誤　ウ　正
③ ア　正　イ　誤　ウ　誤　　④ ア　誤　イ　正　ウ　正
⑤ ア　誤　イ　正　ウ　誤　　⑥ ア　誤　イ　誤　ウ　正

問6　〈日本の仏教者〉次のア〜ウは，日本の仏教者についての説明である。その
正誤の組合せとして正しいものを，下の①〜⑧のうちから一つ選べ。
（2017・追・22）

ア　空海は，仏教の多様な教えを，大日如来の教えである顕教と釈迦の教えであ
る密教に分類したうえで，密教こそが人々を悟りに導く究極の教えであると主
張した。

イ　蓮如は，平易な和文で『教行信証』を著し，自力の修行ではなく，阿弥陀仏
の他力によって極楽往生を遂げるべきだと説く浄土真宗の教えを，人々に広く
浸透させた。

ウ　日蓮は，災害の多発する状況は，釈迦の究極の教えである『法華経』が軽視
されていることに起因するとして，禅や仏教を厳しく排斥し，『法華経』に帰
依すべきだと主張した。

① ア　正　イ　正　ウ　正　　② ア　正　イ　正　ウ　誤
③ ア　正　イ　誤　ウ　正　　④ ア　正　イ　誤　ウ　誤
⑤ ア　誤　イ　正　ウ　正　　⑥ ア　誤　イ　正　ウ　誤
⑦ ア　誤　イ　誤　ウ　正　　⑧ ア　誤　イ　誤　ウ　誤

問7　〈成仏について〉次の文章は，源信が成仏について論じたものである。その
内容の説明として最も適当なものを，下の①〜④のうちから一つ選べ。
（2017・追・23）

『法華経』の方便品には，「諸仏は，衆生（生き物たち）に仏の悟りを得させるために，世に出現した」とある。成仏に関する素質の違いがあって，成仏できない存在がいるという考え方もあるが，そのような存在であっても，ある者は仏の悟りを求めようとし，また，ある者は輪廻して悪い境遇に陥ることを恐れ逃れようとするだろう。そうであれば，仏が彼らを救うために世に出現しないなどということが，どうしてあり得るだろう。仏の大慈悲は虫すら見捨てることはない。それゆえ，仏の悟りを得させるというただ一事のために，仏は世に出現したと『法華経』では言われている。このことから，衆生の素質の違いに応じた様々な教えがあるにせよ，これらの教えはすべて仏の悟りを得させるための最高の教えに帰一するのだし，あらゆる衆生はその教えを受けて成仏することができると知らなければならない。 　　　　　　　（『一乗要決』より）

① 諸仏の教えは，衆生を成仏させるために説かれている。諸仏は様々な教えを説くにせよ，それらの教えを受けた衆生は，等しく最高の教えに導かれ成仏することになる。

② 衆生はいかなる者であれ，諸仏から見捨てられることはない。衆生は各自の素質に合った諸仏の教えを受けて，それぞれに異なる救いを得るべき存在である。

③ 諸仏の目的は，衆生に仏の悟りを得させることである。ただし，成仏するための素質が欠如している衆生は，諸仏に見捨てられ，輪廻して悪い境遇に陥ることになる。

④ 衆生の素質は様々であるので，誰もが仏になれるわけではない。衆生のうち，諸仏の慈悲にあずかるのは，仏になれる素質の者ではなく，仏になれない素質の者である。

問8 〈中世の念仏思想〉中世の念仏思想と**資料**の内容を踏まえて，板書中の　a　〜　c　に入る記述の組合せとして最も適当なものを，適当なものを下の ① 〜 ⑥ のうちから一つ選べ。 　　　　　　　(2023・本・11)

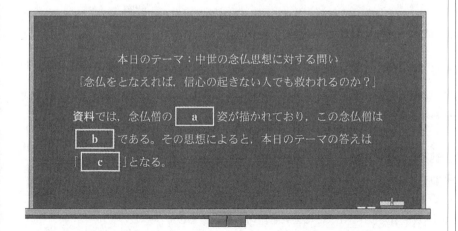

解明POINT

▶『法華経』とは

　大乗仏教を代表する経典。文学性に富んでおり，「法華」とは蓮のように正しい教えという意味である。仏とは，人物としてのブッダを超えた存在であり，人々を救済しつづけるとされる。

解明POINT

▶一遍の思想

● 法然の影響を受ける。
● 時宗の開祖。
● 信・不信，浄・不浄の区別なく，**念仏**をとなえれば**誰でも往生できる**と説いた。
● 踊りながら念仏をとなえたので，**踊念仏**とよばれた。踊念仏は歌舞伎や盆踊りに大きな影響を与えた。
● 「南無阿弥陀仏，決定往生，六十万人」と記した**名号札**を配った。六十万人というのは，一遍が生涯に掲げた教化の目標である。
● 一切を捨てて全国を教化のためにまわったので，**捨聖**，**遊行上人**ともよばれた。

資料

「南無阿弥陀仏と一声となえれば極楽往生できると信じ，南無阿弥陀仏ととなえて，この名号札*を受け取って下さい」と念仏僧が言うと，相手の僧は「その信心は起きません。札を受けたら嘘になります」と受け取らなかった。……念仏僧は「信心が起こらずともこの札を受け取りなさい」と相手の僧に名号札を押し付けてしまった。……（念仏僧は自らの行いの是非を問い熊野神社に籠もると，次のお告げを授けられた）……「お主が念仏を勧めることで，初めて全ての人間が往生できるということではない。阿弥陀仏がはるか昔に悟ったときに，全ての人間の往生は南無阿弥陀仏（の名号で成る）と決まったのだ。相手に信ずる気持ちがあろうがなかろうが，浄い状態であろうがなかろうが区別せず，名号札を配りなさい」

*名号札：「南無阿弥陀仏」と書かれた札

① a 南無阿弥陀仏と一声となえるだけで往生が決定すると説く
　 b 法然
　 c 往生の可否は信心と無関係なのだから，信心の起きない人でも念仏をとなえれば救われる

② a 南無阿弥陀仏と書かれた名号札の力を一心に信じている
　 b 法然
　 c 信心の有無こそが往生の可否を決定するのだから，信心の起きない人が念仏をとなえても救われない

③ a 阿弥陀仏や極楽を心に思い描いて念仏する
　 b 法然
　 c 往生の可否は心の純粋さに関係があるのだから，純粋な信心によって念仏をとなえてこそ救われる

④ a 南無阿弥陀仏と一声となえるだけで往生が決定すると説く
　 b 一遍
　 c 往生の可否は信心と無関係なのだから，信心の起きない人でも念仏をとなえれば救われる

⑤ a 南無阿弥陀仏と書かれた名号札の力を一心に信じている
　 b 一遍
　 c 信心の有無こそが往生の可否を決定するのだから，信心の起きない人が念仏をとなえても救われない

⑥ a 阿弥陀仏や極楽を心に思い描いて念仏する
　 b 一遍
　 c 往生の可否は心の純粋さに関係があるのだから，純粋な信心によって念仏をとなえてこそ救われる

問9 〈武士のあり方〉次の文章は，中世から近世における武士の心のあり方についての説明である。文章中の　a　・　b　に入れる語句の組合せとして正しいものを，下の ①～⑥ のうちから一つ選べ。 (2019・本・22)

中世の武士たちは，戦いで勝つために強さを求め，見る者の心を動かすような武勇をその理想とした。仏教的世界観からこの世を　a　であるとみなしつつも，彼らは，自己の武勇が「名」として後世に語り継がれることを信じた。

解明POINT

▶武士道（武家社会の慣習）

●中世…名と恥に支えられ，「もののふの道」「兵の道」「弓矢取る身の習い」と呼ばれ，死の覚悟とともに，無常観が漂っていた。

●江戸時代…殉死の習慣から主君に忠誠を尽くすことが重視された（山本常朝の『葉隠』）。一方，儒学の影響から，武士がその責任を果たすことができないならば，人倫を乱す「遊民」にすきないとする山鹿素行の士道が展開された→武士は三民（農工商）の道徳的指導者でなければならないとされた。

戦いの絶えた近世には，代々受け継いだ家職において，主君への奉公を全うすることが武士たちの目的と考えられるようになった。　b　で語られる「武士道と云ふ（いう）は，死ぬことと見つけたり」という言葉は，生への執着を離れて，奉公に一途（いちず）に徹した見事な生涯を貫こうとする覚悟を表したものである。

① a 無 常　　b 『自然真営道』　② a 無 常　　b 『葉隠』
③ a 無 常　　b 『翁問答』　　④ a 浄 土　　b 『自然真営道』
⑤ a 浄 土　　b 「葉隠』　　　⑥ a 浄 土　　b 『翁問答』

問10 〈藤原惺窩の主君のあり方〉次の文章は，近世に儒学を学んだ藤原惺窩が主君の心のあり方について解説したものである。その内容の説明として最も適当なものを，下の ① ～ ④ のうちから一つ選べ。　　　　　　　　　(2019・本・24)

　　主君の命令や法度が，よく守られるか，それとも守られないかは，主君の行動が正しいか，正しくないかということにかかっている。主君の心が真実で偽りがなく，道理を明らかにしようと思っているならば，それは正しい行動として外に表れる。そうであれば，主君がわざわざ口で命令や法度を言わなくても，自然に周囲は皆，恥じ畏れて，主君の心のままに従うものである。一方，主君の心に偽りがあるならば，主君が口で正しいことを命令し，厳しく法度を定めても，周囲はうわべでは畏れて従うふりをするが，心の底ではそれを受け入れないので，結局，命令は守られないものである。　　　　　(『寸鉄録』より)

① 主君が偽りのない心で道理を明らかにしようとすれば，主君の行動は正しいものとなる。周囲は，主君の正しい行動を見て感化を受け，たとえ口で言われなくても，心服して自然に主君の命令を守ろうとする。

② 主君の心に偽りがあるならば，その行動は正しいものとはならない。周囲は，主君の行動が正しいかどうかにかかわらず，主君が口で正しいことを命令したときにだけ，その命令を守ろうとする。

③ 主君の命令を周囲が守るのは，その命令の内容が正しいものだからである。周囲は，主君の命令が道理に合っていると思えば，たとえ主君の心に偽りがあっても，その命令を守ろうとする。

④ 主君の心が真実であっても，それが正しい行動として表れるとは限らない。周囲は，主君の行動が正しいかどうかにかかわらず，主君の心に偽りがなければ，心服して自然に主君の命令を守ろうとする。

問11 〈荻生徂徠の朱子学批判〉次の文章は，荻生徂徠が朱子学の経書解釈について言及した一節である。ここに説かれた内容の説明として最も適当なものを，下の ① ～ ④ のうちから一つ選べ。　　　　　　　　　(2017・本・24)

　　経学のための害は，古言を失ひ候（そうろうゆえ）故，経書の文面違ひ（たが）申し候。理気天理人欲等の付添（つきそえ）これ有り候故，聖人の道に一層の皮膜を隔て候。惣体*宋儒**の学（そうたい）は，古聖人の書を文面のままに解したる物にてはこれ無く候。程子朱子何れも聡明特達の人にて，古聖人の書をはなれて別に自分の見識これ有り，その見識にて経書を捌き（さば）申されたる物に候……（朱子学の経書解釈に凝り固まった）人は，是非邪正の差別つよく成り行き，物毎（ごと）にすみよりすみまで，はきと***致したる事を好み，……風雅文才ののびやかなる事は嫌ひに成り行き，人柄悪しく成り申し候こと，世上ともに多く御座候。　　　(『徂徠先生答問書』より)

*惣体：総じて

＊＊＊はきと：はっきりと

① 朱子学では，古代の語義を尊重しつつ，意味の通じない部分を恣意的に解釈するため，経書の真意を見失う。こうした経書解釈は人格の涵養にも影響し，朱子学を学ぶと独善的な性格になる。

② 朱子学では，古代の語義よりも，自分の考えを重んじて解釈するため，経書の真意を見失う。こうした経書解釈は人格の涵養にも影響し，朱子学を学ぶと細かな道理にこだわり，偏狭な人間になる。

③ 朱子学では，経書の真意と自分の考えとを比較しながら妥当な解釈を選択する。こうした態度を突きつめていくと，ささいな語義にこだわり，物事を画一的に捉える性向を助長することになる。

④ 朱子学では，自分の考えを付け加えて経書の真意を捉えようとする。こうした態度を突きつめていくと，是非善悪の区別を無視し，自分勝手に振る舞う性向を助長することになる。

問12 〈平田篤胤の幸福論〉次の文章は，平田篤胤が，人々を守り導く神である大国主命と，災いや不吉な出来事をもたらす妖神との関係に即して，幸福について述べたものである。その内容の説明として最も適当なものを，下の ①〜④ のうちから一つ選べ。 (2019・追・24)

　　大国主命は，「現世では有徳の者となり，死後は霊妙な神になれよ」という気持ちで，人々を励まし導こうと考え，善人にはわざとつれなく振る舞い，妖神に苦しめられていても救わない。これは，善人が災難に遭ってもその志を変えないかどうかを試すとともに，善人が犯した過ちを罰しているのだ。徳のある行いを心がける者も，些細な罪は必ず犯すからである。一方，妖神どもが凡人を唆して悪行を勧め，仮初の幸福を与えるのを，大国主命は何もせずに見ている。これは，凡人であっても，わずかな善行さえ行わない者はいないので，その行いに報いるとともに，仮初の幸福を与えられた凡人が，ますます驕りたかぶるかどうかを確かめているのである。これこそ大国主命が，人々を真の徳行に誘い，真の幸福を獲得させるための教えなのだ。 (『古史伝』より)

① 大国主命は，善人が犯した罪については，どんなに些細なものであっても厳しく処罰するが，善人でない者の犯した罪については目をつぶり，仮初の幸福を与えることで，まずは妖神たちに唆されないよう配慮する。

② 大国主命は，善人を真の幸福へと導くことができるものの，善人でない者を導くことはできない。そのため，善人でない者には大国主命の代わりに妖神が，その資質に合った手段で励まし，最終的に真の幸福へと導いていく。

③ 大国主命は，善人にはあえて救いの手を差し伸べず，逆境に自力で対処する様子を見守ることによって，また，妖神に唆される者にはわずかな善行にも報いつつ，その人間性を見極めたうえで，最終的に真の幸福へと導く。

④ 大国主命は，有徳の者や霊妙な神になることが決定している善人には，あえて救いの手を差し伸べない。一方，妖神に唆される者には，わずかな善行にも報いることで自信をもたせ，徳のある行いを自力でできるよう導く。

問13 〈西田幾多郎と親鸞〉次のノートは，自己を深く見つめた哲学者の西田幾多郎と，その西田が深く共鳴した親鸞の思想に関心を持った生徒が作成したもの

解明POINT

▶国学者の死の受け止め方

本居宣長
● 悲しい出来事
● 黄泉国に行く
● 善悪や貴賤に関係なく，誰もが行く

平田篤胤
● 霊魂は神になる
● 幽冥界は誰にも見えないが，神となってこの世の人を見守ってくれる
● 大国主命による賞罰がある

解明POINT

▶平田篤胤の思想

復古神道
天照大神の系譜にある天皇が統治する古代の道（天皇中心主義）を説く

幽冥界について
人間が生きている世界である顕世の内に，死後の幽冥の世界があるとし，また，この世は人の善悪をみる仮の世であるとする

である。西田幾多郎や親鸞について説明した記述として**適当でないもの**を，ノート中の下線部 ① 〜 ④ のうちから一つ選べ。 (2022・本・15)

▶西田哲学

西田幾多郎
西洋的主客対立の否定
↓
純粋経験
主客未分　　知情意未分
↓
人格の実現＝善

> ### ノート
>
> 　西田幾多郎は，あるべき自己のあり方を，世界や存在の真のありようという観点から考えました。『善の研究』の中で，①西田は，例えば美しい音楽に心を奪われて我を忘れるような主客未分の体験に注目し，これを純粋経験と呼びました。また，②西田は，純粋な知の働きによって「真の実在」を認識し，自らのあり方を反省することで，「真の自己」が実現されると考えました。彼の思索には，自己の理想的なあり方を真摯に見つめた姿勢が感じられます。
>
> 　さて，西田というと，坐禅に打ち込みつつ自分自身の哲学を築き上げたことで知られていますが，西田は，親鸞にも深く共鳴していました。③親鸞は，自己の内面に捨て去ることのできない煩悩があることを見つめて，自分は煩悩を捨て切れない悪人だと自覚することを重視しました。また，④自然法爾という考え方を示した親鸞は，悟りを求めようとする自力を捨てて，阿弥陀仏のはたらきに身を委ねるあり方を説きました。ここには，現実の自己のあり方を厳しく見つめ，理想を探し求めた姿勢が感じられます。
>
> 　二人の生きた時代は異なりますが，このような両者の思想は，理想を探し求めることで現実の自己を問い直し，そこから新たな現実を開くことができるのだと，私たちに教えてくれます。

▶親鸞の自然法爾
　「自」はおのずから，「然」はそのようにさせる，「法爾」は如来のお誓いであるから，そのようにさせること。

問 14 〈**西田幾多郎**〉次の文章は，自らも子を亡くした西田幾多郎が，同じく子を亡くした友人に宛てて書いたものである。その内容の説明として最も適当なものを，下の ① 〜 ④ のうちから一つ選べ。 (2020・追・27)

　いかなる人も我が子の死というごときことに対しては，種々の迷いを起こさぬものはなかろう。あれをしたらばよかった，これをしたらよかったなど，思うて返らぬことながら 徒（いたず）らなる後悔の念に心を悩ますのである。しかし何事も運命と諦めるよりほかはない。運命は外から働くばかりでなく内からも働く。我々の過失の背後には，不可思議の力が支配しているようである，後悔の念の起こるのは自己の力を信じすぎるからである。我々はかかる場合において，深く己の無力なるを知り，己を棄（す）てて絶大の力に帰依する時，後悔の念は転じて懺悔（ざんげ）の念となり，心は重荷を卸（おろ）したごとく，自ら救い，また死者に詫（わ）びることができる。 (『思索と体験』より)

① 　我が子を救えなかった後悔に，心を痛め続けていても仕方がない。むしろ，心の傷を癒やすために自ら様々な努力や工夫をし，自分に間違いはなかったと自信を取り戻すことが，かえって死者に対しての詫びとなる。

② 　我が子を亡くしたというようなときに後悔し続けてしまうのは，自分の気の持ちようで運命も思いどおりに変えられることを知らないからである。己の力を信じれば，何事をも諦める必要はなくなる。

③ 　死んだ我が子に対し己の無力を詫びるのは，親の自然な情念である。しかし，自分はあのときどうすべきだったのか徹底的に反省し，己をより高めていこうとすることこそが，子に対する真の懺悔となる。

④ 　我が子の死というような事態が起こったときに後悔の念にさいなまれるのは，自分の力を信じ過ぎでいることの 証（あかし）である。そのような自信を捨て，大いなる力を信じることが，自己を救うことにもなる。

問15 〈夏目漱石と和辻哲郎〉夏目漱石または和辻哲郎の思想について説明した記述として適当でないものを，次のレポート中の下線部 ① ～ ④ のうちから一つ選べ。 (2023・追・12)

レポート

　日本では，近代以降，個としての自立を模索する様々な思想運動が登場した。それはある意味で，古い縁を乗り越えて，個人としての新たな生き方を探求していく試みと言うことができると思う。

　例えば，人とのつながりの中で，いかに生きるかを考えた人物に，夏目漱石がいる。① 夏目漱石は，エゴイズムに囚われた人間を描くことを通じて，自己ではなく他者を優先する高次の社会的関わりを追い求めた。また，② 晩年になって夏目漱石は，自我への執着を捨て去り，自然のままに生きる則天去私の境地を求めた。

　一方，西洋思想に由来する個人主義を批判したのが和辻哲郎である。人は孤立して存在するのではなく，人と人との関係において生きているがゆえに，和辻哲郎は共同体に注目した。③ 和辻哲郎によると，日本人には自然に対して受容的・忍従的な特質が見られる。また，④ 和辻哲郎は，『風土』の中で，日本の風土はモンスーン型，砂漠型，牧場型という三つの類型のうち，モンスーン型に属すると述べた。

　　……

　両者の思想は対立するように思えたが，しかし彼らの著作をよく読んでみれば，どちらにおいても個人はあくまで他者や自然との関わりの中での個人であるように思われた。このように見てきたとき，近代の人たちは，個の確立を目指しつつも，世界における新たなつながりのあり方を模索したと言えるのかもしれない。

問16 〈和辻哲郎〉次の文章は，和辻哲郎がヨーロッパ留学を終え，日本の伝統に注目しつつ，西洋思想と向き合う中で，人間をどのような存在として捉えていたのかを示すものである。この文章から読み取れる和辻の人間観と共通する観点を含む見方として最も適当なものを，下の ① ～ ④ のうちから一つ選べ。 (2018・プレ・22)

　倫理学を「人間」の学として規定しようとする試みの第一の意義は，倫理を単に個人意識の問題とする近世の誤 謬 から脱却することである。この誤謬は近世の個人主義的人間観に基づいている。（中略）個人主義は，人間存在の一つの契機に過ぎない個人を取って人間全体に代わらせようとした。この抽象性があらゆる誤謬のもととなるのである。

（和辻哲郎『倫理学』より）

---

① 個的な人間存在はロゴスによる実践を行う者であり，人と動物や植物とを分けるのは，まさにロゴスに基づく卓越性としての道徳であるという見方。

② 人は生産によって特徴づけられ，生産は初めから社会的であるのだから，孤立的存在としての人がある発展段階において社会を作るのではなく，人が人になったときすでに社会的であるという見方。

③ 実践哲学の中心には善意志があるとし，自分の行為の原則が常に普遍性を持つように行為せよとする定言命法に従って自己の意志の自律をはかるという見方。

解明POINT

▶ 夏目漱石の思想

夏目漱石
↓
日本の**外発的開化**を批判
↓　　西洋の内発的開化
個人の確立が必要
↓
倫理的自我の追求
┣ 自己本位
┃　→個人主義の根幹
┃　　　↓
┃　個性の自覚と尊重
┗ 則天去私 の境地
　→我執を捨てる

解明POINT

▶ 和辻倫理学

解明POINT

▶ 和辻哲郎の人間存在

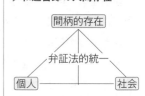

「倫理問題の場所は，孤立的個人の意識ではなく，人と人との間柄にある」と述べ，日本の共同体的な倫理を試みた。

④　人は自然状態においては互いに連絡を持たないアトムであって，しかもそれぞれが欲望を持つために闘争は必然であるとし，闘争による害悪を避けるために外的な全体性として国家が形成されるという見方。

問17　〈理想の捉え方〉資料を踏まえて交わされたCとDの会話を読み，会話中の　a　に入る記述として最も適当なものを，後の ①〜④ のうちから一つ選べ。　　　　　　　　　　　　　　　　　　　　　　　　（2022・本・16）

> **資料**
>
> 　理想の理想たる所以は，それが常に現実の上にかかる力として，現実を高め浄むる力として，現実を指導して行くところにある。ゆえに理想が理想たるかぎりはそれは現実と矛盾する。理想は現実を歩一歩*に浄化してこれをおのれに近接せしめながら，しかも常に現実と一歩の間隔を保って行く。……理想は何物かを否定する，何物をも否定せざる理想は理想ではない。もとよりここにいう否定とは存在を絶滅することにあらずして，存在の意義を，存在の原理を更新することである。
>
> 　　　　　　　　　　　　　　　（阿部次郎『三太郎の日記』より）
>
> ＊歩一歩：一歩ずつ

C：理想って，実現できない彼方のものだと思ってたけど，**資料**に「現実の上にかかる力」とあるように，現実に働きかけてくるものなんだね。

D：でもさ，理想が現実を浄化するって，どういうことだろう？

C：それは，理想が　a　ということだと思うよ。

D：なるほど…。「理想」という言葉の捉え方が豊かになった気がするよ。理想について考えることで，私も現実の自分を見つめ直すことができそう。

①　今ある現実を無条件に肯定することで，日常の苦しみを解消してくれる

②　いつでも現実と齟齬なく合致して，今ある現実の意義を保証してくれる

③　現実のありようを一方的に否定して，現実そのものを消し去ろうとする

④　現実と理想の隔たりを浮かび上がらせ，現実を向上させる原動力となる

問18　〈近代以降の思想家〉自己や，社会に生きる人々の有り様をめぐって様々に思索した，近代以降の思想家の説明として最も適当なものを，次の ①〜④ のうちから一つ選べ。　　　　　　　　　　　　　　　　　　（2015・本・27）

①　西田幾多郎は，主観と客観を対立的に捉える哲学的立場を批判し，思索や反省以前の純粋経験を考究の出発点として，主観のみが確かであることを立証する『善の研究』を著した。

②　柳宗悦は，朝鮮陶磁器と出会ったことで，名のある芸術家が器や布などの日用品を作ることの素晴らしさに気づき，生活そのものを美的にすることを目指す民芸運動の推進者となった。

③　柳田国男は，共同体に生きる無名の人々を常民と呼び，文学に残されない生活様式や祭り，伝承，あるいは祖霊信仰のなかから，彼らの思想を掘り起こそうとする民俗学を確立した。

④　丸山真男は，新旧を問わず様々な考え方が雑居する日本の思想状況を批判し，文学や芸術に表現された直観を，哲学的思索によってつかみ直そうとする近代批評という分野を確立した。

解明POINT

▶阿部次郎『三太郎の日記』
　阿部次郎は大正時代の**教養主義**を代表する思想家。夏目漱石の門下生。自己の人格の完成をめざす**人格主義**を唱えた。
　『三太郎の日記』は**理想主義的**な随筆・評論集で明治・大正期の青春の必読書とされた。

解明POINT

▶丸山真男の思想

丸山真男

- 日本の軍国支配者が「既成事実への屈服」と「権限への逃避」によって主体的な政治責任を自覚していなかったことを指摘，それを「**無責任の体系**」とよび，批判した
- 日本思想の**古層**に流れる歴史意識を「**つぎつぎになりゆくいきほひ**」と指摘し，非主体的な歴史意識を批判
- 日本社会と文化について共通の基盤をもたない雑居状態のタコツボ型とし，ヨーロッパ社会と文化をササラ型として対置した。

1 環境・生命の倫理

■整理・要約

1 環境思想

環境倫理	環境倫理学の３つの主張
	①**地球全体主義**…地球の有限性の観点から環境問題を考える。生態系としての地球
	②**世代間倫理**…現在の世代は未来の世代に対して責任を持つ
	③**自然の生存権**…自然にも人間と同様の生存権がある。人間中心主義の転換
持続可能な開発	国連環境開発会議（1992 年）の基本理念。現在の世代が将来の利益を損なわない範囲で開発を行うこと。**世代間倫理**に通じる考え
「地球的規模で考え，足元から行動を」	"think globally, act locally" 環境問題を地球的規模で考え，行動は足元の身近な問題から取り組むことを提起。
水俣学の提唱	公害・環境問題を環境倫理的な側面からでなく，政治・経済・法律・自然科学・思想など総合な側面から，実践していこうとする学問体系

2 環境思想家

レオポルド	アメリカ 生態学者	●環境倫理学の父とよばれる。**土地の倫理**を掲げる。人間を土地（生態系）という共同体の征服者ではなく，一構成員と見る
カーソン	アメリカ 海洋生物学者	●主著『**沈黙の春**』。DDT などの農薬の大量散布が生態系や生物の死滅をもたらすと警告
ボールディング	アメリカ 経済学者	●「**宇宙船地球号**」の概念の提起 ●資源の有限性と地球規模で考えることの重要性を指摘
ハーディン	アメリカ 人類学者	●「**共有地の悲劇**」，有限な環境下で，各人が個別的利益を追求するとやがては全員が破滅的な損失をこうむる
ハンス゠ヨナス	ドイツ 哲学者	●現在の世代の活動が，未来の世代に影響を及ぼすので，**現代の人間は未来の人間に対して，一方的な責任を負う**。世代間倫理
ピーター゠シンガー	オーストラリア 生命倫理学者	●主著『**動物の解放**』。人間は動物よりも優れているという種差別をなくし，動物の解放を求める

3 バイオテクノロジー（生命工学）の発達

生殖革命…生殖技術の発達による	
●人工授精	●人為的に精子を入れる
●体外受精	●試験管ベビー（1978 年）
●代理出産（ホスト－マザー）	●夫婦の受精卵を第三者の女性に移植→出産
●代理母・代理妻（サロゲート－マザー）	●第三者の女性の提供した卵子と夫の精子を使って人工授精→出産
出産に関する診断	
●出生前診断	●妊娠中の診断
●着床前診断	●**受精卵診断**
●遺伝子診断	●遺伝子を診断

4 バイオエシックス（生命倫理）

終末期医療（ターミナル－ケア）	
●**尊厳死**（消極的安楽死）	●生命維持装置等の延命措置を拒否 ●**リヴィング－ウィル**（生前遺言） ●**QOL**（生命の質）を重視
●**安楽死**	●苦痛を避けるために，患者の意思に基づき医者が患者の命を絶つ
●ケアの倫理（ギリガン）	●**ホスピス**（末期患者の為の施設） **キュア**（治療）から**ケア**（看護）へ
パターナリズムからインフォームド－コンセント重視へ	
●**パターナリズム**…医者中心の医療 ●**インフォームド－コンセント**…患者への十分な説明と同意による医療，患者中心の医療 ●**セカンドオピニオン**…担当医以外にも相談	

遺伝子工学の発達

- **ヒトゲノムの解析**…ヒトの全遺伝情報（DNA の塩基配列）の解読完了（2003 年）
- **遺伝子治療**…難病治療への期待
- **遺伝子組み換え作物**…日本では JAS 法などで**表示**が義務づけられている
- **クローン技術**…世界最初のクローン羊ドリー

再生医療

- **ES 細胞（万能細胞，胚性幹細胞）**…受精卵を壊すという倫理的問題，拒絶反応の問題を抱える
- **iPS 細胞（人工多能性幹細胞）**…皮膚細胞から山中伸弥教授が作製。ES 細胞の課題を克服

臓器移植

- **臓器移植法**により，臓器移植のために臓器を摘出する場合に限り，**脳死を人間の死**と規定
- 欧米で臓器移植が進んだ背景には，**物心二元論の身体観・死生観**がある

生命の質（QOL）か，生命の尊厳（SOL）か

- **生命の質（QOL）**…生命そのものよりも生命・生活の質を重視。患者の自己決定権を尊重
- **生命の尊厳（SOL）**…生命の価値は絶対的。自己決定権よりも生命の価値を重視

リプロダクティブ−ヘルス／ライツ（性と生殖に関する健康と権利）

- 妊娠，妊娠中絶，受胎調節などは女性に自己決定権がある。国際人口開発会議（カイロ会議）で採択

優生思想や資源化・商品化への批判

- 「優秀」な子孫のみを残そうとする優生思想を伴うと「命の選別」を生む危険性がある
- **人体の資源化・商品化**…物心二元論と資本主義とが結びつくことにより進行する危険性

●●● 演習問題

問1 〈環境問題・環境思想〉環境に関わる問題や思想についての記述として最も適当なものを，次の ①〜④ のうちから一つ選べ。　(2018・本・6)

① 人間中心主義を見直し，自然にもそれ自体の価値を認めようという考え方から，自然の生存権が主張されるようになった。

② 20 世紀半ば以降に生じた急激な地球温暖化は，フロンガスなどによるオゾン層の破壊を主たる原因としている。

③ 有限な環境で自由な利益追求を認めると全員の損害になるので，その予防のために自由を制限すべきだとする，予防原則の考え方が登場した。

④ 原子力エネルギーの利用によって発生する放射性物質は，酸性雨を引き起こす主たる原因である。

問2 〈環境問題〉次のア〜ウは環境問題への取組に関する説明である。その正誤の組合せとして正しいものを，下の ①〜⑧ のうちから一つ選べ。(2014・本・7)

ア　1997 年に開かれた地球温暖化防止京都会議では，京都議定書が締結され，先進国だけに温室効果ガスの排出量削減目標が定められた。

イ　アメリカの海洋生物学者カーソンは，『奪われし未来』のなかで，農薬など有害な化学物質の大量使用が，生態系の破壊につながると警鐘を鳴らした。

ウ　1992 年に開催された地球サミットでは，宇宙船地球号という考え方によって，地球環境の持続性を損なわない範囲内での経済開発が提唱された。

① ア 正 イ 正 ウ 正　　② ア 正 イ 正 ウ 誤

③ ア 正 イ 誤 ウ 正　　④ ア 正 イ 誤 ウ 誤

⑤ ア 誤 イ 正 ウ 正　　⑥ ア 誤 イ 正 ウ 誤

⑦ ア 誤 イ 誤 ウ 正　　⑧ ア 誤 イ 誤 ウ 誤

問3 〈環境破壊・貧困・紛争〉環境破壊・貧困・紛争などの問題は，一つの国家だけではなく，世界全体で取り組まなくてはならない課題である。こうした問

解明 POINT

▶地球環境問題と国連の国際会議

国連人間環境会議（1972年）

- ストックホルムで開催
- 「かけがえのない地球」
- UNEP（国連環境計画）の設置
- 南北間の意見の対立

↓

国連環境開発会議（1992年）

- リオデジャネイロで開催
- 「持続可能な開発」が基本理念
- 「リオ宣言（予防原則）」「アジェンダ 21」
- 地球温暖化防止条約（気候変動枠組条約）
→地球温暖化防止京都会議と「京都議定書」（1997 年）
- 生物多様性条約

↓

環境開発サミット（2002年）

- ヨハネスブルクで開催

↓

国連持続可能な開発会議（2012年）

- リオデジャネイロで開催

題と，その対応についての記述として最も適当なものを，次の ① 〜 ④ のうちから一つ選べ。 (2015・本・1)

① 地球環境問題に対応するため，1992 年の地球サミットでは，「持続可能な開発」という理念が共有され，「リオ宣言」が採択された。

② テロリズムへの対応で重要なのは，エスノセントリズムを支持しつつ，テロ行為の歴史的・文化的背景を理解することである。

③ 非人道的兵器である地雷の廃絶を訴える国際世論の高まりを受けて，アメリカや中国を中心に，1997 年に対人地雷禁止条約が結ばれた。

④ 女性の地位向上を目指し，国際人口・開発会議では，雇用機会均等を確立するために，リプロダクティヴ・ヘルス／ライツを宣言した。

問4 〈**現在世代と将来世代**〉 現在世代と将来世代とのあるべき関係についての説明として最も適当なものを，次の ① 〜 ④ のうちから一つ選べ。 (2017・本・7)

① 持続可能な開発（発展）という理念によれば，現在世代の人々は自分たちの欲求の充足をできるだけ抑制し，将来にわたって高い経済成長率が確実に維持されるよう努めなければならない。

② 持続可能な開発（発展）という理念によれば，将来世代の人々の享受すべき利益を損なうことなく，しかも現在世代の人々の欲求をも充足させるような開発が目指されなければならない。

③ 世代間倫理という考え方によれば，現在世代の活動とまだ生まれていない将来世代の活動とは互いに密接に絡み合っているので，両世代の人々は相互に責任や義務を負わなければならない。

④ 世代間倫理という考え方によれば，現在世代はまだ生まれていない将来世代に対して責任を負う必要はなく，自分の世代の問題については同世代の人々の間で責任を分担しなければならない。

問5 〈**生殖技術**〉 生殖技術をめぐる状況の記述として最も適当なものを，次の ① 〜 ④ のうちから一つ選べ。 (2019・本・2)

① 着床前診断を用いることにより，受精卵が胎児に成長した段階で，胎児の遺伝子や染色体に異常がないかどうかを検査することができるが，親が望まない子の出産を控えるなど，命の選別をもたらす，という批判がある。

② 親の望む遺伝子を組み込んだデザイナー・ベビーをもうけることが日本でも法的に認められ，実際にそうした子どもが誕生しているが，子どもを親の願望を実現するための道具にしてよいのか，という批判がある。

③ 代理出産（代理懐胎）には複数の方法があるが，どの方法を用いても，代理母が生まれてくる子どもの遺伝上の母親となるため，代理出産を依頼した夫婦との間で子どもの親権をめぐる争いが発生する場合がある。

④ 第三者の男性が提供した精子を用いて人工授精を行うことにより，女性が単独で子どもをもうけることも可能となっているが，将来子どもに，遺伝上の父親についての情報を知らせるかどうかが問題となる場合がある。

問6 〈**臓器移植法**〉 次のア〜ウの事例は日本の臓器移植法（1997 年成立，2009年改正）でどう扱われるだろうか。ア〜ウの事例を A 〜 D に分類した場合の組合せとして正しいものを，下の ① 〜 ⑨ のうちから一つ選べ。 (2012・本・33)

ア E さんは，脳死状態になった場合には心臓を提供したいという意思表示を口

解明POINT

▶さまざまな「自然」

Nature
● 自然の自然権
● 目的論的自然観・機械論的自然観・生命論的自然観
● 古代ギリシアの自然哲学

日本と西洋の自然観
日本では自然との融合や一体化がめざされ，西洋では自然を支配するものとして対象化する。

ストア派の自然
「自然に従って生きよ」自然とは理性のこと。

無為自然
老子。人為を避け，ありのままに生きること。

自然権・自然法思想
● 自然権…生まれながらに与えられた権利
● 自然法…いつでもどこにでもあてはまる法

自然法爾
親鸞。絶対他力の思想。すべてを阿弥陀仏のはからいに委ねてあるがままにふるまうこと。

自然世
安藤昌益。すべての人々が耕す，万人直耕の理想の社会。法世を批判。

解明POINT

▶クローン技術の規制

「ヒトゲノムと人権に関する世界宣言」（1997 年　ユネスコ総会）

「ヒトクローン全面禁止宣言」（2005 年　国連総会）
● クローン胚の作成・利用をふくめ，すべてのクローニングを禁止。

「ヒトクローン技術規制法」（2000 年　日本）
● クローン胚の作成は認めるが，子宮への移植は禁止。ヒトの ES 細胞の作成・使用は条件付きで許可。

頭でしていた。Eさんが14歳で脳死状態になったとき，両親はEさんの心臓の提供を病院に申し出た。

イ　Fさんは，脳死状態になった場合には肝臓を提供することをドナーカード（臓器提供意思表示カード）に記していた。Fさんが15歳で脳死状態になったとき，両親はFさんの肝臓の提供を病院に申し出た。

ウ　Gさんは，脳死状態になった場合には心臓と肝臓の提供を拒否することをドナーカードに記していた。Gさんが16歳で脳死状態になったとき，両親はGさんの心臓と肝臓の提供を病院に申し出た。

A　改正前の臓器移植法でも改正後の臓器移植法でも提供が認められる。

B　改正前の臓器移植法でも改正後の臓器移植法でも提供が認められない。

C　改正前の臓器移植法では提供が認められないが，改正後は認められる。

D　改正前の臓器移植法では提供が認められるが，改正後は認められない。

① ア－A　イ－B　ウ－C　　② ア－A　イ－C　ウ－B

③ ア－A　イ－C　ウ－D　　④ ア－B　イ－A　ウ－C

⑤ ア－B　イ－A　ウ－D　　⑥ ア－B　イ－C　ウ－A

⑦ ア－C　イ－A　ウ－B　　⑧ ア－C　イ－A　ウ－D

⑨ ア－C　イ－B　ウ－A

問7　〈SOLとQOL〉生命の価値についてSOL(Sanctity of Life)とQOL(Quality of Life)という考え方がある。SOLとQOLに関する記述として最も適当なものを，次の①～④のうちから一つ選べ。　　（2017・本・1）

① SOLを重視する立場によれば，人間の生命には質的な差異はなく，いかなる人間の生命も絶対的に尊重されなければならないので，重篤な患者であっても安楽死や尊厳死は認められない。

② QOLを重視する立場によれば，生命の質が何より尊重されるべきであるので，医師は，患者自身の意向に左右されずにパターナリズムに 則 (のっと)って治療にあたらなければならない。

③ SOLを重視する立場によれば，延命治療に関して患者が事前に表明した意思（リヴィング・ウィル）が尊重されるべきであり，医師はそうした患者の意向に従わなければならない。

④ QOLを重視する立場によれば，各人の生命には絶対的な尊厳が認められねばならないので，生命の価値に優劣の差は存在せず，生命の価値を定めるのは当の個人でなければならない。

問8　〈先端医療技術〉先端医療技術についての説明として適当でないものを，次の①～④のうちから一つ選べ。　　（2021・②・本・28）

① 医療に応用可能な技術の一つとして，遺伝子の特定の箇所を探し当てた上で，その箇所を変更しようとするゲノム編集がある。

② 生殖補助医療の一つとして近年よく用いられる顕微授精は，女性の体内にある卵子に精子を直接注入する技術である。

③ 障がいや遺伝病の有無を出生前に診断することが可能になっているが，この技術が命の選別につながるという指摘もある。

④ iPS細胞には，様々な再生医療の可能性が広がることへの期待があるが，同時に過剰な生命操作につながることへの懸念もある。

解明POINT

▶臓器移植法の改正（2009年）

| 本人が拒否の意思を示していない場合，**家族の書面による同意で臓器を提供できる** |
| 提供は**15歳以上という制限を撤廃** |
| **親族への優先的提供の意思表示を認める** |
| ＊虐待を受けて死亡した児童からの臓器が提供できないよう適切に対応する |

● 脳死…脳幹を含む全ての脳の不可逆的な機能の停止。

● 植物状態…脳幹の機能が残り，自力で呼吸している状態。

解明POINT

▶医療観の転換

パターナリズム

● 医者中心の医療観

● 専門的知識と技術を持つ医者に治療方法などを一任

インフォームド・コンセント

● 患者中心の医療

● 十分な患者への**説明と同意**による医療

● 患者の自己決定権を尊重

● セカンドオピニオン…担当の医師以外にも相談

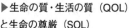

▶生命の質・生活の質（QOL）と生命の尊厳（SOL）

QOL	SOL
生命の質・生活の質	生命の尊厳
自己決定権を根拠とする。インフォームド・コンセントも自己決定権が根拠	「神が与えた命を人間が奪ってはならない」とするキリスト教倫理に基づく
安楽死・尊厳死に肯定的	安楽死・尊厳死に否定的

2 科学技術と情報社会

▤ 整理・要約

1　情報社会

〈情報理論〉

● デジタル－デバイド…ICT を使いこなせる人と使いこなせない人，先進国と発展途上国の情報格差など

● 情報リテラシー…情報を取捨選択し，判断・評価・利用する能力

● メディアリテラシー…情報が流通する媒体であるマス－メディアを使いこなす能力

〈情報社会論〉

トフラー	アメリカ	主著『第三の波』。狩猟採集社会から農耕社会への移行を「第一の波」，工業化への移行を「第二の波」，情報社会への移行を「第三の波」とよんだ
ダニエル＝ベル	アメリカ	主著『脱工業社会の到来』。現代を脱工業社会と規定
リップマン	アメリカ	マス－メディアが提供する世界を疑似環境とよび，その危険性を指摘，「ステレオ－タイプ（紋切型）」的発想への批判
マクルーハン	カナダ	テレビなどのマス－メディアの歴史的意味を論じる。グーテンベルクによる活版印刷の発明は，抽象的・観念的思考を支えてきたが，テレビなどのメディアは感覚的なイメージが人を動かすと指摘した（「メディアはメッセージである」）
ブーアスティン	アメリカ	メディアが提供する「本当らしい」できごとを疑似イベントとよんだ
リースマン	アメリカ	主著『孤独な群衆』。大衆社会における「他人指向型」の人間類型を提示
ボードリヤール	フランス	差異の原理を説く。商品は使用価値としてあるのではなくブランドなど記号的な差異化を通じて，個性を引き出すものとする消費社会論を展開

●●● 演習問題

問1　〈情報技術の発達〉情報技術の発達に伴う社会の変化についての記述として最も適当なものを，次の ①〜④ のうちから一つ選べ。　　　　　　（2013・本・1）

① 企業や公的機関に大量の個人情報が集積されるようになったため，プライバシーが侵害される危険が大きくなっている。

② 公的な情報は市民の共有財産であるという考え方が定着し，国や自治体のもつあらゆる情報が市民に公開されるようになっている。

③ 情報技術の発達によって情報の違法な複製が困難となったため，知的所有権が侵害される危険は少なくなっている。

④ インターネットを使って個人が直接情報を得られるようになり，マス・メディアが情報操作を行う危険は少なくなっている。

問2　〈情報社会〉情報社会についての記述として適当でないものを，次の ①〜④ のうちから一つ選べ。　　　　　　（2016・追・6）

① マスメディアによる紋切り型の報道によって，特定の国や民族などに対するステレオタイプ的なイメージが与えられる危険がある。

② ソーシャルメディアなどの普及により，情報のインタラクティブ（双方向的）な発信が，旧来のメディアよりも活発に行われるようになった。

③ 情報の増加・多様化に従い，個々人が自ら主体的かつ批判的に判断し取捨選択するデジタル・デバイドの重要性が指摘されるようになった。

解明POINT

▶ユビキタス社会

　情報技術（IT）や情報通信技術（ICT）の発達による，いつでも，どこでも，だれとでも情報ネットワークにつながる社会。

解明POINT

▶ AI（人工知能）の発達

　2045 年には，AI が人間の脳を超えるシンギュラリティ（技術的特異点）に到達するといわれている。また，オックスフォード大学のカール＝ベネディクト＝フレイ博士とマイケル＝オズボーン准教授による 2013 年の分析結果では，今後 10〜20 年間にアメリカの職業の約 47％が 70％超の可能性で機械に

④ インターネットの普及に伴い，他人のコンピュータへの不正アクセスや，オンラインショッピングにおける詐欺などのサイバー犯罪が急増している。

問3 〈デジタル・デバイド〉先生は授業で生徒に情報に関わる現代社会の問題を挙げさせた。デジタル・デバイドの具体例を挙げた生徒の発言として最も適当なものを，次の ① ～ ④ のうちから一つ選べ。　　　　　　　　　　　(2022・本・26)

① ネット上では，本人の同意なく個人情報が書き込まれ，しかもそれが容易には削除されない，という問題が起こっています。

② インターネットに接続しにくい地域に住んでいるために，教育や就職の機会において不利になっている人がいます。

③ ネット上では，考えを共有する人同士が結び付き，意見が違う人を無視したり排除したりして，極端で攻撃的な方向に走る危険があります。

④ 企業，報道機関，政府などが情報を隠したり不正確な情報を流したりして，情報の受け手が適切に行動するのが難しくなることがあります。

問4 〈マスメディア〉マスメディアについて考察した人物にリップマンがいる。例えば，ある街で起きた事件が報道された結果，その街全体が危険であるかのような誤った印象が広まることがある。マスメディアがこうした印象を生じさせる要因は，リップマンの主張に従うと，どのように考えられるか。次のア～ウのうち，正しい要因の組合せとして最も適当なものを，下の ①～④ のうちから一つ選べ。　　　　　　　　　　　(2021・本・27)

ア マスメディアが提供する情報は，常に人々から疑いの目を向けられ，本当らしい情報としては受け取られないから。

イ マスメディアが伝達するものは，多くの場合，選択や加工，単純化などを経たイメージであるから。

ウ マスメディアが提供するイメージによって形成される世界は，人間が間接的にしか体験できないものだから。

① アとイ　　② アとウ　　③ イとウ　　④ アとイとウ

問5 〈『1984年』〉ジョージ・オーウェルが 1949 年に発表した『1984年』は，ビッグ・ブラザー（偉大な兄弟）が支配する監視社会を描いた小説であり，現代社会の様々な問題を予見したことで知られている。次の文章を読み，その説明として最も適当なものを，①～④ のうちから一つ選べ。　　　　　　　(2010・本・35)

印刷技術の発明は世論操作をより容易なものにし，映画とラジオの出現はその流れを加速させた。テレビが登場し，また技術的進歩によって一つの装置で同時に受信と送信ができるようになると，ついに私的な個人生活は終わりを告げるに至った。全市民，あるいは少なくとも要注意の市民は警察当局による一日二十四時間体制の監視下に置くことができるし，他の通信手段をすべて塞いで政府の宣伝だけを聞かせることもできるのだ。国家の意志に対する完全な服従を強制できるばかりか，あらゆる問題に対して完全な意見の一致を強制できる可能性まで，今や初めて存在するに至った。（ジョージ・オーウェル『1984年』）

① マス・メディアが，事実に即した正確さよりも疑似イベントの提供に奔走する危険性を予見している。

② 双方向性の通信技術を用いて，個人の行動や思想が統制される危険性を予見している。

代替されると推計している。AIにできない人間独自の領域をどのように確立するかが課題となってくる。

解明POINT
▶ Chat（チャット）GPT の衝撃
　チャット GPT とは対話型AI。質問を投げかけると，人間との自由な会話のように，高度なレベルの回答が返ってくるチャットロボット（自動応答システム）。膨大な文章をもとに学習し，文章を作り出せる大規模言語モデルをベースにしている。従来のグーグルなどのキーワードによる検索に変わる可能性が高い。大量のデータを学習し，文章だけでなく画像を生成することもできる生成 AI も開発されている。

解明POINT
▶ ジョージ＝オーウェルの『1984 年』
　旧ソ連のスターリン主義を批判する近未来小説。世界は三つの全体主義国家に分かれ，その一つのオセアニアではビッグ・ブラザーが支配する「党」が，情報管理を行う「真理省」，経済問題を扱う「豊富省」，思想犯を取り締まる「愛情省」，戦争をつかさどる「平和省」の４つで独裁政治を行っている。日々の生活は「テレスクリーン」とよばれる監視カメラで管理されている。党のスローガンは「戦争は平和である」「自由は屈辱である」「無知は力である」。戦争を準備する権力者は，「平和」の言葉を多用する。AI（人工知能）の発達は，『1984 年』と同様の監視社会をまねく可能性があるといわれる。

③　現実世界から切り離された仮想現実（バーチャル・リアリティ）のなかに個人が埋没する危険性を予見している。

④　ハッカーによる不正アクセスやコンピュータ・ウィルスにより，個人情報が漏洩する危険性を予見している。

問6　〈社会の問題〉情報社会や消費社会をめぐる問題についての説明として最も適当なものを，次の ①〜④ のうちから一つ選べ。　　　　　　　　　（2017・本・9）

①　ボードリヤールによれば，消費社会のなかで人々は，メディアから提供される情報を手がかりにしながら，もっぱら有用性の観点から商品を購入し，ただ大量に消費することそれ自体を目的としている。

②　リップマンによれば，人々はメディアの情報から一定のイメージを思い浮かべ，それに従って現実を理解しているので，メディアによって情報が意図的に操作されると，世論が操作される危険がある。

③　ブーアスティンによれば，現代のメディアが提供しているのは，物語としての迫真性をそなえた「本当らしい」出来事にすぎず，視聴者の側はメディアから流される情報に関心をもたなくなっている。

④　マクルーハンによれば，近代社会では活字メディアが支配的だったが，20世紀に入って映画やテレビのようなメディアがそれに取って代わった結果，人間の感覚や想像力は貧困なものになっている。

問7　〈科学技術とその利用〉次のメモは，授業の前夜にKが自分の考えをまとめたものである。メモ中の　a　・　b　に入る語句の組合せとして最も適当なものを，後の ①〜⑥ のうちから一つ選べ。　　　　　　　　　（2022・本・25）

> メモ
> 　未来世代に対する責任の重要性を説いた思想家として，ヨナスが挙げられる。私たちが，自然を危機的なまでに傷つけ人類を滅ぼすことができる科学技術を手にしていることが，彼の議論の背景にある。　a　ことも，彼と同様の考えに基づくものだったようだ。さらにヨナスは，私たちの行為と技術の影響を，遠い未来に及ぶものでも，できる限り知らなければならないと主張した。これは，Jに伝えた，　b　という私の考えと同じ発想に基づいていたようだ。でも，科学技術とその利用の影響について知るための教育の機会が得られない人だって多い。現在の問題にも取り組まないと，未来世代に対する責任は果たせないということか。

①　a　国連人間環境会議で「持続可能な開発」が提唱された
　　b　遠い将来の人であっても，私たちの行為で被害を受けることがある

②　a　国連人間環境会議で「持続可能な開発」が提唱された
　　b　未来の人を援けることは，見返りのない義務なのだ

③　a　ハーディンが地球を宇宙船という閉ざされた環境に喩えた
　　b　遠い将来の人であっても，私たちの行為で被害を受けることがある

④　a　ハーディンが地球を宇宙船という閉ざされた環境に喩えた
　　b　未来の人を援けることは，見返りのない義務なのだ

⑤　a　ラッセルとアインシュタインが核兵器の廃絶を主張した
　　b　遠い将来の人であっても，私たちの行為で被害を受けることがある

⑥　a　ラッセルとアインシュタインが核兵器の廃絶を主張した
　　b　未来の人を援けることは，見返りのない義務なのだ

解明POINT

▶情報社会論

ボードリヤール
消費社会論の展開…シミュラークル社会と呼ぶ

リップマン
ステレオタイプの言葉を初めて使う…「パターン化されたイメージ」（メディアは疑似環境を生みだす）

ブーアスティン
マスコミが生みだす事実を疑似イベントと呼ぶ

マクルーハン
メディアはそれが伝える内容より，その形式自体が人々に感覚や社会に影響を与える

解明POINT

▶ラッセルとアインシュタイン

ラッセル‐アインシュタイン宣言（1955年）
●ラッセルとアインシュタインら11名の科学者が，核兵器廃絶・科学技術の平和利用を訴えた宣言。日本人初のノーベル物理学賞受賞者である湯川秀樹も署名。
●核兵器による全体的な破壊を避けるとする目標が，他のあらゆる目標に優先すると訴えた。
●宣言を具体化するために，科学者によるパグウォッシュ会議が開かれている。

ラッセル（イギリス）
●哲学者，数学者。言語の分析や使用などを探究する分析哲学の基礎を築き，ウィトゲンシュタインなどに影響を与えた。

▶科学技術の負の側面

　科学技術の発達は私たちの生活に豊かさと利便性をもたらしたが，核兵器の保有，環境破壊など，さまざまな弊害も生まれている。

3 文化・宗教の多様性と倫理

◆整理・要約

1 対立する文化観

文化観	エスノセントリズム（自民族中心主義）		文化相対主義
内 容	自民族の文化を優れたものと見なし，他の民族の文化は劣っているとする文化観	➡	文化には優劣はなく，それぞれの民族の固有の文化を尊重すべきであるとする文化観
			多文化主義（マルチ-カルチュラリズム）
		⬅	一つの国や社会に複数の文化の共生を求める文化観
具体例	ヒトラーのアーリア民族優越主義 ● ユダヤ人虐殺（ホロコースト）をまねく		オーストラリアでの白豪主義の否定（1970年代） ● 先住民族アボリジニ文化の尊重

⬇

調 整	● レヴィ＝ストロースの『野生の思考』…未開社会と文明社会との間には文化に優劣はなく，構造的に同一（構造主義） ● サイードの『オリエンタリズム』…西洋のオリエンタリズムは「オリエントを支配し，再構成するための西洋の様式である」と批判，植民地支配や人種差別を正当化したと指摘 ● 宗教多元主義…諸宗教の共生をめざす→平和的共存の実現

●●● 演習問題

問1 〈自民族・自文化中心主義を批判した思想家〉次のア～ウは，近代西洋文明における自民族・自文化中心主義を批判した思想家であり，A～Cはその思想に関する記述である。これらの思想家とその思想の組合せとして正しいものを，下の①～⑥のうちから一つ選べ。　　　　　　　　　　　(2011・追・31)

ア　サイード　　イ　レヴィ＝ストロース　　ウ　フーコー

A　未開民族のもつ「野生の思考」には，文明人の科学的思考に少しも劣ることのない複雑な構造があることを明らかにし，西洋文明こそが優れており未開社会は野蛮で後れていると文化に優劣をつけることは間違いであり，諸文化は対等の価値をもつと主張した。

B　近代以降の西洋文明社会は，人間理性を基準として，近代的秩序から逸脱するものを狂気，病気，犯罪といった「異常」とみなしてきたが，多様な人間や文化のあり方を，西洋近代の価値観を基準に序列化することには必ずしも根拠がなく，それが社会の監視や管理を強めてきたと批判した。

C　近代西洋社会は，東洋を自分たちとは正反対の，後進的で神秘的な他者とみなすことで，自分たちは先進的で文明化されているという自己像を作り上げたとし，こうした西洋の東洋に対する思考方法を「オリエンタリズム」と呼び，それが西洋による植民地支配を正当化してきたと批判した。

① ア－A　イ－B　ウ－C　　② ア－C　イ－A　ウ－B

③ ア－B　イ－C　ウ－A　　④ ア－B　イ－A　ウ－C

⑤ ア－C　イ－B　ウ－A　　⑥ ア－A　イ－C　ウ－B

問2 〈異文化への理解〉異なる文化の理解に関わる様々な見解についての記述として最も適当なものを，次の①～④のうちから一つ選べ。　(2013・追・8)

① どの文化もそれぞれに固有の価値をそなえており，互いの間に優劣の差をつ

解明POINT

▶ **自民族中心主義への批判**

サイード
オリエンタリズム…西洋近代社会がアジア・東洋を後進的で奇異な他者とみなす思考方法
レヴィ＝ストロース
野生の思考…未開人の世界認識が分類や比喩によるものであって，文明社会にも共通する思考様式
フーコー
狂気・病気・犯罪・性など…西洋近代社会の批判として注目した人間精神が禁圧したもの

解明POINT

▶ **文化に関する用語**

エスノセントリズムは自民族中心主義という意味。カウンター-カルチャーとは，既存の支配的・伝統的文化に対して，それに反発する人々によってつくりだされる文化。ユース-カルチャー（若者文化）を指すこともある。

けることはできないとする考え方は，文化相対主義と呼ばれる。

② 西洋と東洋とを区別し，東洋の文化を先進的とみなすことで西洋の文化の目指すべき理想とする考え方は，オリエンタリズムと呼ばれる。

③ 伝統文化の価値を再評価し，文化的実践を通して伝統の喪失に抵抗しようとする考え方は，対抗文化（カウンターカルチャー）と呼ばれる。

④ 自民族や自文化の価値観を絶対視せず，他の民族や文化にも積極的な価値を認めようとする考え方は，エスノセントリズムと呼ばれる。

問3 〈異文化理解Ⅰ〉異文化理解に関する記述として最も適当なものを，次の①〜④のうちから一つ選べ。 (2014・本・9)

① 自分が慣れ親しんだ文化とは異なった文化に出会ったときに心に生じる違和感や衝撃は，カウンター・カルチャーと呼ばれる。

② 少数派の文化を，多数派の文化のなかに同化・吸収させる，ノーマライゼーションの考え方が，文化統合においては尊重される。

③ 自民族と他の民族の文化や価値観の違いを積極的に認め，互いに尊重し合おうとする考え方は，パターナリズムと呼ばれる。

④ 文化の異なる人々に接するとき，決まり切った考え方やイメージの枠組みであるステレオタイプに当てはめて相手を判断しがちである。

問4 〈異文化理解Ⅱ〉異文化理解についての記述として適当でないものを，次の①〜④のうちから一つ選べ。 (2006・本・33)

① 古代ギリシア人たちが異民族を「バルバロイ」と呼んで蔑んだように，人は往々にして，自民族や自文化の価値観を絶対のものとみなした上で他の民族や文化について判断を下そうとする，エスノセントリズムに陥りがちである。

② どの文化もそれぞれに固有の価値を備えており，互いの間に優劣の差をつけることはできない，とする文化相対主義は，人が文化の多様性を認め，寛容の精神に基づく異文化の理解へと歩を進める上で，一定の役割を果たしうる。

③ パレスチナ生まれの思想家サイードは，近代において西洋の文化が自らを東洋と区別し，東洋を非合理的で後進的とみなすことで西洋自身のアイデンティティを形成した過程を指摘し，その思考様式をオリエンタリズムと呼んだ。

④ 一つの国家や社会の中で異なる複数の文化が互いに関わり合うことなく共存できるよう，その障害となる諸要素を社会政策によって除去する必要がある，と考える多文化主義の立場は，それ以前の同化主義への反省から生まれた。

問5 〈国境なき医師団〉次の文章は，国境なき医師団が人道主義について述べたものである。その内容の説明として最も適当なものを，下の①〜④のうちから一つ選べ。 (2018・本・8)

人道主義が登場するのは，政治が失敗したとき，または危機に陥ったときです。私たちは，政治的責任を引き受けるためではなく，政治の失敗による非人間的な苦しみをまず和らげるために活動します。活動は政治の影響を受けてはなりません。そして，政治は，人道主義の存在を保証する責任を自覚しなければなりません。人道的活動は，活動のための枠組みを必要とします。紛争の際のその枠組みとは，国際人道法です。それは犠牲者と人道支援団体の権利を確立し，それらの尊重を保証する責任と，戦争犯罪によるそれらの侵害を罰する責任を国家に負わせるのです。今日，この枠組が正常に機能していないのは

明らかです。紛争の犠牲者の支援に赴くことが拒否されるのは，よくあること
です。また，人道支援が，交戦国によって戦争の道具に使われることさえある
のです。　　　　　　　　　　（国境なき医師団「ノーベル平和賞受賞講演」より）

① 政治は，人道主義が政治の失敗の責任を引き受けることができるよう，人道
主義の存在とその活動を保証する責任をもつ。

② 人道主義の活動は，国際人道法のような政治的・法的前提を必要とせずに成
立し得るものなので，政治の影響を受けずに行うことができる。

③ 政治は，自らの目的に合わせて人道主義を利用すべきでなく，法的枠組みに
よって人道主義の活動の独立性を保証しなければならない。

④ 人道主義の活動は，国際人道法の制限を受けるので，紛争の犠牲者へのアク
セスを禁じられたり，交戦国に利用されたりしても，やむを得ない。

問6 〈文化や宗教〉文化や宗教に関する説明として適当なものを次のア〜ウから
全て選んだとき，その組合せとして正しいものを，後の ①〜⑦ のうちから一
つ選べ。　　　　　　　　　　　　　　　　　　　　　　　（2023・本・29）

ア　ホモ・レリギオースという言葉は，神に祈りをささげるという宗教的な営
みに重きを置く人間のあり方を，端的に表現したものである。

イ　日本の高校で茶道を教え，自国と他国の文化の優劣を明確にすることは，文
化相対主義の考え方に基づいて文化の共生を促すことになる。

ウ　現代の世界で文化間の摩擦が増してくる中では，西洋とイスラームの衝突は
不可避であるとするカルチャー・ショックの思想が説かれる。

① ア　　　　② イ　　　　③ ウ　　　　④ アとイ

⑤ アとウ　　⑥ イとウ　　⑦ アとイとウ

問7 〈性別役割分業〉性別役割分業に含まれる問題点とその対応策の説明として
適当でないものを，次の ①〜④ のうちから一つ選べ。　　　　（2003・本・37）

① 企業で育児休業や介護休業を取るのは主に女性である。男女が平等に育児や
介護にあたるためには，性別役割分業に関する従来の社会通念を超えない範囲
で，仕事と家庭を両立させやすい制度を導入する必要がある。

② 多くの親は，息子には生活力のある行動的な人，娘には情緒豊かで温かい家
庭人になることを期待する。親は，このような性差にとらわれた期待が子ども
の才能や個性の発揮を阻害しかねないことを自覚する必要がある。

③ 多くの職場で女性の採用や管理職への登用があまり進んでいない。男女共同
参画社会の形成理念に基づき，女性の働きやすい職場への環境整備および女性
の採用・登用を推進する必要がある。

④ マスメディアには男女の役割に関するステレオタイプ化した描写や表現が多
く，性別役割分業の再生産が懸念される。マスメディアは社会的責任を認識
し，性別役割が固定化されない描写や表現をする必要がある。

倫理篇

解明POINT

▶**代表的 NGO**

国境なき医師団
紛争や戦争に対して医師団を派遣
アムネスティ・インターナショナル
良心の囚人の解放，死刑廃止運動
地雷禁止国際キャンペーン(ICBL)
対地雷全面禁止条約
オックスファム
途上国の貧困問題
グリーンピース
環境問題や反核運動
赤十字国際委員会
アンリ・デュナンが結成
ペシャワール会
中村哲医師（2019年死去）を中心として活動。アフガニスタンでの灌漑用水・井戸の整備

解明POINT

▶**文明の衝突**

● アメリカの政治学者**ハンチントン**が提唱した。

● 冷戦後の世界は，宗教的・文化的な対立が中心となると主張する。

● 西欧文明と対立するように台頭してきた**イスラーム**などの非西欧文明との衝突が生じると説く。

解明POINT

▶**性別役割分担論**

歴史的文化的につくられた性差（ジェンダー）による性別役割規範。**女性差別撤廃条約第5条**には，「両性のいずれかの劣等性若しくは優越性の観念又は**男女の定型化された役割に基づく偏見及び慣習その他あらゆる慣行の撤廃を実現するため，男女の社会的及び文化的な行動様式を修正すること**」と記され，性別役割分担論を否定している。

問1 〈環境と自然との関係〉生徒Xの発表に対して，生徒Yから次のようなコメントがあった。コメント中の下線部について，そのように考えられる理由として適当なものを，下の ①～⑤ のうちから二つ選べ。 (2018・本・37・38)

生徒Y：生徒Xは，生命や身体についての所有と自己決定の考え方に疑問をもっているんだね。私は環境倫理のテーマで課題探究をしたんだけど，その視点には賛成できる気がするな。生徒Xは発表の冒頭で所有や自己決定の考え方を紹介しているけれど，そのような考え方を，環境や自然との関係にそのまま当てはめたら問題があると思う。

① 生徒Xが紹介した所有や自己決定の考え方はその権利の主体を人間に限定しているが，環境倫理を考える際は自然や動物も生存権をもつという視点が重視されるから。

② 生徒Xが紹介した所有や自己決定の考え方では理性に基づいて合理的で普遍的な判断をすることが求められるが，環境問題を考える際は感情や共感に基づく多様な視点が重視されるから。

③ 生徒Xが紹介した所有や自己決定の考え方は個人と土地などの財産とを一体的に捉えているが，環境問題を考える際は個人を地球環境から独立した存在とみる視点が重視されるから。

④ 生徒Xが紹介した所有や自己決定の考え方は現在生きている人の視点に主として基づいているが，環境問題を考える際は未来世代への責任という視点が重視されるから。

⑤ 生徒Xが紹介した所有や自己決定の考え方は私有財産の権利を根拠づけているが，環境問題を考える際は私有財産を廃した平等な世界を理想とする視点が重視されるから。

問2 〈気候変動〉次の**資料**は，授業で気候変動についての議論のために配布されたものであり，後の**ア～ウ**は，**資料**の下線部ⓧとⓨのいずれかに当てはまる事例である。**資料**の趣旨を踏まえて，ⓧに当てはまる事例を**ア～ウ**のうちから全て選んだとき，その組合せとして最も適当なものを，後の ①～⑧ のうちから一つ選べ。 (2022・本・30)

資料

ほとんど誰もが，次の基本的な道徳原理を認識している。ⓧ他の人に危害を及ぼすのであれば，自分自身の利益になることであってもすべきではない。……そして通常は，ⓨ危害を引き起こすときはいつでも，その被害を受けることになる人に補償をすべきだ。……車の運転，電力の使用……これら全ての活動は，気候変動の一因となる温室効果ガスを生じる。……基本的な道徳原理は，他の人に危害を及ぼす行動をやめる努力をし，私たちが危害を及ぼすであろう人々に補償をしておくべきだ，と告げる。

(J. ブルーム「気候変動の倫理」より)

ア 化石燃料で動く交通・輸送手段の利用で二酸化炭素が放出されるため，生活者たちが，それらの使用を控えるべく，生活や仕事の場を近くに集約させるとともに，できる限りその地域で生産した物を消費する。

イ　牛や羊は，ゲップやおならによって二酸化炭素の数十倍の温室効果を持つメタンを出すので，消費者や企業が，こうした動物の肉・乳や毛・革の過剰な売買と利用をやめて，温室効果ガスの排出量を減少させる。

ウ　気候変動の影響で海面が上昇するため，温室効果ガスを大量に排出した人々や企業が，高波の危険に曝される人々のための防波堤の設置や，海の近くに住めなくなる人々の生活や移住の支援のために，資金を拠出する。

① ア　　　② イ　　　③ ウ　　　④ アとイ
⑤ アとウ　⑥ イとウ　⑦ アとイとウ　⑧ なし

問3　〈自然環境への取組み〉自然環境に関わる問題や取組みについての説明として最も適当なものを，次の ①～④ のうちから一つ選べ。　　　　(2023・追・31)

① 環境や人々に大きな害を及ぼし得る行為は，因果関係がまだ科学的に証明されていなくても規制するべきだという原則を，他者危害原則と呼ぶ。

② 生態系を保護する目的で，自然界を生きる動物などを原告として，人間がそれらの代理人となって提起する裁判のことを，自然の権利訴訟と呼ぶ。

③ 自然環境を維持するため，自国の国民から集めた募金を元手に景勝地を買い取って保護する活動のことを，グリーン・コンシュマー運動と呼ぶ。

④ 他の生物に対する優越的地位を人類が共有するという発想に基づいて，人々が動物を食糧や実験台として搾取することを，共有地の悲劇と呼ぶ。

問4　〈生命の尊厳と患者の意思の尊重〉次のア～ウは，生命倫理における生命の尊厳や患者の意思の尊重に関わる考え方についての説明である。その内容として正しいものをア～ウから全て選んだとき，その組合せとして最も適当なものを，後の ①～⑦ のうちから一つ選べ。　　　(2023・追・27)

ア　SOL は，生命が絶対的な価値と尊厳を有するという立場と関連し，終末期医療において，患者の回復の見込みがなくても生命を維持する治療を行う根拠と見なされている。

イ　パターナリズムは，患者が十分な説明を受けて，理解した上で治療の方針や方法に同意することを指し，患者の知る権利や，生命や身体に関する自己決定権を尊重する立場を背景とする。

ウ　QOL は，望ましい生き方や生命の質を重視する立場と関連し，終末期医療の治療選択の場面では，患者の意思を尊重する根拠となり得るが，質が低いとされる生命の軽視につながるという批判もある。

① ア　　　② イ　　　③ ウ　　　④ アとイ
⑤ アとウ　⑥ イとウ　⑦ アとイとウ

問5　〈生殖技術〉次のア・イは，生殖技術についての説明である。その正誤の組合せとして正しいものを，後の ①～④ のうちから一つ選べ。　　　(2022・追・31)

ア　iPS 細胞は，様々な細胞に分化する可能性を持ち，再生医療への応用が期待されているが，人の受精卵や胚を破壊して作製されることから，倫理的な問題が指摘されている。

イ　クローン技術を使って，全く同一の遺伝子を持つクローン個体を作り出すことが可能になっているが，日本ではクローン技術規制法によってクローン人間を作ることは禁止されている。

① ア　正　イ　正　　　② ア　正　イ　誤

解明POINT
▶環境問題の警告者たち

レイチェル゠カーソン
『沈黙の春』でDDT等の農薬が生態系を破壊すると警告する

ボールディング
地球を「宇宙船地球号」と呼ぶ

コルボーン
『奪われし未来』で環境ホルモン（内分泌かく乱物質）の影響を指摘する

ハーディン
共有地の悲劇を指摘する。各人が自由に個人的利益を追求し続けると，やがては全員に最大の損失をもたらすという

解明POINT
▶終末期医療

SOL
「生命の尊厳」で，生命にはそれだけで絶対的な価値があるとする。宗教観に基づくことが多い。安楽死・尊厳死を否定

QOL
「生命の質・生活の質」で，自己決定権を重視する。この立場に基づく医療として，ホスピスや緩和ケアがある

パターナリズム
医師が，専門家としての立場から患者に対応する

インフォームド・コンセント
患者が医師から納得のいく**説明**を受け，**同意**のうえで治療を受ける

③ ア 誤　イ 正　　④ ア 誤　イ 誤

問6 〈**日本の医療**〉現代の日本の医療における，意思の表示や決定に関する制度や原則についての記述として**適当でないもの**を，次の ①〜④ のうちから一つ選べ。
(2019・追・6)

① 1997 年に成立した臓器移植法によって，脳死後の心臓や肺や肝臓などの臓器の提供が可能となった。本人による臓器提供の意思表示があれば，家族の承諾は不要とされた。

② 臓器移植法が 2009 年に改正され，本人による拒否の意思表示がない場合には，家族の承諾があれば臓器提供が可能となった。また，親族に優先的に臓器を提供できる意思表示も可能となった。

③ 患者と医師が十分に話し合い，患者が病状や治療法について理解したうえで，患者自身が治療の方針や方法について納得して決定する，というインフォームド・コンセントが，現代の医療の原則の一つとなっている。

④ インフォームド・コンセントの原則は，必要な情報を知り，情報に基づいて自己決定する患者の権利を尊重することで，医師と患者の関係を，従来の台頭でない関係から対等な関係へと転換するものである。

問7 〈**現代社会における利害の結び付き**〉次の文章中の　a　〜　c　に入れる記述をア〜カから選び，その組合せとして最も適当なものを，下の ①〜⑧ のうちから一つ選べ。
(2018・本・1)

　人間の諸活動がグローバル化した現代では，遠い他者の利害も自己の利害と深く関係している。例えば，市場経済のグローバル化により，　a　。また，世界の飢餓や貧困などを救済することは，　b　ので，世界全体の利益になると考えられている。さらに，差別的扱いを受けてきた人々の救済が，社会全体を利することもある。例えば，性別役割分担を　c　，不平等によって不利益を被る人たちを救うだけでなく，男女共同参画社会を促進し，社会全体の活性化を促すだろう。

ア 先進国の経済が発展途上国の経済発展に寄与し，経済格差が縮小した

イ 一国の経済不安が，世界全体に大きく影響するようになった

ウ 新自由主義を推進し，世界経済を発展させる

エ 人類の福祉を向上させ，国際平和につながる

オ 社会的・文化的性差に依拠するものとして問い直すことは

カ 生物学的性差に依拠するものとして再評価することは

① a−ア　b−ウ　c−オ　　② a−ア　b−ウ　c−カ
③ a−ア　b−エ　c−オ　　④ a−ア　b−エ　c−カ
⑤ a−イ　b−ウ　c−オ　　⑥ a−イ　b−ウ　c−カ
⑦ a−イ　b−エ　c−オ　　⑧ a−イ　b−エ　c−カ

問8 〈**個人情報の法整備**〉日本における個人情報についての法整備に関する記述として最も適当なものを，次の ①〜④ のうちから一つ選べ。(現社・2022・本・25)

① 組織的な犯罪の捜査に際して，捜査機関が電話やインターネット上の通信内容を取得するための手続きを定めている法律は，特定秘密保護法である。

② 税と社会保障に関する情報を，住民一人一人に「個人番号」を付して管理するための仕組みを，住民基本台帳ネットワークという。

③　アクセス制限がなされているコンピュータに対し，他人のパスワードを無断で利用してアクセスすることは，禁止されている。

④　個人情報保護法に基づいて，一定の場合に，個人情報を扱う事業者に対して，本人が自己の個人情報の開示や利用停止を求めることができる。

問9　〈情報社会の問題〉次のア～ウは，現代の情報社会で生じる問題や状況についての記述であるが，その正誤の組合せとして正しいものを，下の ①～⑥ のうちから一つ選べ。 (2020・本・7)

ア　国民が「知る権利」に基づいて，地方自治体や国などの行政機関が保有する情報にアクセスできるよう，地方自治体では情報公開が制度化され，また国レベルでも，それに関わる法律が制定された。

イ　インターネット上の情報は，デジタル化されているためにコピー（複製）が難しく，そのため，「知的財産権（知的所有権）」が侵されてしまう危険性は低いとされている。

ウ　情報技術を使いこなせる者とそうでない者との間に，雇用機会や収入の差が生じてきたため，その差を是正することを民間企業や行政機関などに義務付けた「個人情報保護法」が制定された。

① ア　正　　イ　正　　ウ　誤　　　② ア　正　　イ　誤　　ウ　正
③ ア　正　　イ　誤　　ウ　誤　　　④ ア　誤　　イ　正　　ウ　正
⑤ ア　誤　　イ　正　　ウ　誤　　　⑥ ア　誤　　イ　誤　　ウ　正

問10　〈著作権〉著作権に関する次の記述ア・イの正誤の組合せとして最も適当なものを，後の ①～④ のうちから一つ選べ。 (現社・2022・本・24)

ア　無料動画サイトの人気アーティストのオリジナル楽曲を，違法にアップロードされていると知りながらダウンロードすることは，著作権侵害にあたる。

イ　複製を防ぐ技術的保護手段が施されていない音楽CDのデータを，私的使用目的で自身のスマートフォンにコピーすることは，著作権侵害にあたる。

① ア－正　　イ－正　　　　② ア－正　　イ－誤
③ ア－誤　　イ－正　　　　④ ア－誤　　イ－誤

問11　〈女性の地位〉次の**資料**は，哲学者ヌスバウムが，著作『女性と人間開発』の中で「家族と家族内の女性の地位」について述べたものである。これを読んだ生徒の発言のうち，ヌスバウムの主張に合致する発言として**適当でないもの**を，後の ①～④ のうちから一つ選べ。 (2020・追・32)

> **資料**
> 　家族と家族内の女性の地位はしばしば「自然」なものだと思われてきた。……「自然」に訴える議論は，「自然」という語の多義性ゆえに摑（つか）みどころのない話になる。……かくして，これまで特定のやり方でやってきたという事実から，それは生物学に基づいているとか，それだけが唯一のやり方だとか，正しく適切なやり方であるとあまりにも性急に推論される。しかしもちろん，こうした推論はどれもまともではない。慣習を追っていっても確実に生物学的な根拠にたどり着けるわけではない。私たちが別のやり方を考えられないのは，他のやり方が本来あり得ないからではなく，想像力や経験が不足しているからかもしれない。しかし明らかなのは，ある慣習が長く続いているということが，その正しさを示しているわけではないということである。

解明POINT

▶**個人情報保護法**
　個人情報の適正な取扱いの監視・監督機能を有する第三者機関が**個人情報保護委員会**である。2015年に差別や偏見につながる情報は特別に保護することが定められ，2022年には情報漏洩時の本人への通知は完全義務化された。特に，企業はビックデータを活用することが多いが，その弊害にも注意しておく必要がある。

解明POINT

▶**知的財産権**
①知的創造物についての権利…特許権，実用新案権，意匠権（物品，建築物，画像デザイン），著作権など。
②営業上の標式についての権利…商標権（商品やサービスに使われるマーク〉など。

解明POINT

▶**著作権**
　知的財産権の一つで，原則として生存中及び死後70年。

解明POINT

▶**ヌスバウム**
　アメリカを代表する女性の哲学者・倫理学者として活躍している。彼女の関心は幅広く，正義論，教育論，フェミニズム，発展途上国への開発援助等々と多岐にわたる。ケイパビリティ（潜在能力）を説いたアマルティア＝センとは共同研究をし，ジェンダー平等や児童福祉，人間開発，多文化主義の教育の推進に力を注いでいる。

① 多くの社会では主に女性が家事の役割を担ってきたけれど，長い間そうだったからといって，その役割分担が正しいことにはならないんですね。

② 女性が家事の役割を担うのが当然だと考えるのは，他のやり方を考える想像力や経験が不足しているからかもしれませんね。

③ 男女の役割分担の慣習がこれほど長く続いてきたのは，その起源に生物学的な基盤があるからだと考えればよいんですね。

④ 男性が家族を養うのが当然だとするような慣習を，自然らしさに訴えて擁護する人もいるけど，そうした議論も間違っているんですね。

問12 〈偏見と差別〉偏見や差別に関する記述として最も適当なものを，次の ①〜④ のうちから一つ選べ。 (現社・2020・本・23)

① 異なる言語や宗教などの背景をもつ人や集団が互いを尊重することを目指す理念は，エスノセントリズムと呼ばれる。

② 日本の最高裁判所においては，企業が女性の定年退職年齢を男性のそれよりも低く設定していることが違法と判断されたことはない。

③ 日本の障害者雇用促進法は，企業に対して，一定の割合以上の障害者を雇用することを義務づけていない。

④ 社会的に不利な立場にあるとされる人を優先的に雇用するなどの優遇措置を採ることは，ポジティブ（アファーマティブ）・アクションと呼ばれる。

解明POINT

▶**障がい者に関連した法律**

障害者雇用促進法（1960）

● 障がい者の雇用促進のために，国や企業などに障がい者を一定の割合で雇用することを定めた法律。民間企業における法定雇用率は，2024年4月から段階的に引き上げられて2.5%，2025年から2.7%（公共機関は2.8%，さらに3.0%）となる（2024年施行）

● 国連の障害者権利条約（2006）を受け，日本は2014年に批准

障害者基本法（1993, 2011）

● 障がい者の自立や社会参加などの基本理念を明記

● 障害者基本法に基づき，障がい者の自立を支援する**障害者自立支援法**（2005）を制定。その後，障害者総合支援法（2012）となる

● 2011年の障害者基本法の改正で，**手話**が法律上の言語とされる

● 障害者基本法の理念に基づき，**障害者差別解消法**（2013）が制定され，企業に**合理的配慮**が求められることとなった

公共 篇

▪整理・要約

1　近代国家と立憲主義

①　近代民主政治の発展

王権神授説	→	市民革命…ブルジョアジー（富裕な商工業者，中産階級）の台頭	→	社会契約説
君主主権 人の支配 権力集中 身分制議会		◆イギリス…ピューリタン革命 　　　　　名誉革命→権利章典 ◆アメリカ…独立革命→ヴァージニア権利章典 　　　　　独立宣言 ◆フランス…フランス革命→人権宣言		国民主権 基本的人権 （自然権） 法の支配 権力分立 議会制民主主義

立憲主義	国を統治する基本制度として憲法を制定し，憲法に従って政治を行う
法の支配	権利・自由を擁護し重視するため，政治権力も法に従わなければならない
憲法が保障する自由	国家からの自由（**自由権**），国家による自由（**社会権**），国家への自由（**参政権**）

②　主権の概念：フランスのボーダン（『国家論』）

国家権力の最高・独立性	対内的には最高，対外的には独立した権力	「主権の存する日本国民…」（日本国憲法・第1条）
最高の意思決定権	国政のあり方を最終的に決定	「自国の主権を維持し，他国と対等関係に立とうとする…」（日本国憲法・前文）
国家権力そのもの	統治権と同じ意味	「国会は国権の最高機関…」（日本国憲法・第41条）

③　日本国憲法における基本的人権の一般原則

基本的人権の享有	「国民は，すべての基本的人権の享有を妨げられない。……**侵すことのできない永久の権利**……」（第11条）
自由・権利の保持の責任とその濫用の禁止	「……国民の不断の努力によつて，これを保持しなければならない。……これを濫用してはならないのであつて，常に**公共の福祉**のためにこれを利用する責任を負ふ」（第12条）
個人の尊重 基本的人権の本質	「すべて国民は，個人として尊重される。……」（第13条） 「……人類の多年にわたる自由獲得の努力の成果であつて，……**侵すことができない永久の権利**として信託されたものである」（第97条）

2　日本国憲法における基本的人権の分類と判例　　（　）内は条文，判は判例

平等権	◆**法の下の平等**（14）判 尊属殺重罰規定訴訟，婚外子差別違憲訴訟，再婚期間禁止規定訴訟 ◆両性の本質的平等（24）　◆選挙権の平等（44）
自由権	**精神の自由** ◆**思想・良心の自由**（19）判 三菱樹脂訴訟 ◆**信教の自由**（20）判 津地鎮祭訴訟（合憲），愛媛玉ぐし料訴訟（違憲）， 　　　判 空知太神社訴訟（違憲），孔子廟訴訟（違憲）…いずれも政教分離の原則をめぐる争い ◆**言論・出版その他表現の自由**（21①）判 チャタレイ事件，家永教科書訴訟 ◆検閲の禁止・通信の秘密（21②）判 家永教科書訴訟 ◆学問の自由（23）判 東大ポポロ事件

	人身（身体）の自由	
	◆奴隷的拘束・苦役からの自由（18），**法定手続の保障・罪刑法定主義（31）**，	
	◆不法逮捕の禁止（33），抑留・拘禁の要件…**令状主義（34）**，住居の不可侵（35），	
	◆拷問・残虐刑の禁止（36），刑事被告人の権利（37），黙秘権（38），	
	◆遡及処罰の禁止・一事不再理（39） 判 冤罪（再審請求）…免田事件，足利事件など	
	経済の自由	
	◆居住・移転・職業選択の自由（22①） 判 薬事法距離制限違憲訴訟	
	◆財産権の不可侵（29） 判 共有林分割違憲訴訟	
社会権	◆生存権（25①） 判 朝日訴訟，堀木訴訟…最高裁は**プログラム規定説**に立つ	
	◆教育を受ける権利（26） 判 家永教科書訴訟	
	◆勤労の権利（27①），労働三権の保障（28）…**労働基本権**	
参政権	◆公務員の選定・罷免権（15①），選挙権（15③・44・93） 判 在外投票制限違憲訴訟	
	◆最高裁判所裁判官の国民審査権（79②③④），**特別法制定同意権（95）**	
	◆憲法改正国民投票権（96①） ※18歳以上に選挙権が引き下げられた	
請求権	◆国家賠償請求権（17） 判 郵便法損害賠償制限違憲訴訟	
	◆裁判を受ける権利（32・37），**刑事補償請求権（41）**→冤罪事件に対しての補償	

3 新しい人権

プライバシーの権利	◆憲法第13条の幸福追求権を根拠に主張
	◆私生活をみだりに公開されない権利 → **自己に関する情報を積極的にコントロールする権利** 判 『宴のあと』事件，『石に泳ぐ魚』事件
	◆個人情報保護法（行政機関）→ 個人情報保護関連5法（民間事業者も対象）
	◆住民基本台帳ネットワークシステム（住基ネット），マイナンバー法
知る権利	◆憲法第13条や第21条を根拠に主張
	◆国などがもつ情報を，国民が必要な情報として受け取る権利 判 沖縄機密漏洩事件
	◆情報公開条例（地方）→ 情報公開法（国）…情報公開制度の確立
	◆特定秘密保護法（2013）…防衛，外交，スパイ活動防止，テロ活動防止の4分野
環境権	◆憲法第13条・第25条を根拠に主張
	◆人の生命や健康を維持するために，**良好な環境のなかで生活を営む権利** 判 大阪空港公害訴訟（人格権を踏まえた環境権に理解を示す）
	◆公害対策基本法（1967）から環境基本法（1993）へ，環境アセスメント法（1997）
その他の新しい人権の主張	◆アクセス権…マスメディアでの意見・反論表明や番組参加の権利
	◆平和的生存権，嫌煙権，自己決定権（インフォームド・コンセント）などの主張

●●● 演習問題

問1 〈**主権**〉主権についての記述として正しいものを，次の ①〜④ のうちから一つ選べ。

（倫政・2022・追・17）

① ジャン・ボーダン（ボダン）は，著書『国家論』の中で絶対的永続的な権力として主権を論じ，絶対主義を擁護した。

② 主権は，領域，政府とあわせて，「国家の三要素」を構成するものと考えられている。

③ ジャン・ボーダン（ボダン）は，著書『国家論』の中で神から授けられる権力として主権を論じ，絶対主義を否定した。

④ 主権は，対内的には他国から干渉を受けない独立の権力，対外的には自国の

解明POINT

▶近代民主政治に関連した思想家

ジャン・ボーダン
『国家論』を著す。「主権」の概念をはじめて体系化するが，主権は君主にあると説いた

いかなる勢力からも制約を受けない最高の権力であると考えられている。

問2 〈**日本国憲法における権利と義務**〉生徒Xと生徒Yは，日本国憲法における権利と義務の規定について話し合っている。次の**会話文**中の空欄　ア　には後の記述aかb，空欄　イ　には後の記述cかdのいずれかが当てはまる。空欄　ア　・　イ　に当てはまるものの組合せとして最も適当なものを，後の①～④のうちから一つ選べ。

X：憲法は，第3章で国民の権利および義務を規定しているね。立憲主義は国民の権利や自由を保障することを目標とするけど，こうした立憲主義はどのように実現されるのかな。

Y：憲法第99条は，憲法尊重擁護義務を，　ア　。このほか，憲法第81条が定める違憲審査制も立憲主義の実現のための制度だよね。

X：憲法は国民の個別的な義務に関しても定めているね。これらの規定はそれぞれどう理解すればいいのかな。

Y：たとえば憲法第30条が定める納税の義務に関しては，　イ　。

　ア　に当てはまる記述

a　公務員に負わせているね。このような義務を規定したのは，公権力に関与する立場にある者が憲法を遵守すべきことを明らかにするためだよ

b　すべての国民に負わせているね。このような義務を規定したのは，人類の成果としての権利や自由を国民が尊重し合うためだよ

　イ　に当てはまる記述

c　新たに国税を課したり現行の国税を変更したりするには法律に基づかねばならないから，憲法によって義務が具体的に発生しているわけではないね

d　財政上必要な場合は法律の定めなしに国税を徴収することができるので，憲法によって義務が具体的に発生しているね

① ア－a　　イ－c　　　② ア－a　　イ－d
③ ア－b　　イ－c　　　④ ア－b　　イ－d

問3 〈**法の支配と法治主義**〉国家権力の濫用を防止するための規範としての法に関連する代表的な原則として形式的法治主義，実質的法治主義，および法の支配がある。次の文章を読み，ア～エの各行為を，この三つの原則に照らして違反の有無を判定した場合，その組合せとして最も適当なものを，下の①～④のうちから一つ選べ。

　国家権力の濫用を防止するという法の役割に関する原則としては，まず法の支配がある。これは，国家権力の行使は，法に基づいてなされなければならず，さらにこの場合の法は，内容が基本的人権を侵すようなものであってはならないとする考え方である。これに対して，法治主義は当初，行政に対して議会が制定した法律に従うことは要請するものの，法律の内容までは問わない形式的法治主義であった。しかし，今日の法治主義は，法の支配と同様に，行政が従うべき法律の内容に関しても，基本的人権を侵害しないものであることを要求する実質的法治主義を意味する。

ア　行政機関が，法律の根拠なく，国民の財産を強制的に収用する。

イ　行政機関が，法律に基づいて，国民に特定の職業に就くことを強制する。

ウ　議会が，国民に特定の職業に就くことを強制する法律を定める。

エドワード・コーク（クック）
法の支配という基本原理を確立する
モンテスキュー
『法の精神』を著し，三権分立を説く

解明POINT
▶**第3章に関連した憲法条文**

第30条
納税の義務
第84条
租税法律主義（あらたに租税を課し，又は現行の租税を変更するには，法律又は法律の定める条件による）
第99条
憲法尊重擁護義務（天皇，国務大臣，国会議員，裁判官や公務員）

解明POINT
▶**法の支配と法治主義**

法の支配
コモン・ロー（普通法）によりイギリスで発展した。人の支配に対して「国王といえども神と法の下にある」（ブラクトン）を引用したコーク（クック）によって確立した
法治主義
◆**形式的法治主義** ドイツで発達した。議会が制定した法律による行政を重視した
◆**実質的法治主義** 制定法が中心ではあるが，法律の内容も重視する立場

エ　議会が，国民の財産権の行使について公共の福祉の観点から必要最小限度の制限を課する法律を定める。

		形式的法治主義	実質的法治主義	法の支配
①	ア	違反しない	違反しない	違反しない
②	イ	違反しない	違反しない	違反する
③	ウ	違反しない	違反する	違反する
④	エ	違反する	違反する	違反する

問4　〈国家権力のあり方〉国家権力のあり方に関するある思想家の著作の記述から読みとれる内容として最も適当なものを，次の ①～④ のうちから一つ選べ。

（政経・2022・本・1）

> およそ権力を有する人間がそれを濫用しがちなことは万代不易（ばんだいふえき）の経験である。彼は制限に出会うまで進む。… （中略） …
>
> 権力を濫用しえないようにするためには，事物の配置によって，権力が権力を抑止するようにしなければならない。誰も法律が義務づけていないことをなすように強制されず，また，法律が許していることをしないように強制されないような国制が存在しうるのである。… （中略） …
>
> 同一の人間あるいは同一の役職者団体において立法権力と執行権力とが結合されるとき，自由は全く存在しない。なぜなら，同一の君主または同一の元老院が暴君的な法律を作り，暴君的にそれを執行する恐れがありうるからである。
>
> 裁判権力が立法権力や執行権力と分離されていなければ，自由はやはり存在しない。もしこの権力が立法権力と結合されれば，公民の生命と自由に関する権力は恣意的となろう。なぜなら，裁判役が立法者となるからである。もしこの権力が執行権力と結合されれば，裁判役は圧制者の力をもちうるであろう。
>
> もしも同一人間，または，貴族もしくは人民の有力者の同一の団体が，これら三つの権力，すなわち，法律を作る権力，公的な決定を執行する権力，犯罪や個人間の紛争を裁判する権力を行使するならば，すべては失われるであろう。

① 権力を恣意的に行使する統治に対する革命権の重要性を説いている。

② 権力を分立することにより公民の自由が保護されると説いている。

③ 権力をもつ者が権力を濫用するのではなく公民の自由を保護する傾向にあることを前提としている。

④ 権力をもつ者が人民から自然権を譲渡された絶対的な存在であることを前提としている。

問5　〈自由と平等〉次の文章の　X　・　Y　のそれぞれには，自由と平等とについての**考え方ア・イ**のどちらかが入る。　Y　に入る**考え方**と，その考え方に対応する具体的な**政策や取組みの例a～d**の組合せとして最も適当なものを，次の ①～⑧ のうちから一つ選べ。

（政経・2018・プレ・4）

近代の市民革命では，人間が生まれながらにさまざまな権利をもつ存在であるという考え方から導かれた自由と平等という二つの理念が，封建社会を打ち破る原動力となった。市民革命の後に各国で定められた多くの人権宣言は，自由と平等を保障している。ここでは，　X　との考え方がとられていた。

解明POINT

▶権力分立

ロック
二権分立…立法権と執行権（行政）・連合権（外交）とに分け，立法権を優位に置く

モンテスキュー
三権分立を主張し，三権相互の抑制と均衡を説く（『法の精神』）

解明POINT

▶社会契約説の思想家

ホッブズ

◆自然権を譲渡する社会契約によって強力な主権者が支配する国家を設立し，各人の生存を保障しなければならないとする。絶対王政を擁護する結果となる。

ロック

◆自然権の保障を確保するために，各人は契約を結んで，政府を設立するが，その任務を果たさない政府への抵抗権・革命権を持つとする。

ルソー

◆国家とそれぞれの個人の目指す一般意思を形成するために，各個人の自然権を人民全体に譲渡し，国家全体は一般意思という主権の下に置かれるべきで，主権は人民にある。

しかし，その後の歴史の経過をみると，自由と平等とは相反する側面ももっていることがわかる。19世紀から20世紀にかけて，　X　との考え方は，現実の社会における個人の不平等をもたらした。資本主義の進展によって，財産を持てる者はますます富み，それを持たざる者はますます貧困に陥ったからである。そこで，平等について新しい考え方が現れることになった。すなわち，　Y　との考え方である。

　もっとも，平等についてこのような考え方をとると，今度は平等が自由を制約する方向ではたらくことになる。国家は，持たざる者に対する保護の財源を，持てる者からの租税により調達する。持てる者にとって，その能力を自由に発揮して得た財産に多くの税を課されることは，みずからの自由な活動を制限されているに等しい。また，国家は，持たざる者に保護を与えるにあたり，その資産や収入を把握する。持たざる者は，これを自由に対する制約であると感じるだろう。

　このようにみると，自由と平等との関係は一筋縄ではいかないことがわかる。

考え方
　ア　すべての個人を国家が法的に等しく取り扱い，その自由な活動を保障することが平等である。
　イ　社会的・経済的弱者に対して国家が手厚い保護を与えることで，ほかの個人と同等の生活を保障することが平等である。

政策や取組みの例
　a　大学進学にあたり，高等学校卒業予定またはそれと同等の資格をもつ者の全員に大学受験資格を認定する。
　b　大学進学にあたり，世帯の年収が一定の金額に満たない者の全員に奨学金を支給する。
　c　大学入試において，国際性を有する学生を確保するため，帰国子女の特別枠を設定する。
　d　大学入試において，学力試験のみでは評価しにくい優れた能力をもつ学生を獲得するため，アドミッション・オフィス入試（AO入試）を実施する。
　① ア−a　　② ア−b　　③ ア−c　　④ ア−d
　⑤ イ−a　　⑥ イ−b　　⑦ イ−c　　⑧ イ−d

問6　〈日本国憲法の前文〉「憲法は，前文および1条において，主権が国民に存することを宣言し，国民は正当に選挙された国会における代表者を通じて行動すると定める」の内容を表している文として最も適当なものを，次の①〜④のうちから一つ選べ。なお，①〜④の文は，いずれも日本国憲法の前文のうちの1文を抜き出したものである。　(現社・2018・プレ②・16)
　①　そもそも国政は，国民の厳粛な信託によるものであつて，その権威は国民に由来し，その権力は国民の代表者がこれを行使し，その福利は国民がこれを享受する。
　②　日本国民は，恒久の平和を念願し，人間相互の関係を支配する崇高な理想を深く自覚するのであつて，平和を愛する諸国民の公正と信義に信頼して，われらの安全と生存を保持しようと決意した。

権利章典
イギリスの名誉革命の際に，法律の制定・停止，課税は議会の承認を必要とすることや議会内での言論の自由を保障した

アメリカ独立宣言
すべての人は平等に造られ，一定の譲ることができない権利を与えられているとした

フランス人権宣言
人は，自由かつ権利において平等なものとして出生し，かつ生存する（第1条）と規定する。また，立憲主義については，「権利保障が確保されず，権利保障が定められていないすべての社会は，憲法をもつものではない」（第16条）としている

解明POINT
▶日本国憲法の前文の構造
　前文は4段落になっており，最初の三段落が重要である。
◆第1段落…国民主権，議会制民主主義の内容が中心。
◆第2段落…恒久平和主義，平和的生存権の重要概念が述べられている。
◆第3段落…国際協調主義の内容になっている。

③　われらは，全世界の国民が，ひとしく恐怖と欠乏から免かれ，平和のうちに生存する権利を有することを確認する。

④　われらは，いづれの国家も，自国のことのみに専念して他国を無視してはならないのであつて，政治道徳の法則は，普遍的なものであり，この法則に従ふことは，自国の主権を維持し，他国と対等関係に立たうとする各国の責務であると信ずる。

問7　〈人権の保障〉「人権は，その内容からみて許される限り，会社などの法人にも保障されるべきである。」という考え方がある。この考え方に従った場合，法人に保障されることがある人権の組合せとして最も適当なものを，次の①～④のうちから一つ選べ。　　　　　　　　　　　　　　　（現社・2017・プレ①・20）

①　財産権と婚姻の自由　　　　　②　営業の自由と表現の自由

③　居住・移転の自由と生存権　　④　信教の自由と教育を受ける権利

問8　〈人身の自由〉日本における人身の自由に関連する記述として誤っているものを，次の①～④のうちから一つ選べ。　　　　　（倫政・2019・本・27）

①　現行犯として逮捕する場合は，裁判官の発する令状が必要である。

②　憲法上，何人も自己に不利益となる供述を強要されないことが定められている。

③　公務員による拷問や残虐な刑罰は，憲法上禁止されている。

④　第一審で有罪判決が出されても，最終的に判決が確定するまでは，被告人は無罪であると推定される。

問9　〈新しい人権〉新しい人権として日本で主張されている次の権利の名称A，Bと，それらに対応する記述ア～ウとの組合せとして最も適当なものを，下の①～⑥のうちから一つ選べ。　　　　　　　　　　　　（倫政・2019・本・28）

A　知る権利　　　　B　プライバシーの権利

ア　自らの情報が勝手に利用されないように，その情報をコントロールする。

イ　患者が自己の宗教的信念に基づいて，輸血を拒否する。

ウ　税金の使途が適切かどうかを確認するため，国に対して情報の公開を求める。

①　A－ア　　B－イ　　　②　A－ア　　B－ウ　　　③　A－イ　　B－ア

④　A－イ　　B－ウ　　　⑤　A－ウ　　B－ア　　　⑥　A－ウ　　B－イ

問10　〈最高裁の判決〉日本の最高裁判所の判決に関する記述として最も適当なものを，次の①～④のうちから一つ選べ。　　　　　　　（現社・2020・本・7）

①　空知太神社訴訟の最高裁判所判決では，市が神社に市有地を無償で使用させる行為は，政教分離原則に違反しないとされた。

②　津地鎮祭訴訟の最高裁判所判決では，市が体育館の起工に際して公金を支出して行った神式の地鎮祭は，憲法が禁止する宗教的活動にあたるとされた。

③　最高裁判所は，父母，祖父母などを殺害する尊属殺人の規定について，その刑罰が普通殺人よりも極端に重いものであるとして，違憲であると判断したことがある。

④　最高裁判所は，教科書検定制度は検閲にあたり，違憲であると判断したことがある。

解明POINT

▶人権関係の条文

　財産権（29条），婚姻の自由（24条），表現の自由（21条），居住・移転の自由（22条），信教の自由（20条），教育を受ける自由と受けさせる義務（26条）

解明POINT

▶人身（身体）の自由

憲法上の規定
令状主義，黙秘権，拷問の禁止，自白の証拠能力，国選弁護新制度

被疑者
◆刑事事件で罪を犯した疑いで捜査対象となっている者（起訴されていない者）
◆警察の留置所（代用監獄）を用いることもできるとされる
◆取り調べの可視化（裁判員裁判は捜査の全過程の全面可視化の義務化）

解明POINT

▶新しい人権の考え方

環境権
派生的な権利として日照権，眺望権，静穏権なども主張されている

プライバシーの権利
私生活をみだりに公開させない権利→自己に関する情報をコントロールする権利へと拡充

知る権利
情報公開法には「知る権利」は明記されていない

自己決定権
学説は分かれているが，「エホバの証人輸血拒否事件」で，東京高裁は尊厳死を自己決定権と認める

アクセス権
マスメディアに対する接近・利用権

整理・要約

1　平和主義

① 憲法第9条に関連した裁判

砂川事件	恵庭事件	長沼ナイキ基地訴訟	百里基地訴訟
日米安保条約が争点	自衛隊が争点		
◆第一審で違憲判決 ◆最高裁…**統治行為論**で判断回避（実質は合憲の判断）	◆第一審で原告を無罪とする…憲法判断を回避した肩すかし判決	◆第一審で違憲判決 ◆第二審は**統治行為論**により司法判断を回避 ◆最高裁…第二審を支持	◆第一審…**統治行為論**で司法判断回避，国側の勝訴 ◆最高裁は棄却

② 日米安保と自衛隊の変質

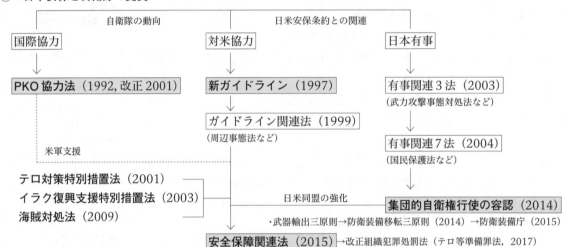

2　世界の政治体制

イギリス…議院内閣制	アメリカ…大統領制	◆フランス…大統領と首相がいる→大統領に権限がある
◆「国王は君臨すれども統治せず」，不文憲法の国 ◆下院優位の原則 ◆野党…「影の内閣」 ◆最高裁判所	◆行政権優位の政治制度 ◆大統領…任期4年で三選禁止，法案提出権なし→教書で勧告，法案拒否権 ◆議会…上院と下院（対等の関係） ◆裁判所…**違憲法令審査権**がある	◆ドイツ…大統領は議会から選出
		中国の政治制度
		◆権力集中制…共産党の一党支配・国家主席…全国人民代表大会（全人代）で選出

3　自由民主主義の成立と課題

近代 （18・19世紀）	夜警国家	消極国家	立法国家	◆安価な政府（自由放任主義にもとづく，アダム＝スミス） ◆小さな政府
現代（20世紀）	福祉国家	積極国家	**行政国家**	◆高価な政府 ◆大きな政府

20 世紀前半	◆社会主義運動→社会主義国家であるソ連の誕生（1917 年，ロシア革命）
	◆ファシズムと呼ばれる独裁的な政治体制（民族主義・人種主義の強調）
	（第一次世界大戦後のドイツ，ワイマール憲法の制定→ナチズム）
20 世紀後半～	◆新保守主義（新自由主義，消極国家）…「小さな政府」の主張（フリードマン）
21 世紀	◆ポピュリズム（大衆迎合主義）の台頭（既成政党や移民などへの批判を展開）

4　日本の選挙制度

		衆議院議員総選挙	参議院議員通常選挙	
定　　数		465 名	245 名	
選挙制度		小選挙区比例代表並立制	地域代表＋比例代表（3 年ごとに半数の改選）	
	小選挙区	289 名（1 選挙区 1 名）	小選挙区	147 名（1 選挙区 2 名以上あり）
	比例代表	176 名（全国 11 ブロック）	比例代表	98 名（全国 1 区）
投票方法		小選挙区選挙 → 立候補者名を記入	選挙区選挙 → 立候補者名を記入	
		比例代表選挙 → 政党名を記入	比例代表選挙 → 政党名又は立候補者名を記入	
名簿方式		拘束名簿式比例代表制，ドント式	非拘束名簿式比例代表制，ドント式	
立　候　補		重複立候補制（惜敗率で当選する場合もある）	重複立候補制は採用していない	

●●● 演習問題

問1　〈日本の安全保障政策〉日本の安全保障をめぐる法制度や政策についての記述として正しいものを，次の ①～④ のうちから一つ選べ。　（倫政・2018・本・26）

① 2014 年に政府が決定した防衛装備移転三原則によれば，武器や関連技術の輸出は全面的に禁止されている。

② 自衛隊の最高指揮監督権は，防衛大臣が有している。

③ 2015 年に成立した安全保障関連法によれば，日本と密接な関係にある他国に対する攻撃によって日本の存立が脅かされ，国民の権利が根底から覆される明白な危険がある場合でも，武力行使は禁止されている。

④ 安全保障に関する重要事項を審議する機関として，国家安全保障会議を内閣に設置している。

問2　〈日本の安全保障〉日本の安全保障に関する記述として最も適当なものを，次の ①～④ のうちから一つ選べ。　（倫政・2023・本・25）

① 日本の重要影響事態法による自衛隊の海外派遣に際しては，日本の周辺地域においてのみ自衛隊の活動が認められる。

② 日本の PKO 協力法による国連平和維持活動に際しては，自衛隊員の防護のためにのみ武器使用が認められる。

③ 日本は武器の輸出に関する規制として，防衛装備移転三原則を武器輸出三原則に改めた。

④ 日本は安全保障に関する重要事項を審議する機関として，内閣総理大臣を議長とする国家安全保障会議を設置した。

問3　〈アメリカ・イギリスの政治制度〉アメリカとイギリスの政治制度について述べた次の文章中の空欄　ア　～　ウ　に当てはまる語句の組合せとして正しいものを，下の ①～⑧ のうちから一つ選べ。　（倫政・2018・本・21）

アメリカでは，大統領は連邦議会の議員の選挙とは別に公選され，議会に議

解明POINT

▶安全保障関連法のまとめ

◆**平和安全法制整備法**：下記の内容を含んだ 10 本が一括して改正される

◆**自衛隊法**：存立危機事態における自衛隊の海外出動

◆**武力攻撃事態法**：存立危機事態における**集団的自衛権の行使**が可能

◆**重要影響事態法**：日本の平和と安全に重大な影響を与える重要影響事態に自衛隊の地理的な限定のない地球規模での後方支援を可能とした

◆**PKO 等協力法**：自衛隊の治安維持，駆けつけ警護が可能

◆**国際平和支援法**：国連決議等に基づき，軍事行動を行う他国軍への後方支援を行うための法律

◆**国家安全保障会議（NSC）設置法**：首相と 8 閣僚により組織構成

席をもたない。大統領は，議会が可決した法案に対する拒否権と議会への　ア　権とをもつが，議会の解散権をもたない。また議会は，大統領に対して　イ　を行う権限をもたない。

これに対しイギリスでは，下院（庶民院）の多数派から首相が任命されて内閣を組織する。内閣は法案を提出することができ，通常は与党議員である大臣が議会で説明や答弁を行う。また伝統的に，下院は内閣に対する　イ　権をもち，これに対抗して内閣は下院を解散することができるとされてきた。

こうしてみると，アメリカでは，イギリスよりも立法府と行政府との間の権力分立が　ウ　である。

① ア　教書送付　　イ　弾　劾　　　ウ　厳　格
② ア　教書送付　　イ　弾　劾　　　ウ　緩やか
③ ア　教書送付　　イ　不信任決議　ウ　厳　格
④ ア　教書送付　　イ　不信任決議　ウ　緩やか
⑤ ア　法案提出　　イ　弾　劾　　　ウ　厳　格
⑥ ア　法案提出　　イ　弾　劾　　　ウ　緩やか
⑦ ア　法案提出　　イ　不信任決議　ウ　厳　格
⑧ ア　法案提出　　イ　不信任決議　ウ　緩やか

問4　〈各国の政治制度〉政治制度と体制に関する記述として**適当でないもの**を，次の①〜④のうちから一つ選べ。　　　　　　　　（現社・2020・本・32）

① 中国の最高国家機関である全国人民代表大会は，立法権を有している。
② 大統領と首相が並存している国の一つに，フランスがある。
③ 開発独裁と呼ばれる政治体制を採っていた国の一つに，韓国がある。
④ アメリカでは，大統領は，連邦議会の解散権を有している。

問5　〈各国の政治のあり方〉さまざまな政治のあり方についての記述として最も適当なものを，次の①〜④のうちから一つ選べ。　　　　（倫政・2018・追・28）

① 韓国では，冷戦期において開発独裁体制が成立した。
② イギリスでは，第二次世界大戦後に議院内閣制が確立した。
③ フランスでは，大統領は国民議会によって選出される。
④ 中国では，全国人民代表大会が国家の行政を担当する機関である。

問6　〈政治体制の類型化〉政治体制について二つの次元で類型化を試みる理論に接した生徒は，その理論を参考にいくつかの国のある時期の政治体制の特徴を比較し，次の図中に位置づけてみた。図中の a〜c のそれぞれには，下の政治体制ア〜ウのいずれかが当てはまる。その組合せとして最も適当なものを，下の①〜⑥のうちから一つ選べ。　　　　　　　　　　（倫政・2021・①・本・21）

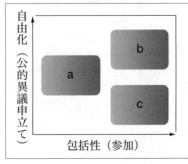

ⅰ．包括性（参加）：選挙権がどれだけの人々に認められているか（右にいくほど，多くの人びとに認められている）。

ⅱ．自由化（公的異議申立て）：選挙権を認められている人々が，抑圧なく自由に政府に反対したり対抗したりできるか（上にいくほど，抑圧なく自由にできる）。

解明POINT

▶各国の政治体制の要点

◆アメリカ
大統領の権限…行政府の最高責任者，法案提出権がない（教書送付権がある），法案拒否権をもつ，議会解散権はない（議会からの不信任はない），議会議員との兼職は禁止など。

◆イギリス
議会…上院（貴族院）と下院（庶民院）の二院制，下院優越の原則，議員・内閣ともに法案提出権がある，不信任が可決した場合には内閣は総辞職するか下院を解散するかしなければならない。

◆フランス
半大統領制…大統領制と議院内閣制の組合せ，大統領は首相や閣僚の任免権，国民議会の解散権をもつ。内閣（首相）と議会の両方に責任を負う。

◆中国
社会主義体制…民主集中制（権力集中制），共産党の一党支配，最高権力機関は全国人民代表大会（立法権がある）。行政は国務院が行う。

▶開発独裁
　1960年代以降にみられた強権的な政治体制（軍事独裁や一党支配など）で，経済成長を最優先し，民主化運動は制限・禁止された。韓国の朴政権（1961〜79），フィリピンのマルコス政権（1965〜86），インドネシアのスハルト政権（1965〜98），チリのピノチェト政権（1974〜90）などがあった。

ア　日本国憲法下の日本の政治体制

イ　チャーティスト運動の時期のイギリスの政治体制

ウ　ゴルバチョフ政権より前のソ連の政治体制

① a－ア　　b－イ　　c－ウ　　② a－ア　　b－ウ　　c－イ

③ a－イ　　b－ア　　c－ウ　　④ a－イ　　b－ウ　　c－ア

⑤ a－ウ　　b－ア　　c－イ　　⑥ a－ウ　　b－イ　　c－ア

問7　〈民主的な政治体制〉他国への日本の選挙監視団の派遣について，生徒Xと生徒Yの次のようなやり取りがあった。Xが二重下線部で示したように考えることができる理由として最も適当なものを，次の①〜④のうちから一つ選べ。

（倫政・2021・①・本・29）

X：途上国で行われる選挙に，選挙監視団が派遣されたって聞いたことがあるよ。たとえば，カンボジアやネパールで新憲法を制定するための議員を選ぶ選挙が行われた際に，選挙監視要員が派遣されたんだ。

Y：なぜこうした国は，憲法の制定に関わるような問題に，外国からの選挙監視団を受け入れたんだろう？　そして，どうしてそれが国際貢献になるのかな？

X：選挙監視団の目的は，自由で公正な選挙が行われるようにすることだよね。民主主義における選挙の意義という観点から考えれば，そうした選挙を実現させることは，その国に民主的な政治体制が定着するきっかけになるよね。民主的な政治体制がうまく機能するようになれば，再び内戦に陥って国民が苦しむようなことになるのを避けられるんじゃないかな。

Y：そうだね。それに，自由で民主的な政治体制が確保されている国の間では戦争は起きないって聞いたこともあるよ。もしそうだとすると，選挙監視団を派遣することは国際平和にもつながっているとも言えるね。

① 民主主義においては，国民に選挙を通じた政治参加を保障することで，国の統治に国民全体の意思を反映すべきものとされているから。

② 民主主義においては，大衆が国の統治を特定の個人や集団による独裁に委ねる可能性が排除されているから。

③ 民主主義においては，暴力によってではなく裁判によって紛争を解決することとなっているから。

④ 民主主義においては，国民が政治的意思を表明する機会を選挙以外にも保障すべきものとされているから。

問8　〈大衆民主主義〉大衆民主主義の説明として最も適当なものを，次の①〜④のうちから一つ選べ。

（倫政・2020・本・35）

① 財産や身分あるいは政治的知識の有無などによる制限なしに，政治参加の権利が保障されるような民主主義政治

② 資本家階級が主体となって，封建制や絶対君主制を否定する革命を進めるような民主主義政治

③ 労働者階級の指導の下に農民や中小企業家が連合し，資本主義経済を打倒する革命を進めるような民主主義政治

④ 労働者を代表する政党の指導の下で，人民を代表する合議体に権力が集中されるような民主主義政治

問9　〈二院制の国の議会のあり方〉二院制をとる国の議会のあり方についての記

解明POINT

◆**チャーティスト運動**…1838年から1857年にかけてイギリスで起きた政治的な要求を求めた労働運動。

◆**ゴルバチョフ**…1985年からソ連の最高指導者として民主的な改革（ペレストロイカ，グラスノスチ）を推進した。

解明POINT

▶**民主主義**

　デモクラシー（democracy）とは，古代ギリシアにおいて民衆（デモス）の支配（クラティア）に由来する。政治権力からの自由の主張としての自由主義と結びつくことで自由民主主義が確立する。

解明POINT

▶**大衆民主主義の特徴と問題点**

特徴
◆普通選挙制の実現
◆身分や財産上の制限なし
◆大衆の政治参加の保障
◆無党派層が多くなる
問題点
◆画一的な行動が起こる
◆扇動的な政治指導者やマスメディアによる操作対象になりやすい（フェイクニュースを信じる）
◆政治的無関心に陥る

述のうち，正しいものはどれか。当てはまるものをすべて選び，その組合せとして最も適当なものを，下の ①〜⑦ のうちから一つ選べ。　　　　（倫政・2021・①・本・22）

a　日本では，両議院は全国民を代表する選挙された議員で組織するものとされており，衆議院と参議院の議員ともに国民の直接選挙によって選出されている。衆議院で可決し参議院でこれと異なった議決をした法律案は，衆議院で出席議員の３分の２以上の多数で再び可決したときは，法律となる。

b　アメリカでは，連邦議会の上院議員は各州から２名ずつ選出されるのに対し，下院議員は各州から人口に比例して選出されている。連邦議会は立法権や予算の議決権などをもつが，政府高官人事への同意など下院にのみ与えられている権限もある。

c　イギリスでは，上院は非公選の貴族を中心に組織されるのに対し，下院は国民の直接選挙によって選出される議員によって組織される。下院優越の原則が確立しており，下院が国政の中心に位置している。下院には解散もあるが，解散できる条件は限られている。

① a　　　　② b　　　　③ c　　　　④ aとb
⑤ aとc　　⑥ bとc　　⑦ aとbとc

問10　〈**日本における政治や選挙**〉現在の日本における政治や選挙にかかわるさまざまな主体に関する記述として最も適当なものを，次の ①〜④ のうちから一つ選べ。　　　　（倫政・2021・②・本・17）

①　政党を結成するためには，国の許可が必要である。
②　利益集団（圧力団体）は，みずから政権獲得をめざす。
③　人事院は，公職選挙法に基づいて選挙に関する事務を行う。
④　国外に居住する有権者は，国政選挙において選挙権を行使できる。

問11　〈**日本の選挙制度**〉日本の選挙制度に関する記述として最も適当なものを，次の ①〜④ のうちから一つ選べ。　　　　（現社・2023・本・26）

①　国政選挙において，外国に居住する日本人は，法律上，投票できないこととなっている。
②　選挙運動の期間中に，その選挙の候補者が戸別訪問を行うことは，法律上，認められている。
③　一定の年齢に達した者が，その財産や納税額などにかかわりなく，選挙権を行使できる選挙は，秘密選挙と呼ばれる。
④　ある候補者の選挙運動の責任者が，その選挙に関して公職選挙法違反で有罪となった場合，候補者の当選が無効となることがある。

問12　〈**一票の格差**〉日本の国政選挙において，一票の格差を縮めるために採られ得る対応として考えられるものを，次の**サ〜ス**からすべて選んだとき，その組合せとして最も適当なものを，後の ①〜⑧ のうちから一つ選べ。ただし，選択肢以外の対応は採られないものとする。　　　　（現社・2022・本・4）

サ　議員定数１人あたりの人口が少ない複数の選挙区を合区し，合区後の選挙区の議員定数を，合区される選挙区の議員定数の和よりも減らす。
シ　各都道府県の人口とは無関係に，あらかじめ各都道府県に議員定数１を配分する。
ス　議員定数１人あたりの人口が少ない選挙区の議員定数を増やす。

解明POINT

▶**アメリカの連邦議会**

上院と下院で**対等な立法権**をもっている。

上院（元老院）
◆各州から２名ずつ選出
◆高級官吏の任命と条約の締結について大統領への同意権がある。この点で下院に優越している。

下院（代議院）
◆各州からの人口比例で選出（小選挙区制を採用）
◆予算先議権において上院に優越している

解明POINT

▶**政党と利益集団の違い**

政党
自ら掲げる政策の実現するために政権獲得を目指す。
利益集団（圧力団体）
特定の利益を目指し，行政府や議会など働きかける。政権獲得は目指さない。

解明POINT

▶**公職選挙法の概要**

◆選挙の公平さのために戸別訪問の禁止
◆投票時間の延長（午前７時から午後８時まで）
◆期日前投票，不在者投票，郵便投票，在外投票ができる
◆連座制の適用

解明POINT

▶**一票の格差の推移**

衆議院議員総選挙で2015年に最高裁は３回連続で違憲状態と判断し，2016年から議員定数を10人削減した。小選挙区間における格差（２倍未満）是正措置として2020年以降，10年ごとの国勢調査に基づき**アダムズ方式**による議席配分にすると決

① サとシとス　　② サとシ　　③ サとス　　④ シとス

⑤ サ　　　　　　⑥ シ　　　　⑦ ス　　　　⑧ 考えられるものはない

問13 〈選挙制度〉選挙制度の一つとして，小選挙区制がある。ある議会の定員は5人であり，各議員はこの選挙制度で選出されるとする。この議会の選挙において，三つの政党A～Cが五つの選挙区ア～オで，それぞれ1人の候補者を立てた。次の**表**は，その選挙での各候補者の得票数を示したものである。この選挙結果についての記述として正しいものを，下の①～④のうちから一つ選べ。

(政経・2018・追・2)

選挙区	得票数			計
	A党	B党	C党	
ア	45	30	25	100
イ	10	70	20	100
ウ	40	30	30	100
エ	10	50	40	100
オ	40	25	35	100
計	145	205	150	500

① 得票数の合計が最も少ない政党は，獲得した議席数が最も少ない。

② B党の候補者の惜敗率（当選者の得票数に対するB党の候補者の得票数の割合）が50パーセント未満である選挙区はない。

③ C党の候補者の惜敗率（当選者の得票数に対するC党の候補者の得票数の割合）が50パーセント以上である選挙区はない。

④ 得票数の合計が最も多い政党は，死票の数の合計が最も多い。

問14 〈衆議院議員総選挙における格差〉生徒Xは，1980年以降の衆議院議員総選挙における最大格差を調べ，その結果をまとめた次の**表**を作成した。**表**で示されている内容に関する記述として最も適当なものを，後の①～④のうちから一つ選べ。

(プレ・公共，政経・2025・11)

総選挙の実施年	1980年	1983年	1986年	1990年	1993年	1996年
一票の格差	3.94	4.40	2.92	3.18	2.82	2.31
総選挙の実施年	2000年	2005年	2009年	2012年	2014年	2017年
一票の格差	2.47	2.17	2.30	2.43	2.13	1.98

(出所) 裁判所Webページにより作成。

① 中選挙区制の下で実施された総選挙では，いずれも一票の格差が4.00を超えることはなかった。

② 小選挙区比例代表並立制の導入以降の総選挙では，いずれも一票の格差は2.50を下回っている。

③ 2000年以降の総選挙に関して，最高裁判所が一票の格差を違憲状態と判断したことはなかった。

④ 1980年の総選挙に比べて2017年の総選挙は投票率が高かったため，一票の格差も小さくなっている。

定し，2022年から適用される。これは，都道府県の人口をある定数で割り，得られた答えの小数点以下を切り上げて各地の議席定数とするもの。人口に比例するため格差が広がらないとされる。

解明POINT

▶**選挙制度**

◆**ドント式**

比例代表選挙で各政党の得票に応じて議席を配分していく方法で，ベルギーの法学者であるドントによって考案された。各政党の得票数を整数で割り，商の多い順に議席を配分する。

◆**重複立候補制度**

衆院の小選挙区の候補者が，同時に比例区選挙の名簿登載者となる制度である。惜敗率により決定する。参議院にはない。

◆**惜敗率**

小選挙区で落選した候補者のうち，惜しい戦いをした候補者から順に比例区で当選（復活当選）させることができるしくみである。惜敗率＝（当該候補者の獲得票数÷当該小選挙区の当選者の獲得票数）×100（％），で計算する。

◆**中選挙区制**

大選挙区制の一つ。日本独自の制度で，1選挙区か2～5名程度の議員を選出する制度であった。1994年に廃止された。

◆**小選挙区比例代表並立制**

1994年政治改革の一環として導入された。

2 日本の統治機構 国会・内閣・裁判所・地方自治

◆ 整理・要約

1 国会の地位と種類

地位	国権の最高機関，唯一の立法機関（41条）	
種類	通常国会	毎年1月に召集，会期150日，主に予算審議を行う（52条）
	臨時国会	内閣が必要と認めたときまたはいずれかの総議員の4分の1以上の要求で召集（53条）
	特別国会	衆議院議員の総選挙後から30日以内に召集，内閣総理大臣の指名（54条1項）
	参議院の緊急集会	衆議院の解散中，国に緊急の必要が生じたとき（54条2項）

2 国会の権限と衆議院の優越

国会の権限	◆法律案の議決・条約の承認・財政上の権限（予算の議決，決算の承認，**租税法律主義**） ◆**内閣総理大臣の指名** ◆内閣不信任案の決議（衆議院のみ） ◆**弾劾裁判所の設置** ◆**国政調査権**（62条） ◆憲法改正の発議権（96条）	
衆議院の優越	◆衆議院のみが持つ権限	◆**予算の先議権** ◆**内閣不信任決議権**
	◆衆議院が優越	◆**予算の議決** ◆条約の承認 ◆**内閣総理大臣の指名**
	◆再可決による優越	◆両院協議会…予算，条約，内閣総理大臣の指名は必ず開催 ◆**法律案の議決**…出席議員の3分の2以上の賛成 　→衆議院の決定が国会の決定，参議院が60日以内に議決 　　しない場合は否決とみなす
	◆衆議院と参議院が対等の権限	◆**憲法改正の発議** ◆**国政調査権** ◆**弾劾裁判** ◆**日銀総裁人事**（国会同意人事）

3 内閣と内閣総理大臣の権限

内閣の権限 （73条）	◆一般行政事務 ◆**外交関係の処理**（承認は国会） ◆**予算の作成**（予算案議決は国会） ◆**最高裁判所長官の指名**…その他の最高裁裁判官の任命，下級裁判所の裁判官の任命 ◆政令の制定権，恩赦の決定
内閣総理大臣	◆国務大臣の任免権 ◆行政各部の指揮監督 ◆閣議の主宰 ◆一般国務，外交関係について国会に報告 ◆自衛隊の最高指揮監督権

4 議院内閣制と解散の種類

① 議院内閣制…行政を担当する内閣の存立を議会の信任に依存させる制度→内閣は国会に対して連帯して責任を負う（66条）

② 解散の種類

69条解散	内閣不信任決議の可決	その他	◆内閣総理大臣が欠けたとき（70条）
7条解散	内閣による解散権行使		◆内閣が自ら判断したとき ◆衆議院議員任期満了のとき

5 裁判所

① 司法権の独立

行政権からの干渉	**大津事件**（1891）…大審院長**児島惟謙**の活躍
立法権からの干渉	浦和事件（1948）
司法部からの干渉	平賀書簡事件（1969）
司法権の独立	すべて司法権は最高裁判所及び下級裁判所にある（76条①）
	特別裁判所の禁止，行政機関による終審裁判の禁止（76条②）
裁判官の独立（76条③）	裁判官の身分保障（78条），裁判官の経済的な保障（79条⑥）
違憲立法審査権（81条）	一切の法律・命令・規則・処分・条例が憲法に適合するかを決定する権限

② 最高裁による違憲判決

1973	尊属殺重罰規定違憲判決	刑法に規定の尊属殺が法の下の平等（14 条）に違反
1975	薬事法距離制限違憲判決	薬局開設許可基準が職業選択の自由（22 条）に違反
1976, 85	衆議院議員定数違憲判決	一票の格差が法の下の平等に違反，事情判決
1987	共有林分割制限違憲判決	森林法の分割制限規定が財産権（29 条）に違反
1997	愛媛玉ぐし料訴訟違憲判決	公費からの支出が政教分離の原則（20・89 条）に違反
2002	郵便法違憲判決	損害賠償の制限が国の賠償責任（17 条）に違反
2005	在外選挙権制限違憲判決	在外投票の制限はやむを得ない制限とは言えず違反
2008	婚外子国籍訴訟違憲判決	国籍法の結婚要件が法の下の平等に反して違憲
2010	空知太神社訴訟違憲判決	市有地の提供は政教分離の原則に反して違憲
2013	婚外子相続差別違憲判決	婚外子（非嫡出子）の遺産相続で不利益を受けるのは違憲
2015	女性再婚期間禁止違憲判決	再婚期間の民法の規定は合理的な期間とは言えず違憲
2021	沖縄孔子廟違憲判決	沖縄那覇市の市有地を無償で使用することは違憲
2022	最高裁裁判官国民審査判決	在外日本国民による国民審査に投票できないのは違憲
2023	生殖不能手術規定違憲判決	性同一障害特例法の生殖不能の手術規定は違憲

③ 司法制度改革

2004	法科大学院（ロースクール）の開設	2006	日本司法支援センター（法テラス）開設
2004	被害者参加制度の実施	2006	被疑者段階での国選弁護人制度の導入
2005	刑事裁判に「公判前整理手続き」の導入	2009	裁判員裁判の導入
2005	東京高裁に知的財産高等裁判所の設置	2009	検察審査会の起訴議決制度の導入
2005	「即決裁判」導入，裁判外紛争解決手続き（ADR）		

6 地方自治

① 日本国憲法と地方自治

「地方自治の本旨」＝団体自治＋住民自治　地方自治法の制定（1947）	
◆団体自治	地方公共団体の中央政府からの独立
◆住民自治	地方公共団体のの運営は住民の意思によって行われる

＊「地方自治は民主主義の学校である」（ブライス，『近代民主政治』）

② 直接請求権

直接請求権の種類	必要署名数	請求先	取り扱い
条例の制定・改廃	有権者の 50 分の 1 以上	首長	首長は議会にかけて結果を公表
事務監査請求		監査委員	監査結果の公表
議会の解散	有権者の 3 分の 1 以上	選挙管理委員会	住民投票で過半数の賛成があれば解散・解職
首長・議員の解職			
副知事・副市町村長などの解職		首長	議会の 3 分の 2 以上の出席で，出席議員の 4 分の 3 以上の賛成があれば解職

＊有権者が 40 満人超 80 満人以下の地方公共団体の場合…40 万× 1/3 ＋ 40 万を超える部分抜 1/6 以上

有権者が 80 満人超の場合…40 万× 1/3 ＋ 40 万× 1/6 ＋ 80 万を超える部分× 1/8 以上

③ 地方分権の推進

地方分権一括法（1999）

↓

機関委任事務の廃止 ──→ 自治事務…………地方公共団体が独自に行う事業（都市計画の決定，飲食店営業の許可，病院・薬局の開設許可など）

──→ 法定受託事務……国から地方公共団体に委託された事務（国政選挙，旅券［パスポート］の交付，国道の管理など）

④ 地方財政…「三割自治（四割自治）」といわれる

自主財源	地方公共団体が独自に徴収できる地方税（住民税，固定資産税，事業税など）など	
依存財源	国庫支出金	使途があらかじめ指定されている（特定財源）
	地方交付税（交付金）	地方公共団体間の財政力格差の是正を目的とする
	地方債	起債については議会の議決，都道府県・指定都市は総務大臣，市町村は知事との協議制

●●● 演習問題

問1 〈国会の種類〉国会の種類や議院の会議の名称 A〜C とその説明ア〜ウとの組合せとして正しいものを，下の ①〜⑥ のうちから一つ選べ。

(倫政・2018・本・33)

A　特別会　　　B　緊急集会　　　C　臨時会

ア　衆議院解散後の総選挙の日から 30 日以内に召集される。

イ　内閣の決定により，またはいずれかの議院の総議員の 4 分の 1 以上の要求に基づいて召集される。

ウ　衆議院の解散中に内閣の要求により開かれる。

① A－ア　　B－イ　　C－ウ　　② A－ア　　B－ウ　　C－イ

③ A－イ　　B－ア　　C－ウ　　④ A－イ　　B－ウ　　C－ア

⑤ A－ウ　　B－ア　　C－イ　　⑥ A－ウ　　B－イ　　C－ア

問2 〈国会〉日本国憲法が定める国会についての記述として正しいものを，次の ①〜④ のうちから一つ選べ。

(倫政・2019・本・30)

① 在任中の国務大臣を訴追するには，国会の同意が必要となる。

② 大赦や特赦などの恩赦を決定することは，国会の権限である。

③ 衆議院で可決した予算を参議院が否決した場合に，両院協議会を開いても意見が一致しないとき，衆議院の議決が国会の議決となる。

④ 最高裁判所の指名した者の名簿によって，下級裁判所の裁判官を任命することは，国会の権限である。

問3 〈日本の統治機構〉　次の図は日本の統治機構について説明している。「委任の連鎖」とは，有権者から政治家を経て官僚へと政策決定や政策実施を委ねていく関係をいう。また，「責任の連鎖」とは，委任を受けた側が委任をした側に対し委任の趣旨に即した行動をとっているという説明責任を果たしていく関係をいう。**図中の矢印アで示された**責任に関する憲法上の仕組みとして正しいものを後の記述 a か b，**矢印イで示された**責任に関する憲法上の仕組みとして正しいものを後の記述 c か d から選び，その組合せとして最も適当なものを，後の ①〜④ のうちから一つ選べ。

(倫政・2023・本・26)

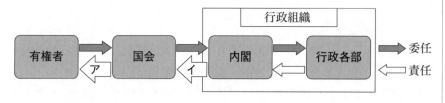

解明 POINT

▶ 国会の種類と憲法

◆常会（通常国会）：52 条

◆臨時会（臨時国会）：53 条

◆特別会（特別国会）：54 条

◆参議院の緊急集会：54②

＊臨時会について，2020 年，召集を求めた野党に対して安倍内閣は応じなかった。地裁は，内閣は召集する法的義務をもつと判断した。

解明 POINT

▶ 両院協議会

　衆議院と参議院とが異なった議決をした場合に開かれる。予算の議決，条約の承認，内閣総理の指名については必ず開かれる。法律案については必要に応じて開かれる。

解明 POINT

▶「委任の連鎖」と「責任の連鎖」

● 委任の連鎖…憲法の前文では「日本国民は正当に選挙された国会における**代表者を通じて行動**」とあり，間接民主制（委任）となっている。有権者→政治家→官僚の委任の体系が採られている。

● 責任の連鎖…憲法第 66 条③では「内閣は，行政権の行使について，**国会に対して連帯して責任を負ふ**」とあり，責任内閣制を採っている。

矢印アで示された責任に関する憲法上の仕組み

  a　両議院の会議の公開と会議録の公表

  b　国の収入支出の決算の提出

矢印イで示された責任に関する憲法上の仕組み

  c　弾劾裁判所の設置

  d　一般国務についての内閣総理大臣の報告

  ① ア-a　　イ-c　　　② ア-a　　イ-d

  ③ ア-b　　イ-c　　　④ ア-b　　イ-d

問4　〈国会の議決の方法〉日本国憲法が定めている国会の議決の方法の中には，**過半数の賛成で足りる場合**と**過半数よりも多い特定の数の賛成を必要とする場合**とがある。**過半数の賛成で足りる場合**として正しいものを，次の ①〜④ のうちから一つ選べ。　　　　　　　　　　　　　　　　　　　　　　　　（政経・2018・プレ・2）

  ① 国会が憲法改正を発議するため，各議院で議決を行う場合

  ② 条約の締結に必要な国会の承認について，参議院で衆議院と異なった議決をしたときに，衆議院の議決をもって国会の議決とする場合

  ③ 各議院で，議員の資格に関する訴訟を裁判して，議員の議席を失わせる場合

  ④ 衆議院で可決し，参議院でこれと異なった議決をした法律案について，再度，衆議院の議決だけで法律を成立させる場合

問5　〈行政活動をめぐる法制度〉日本の行政活動をめぐる法制度に関する次の記述 a〜c のうち，正しいものはどれか。当てはまる記述をすべて選び，その組合せとして最も適当なものを，下の ①〜⑦ のうちから一つ選べ。　　　　　　　　　　　　　　　　　　　　　　　　（倫政・2021・②・本・18）

  a　行政手続法は，行政運営における公正の確保と透明性の向上を図ることを目的としている。

  b　情報公開法は，行政機関の非開示決定に対する国民の不服申立てを審査するために，オンブズマン（行政監察官）制度を定めている。

  c　特定秘密保護法は，行政機関による個人情報の適正な取扱いを通じた国民のプライバシーの保護を目的としている。

  ① a　　　② b　　　③ c　　　　　④ aとb

  ⑤ aとc　⑥ bとc　⑦ aとbとc

問6　〈裁判等に関わる監視や統制〉日本において，裁判や刑事手続にかかわる権力を監視，統制する仕組みについての記述として**誤っているもの**を，次の ①〜④ のうちから一つ選べ。　　　　　　　　　　　　　　　　（倫政・2020・本・36）

  ① 検察官が不起訴の決定をした事件について，検察審査会が起訴相当の議決を二度行った場合は強制的に起訴される仕組みが導入された。

  ② 国民審査により最高裁判所の裁判官が罷免された例は，これまでにない。

  ③ 取調べの録音や録画を義務づける仕組みが，裁判員裁判対象事件などに導入された。

  ④ 死刑判決を受けた人が再審により無罪とされた例は，これまでにない。

問7　〈刑事裁判〉日本の刑事裁判に関連する記述として正しいものを，次の ①〜④ のうちから一つ選べ。　　　　　　　　　　　　　　　（倫政・2019・追・35）

解明POINT

▶弾劾裁判所

　「国会は，罷免の訴追を受けた裁判官を裁判するため，両議院の議員で組織する弾劾裁判所を設ける」（憲法64条①）と規定するように，裁判官にはなはだしい職務上の義務違反や怠慢があったとき，裁判官としての威信を著しく損なうような非行行為があった場合に，罷免請求として訴追される。

解明POINT

▶法律案の議決

　「衆議院で可決し，参議院でこれと異なった議決をした法律案は，衆議院で出席議員の3分の2以上の多数で再び可決したときは，法律となる」（憲法59条②）とあり，「参議院が，衆議院の可決した法律案を受け取った後，国会休会中の期間を除いて60日以内に，議決しないときは，衆議院は，参議院がその法律案を否決したものとみなすことができる」（憲法59条④）とある。

解明POINT

▶3分の2以上の議決が必要な場合

◆議員の資格争訟（55条）
◆両議院の秘密会（57条①）
◆法律案の再可決（59条②）
◆憲法改正の発議（96条①）

① 警察にある留置場を拘置所に代用する代用刑事施設（代用監獄制度）は，廃止されている。

② 重大な刑事事件の第一審および控訴審においては，裁判員制度が導入されている。

③ 刑罰の適用年齢は14歳に引き下げられているが，14歳未満の少年の少年院送致は認められていない。

④ 抑留または拘禁を受けた後に無罪判決が確定した者には，国に補償を求める刑事補償請求権が認められている。

問8 〈違憲審査権〉日本国憲法は，司法機関たる裁判所に，立法機関や行政機関に対するチェック機能として違憲審査権を与えている。この権限について，裁判所はこれを積極的に行使し，違憲判断をためらうべきではないとする見解と，その行使には慎重さが求められ，やむをえない場合のほかは違憲判断を避けるべきであるとする見解とが存在する。前者の見解の根拠となる考え方として最も適当なものを，次の①〜④のうちから一つ選べ。 (倫政・2020・本・33)

① 法律制定の背景となる社会や経済の問題は複雑であるから，国政調査権をもち，多くの情報を得ることができる機関の判断を尊重するべきである。

② 選挙によって構成員が選出される機関では，国民の多数派の考えが通りやすいので，多数派の考えに反してでも少数者の権利を確保するべきである。

③ 外交など高度な政治的判断が必要とされる事項や，国政の重要事項についての決定は，国民に対して政治的な責任を負う機関が行うべきである。

④ 日本国憲法は民主主義を原則としているので，国民の代表者によって構成される機関の判断を，できる限り尊重すべきである。

問9 〈司法制度改革〉司法制度改革が推進される中で設けられたさまざまな仕組みに関する記述として誤っているものを，次の①〜④のうちから一つ選べ。 (倫政・2023・追・21)

① 法テラス（日本司法支援センター）では，司法に関する情報提供や法律相談を受けることができる。

② 被害者参加制度では，犯罪被害者やその家族が刑事裁判に裁判員として参加することができる。

③ 一定の事件における被疑者の取調べでは，録音・録画による記録が義務づけられている。

④ 知的財産高等裁判所では，特許権などの知的財産権（知的所有権）に関する訴訟が専門に扱われている。

問10 〈司法への市民参加〉司法への市民参加に関する記述として誤っているものを，次の①〜④のうちから一つ選べ。 (倫政・2018・追・30)

① 日本の裁判員は，立候補した国民の中から選ばれる。

② 日本の裁判員は，評議中にやりとりした意見について守秘義務がある。

③ ドイツの参審制では，参審員も量刑の判断に加わる。

④ アメリカの陪審制では，陪審員のみで評議を行う。

問11 〈地方自治制度 I〉日本の地方自治制度について述べた次の文章中の空欄 ［ ア ］〜［ ウ ］に当てはまる語句の組合せとして正しいものを，下の①〜⑧のうちから一つ選べ。 (倫政・2019・本・31)

日本国憲法によれば，議会の議員だけでなく首長も住民の直接選挙で選ばれることになっており，このような政治制度は， ア と呼ばれる。また，首長と議会は，権力が濫用されないよう，互いに抑制し均衡し合うことが期待されている。このような仕組みの一つとして，議会は，議員数の３分の２以上の者が出席し，この出席議員の イ の賛成で，首長の不信任の議決をする権限をもち，これに対抗して首長は 10 日以内に議会を解散することができる。

また，議会が議事機関とされる一方で，首長は，執行機関として地方公共団体の事務の執行に責任を負う立場にある。しかし，首長は事務の執行に政治的影響力を行使しやすい立場にあるため，一部の行政分野では，政治的中立性の確保などを目的として，首長とは別個の執行機関である ウ が設置されている。

① ア 二元代表制　　　イ 　４分の３以上　　ウ 　行政委員会
② ア 二元代表制　　　イ 　４分の３以上　　ウ 　会計検査院
③ ア 二元代表制　　　イ 　過半数　　　　　ウ 　行政委員会
④ ア 二元代表制　　　イ 　過半数　　　　　ウ 　会計検査院
⑤ ア 住民投票制度　　イ 　４分の３以上　　ウ 　行政委員会
⑥ ア 住民投票制度　　イ 　４分の３以上　　ウ 　会計検査院
⑦ ア 住民投票制度　　イ 　過半数　　　　　ウ 　行政委員会
⑧ ア 住民投票制度　　イ 　過半数　　　　　ウ 　会計検査院

問12 〈地方自治制度Ⅱ〉 日本の地方自治の制度に関する記述として正しいものを，次の ①～④ のうちから一つ選べ。　　　　　　　　　　（倫政・2017・本・32）

① 地方自治体の首長は，地方議会が議決した予算に対して拒否権を行使することができない。

② 地方自治体が独自に行う住民投票において，永住外国人の投票が認められた事例はない。

③ 有権者は，必要な署名数を集めた上で地方自治体の首長に対して事務の監査請求を行うことができる。

④ 国による情報公開法の制定以前に，地方自治体において情報公開に関する条例が制定されたことがある。

問13 〈地方自治制度Ⅲ〉 地方公共団体についての次の記述 A～C のうち，正しいものはどれか。当てはまる記述をすべて選び，その組合せとして最も適当なものを，下の ①～⑦ のうちから一つ選べ。　　　　　（倫政・2020・本・26）

A 地方公共団体の選挙管理委員会は，国政選挙の事務を行うことはない。

B 都道府県の監査委員は，公正取引委員会に所属している。

C 地方公共団体の義務教育の経費に，国庫支出金が使われる。

① A　　　　　　② B　　　　　　③ C
④ AとB　　　　⑤ AとC　　　　⑥ BとC
⑦ AとBとC

問14 〈地方自治の本旨〉 日本国憲法が保障している地方自治について，次の**文章**中の空欄 ア ～ ウ に当てはまる語句の組合せとして最も適当なものを，後の ①～⑧ のうちから一つ選べ。　　　（倫政・2022・本・17）

解明POINT

▶裁判員裁判

この制度の導入の理由は，刑事裁判（殺人など）に一般市民の感覚を反映させ，市民参加を可能にし，裁判の迅速化，裁判の手続や判決の分かりやすさを目指した。裁判員は，20 歳以上の国民から選ばれ，殺人などの重大な刑事裁判の第一審において有罪か無罪かを裁判官とともに決定する。

解明POINT

▶首長と議会との関係（二元代表制）

◆住民による首長と議員の直接選挙

◆議会は一院制

◆首長は，議会から不信任決議が可決された場合のみ，議会を解散することができる。

解明POINT

▶国庫支出金

国が都道府県・市町村に支給するもので，使途の指定がなされている。そのため「ひも付き補助金」と称されることもある。

日本国憲法第92条は，「地方公共団体の組織及び運営に関する事項は，地方自治の本旨に基いて，法律でこれを定める」としている。ここでいう地方自治の本旨は，団体自治と住民自治の原理で構成される。団体自治は，国から自立した団体が設立され，そこに十分な自治権が保障されなければならないとする　　ア　　的要請を意味するものである。住民自治は，地域社会の政治が住民の意思に基づいて行われなければならないとする　　イ　　的要請を意味するものである。国から地方公共団体への権限や財源の移譲，そして国の地方公共団体に対する関与を法律で限定することなどは，直接的には　　ウ　　の強化を意味するものということができる。

① ア 集 権　イ 自由主義　ウ 住民自治
② ア 集 権　イ 自由主義　ウ 団体自治
③ ア 集 権　イ 民主主義　ウ 住民自治
④ ア 集 権　イ 民主主義　ウ 団体自治
⑤ ア 分 権　イ 自由主義　ウ 住民自治
⑥ ア 分 権　イ 自由主義　ウ 団体自治
⑦ ア 分 権　イ 民主主義　ウ 住民自治
⑧ ア 分 権　イ 民主主義　ウ 団体自治

問15 〈国と地方自治体との関係〉地方分権一括法（1999年成立）に関する会話文中の空欄　　ア　　～　　ウ　　に当てはまる語句の組合せとして最も適当なものを，後の①～⑧のうちから一つ選べ。　　　（倫政・2022・本・30）

X：この時の地方分権改革で，国と地方自治体の関係を　　ア　　の関係としたんだね。

Y：　　ア　　の関係にするため，機関委任事務制度の廃止が行われたんだよね。たとえば，都市計画の決定は，　　イ　　とされたんだよね。

X：　　ア　　の関係だとして，地方自治体に対する国の関与をめぐって，国と地方自治体の考え方が対立することはないのかな。

Y：実際あるんだよ。新聞で読んだけど，地方自治法上の国の関与について不服があるとき，地方自治体は　　ウ　　に審査の申出ができるよ。申出があったら　　ウ　　が審査し，国の機関に勧告することもあるんだって。ふるさと納税制度をめぐる対立でも利用されたよ。

① ア 対等・協力　イ 法定受託事務　ウ 国地方係争処理委員会
② ア 対等・協力　イ 法定受託事務　ウ 地方裁判所
③ ア 対等・協力　イ 自治事務　ウ 国地方係争処理委員会
④ ア 対等・協力　イ 自治事務　ウ 地方裁判所
⑤ ア 上下・主従　イ 法定受託事務　ウ 国地方係争処理委員会
⑥ ア 上下・主従　イ 法定受託事務　ウ 地方裁判所
⑦ ア 上下・主従　イ 自治事務　ウ 国地方係争処理委員会
⑧ ア 上下・主従　イ 自治事務　ウ 地方裁判所

問16 〈地方財政〉日本の地方財政に関する記述として最も適当なものを，次の①～④のうちから一つ選べ。　　　（倫政・2023・本・18）

① 地方公共団体における財政の健全化に関する法律が制定されたが，財政再生団体に指定された地方公共団体はこれまでのところない。

解明POINT

▶地方自治の本旨

地方自治の本旨	
「地方公共団体の組織及び運営に関する事項は，地方自治の本旨に基づいて，法律でこれを定める。」（憲法第92条）	
団体自治	住民自治
国から独立して地方の政治が行われること	その地域の住民の意思に基づいて処理されること
地方自治法（1947）	

＊大日本帝国憲法には「地方自治」の規定はない。

解明POINT

▶自治事務と法定受託事務の内容例

◆自治事務…都市計画，学級編成義務，就学学校の指定，病院や薬局の開設など

◆法定受託義務…国政選挙，旅券（パスポート）の交付，戸籍事務，生活保護の決定など

解明POINT

▶ふるさと納税制度

　地方税法の改正（2008）で導入された制度で，任意に選択した地方自治体に対して寄付を行うことで，寄付金額の一部が所得税・住民税から控除される仕組みになっている。ふるさとや応援したい自治体などとは異なる自治体への納税ができるようにしたもので，寄付してくれたものへの返礼品に注目されたことなどもあり，国からの批判が出ている。

② 出身地でなくても，任意の地方公共団体に寄付をすると，その額に応じて所得税や消費税が軽減されるふるさと納税という仕組みがある。

③ 所得税や法人税などの国税の一定割合が地方公共団体に配分される地方交付税は，使途を限定されずに交付される。

④ 地方公共団体が地方債を発行するに際しては，増発して財政破綻をすることがないよう，原則として国による許可が必要とされている。

問17 〈地方の財源〉生徒たちがL市とその近隣の地方自治体について調べ，歳入区分のうち地方税と地方交付税と国庫支出金に着目して，次の文章と後の**表**を作成した。なお，文章は**表**を読みとって作成したものである。**表**中の地方自治体 ①〜④ のうちL市はどれか。正しいものを，**表**中の ①〜④ のうちから一つ選べ。

(倫政・2022・本・31)

> L市の依存財源の構成比は，**表**中の他の地方自治体と比べて最も低いわけではありません。ただし，「国による地方自治体の財源保障を重視する考え方」に立った場合は，依存財源が多いこと自体が問題になるとは限りません。たとえばL市では，依存財源のうち一般財源よりも特定財源の構成比が高くなっています。この特定財源によってナショナル・ミニマムが達成されることもあるため，必要なものとも考えられます。
>
> しかし，「地方自治を重視する考え方」に立った場合，依存財源の構成比が高くなり地方自治体の選択の自由が失われることは問題だと考えられます。L市の場合は，自主財源の構成比は50パーセント以上となっています。

地方自治体	歳入区分の構成比（％）		
	地方税	地方交付税	国庫支出金
①	42	9	19
②	52	1	18
③	75	0	7
④	22	39	6

(注) 歳入区分の項目の一部を省略しているため，構成比の合計は100パーセントにならない。表中に示されていない歳入のうち，自主財源に分類されるものはないものとする。

問18 〈地方自治をめぐる出来事〉次のA〜Dは，第二次世界大戦後の日本の地方自治をめぐって起きた出来事に関する記述である。これらの出来事を古い順に並べたとき，3番目にくるものとして正しいものを，後の ①〜④ のうちから一つ選べ。

(倫政・2022・本・29)

A 地方分権改革が進む中で行財政の効率化などを図るために市町村合併が推進され，市町村の数が減少し，初めて1,700台になった。

B 公害が深刻化し住民運動が活発になったことなどを背景として，東京都をはじめとして都市部を中心に日本社会党や日本共産党などの支援を受けた候補者が首長に当選し，革新自治体が誕生した。

C 地方自治の本旨に基づき地方自治体の組織や運営に関する事項を定めるために地方自治法が制定され，住民が知事を選挙で直接選出できることが定められた。

D 大都市地域特別区設置法に基づいて，政令指定都市である大阪市を廃止して新たに特別区を設置することの賛否を問う住民投票が複数回実施された。

① A　　② B　　③ C　　④ D

公共篇

解明POINT

▶地方財政の主な財源

一般財源（議会で使途が決定できる）
● 地方税…住民税，固定資産税など
● 地方交付税…財政力格差を是正するために国から交付される
● 地方贈与税…国税として徴収後，国が地方に譲与する

特定財源（使途が特定されている）
● **国庫支出金**…補助金ともよばれ，社会保障や義務教育などに使用
● **地方債**…起債するには議会の議決と，都道府県・政令指定都市は総務大臣，市町村は知事との協議が必要

＊一般財源と特定財源，自主財源と依存財源を区別して整理しておこう。

解明POINT

▶市町村合併

市町村合併特例法（1995）が制定され，地方財政の効率化のための大規模な合併が進められた。これを**平成の大合併**という。また，合併を促進させるために合併特例債の発行が認められ，合併後は議員定数の保障などの特例が設けられた。

▶道州制

現在の都道府県を廃止していくつかの府県をまとめることで，広域の地方行政区域を作るために考え出されている。

3 国際政治のしくみと役割　国際連合・安全保障・現代の紛争

⊟ 整理・要約

1　国際法の分類

形式による分類		適用時による分類	
条約		**戦時国際法**	
● 明文化された国家間の合意		● 戦争時の国際関係において適用	
● 当事国の議会での承認が必要		● 開戦手続き，捕虜の取り扱いなど	
● 協定，議定書，宣言，憲章，覚書		● 『戦争と平和の法』（グロティウス）→戦時国際法	
国際慣習法（慣習国際法）		**平時国際法**	
● 国家間の慣行が法となったもの		● 通常時の国際関係において適用	
● **公海自由の原則，無主地の先占，外交特権**→条約化の動き		● 難民条約（1951），外交関係に関するウィーン条約（1961）など	

2　国際連盟と国際連合

	国際連盟（1920）	国際連合（1945）
成立過程	第一次世界大戦への反省 →ウィルソンの「平和原則14か条」（1918） →ヴェルサイユ条約（1919）に基づき成立	**大西洋憲章（1941）** →ダンバートン・オークス会議（1944） →サンフランシスコ会議（1945）…国連憲章採択
本部	スイスのジュネーブ	アメリカのニューヨーク
加盟国	原加盟国42か国， **アメリカの不参加，ソ連の除名，日・独・伊の脱退**	原加盟国51か国，日本の加盟（1956），スイス・東ティモールの加盟（2002），南スーダン共和国の加盟（2011），※現在193か国（2023年）
主要機関	総会，理事会，事務局， 常設国際司法裁判所，国際労働機関（ILO）	総会，安全保障理事会，経済社会理事会，信託統治理事会，事務局， 国際司法裁判所（ICJ）…当事国の同意が必要 ※国際刑事裁判所（ICC）…主要機関ではない
評決方法	全会一致制	**多数決（総会），大国一致の原則（安保理，拒否権）**
制裁措置	経済制裁のみ	**経済制裁，軍事的制裁**

3　国連の活動

① 世界平和への取組み…軍縮，南北格差，環境，食糧，難民，人権など

② 紛争への平和的解決（国連憲章6章），強制措置（7章），PKO（「6章半」の活動）

主な軍縮・核軍縮		集団安全保障
1963	部分的核実験禁止条約（PTBT）	● **集団安全保障体制**→「平和のための結集」決議（1950）…緊急特別総会
1968	核拡散防止条約（NPT）	
1996	包括的核実験禁止条約（CTBT）	● **PKO（国連平和維持活動）**…国連平和維持軍（PKF），停戦監視団，選挙監視
1997	対人地雷全面禁止条約	

● **難民条約（1951）**…**国連難民高等弁務官事務所（UNHCR）**による救済，ノン・ルフールマンの原則

● 南北格差，貧困…国連貿易開発会議（UNCTAD），世界銀行（IBRD），国連開発計画（UNDP）
　　　　　　ミレニアム開発目標（MDGs）の設定→「**人間の安全保障**」の提唱

③ 国連の課題

　● **国連改革**…少ない予算，**分担金の滞納**（アメリカなど）

　● 安全保障理事会の改革…常任理事国の拡大，拒否権の廃止や制限など

4 冷戦とその終焉

① **冷戦の開始** (1940年代) ＊ヨーロッパにおける東西の対立

西側（資本主義諸国）		⇔	東側（社会主義諸国）	
1947	トルーマン・ドクトリン （対ソ封じ込め政策，冷戦開始宣言）	政治	1947 〜56	コミンフォルム （共産党中央情報局）
1947	マーシャル・プラン （アメリカによる欧州復興援助計画）	経済	1949 〜91	COMECON（コメコン） （経済相互援助会議）
1949	北大西洋条約機構 （NATO）	軍事	1955 〜91	ワルシャワ条約機構 （WTO）

- 朝鮮半島の南北分断（1948），ベルリン封鎖（1948）とドイツの東西分裂（1949）
- チャーチルの「鉄のカーテン演説」（1956）

② **雪解け・平和共存・第三世界の台頭** (1950年代)

- ジュネーブ巨頭会談（1955）→**フルシチョフのスターリン批判（1956）**と平和共存政策→初の米ソ首脳会談（1959）
- ネール・周恩来会談と平和五原則（1954）
  →**バンドン会議（A・A会議）**と平和10原則（1955）

③ **キューバ危機とデタント（緊張緩和）・多極化** (1960年代)

- 第一回非同盟諸国首脳会議（1961）
- **キューバ危機（1962）**…核全面戦争の一歩手前→デタントへ
- フランスのドゴール大統領，NATO軍事機構から離脱（1966）
- 中ソ対立・中ソ国境紛争
- アメリカ，ベトナム戦争（1960〜1973）

④ **新冷戦** (1970年代)

- ソ連のアフガニスタン侵攻（1979）
  →アメリカ（レーガン大統領）との対決姿勢が鮮明になる

⑤ **冷戦の終結** (1980年代)

- ソ連，ゴルバチョフ大統領の就任→ペレストロイカ（改革）とグラスノスチ（情報公開），「新思考外交」，アフガニスタンからの撤退（1989）
- **東欧革命**とベルリンの壁の崩壊（1989）
- 冷戦の終結宣言…米ソ首脳の**マルタ会談**（1989）→東西ドイツの統一（1990）
- ソ連の解体（1991）と独立国家共同体の創設

⑥ **ポスト冷戦の時代** (1990年代以降)

- アメリカの**ユニラテラリズム**（単独行動主義）
  (1) **湾岸戦争**（1991），同時多発テロ事件（2001・9・11）と**アフガニスタン戦争，イラク戦争**（2003，フセイン政権崩壊）
  (2) 京都議定書，国際刑事裁判所，パリ協定，TPP，IMF全廃条約などからの離脱
- ロシア・プーチン大統領の拡大主義
  (1) ウクライナ南部のクリミア半島を一方的に併合（2014），**ウクライナへの全面的な侵攻**（2022）
- 民族紛争・宗教紛争・地域紛争の頻発とテロの激化
- アメリカと中国との半導体，AI（人工知能）分野をめぐる経済的対立が激化（2023）

パレスチナ問題	●英の「二枚舌外交」(フセイン・マクマホン宣言, バルフォア宣言) が遠因
	●ユダヤ民族がパレスチナにイスラエルを建国 (1948)
	→多くのパレスチナ難民が発生
	●国連がパレスチナ分割決議(1947)を出すが, イスラエルに有利な決議案であったため, 第一次～四次中東戦争が勃発。1964 年にパレスチナ難民を主体とするゲリラ組織 PLO (パレスチナ解放機構) が結成される
	●パレスチナ暫定自治協定 (オスロ合意, 1996), ロードマップの作成
	●2002 年にイスラエルに強硬派政権が誕生, ヨルダン川西岸に分離の壁の建設を開始。パレスチナ自治区ガザで, イスラーム組織ハマス (対イスラエル強硬派) が政権を掌握
	●2023 年にガザ地区でイスラエルとハマスが大規模な戦闘
旧ユーゴスラビア問題 (ボスニア-ヘルツェゴビナ紛争)	●冷戦の終結・ソ連の解体に伴い, 旧ユーゴスラビアが解体→ボスニア・ヘルツェゴビナ独立宣言 (1992) →セルビアを中心とする連邦維持派と独立派の対立激化→ NATO による空爆→ボスニア和平協定調印 (1995)
コソボ紛争	● NATO の「人道的介入」により, コソボ自治州がセルビアから独立 (2008)
東ティモール独立運動	●インドネシアからの分離独立運動→ PKO 派遣→独立・国連加盟 (2002)
チェチェン紛争	●ロシアからの独立を求める運動 (石油利権とイスラームとの争い)
北アイルランド紛争	●北アイルランドの帰属をめぐるカトリック系とプロテスタント系との対立→和平協定 (1999)
スコットランドの独立問題	●イギリスからの独立を求める住民投票 (2014) →否決
インド・パキスタン紛争	●カシミール地方の領有権をめぐる紛争 →両国による核実験にまで発展 (1998) →イスラーム系住民 (独立派) とヒンドゥー教系住民 (インドへの帰属) との対立
フォークランド紛争	●フォークランド諸島の領有をめぐるイギリスとアルゼンチンとの紛争 (1982)
クルド人問題	●イラン・イラク・トルコ・シリアなどにまたがって居住する民族問題
アフガニスタン問題	●ソ連がアフガニスタンに侵攻 (1979), 新冷戦の契機となる → 1989 年, ゴルバチョフがアフガニスタンから撤退
	●2011 年の同時多発テロを契機に, 首謀者とされるビンラディン (アルカイダ) をタリバン政権が匿っているとしてアフガニスタン戦争が起こる
	●日本もテロ対策特別措置法により支援
	●2021 年にバイデン政権が完全撤退, その後, 再びタリバン政権が樹立
チベット・ウイグル族問題	●チベット族・ウイグル族の中国からの自治・独立要求→中国政府の弾圧
ルワンダ問題	●フツ族 (多数派) とツチ族 (少数派) との部族対立 →部族対立の解消, 外資導入による経済発展
スーダン・ダルフール紛争	●北部のアラブ人 (イスラーム系住民) と南部のキリスト教系黒人との対立 →スーダン西部のダルフールでアラブ系民兵が非アラブ系住民を虐殺 (2003) →南スーダン共和国の独立と国連加盟 (2011)
	●南スーダンで石油の利権をめぐって内部対立。自衛隊が PKO として派遣されたが, 治安が悪化して撤退 (2017)
シリア内戦	●アサド大統領の独裁に対し, 「アラブの春」(2010) を契機にイスラーム過激派 IS (イスラーム国), 反政府軍, 自由シリアなどが入り混じって内戦勃発 (2011) →シリア難民がトルコやヨーロッパへ逃れた
	●ロシアやイランはアサド政権を支援, 欧米諸国は反政府軍を支援
ロヒンギャ問題	●ミャンマーのイスラーム少数民族ロヒンギャへの弾圧

ロシア・ウクライナ紛争	●ウクライナで親ヨーロッパ政権が誕生（2014）→親 EU 政策への転換
	●ロシアのプーチン大統領は**クリミア半島を併合**（2014）。2022 年 2 月，ウクライナ東部 2 州の独立を承認，NATO への加盟阻止や非軍事化などを掲げ，**ウクライナ全土への侵攻**を開始。9 月，ウクライナ東部 2 州の併合も宣言
	●ウクライナのゼレンスキー大統領は，欧米の軍事支援を受けて抵抗を続けているが，プーチン大統領は**核兵器の使用も示唆**

6 軍拡から軍縮へ

① 国連を中心とする核軍縮

1946	軍縮大憲章	●総会で採択，核軍縮をめざす方針を明示
1963	部分的核実験停止条約（PTBT）	●**地下核実験を除く**，大気圏，宇宙空間，水中での実験禁止
		●米英ソ調印，フランスと中国は不参加
1968	核拡散防止条約（NPT）	●非保有国の核開発を禁止
		●**国際原子力機関（IAEA）の査察**の受け入れ義務がある
1996	包括的核実験禁止条約（CTBT）	●「地下」を含みあらゆる核爆発の実験を禁止，ただし爆発をともなわない未臨界（臨界前）の実験は禁止しない
		●アメリカ，中国，インド，パキスタンなどは未批准
		●2023 年，**プーチン大統領は CTBT 批准撤回法案に署名**
2017	核兵器禁止条約	●核兵器の実験・開発・製造・使用などを全面的に法的に禁止
		●保有国やアメリカの「核の傘」の下にある日本・韓国・オーストラリアなどが反対・未署名
		●NGO の**核兵器廃絶国際キャンペーン（ICAN）**が推進
		●核兵器用核物質の生産を禁止する**カットオフ条約**の締結への期待

＊1995 年に NPT の無期限延長決定

＊1995 年以降，**NPT 再検討会議**が 5 年に 1 回開催される

＊国際司法裁判所の勧告的意見（1996）…核兵器による威嚇または使用は一般的に国際法・人道に違反する

② 米ソ（米ロ）間の核軍縮

1972	第一次戦略兵器制限条約（SALT Ⅰ）調印・発効
1979	第二次戦略兵器制限条約（SALT Ⅱ）調印，アメリカは未批准→ 1985 年失効
1987	中距離核戦力（INF）全廃条約調印…中距離ミサイルの廃止→ 2019 年に米が破棄を表明
1991	第一次戦略兵器削減条約（START Ⅰ）調印→ 1994 年批准（核弾頭の廃棄）
1993	第二次戦略兵器削減条約（START Ⅱ）調印→ 2000 年批准→未発効
2002	戦略攻撃能力削減条約（SORT，モスクワ条約）…START Ⅱの失効に代わるもの
2010	新 START（新戦略兵器削減条約）調印・発効

③ 反核・軍縮運動

原水爆禁止運動	第五福竜丸事件（1954）を契機に第 1 回原水爆禁止世界大会開催（広島，1955）
パグウォッシュ会議（1957 ～）	●戦争廃絶を目指す科学者の会議
	●**ラッセル・アインシュタイン宣言**（1955）を受けて始まる
国連軍縮特別総会（1978, 82, 88）	非同盟諸国の要請で開催される
対人地雷全面禁止条約	●「地雷禁止国際キャンペーン」（NGO）の努力で採択（1997）
非核地帯条約	ラテンアメリカ核兵器禁止条約（トラテロルコ条約，1968 発効），南太平洋非核地帯条約（ラロトンガ条約，1986 発効），東南アジア非核地帯条約（バンコク条約，1997），アフリカ非核地帯条約（ペリンダバ条約，2009 発効），中央アジア非核兵器地帯条約（セメイ条約，2009 発効）

＊2009 年，オバマ大統領の「**核のない世界**」をめざす宣言（**プラハ演説**）を契機に新 START 締結

問1 〈主権国家体制〉主権国家体制に関連する記述として**誤っている**ものを，次の①～④のうちから一つ選べ。 （政経・2012・本・32）

① ウェストファリア条約は，ヨーロッパにおいて，主権国家を構成単位とする国際社会の成立を促した。

② 主権国家の領空には，排他的経済水域の上空が含まれる。

③ 国際組織を創設することによる集団安全保障体制は，国際連盟と国際連合で採用された。

④ 国際法には，条約などの成文国際法と，慣習国際法（国際慣習法）とがある。

問2 〈国際慣習法〉国際慣習法（慣習国際法）についての記述として**適当でない**ものを，次の①～④のうちから一つ選べ。 （政経・2015・本・35）

① 国際慣習法とは，諸国の慣行の積み重ねにより形成された法である。

② 国際慣習法において，輸入品に関税を課すことが禁じられている。

③ 国際慣習法は，条約の形に成文化されることがある。

④ 国際慣習法により，公海自由の原則が認められている。

問3 〈国際海洋法条約〉国連海洋法条約が定める内容についての記述として正しいものを，次の①～④のうちから一つ選べ。 （倫政・2019・本・23）

① 公海では，すべての国に航行の自由が認められるわけではない。

② 大陸棚の幅は，沿岸国の基線から測定して200海里を超えることはない。

③ 領海の幅は，沿岸国の基線から測定して最大3海里までである。

④ 排他的経済水域では，沿岸国に天然資源を開発する権利が認められる。

問4 〈戦争の違法化〉生徒Xと生徒Yは，戦争の違法化への試みについて話し合っている。次の**会話文**中の空欄　**ア**・**イ**　に当てはまる語句の組合せとして最も適当なものを，後の①～④のうちから一つ選べ。

（倫政・2023・本・24）

X：国際連盟は紛争の平和的解決と　**ア**　の一環としての制裁とを通じて国際社会の平和と安全を保障しようとしたよね。国際連盟規約において戦争に課された制約は限定的で，戦争の違法化を進める動きが生じたんだ。

Y：それを進めた国際規範に，　**イ**　があるよね。これは，国際関係において国家の政策の手段としての戦争を放棄することを目的としたものだよ。しかし，第二次世界大戦の勃発（ぼっぱつ）を抑止できなかったよね。

X：その後，国際連合憲章では，国際関係において武力による威嚇（いかく）または武力の行使を禁止しているんだよ。これによって，　**イ**　に比べて制度上禁止される国家の行為は拡大したんだ。21世紀になっても武力紛争はなくなっていないので，武力による威嚇や武力の行使の違法化をもっと実効性のあるものにすべきではないのかな。

① ア 勢力均衡　　イ 不戦条約　　② ア 勢力均衡　　イ 国際人道法

③ ア 集団安全保障　イ 不戦条約　　④ ア 集団安全保障　イ 国際人道法

問5 〈安全保障理事会〉国連安全保障理事会における表決についての次の事例A～Cのうち，決議が成立するものとして正しいものはどれか。当てはまる事例

解明POINT

▶**主権国家体制の成立**

三十年戦争（1618～48）は，神聖ローマ帝国内におけるキリスト教新旧両派の争いで，ヨーロッパ各国が介入した宗教戦争。戦争終結後の**ウェストファリア条約**の締結によって，**主権国家**を単位とする国際社会が誕生した。

解明POINT

▶**グロティウスとカント**

グロティウス（オランダ）
● **国際法及び近代自然法の父**
● 『**戦争と平和の法**』…国際社会にも**自然法**に基づいた国際法が必要と説く
● 『**海洋自由論**』…**公海の原則**を提唱
● 国際法は，まず**慣習法**から始まり，次第に**条約化**した

カント（ドイツ）
● アメリカ大統領ウィルソンは，カントの『**永久平和のために**』の影響を受け，**集団安全保障**に立脚した国際連盟の創設を提案

解明POINT

▶**国際海洋法条約**（1982）

● **領海**…基線から12海里，国家の主権が及ぶ。

● **排他的経済水域（EEZ）**…基線から領海も含めた200海里。EEZと**大陸棚**では漁業・鉱物資源などへの権利を持つ。大陸棚はEEZを超えても一定の条件下で沿岸国の権利が認められる。

● **接続水域**…領海の外縁で基線から24海里，沿岸国に通関・出入国管理など権利がある。

をすべて選び，その組合せとして最も適当なものを，下の ①〜⑦ のうちから
一つ選べ。 (政経・2019・本・2)

A 実質事項である国連平和維持活動の実施についての決議案に，イギリスが反
対し，ほかのすべての理事会構成国が賛成した。

B 手続事項である安全保障理事会の会合の議題についての決議案に，フランス
を含む5か国が反対し，ほかのすべての理事会構成国が賛成した。

C 実質事項である国際紛争の平和的解決についての決議案に，すべての常任理
事国を含む9か国が賛成した。

① A ② B ③ C ④ AとB ⑤ AとC
⑥ BとC ⑦ AとBとC

問6 〈平和と安全のための仕組み〉平和と安全を維持するための国連（国際連合）
の仕組みに関する記述として正しいものを，次の ①〜④ のうちから一つ選べ。
(政経・2017・本・16)

① 国連安全保障理事会が侵略国に対する制裁を決定するためには，すべての理
事国の賛成が必要である。

② 国連憲章は，国連加盟国が安全保障理事会決議に基づかずに武力を行使する
ことを認めていない。

③ 国連が平和維持活動を実施できるようにするため，国連加盟国は平和維持軍
を編成するのに必要な要員を提供する義務を負っている。

④ 国連憲章に規定されている本来の国連軍は，これまでに組織されたことがな
い。

問7 〈国際司法裁判所〉国際社会はこれまでも，国家による交渉に加え国際機関
の設立や司法制度の整備などを通して，安定した関係を維持する努力を重ねて
きた。その一例である国際司法裁判所の説明として最も適当なものを，次の
①〜④ のうちから一つ選べ。 (倫政・2019・追・34)

① 国際司法裁判所は，国連安全保障理事会の下に設置され，国連の主要機関を
構成している。

② 国際司法裁判所の裁判官は，国連総会と安全保障理事会それぞれによる選挙
を通して選ばれる。

③ 国際司法裁判所は，常設仲裁裁判所を直接の前身とする。

④ 国際司法裁判所の管轄権は，強制的である。

問8 〈国際刑事裁判所〉国際刑事裁判所（ICC）についての記述として誤ってい
るものを，次の ①〜④ のうちから一つ選べ。 (倫政・2013・追・25)

① 日本は設立条約に加入していない。

② アメリカは設立条約に加入していない。

③ 戦争犯罪を行った個人を裁くことができる。

④ 特定民族のジェノサイド（集団殺害）を行った個人を裁くことができる。

問9 〈国連の国際機関〉次の国際機関に関する記述ア〜ウのうち，正しいものは
どれか。当てはまる記述をすべて選び，その組合せとして最も適当なものを，
後の ①〜⑦ のうちから一つ選べ。 (政経・2022・本・22)

ア WHO は，世界の人々の保健水準の向上や国際的な保健事業の推進に関する
活動を行っている。

解明POINT
▶安全保障理事会

構成
常任理事国（5か国）と非常任理事国（10か国）
実質事項の表決
拒否権をもつすべての常任理事国を含む9か国の賛成が必要
手続事項
9理事国以上の賛成で，常任理事国は拒否権を行使できない

解明POINT
▶国際裁判所

国際司法裁判所（ICJ）1945年設立	国際刑事裁判所（ICC）2002年設立
当事国の同意に基づいて国家間の紛争を裁く	集団虐殺，戦争犯罪などの個人の犯罪を裁く
裁判官は国連総会と安全保障理事会が別々に選挙，双方での絶対多数が必要	任期9年，18人の裁判官で構成される（批准国から選出）
南極海捕鯨事件で日本は全面敗訴した（2014）	日本は2007年に批准し加入。米中露などは未加入

＊常設仲裁裁判所（1901）
…国家・国家機関・私人間の紛争を当事国の同意を得て仲裁。**南シナ海仲裁裁判所の裁定**では，中国の主張が退けられ，フィリピンの全面勝訴となった（2016）

＊常設国際司法裁判所（1920）…国際連盟が設立

165

イ　UNICEF は，発展途上国を中心に子どもの教育や権利保障に関する活動を行っている。

ウ　UNHCR は，迫害や紛争などによって生じる難民の保護に関する活動を行っている。

① ア　　　② イ　　　③ ウ　　　④ アとイ　　　⑤ アとウ
⑥ イとウ　　⑦ アとイとウ

問10　〈冷戦構造の形成〉冷戦構造形成につながるアメリカの支援についての記述として正しいものを，次の①〜④のうちから一つ選べ。　　（政経・2011・追・25）

① トルーマン・ドクトリンは，共産主義勢力を封じ込めるため，イタリアとフランスに経済・軍事援助を行うことを提唱したものである。

② トルーマン・ドクトリンは，第二次世界大戦後の混乱を食い止めるため，東西ドイツに経済・軍事援助を行うことを提唱したものである。

③ マーシャル・プランは，第二次世界大戦後の欧州の経済・社会の混乱を食い止めるため，経済援助を行ったものである。

④ マーシャル・プランは，社会主義化の原因となる経済・社会の混乱を取り除くため，東欧に経済援助を行ったものである。

問11　〈米ソ関係〉1980年代前半は米ソ関係の緊張が一時的に高まった時期であり，80年に開催されたモスクワ・オリンピックにおいて西側諸国のボイコットなども起こった。緊張が高まるきっかけの一つとなった事件として最も適当なものを，次の①〜④のうちから一つ選べ。　　（倫政・2015・本・37）

① 米ソ間でキューバ危機が発生した。

② 東ドイツがベルリンで東西を分ける壁を構築した。

③ ソ連がアフガニスタンに侵攻した。

④ アメリカがビキニ環礁で水爆実験を行った。

問12　〈NATO〉NATO（北大西洋条約機構）の冷戦後の変容に関する記述として誤っているものを，次の①〜④のうちから一つ選べ。　　（政経・2019・本・13）

① フランスが，NATO の軍事機構に復帰した。

② 域内防衛だけでなく，域外でも NATO の作戦が実施されるようになった。

③ 旧社会主義国である中東欧諸国の一部が，NATO に加盟した。

④ オーストラリアなどの太平洋諸国が，新たに NATO に加盟した。

問13　〈戦略兵器削減条約〉戦略兵器削減条約（START ⅠおよびⅡ）についての記述として正しいものを，次の①〜④のうちから一つ選べ。（政経・2014・本・32）

① 相手国のミサイルを空中で迎撃するミサイルの配備を制限した。

② 配備済みの戦略核弾頭を削減した。

③ 中距離核戦力を全廃した。

④ 両国の保有できる戦略核弾頭数の上限を設定した。

問14　〈核兵器に関する条約〉生徒Ⅹと生徒Ｙは，核兵器に関するさまざまな条約について学習した。核兵器に関する条約についての記述として誤っているものを，次の①〜④のうちから一つ選べ。　　（政経・2023・本・17）

① 部分的核実験禁止条約では，大気圏内核実験や地下核実験が禁止された。

② 包括的核実験禁止条約は，核保有国を含む一部の国が批准せず未発効である。

---

*国際戦犯法廷…国際刑事裁判所設立以前に　紛争などでの個人の犯罪を裁く。旧ユーゴスラビアやルワンダ国際戦犯法廷などが設置された

*国際海洋法裁判所…国際海洋法に基づいて設立（1966）

解明 POINT

▶冷戦開始の契機

トルーマン・ドクトリン
トルーマン大統領が，1947年，共産勢力の伸びが著しいギリシャ・トルコに対して軍事経済的援助をすることで，共産圏の封じ込め政策を実施した。

マーシャル・プラン
1947年，アメリカの国務長官マーシャルによって提案された西ヨーロッパ諸国への経済援助。欧州経済復興援助計画のこと。しだいに軍事的性格を強めた。

▶通常兵器に関する軍縮

1972	生物・毒素兵器禁止条約（微生物や細菌を使用した兵器）
1990	欧州通常戦力（CFE）条約調印（CSCE，全欧安保協力会議）で採択→信頼醸成措置→OSCE（欧州安保協力機構）へ改組（1995）
1993	化学兵器禁止条約（化学兵器の生産・貯蔵・使用の禁止）
2008（2010年発効）	クラスター爆弾禁止条約（一つの親爆弾から多くの子爆弾が拡散し，不発弾が残って一般市民に被害をもたらすことが多い）

③　核拡散防止条約によれば，核保有が認められる国は5か国に限定されること
となる。

④　第一次戦略兵器削減条約では，戦略核弾頭の削減が定められた。

問15　〈軍縮・軍備管理の条約〉第二次世界大戦後の軍縮や軍備管理のための条約
について，採択あるいは調印された年が最も新しい条約として正しいものを，
次の①～④のうちから一つ選べ。　　　　　　　　　　（政経・2015・追・10）

①　クラスター爆弾禁止条約　　　②　対人地雷全面禁止条約

③　化学兵器禁止条約　　　　　　④　NPT（核兵器の不拡散に関する条約）

問16　〈核軍縮〉核兵器の実験や保持などを制限または禁止する条約についての記
述として誤っているものを，次の①～④のうちから一つ選べ。（政経・2011・本・21）

①　中距離核戦力（INF）全廃条約は，アメリカとソ連の間で核兵器の削減が合
意された初めての条約である。

②　包括的核実験禁止条約（CTBT）は，あらゆる場所での核爆発を伴う核実験
の禁止をめざして採択された。

③　非核地帯を設定する条約は，ラテンアメリカ，南太平洋，東南アジアなどの
各地域で採択された。

④　核拡散防止条約（NPT）は，アメリカ，中国，ロシアの3か国以外の核保
有を禁止する条約である。

問17　〈民族紛争〉次のA～Cと，それらの説明である下のア～ウとの組合せとし
て正しいものを，下の①～⑥のうちから一つ選べ。　　（倫政・2016・本・29）

A　コソボ紛争　　　B　パレスチナ問題　　　C　チェチェン紛争

ア　多民族が暮らす連邦の解体過程で建国された共和国の自治州で，内戦が発生
し，アルバニア系住民に対する迫害が行われた。

イ　ロシア南部のカフカス地方で，独立を宣言した少数民族に対し，ロシアが独
立を認めず軍事侵攻した。

ウ　国家建設をめぐる民族間の紛争が発端となり，数次にわたる戦争や，インテ
ィファーダという抵抗運動が起こるなど，争いが続いてきた。

①　A－ア　　B－イ　　C－ウ　　　②　A－ア　　B－ウ　　C－イ

③　A－イ　　B－ア　　C－ウ　　　④　A－イ　　B－ウ　　C－ア

⑤　A－ウ　　B－ア　　C－イ　　　⑥　A－ウ　　B－イ　　C－ア

問18　〈パレスチナ問題〉生徒Xと生徒Yは，今日でも継続する紛争に関心をもち，
中東での紛争と対立について話し合っている。次の会話文中の空欄　　ア　　
～　　ウ　　に当てはまる語句の組合せとして最も適当なものを，後の①～⑧
のうちから一つ選べ。　　　　　　　　　　　　　　　（倫政・2023・本・23）

X：パレスチナ地方では，ユダヤ人が中心となってイスラエルを建国したのちに
第一次中東戦争が始まったよ。その結果として，多くの人々が難民となった
んだ。その後も対立が続き，紛争が生じているね。

Y：けれど，和平の動きがみられないわけではないんだ。第四次中東戦争ののち，
イスラエルとエジプトとの間で和平条約が締結されているよ。さらに，イス
ラエルとパレスチナ解放機構との間で　　ア　　が成立し，パレスチナ人に
よる暫定統治がガザ地区と　　イ　　において開始されたんだ。

X：でも，　　ウ　　が　　イ　　で分離壁の建設を進めるなど，イスラエルとパ

解明POINT

▶NATO（大西洋条約機構）
の歩み

●冷戦下に西ヨーロッパの自
由主義陣営の防衛のために
設立（1949），WTO（ワ
ルシャワ条約機構，1955）
と対立

●多極化の中で，フランスが
NATOの軍事機構から脱退
（1996），1996年に復帰

●東欧革命，ソ連の解体，
WTOの解散（1991）を
受けて，NATOの東方拡大
がすすむ。ボスニア・ヘル
ツェゴヴィナ，コソボ紛争
で「人道的介入」を行う

●ロシアのウクライナ侵攻を
契機に，中立国フィンラン
ド・スウェーデンの加盟が
決定（2023）

解明POINT

▶中距離核戦力（INF）全廃
条約（1987）

1987年にソ連のゴルバチ
ョフ書記長とアメリカのレー
ガン大統領とのあいだで調印
された史上初めての核軍縮条
約。しかし，2019年2月，当
時のトランプ米大統領は，ロ
シアが条約違反を行い，中国
などの条約に縛られない国々
が，ミサイルを増強している
と主張して，IMF全廃条約
からの離脱をロシアに正式に
通告。ロシアのプーチン大統
領も離脱を表明。

レスチナの対立は終結していないよね。

① ア　オスロ合意　　　イ　ゴラン高原　　　　　ウ　パレスチナ自治政府
② ア　オスロ合意　　　イ　ゴラン高原　　　　　ウ　イスラエル政府
③ ア　オスロ合意　　　イ　ヨルダン川西岸　　　ウ　パレスチナ自治政府
④ ア　オスロ合意　　　イ　ヨルダン川西岸　　　ウ　イスラエル政府
⑤ ア　プラザ合意　　　イ　ゴラン高原　　　　　ウ　パレスチナ自治政府
⑥ ア　プラザ合意　　　イ　ゴラン高原　　　　　ウ　イスラエル政府
⑦ ア　プラザ合意　　　イ　ヨルダン川西岸　　　ウ　パレスチナ自治政府
⑧ ア　プラザ合意　　　イ　ヨルダン川西岸　　　ウ　イスラエル政府

問19　〈難民問題〉難民についての記述として正しいものを，次の ①〜④ のうちから一つ選べ。　　　　　　　　　　　　　　　（倫政・2014・本・25）

① 難民条約では，これを批准した国は，帰国すると迫害される恐れがある人を保護しなければならないと定められている。

② 経済的理由で国外に逃れた人々や，国内避難民も，難民条約の保護の対象とされている。

③ 国際赤十字は，難民支援を行うために国連により設立された。

④ 難民条約は，冷戦終結後に生じた難民に対処するために採択された。

問20　〈難民条約〉難民条約についての記述として正しいものを，次の ①〜④ のうちから一つ選べ。　　　　　　　　　　　　　　（政経・2016・本・22）

① 経済的理由で国外に逃れた人々は，難民条約で保護の対象となる。

② 国内避難民は，難民条約で保護の対象となる。

③ 難民条約は，冷戦終結後に多発した紛争による難民問題に対応するために締結された。

④ 難民条約は，迫害されるおそれのある国に難民を送還してはならないと定めている。

問21　〈人間の安全保障〉人間の安全保障の実践例として**適当でないもの**を，次の ①〜④ のうちから一つ選べ。　　　　　　　　　　（政経・2014・本・36）

① 人々を感染症から守るため，ある政府が他国の公衆衛生分野に援助を行う。

② 他国による侵略を防ぐため，複数の国の軍隊が共同で訓練する。

③ 森林の環境を守るため，NGO（非政府組織）が植林活動や環境教育を行う。

④ 民族紛争における人権侵害を防ぐため，国連が紛争当事者の行為を監視する。

問22　〈国家間協調〉国際社会の平和と安全のためには国家間の協調が重要となる。国家間協調の実現について考えるために，次の表であらわされるゲームを考える。このゲームでは，A国とB国の代表が，互いに相談できない状況で，「協調」か「非協調」のいずれか一方の戦略を1回のみ同時に選択する。その結果として，両国は表中に示された点数を得る。ここで両国は，自国の得る点数の最大化だけをめざすものとする。このゲームの表から読みとれる内容として最も適当なものを，下の ①〜④ のうちから一つ選べ。　　（政経・2016・本・20）

		B国	
		協　調	非協調
A国	協　調	A国に 10 点	A国に 1 点
		B国に 10 点	B国に 15 点
	非協調	A国に 15 点	A国に 5 点
		B国に 1 点	B国に 5 点

① A国にとって，最も高い点数を得るには，「協調」を選択する必要があるが，それにはB国が「非協調」を選択するという条件が必要である。

② A国が「協調」を選択する場合，B国がより高い点数を得るには「協調」を選択する必要がある。

③ A国とB国がともに「協調」を選択すれば，両国の点数の合計は最大化されるが，相手の行動が読めない以上，「協調」を選択できない。

④ A国とB国がともに「非協調」を選択すれば，両国の点数の合計は最大化されるため，「協調」に踏み切ることはできない。

問23 〈**日本のODA**〉日本のODA（政府開発援助）についての記述として正しいものを，次の①〜④のうちから一つ選べ。　　　（政経・2021・①・本・25）

① 日本は，国際機関を通じた多国間援助は実施していないが，発展途上国を対象とした二国間援助を実施している。

② 日本は，返済義務のない無償の援助のみを実施している。

③ 日本のODA支出額は，2001年以降，先進国の目標とされる対GNI比0.7パーセント以上を維持してきた。

④ 日本のODA支出額は，1990年代の複数年で世界第一位を記録した。

問24 〈**日本の開発協力政策**〉生徒Xのグループは『開発協力大綱』にあたる次の**資料**を読み，日本の開発協力政策では，ある考え方が推進されていることを学んだ。次の**資料**中の空欄　　**ア**　　に当てはまる考え方として最も適当なものを，下の①〜④のうちから一つ選べ。　　　（政経・2021・①・本・26）

資料
　個人の保護と能力強化により，恐怖と欠乏からの自由，そして，一人ひとりが幸福と尊厳を持って生存する権利を追求する　　**ア**　　の考え方は，我が国の開発協力の根本にある指導理念である。この観点から，我が国の開発協力においては，人間一人ひとり，特に脆弱な立場に置かれやすい子ども，女性，障害者，高齢者，難民・国内避難民，少数民族・先住民族等に焦点を当て，その保護と能力強化を通じて，　　**ア**　　の実現に向けた協力を行うとともに，相手国においてもこうした我が国の理念が理解され，浸透するように努め，国際社会における主流化を一層促進する。
(出所) 外務省Webページ

① ユニバーサルデザイン　　② シビリアン・コントロール

③ 人間の安全保障　　④ 平和五原則

国内避難民
難民と区別される。国内に留まっていたり，国境を超えないで避難生活を送っている人々

*ノン・ルフールマンの原則
…難民の強制送還の禁止。

解明POINT

▶ **UNHCRの活動**
　国連難民高等弁務官事務所のこと。1951年の難民条約に基づいて設置され，難民の保護と救済を目的としている。

▶ **人間の安全保障**
　1994年に**国連開発計画**（**UNDP**）の提唱で始まる。従来の「国家の安全保障」に加えて，人間一人ひとりに着目することで，生命や人権を大切にしようとする考え方。アマルティア・センの「潜在能力」論を根拠としている。

▶ **ゲーム理論**
　国際政治や経済において「妥協」するのか，「強引」な交渉をするのか，相手との交渉や駆け引きが生まれる。「囚人のジレンマ」がゲーム理論で有名だが，**信頼や協力こそが相互の利益になる**ことが説かれている。

解明POINT

▶ **戦後の日本外交**

平和憲法とアメリカとの関係の拡大・強化
●**非核三原則**，**武器輸出三原則**の制定，**海外派兵の禁止**
●**政府開発援助**（**ODA**）
●**人間の安全保障**…経済的な国際貢献を柱とする
●**日米ガイドライン**
●**湾岸戦争**，**同時多発テロ**（アフガニスタン戦争），**イラク戦争**など
●**集団的自衛権**の部分的行使の容認と**安保関連法**の成立（2015）

◆整理・要約

Ⅰ 市場機構

1 市場メカニズム

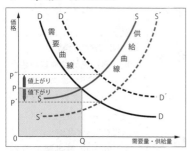

どのようにして価格は決まるのか

| 需要・供給の法則 |…市場での需要量と供給量との関係で価格が決定する

| 価格の自動調節機能 |…価格が決まると需要量・供給量が決まる

アダム＝スミスは，(神の)「見えざる手」と表現

① 市場における価格の機能

　　需要＞供給⇒価格上昇→需要減少・供給増大→需給一致

　　需要＜供給⇒価格下落→需要増大・供給減少→需給一致　　　需要＝供給のときの価格（均衡価格）

② シフト…SS 曲線→ S′S′ 曲線，DD 曲線→ D′D′ 曲線

- ●技術革新…供給に関する内容なので，供給曲線を見る。右側（下方）にシフト
- ●国民所得の増加による需要の増加…需要に関することなので需要曲線を見る。左側（上方）にシフト

2 市場の失敗（限界・欠陥）と対策

①	公共財・公共サービスが供給されない	政府による公共財・公共サービスの提供
		財政政策による**資源配分の調整**
②	外部不経済の発生	環境基本法の制定や PPP（汚染者負担の原則）の導入
③	景気変動（恐慌）の発生	**有効需要政策の実施**
④	社会的不平等の発生	**所得再分配などの財政政策の実施**
⑤	独占・寡占の形成（競争の不完全性）	独占禁止法などによる規制
⑥	情報の非対称性	ディスクロージャーやアカウンタビリティの徹底

3 現代の市場（寡占・独占市場）での価格の特徴

価格の下方硬直性	価格は上がりやすいが，下がりにくい
非価格競争	価格以外の広告・宣伝，デザイン，アフターサービスなどによる競争
管理価格	プライス－リーダー（価格先導者）による価格の決定
	プライス－リーダーシップ（価格先導制）

Ⅱ 金融

1 間接金融と直接金融

間接金融	金融市場→金融機関→個人・企業　（金融機関を介して調達）
直接金融	金融市場→企業が直接に社債・株式を発行→個人・企業

2 通貨の手段・機能

交換手段	財やサービスの交換の仲立ちをする機能	支払手段	債務などを通貨で支払う機能
価値尺度手段	財やサービスの価値を表示する機能	価値貯蔵手段	価値を貯蔵する機能

3 通貨の種類

現金通貨	紙幣（日本銀行が発行）と硬貨（政府が発行，独立行政法人造幣局が鋳造）
預金通貨	当座預金や普通預金（定期性預金は入らない）

4 通貨制度の変遷

金本位制	→	管理通貨制度
：兌換紙幣		：不換紙幣

世界恐慌（1929）

- ケインズ…有効需要政策を推進するためには，金の保有量に関係なく通貨を発行できる**管理通貨制度**が必要と主張

5 信用創造

① 民間銀行による預金通貨の創造，最初の銀行に預けられた預金額の数倍の貸し出しを銀行全体で創造する

② 信用創造の計算

最初の預金総額 100 万円，支払い準備率 10％の場合

$$預金総額 = 本源的預金 \times \frac{1}{支払い準備率} = 100 万 \times \frac{1}{0.1}$$

$$= 100 万 \div 0.1 = 1,000 万円$$

> 信用創造額 ＝ 預金総額 － 本源的預金
> ＝ 1,000 万 － 100 万円 ＝ 900 万円

6 中央銀行（日本銀行）の役割・機能

発券銀行	● 銀行券（紙幣・日本銀行券）の独占的発行
銀行の銀行	● 民間金融機関に対する預金の受け入れや資金の貸出し
	● 市中銀行から預金を預かり，必要に応じて資金を貸し出す。日銀当座預金
	● 企業・家計からの預金・貸付業務は行わない
政府の銀行	● 国庫金の管理，国債事務

- 金融政策による景気の安定化
- **外国為替平衡操作**…財務省の指示のもとに為替レート安定のために為替市場介入
- **最後の貸し手**…他に貸し手がいなくなったときに最後に貸す貸し手。特に，破綻に瀕した銀行などに対して，最終的な貸し手となる。日銀は，預金者の保護を目的として無担保で融資

7 金融政策 （不況時の金融政策）

公開市場操作（オープン－マーケット－オペレーション）	資金供給（買い）オペレーション	通貨量の増大	企業→設備投資の増大 家計→消費の増大	景気回復
公定歩合操作（金利政策）	公定歩合の引き下げ			
預金準備率操作（支払準備率操作）	預金準備率の引き下げ			

- 現在の金融政策の中心は**公開市場操作**で，預金準備率操作は行われていない

8 非伝統的金融政策

ゼロ金利政策（1999〜）
● **コール市場**（銀行間の短期金融市場）での金利（無担保コールレート）をほぼゼロにする政策
量的金融緩和政策（2001〜）
● 市中銀行が日本銀行に預ける**日本銀行当座預金残高**を，**公開市場操作**における買いオペによって高める
質的・量的緩和政策（2013〜）
● 日本銀行の**インフレターゲット政策**（インフレ率 2％を目標），**異次元緩和政策**，アベノミクス
● 買い入れ対象を不動産や株式にまで拡大し，買いオペにより**マネタリーベース**の増加をはかる政策
マイナス金利政策（2016〜）
● 日本銀行の当座預金残高の一部金利をマイナスにする

9 日本版金融ビッグバン

保護・規制，護送船団方式	→	自由・競争，自己責任方式

日本版金融ビッグバン

- **金利の自由化**…以前は，大蔵省（当時）が同一の金利を決定
- **金融業務の自由化**…銀行・証券・保険・信託の相互参入
- **グローバル化**（日本版金融ビッグバン）…橋本内閣の下で実施（1997）

Ⅲ　財政

1　財政政策

財政政策の目的・役割 ↓ **市場の失敗をカバーする** 役割を果たす ●ポリシー・ミックスは， 　財政政策と金融政策を 　一体的に行う政策	1	**資源配分の調整**（公共財・公共サービスの供給）
	2	**所得再分配**（累進課税制度，社会保障制度による再分配）
	3	**景気の安定化**
	①	**フィスカル・ポリシー**（**裁量的財政政策・伸縮的財政政策**） 　●公共事業＋減税
	②	**ビルト－イン－スタビライザー**(自動安定化装置)…財政の中に，累進課税制度 や社会保障制度をビルト－インすることにより，景気の変動の影響を少なくする

2　財政改革の歴史

戦前（1934年～1936年） 歳入…公債金 38.9%，歳出…防衛関係費 44.8%

↓

財政法（1947）の制定

●**公債発行の原則禁止**…「国の歳出は，公債又は借入金以外の歳入を以て，その財源としなければならない」
　建設国債は可，赤字国債（特例国債）は不可

●**市中消化の原則**…日銀の引き受け禁止。国債の無制限の増発の防止

↓

オリンピック不況（40年不況）… 建設国債の発行（1966）

↓

第一次石油危機（1973） …財政特例法による 赤字国債（特例国債） の発行が本格化（1975）

行財政改革「増税なき財政再建」

消費税の導入（1989）

↓

バブル経済 …行財政改革，消費税の導入，バブル経済によって財政再建が進む

国債依存度10%下回る，赤字国債発行ゼロ（1991年度から1993年度の3年間）

↓

バブルの崩壊→平成不況→国債の増発

↓

橋本内閣

●財政構造改革法の成立（1997）

●**消費税の引き上げ（3%→5%）**（1997），健康保険の自己負担率のアップ（1割から2割）

●アジア通貨危機の発生（1997）…景気の後退と財政構造改革法の凍結

●**日本版金融ビッグバン**

↓

●東日本大震災と**復興債の発行**（2011年から2015年度に限定）と所得税・住民税・法人税の引き上げ
●国債残高1,000兆円を超える（2023年度には1,068兆円になると予測）
●政府はプライマリーバランス（**基礎的財政収支**）の黒字化をめざすが実現されていない

問1 〈需要・供給曲線〉次の図は，ある財の完全競争市場における需要曲線 DD
と供給曲線 SS とを示したものである。この財を生産するために使用する原材
料の価格が低下した場合，そのことによって生じる変化についての記述として
正しいものを，下の ①〜④ のうちから一つ選べ。 （倫政・2016・本・33）

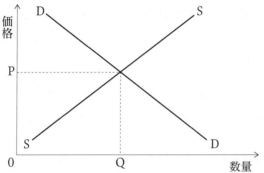

① 需要曲線が右上にシフトし，財の価格が上がる。
② 需要曲線が左下にシフトし，財の価格が下がる。
③ 供給曲線が左上にシフトし，財の価格が上がる。
④ 供給曲線が右下にシフトし，財の価格が下がる。

問2 〈寡占市場〉寡占市場がもつ特徴についての記述として**適当でないもの**を，
次の ①〜④ のうちから一つ選べ。 （倫政・2015・本・20）

① 管理価格とは，市場メカニズムによらずに，価格支配力をもつプライス・リ
ーダーが人為的に決定する価格のことである。
② 価格の下方硬直性とは，生産技術の向上などで生産コストが低下しても，価
格が下方に変化しにくくなることである。
③ 非価格競争とは，デザイン，広告・宣伝といった手段を用いて，価格以外の
競争が行われることである。
④ カルテルとは，資本の集中・集積が進み，同一産業内での企業合併が起こる
ことである。

問3 〈貨幣の機能〉貨幣は，価値尺度・交換手段・価値貯蔵手段・支払手段とし
ての機能を果たす。これらの各機能に関係する文のうち，価値尺度機能に関す
る事例として最も適当なものを，次の ①〜④ のうちから一つ選べ。
（倫政・2013・本・33）

① 資産の一部を生鮮食料品で保持していた A さんは，腐敗による価値の目減り
を恐れて，それを貨幣のかたちでもちたいと考えた。
② B さんは，C さんのサンマとの物々交換を望んだが，C さんに断られたため，
まず自分のバナナを売って貨幣を手に入れることにした。
③ D さんは，後払いの約束で E さんからリンゴ 10 個を買い，後日，代金を E
さんに渡して約束を果たした。
④ 綿布を製造している F さんは，製造費用や市況などを考慮して，綿布 1 メー
トル当たり 100 円の価格をつけた。

問4 〈金融の仕組みや制度〉金融の仕組みや制度についての記述として最も適当
なものを，次の ①〜④ のうちから一つ選べ。 （政経・2013・本・6）

公共篇

解明**POINT**

▶シフト
＊需要・供給曲線に関する問
題では，需給曲線のシフト
（移動）の問題が頻出。ま
ず，需要に関する問題か，
供給に関するものかを見定
め，次にどのようにシフト
するかを考えることが重
要。

▶価格はどのようにして決ま
るか

自由主義段階の資本主義
市場における需要量と供給量との関係で決定（市場経済，市場価格＝均衡価格≒生産価格）

独占段階の現代資本主義
大企業が価格形成に大きな力を持つ（独占価格・寡占価格・管理価格）

＊社会主義国では，ゴスプラン（国家計画委員会）で価
格や生産量などが決定され
ていた（計画経済・公定価
格）。

解明**POINT**

▶独占の三形態

カルテル	企業連合
	企業協定
トラスト	企業合同
コンツェルン	企業連携
	企業結合

＊独占については，**独占禁止
法**で規制され，**公正取引委
員会**が実際の業務を行う。

解明**POINT**

▶情報の非対称性
取り引きされる財・サービ
スの品質などの情報内容が，
各経済主体間で格差があるこ
と。

① BIS 規制では，国内業務のみを行う銀行は，国際業務を行う銀行よりも，高い自己資本比率が求められている。

② 日本のペイオフ制度では，金融機関が破綻した場合に，預金保険機構によって，預金の元本のみが全額払い戻される。

③ 銀行による信用創造で創出される預金額は，資金の需要が一定であるならば，支払準備率が小さいほど大きくすることができる。

④ 企業が社債を発行することにより，金融市場で資金調達を行うことは，間接金融の方式に当たる。

問5 〈中央銀行の政策や業務〉中央銀行が実施する政策や業務についての記述として正しいものを，次の ①〜④ のうちから一つ選べ。　　　　　(倫政・2016・本・22)

① デフレーション対策として，国債の売りオペレーションを行う。

② 自国通貨の為替レートを切り下げるために，外国為替市場で自国通貨の売り介入を行う。

③ 金融緩和政策として，政策金利を高めに誘導する。

④ 金融機関による企業への貸出しを増やすために，預金準備率を引き上げる。

問6 〈金融政策Ⅰ〉金融政策についての記述として最も適当なものを，次の ①〜④ のうちから一つ選べ。　　　　　(倫政・2012・追・30)

① 預金準備率の引上げは，市中金融機関による企業への貸出しを増加させる効果をもつ。

② 買いオペレーションは，通貨量（マネーストックあるいはマネーサプライ）を減少させる効果をもつ。

③ 日本銀行は，2000 年代の前半に，景気対策を目的として，ゼロ金利政策や量的緩和政策を行った。

④ 日本銀行は，1990 年代の後半から，政府が発行する赤字国債を継続的に引き受けて，政府に資金の提供を行ってきた。

問7 〈金融政策Ⅱ〉金融政策に関連する記述として誤っているものを，次の ①〜④ のうちから一つ選べ。　　　　　(倫政・2014・本・29)

① 基準割引率および基準貸付利率は，公開市場操作の手段として用いられる金利である。

② マネーストックとは，金融機関を除く経済主体が保有している通貨量のことである。

③ 信用創造とは，市中金融機関が貸付けを通じて預金を創出することである。

④ 量的緩和は，買いオペレーション（買いオペ）によって行われる政策である。

問8 〈公開市場操作〉生徒 X と Y は，日本銀行による金融政策の主な手段である公開市場操作（オープン・マーケット・オペレーション）について話し合った。次の会話文中の空欄 ア ・ イ に当てはまる語句の組合せとして最も適当なものを，後の ①〜④ のうちから一つ選べ。　　　　　(倫政・2022・本・25)

X：日本銀行は，買いオペレーションや売りオペレーションによって，個人や一般企業が保有する通貨量を変動させているようだね。

Y：そうかな？　たしかに，買いオペは金融 ア の効果が期待できると言われているけど，日本銀行が市中銀行から国債を買い入れると，確実に増加

▶企業の資金

自己資本	他人資本
内部留保金 株式	社債，借入金
直接金融	間接金融
銀行などを介さずに，市場から直接に社債や株式を発行して資金を調達すること	銀行などの金融機関を貸して資金を調達すること
内部金融	外部金融
資金を内部留保金などから調達すること	資金を企業外部から，直接金融・間接金融で調達すること

● 株式は返済の必要がなく，社債は義務があるため，株式は自己資本，社債は他人資本に分類される。

● 株式は，自己資本・直接金融・外部金融に分類される。

● 企業にとっては直接金融の方が有利である。戦後，日本の企業はまだ間接金融に頼っていたが，近年は直接金融が増加している。

▶ BIS（国際決済銀行）規制
金融の自由化・国際化に伴い，金融システムを安定化させるために自己資本比率を高めた。国内業務のみの銀行は 4％，国際業務を行う銀行は 8％以上の自己資本比率が求められた。

するのは市中銀行が保有する日銀当座預金の残高だね。

X：それは個人や一般企業が保有する通貨量，つまり　　イ　　が増加すると考えてよいのかな。

Y：　イ　　が増加するかどうかは，個人や一般企業の資金需要と市中銀行の貸出が増加するかどうかによるよ。

X：それなら，日本銀行の公開市場操作は　　イ　　を直接的に増減させるものではないということだね。

① ア　緩　和　　　イ　マネーストック

② ア　緩　和　　　イ　マネタリーベース

③ ア　引　締　　　イ　マネーストック

④ ア　引　締　　　イ　マネタリーベース

問9　〈信用創造〉次の表のように，銀行Aが，5,000万円の預金を受け入れ，支払準備率を10パーセントとして企業に貸し出すとする。さらにこの資金は，取引を経た後，銀行Bに預金される。銀行の支払準備率をすべて10パーセントで一定とすると，この過程が次々と繰り返された場合，信用創造で作り出された銀行全体の貸出金の増加額として正しいものを，以下の①〜④のうちから一つ選べ。 （政経・2005・本・31）

銀行	預　金	支払準備金	貸出金
A	5,000万円	500万円	4,500万円
B	4,500万円	450万円	4,050万円
C	4,050万円	405万円	3,645万円
⋮	⋮	⋮	⋮
⋮	⋮	⋮	⋮

① 2億5,000万円　　② 3億5,000万円

③ 4億5,000万円　　④ 5億5,000万円

問10　〈財政の役割〉財政の役割A〜Cとその内容の説明文ア〜ウとの組合せとして最も適当なものを，下の①〜⑥のうちから一つ選べ。 （政経・2012・追・17）

A　所得の再分配　　　B　資源配分の調整　　　C　景気の安定化

ア　公共投資の規模を調整し，経済の大幅な変動を抑える。

イ　司法や防衛，上下水道など，市場では最適な供給が難しい財・サービスを提供する。

ウ　生活保護や福祉サービスの給付を行い，一定の生活水準を保障する。

① A－ア　　B－イ　　C－ウ　　② A－ア　　B－ウ　　C－イ

③ A－イ　　B－ア　　C－ウ　　④ A－イ　　B－ウ　　C－ア

⑤ A－ウ　　B－ア　　C－イ　　⑥ A－ウ　　B－イ　　C－ア

問11　〈予算〉日本の予算に関する記述として正しいものを，次の①〜④のうちから一つ選べ。 （倫政・2015・本・23）

① 特別会計の予算は，特定の事業を行う場合や特定の資金を管理・運用する場合に，一般会計の予算とは区別して作成される。

解明 POINT

▶ペイオフ制度

●金融機関が破綻した場合に，**預金保険機構**より，預金の払い戻しを保証する制度。2005年から**元本1000万円**とその利息が上限となった。

●以前は全額が払い戻しの対象となっていたが，日本版金融ビッグバンにより，銀行の倒産も考えられるようになって，全額保証が不可能となり，上限が設けられた。

解明 POINT

▶公定歩合政策とゼロ金利政策

公定歩合政策	ゼロ金利政策
日本銀行が市中銀行に貸し出す際の利子率	コール市場（銀行間の短期金融市場）での金利を0〜0.25％に誘導する政策

解明 POINT

▶通貨量

マネーストック
●一般企業や個人，地方公共団体などが保有する通貨量
●以前は**マネーサプライ**と呼ばれていた

マネタリーベース
●現金通貨と日銀当座預金残高の合計
●「量的・質的金融緩和」で，マネタリーベースの増加をはかった

② 国の予算の一つである政府関係機関予算については，国会に提出して，その承認を受ける必要はないとされている。

③ 財政投融資の見直しが行われ，現在では郵便貯金や年金の積立金は一括して国に預託され，運用されるようになっている。

④ 補正予算とは，当初予算案の国会審議の最中に，その当初予算案に追加や変更がなされた予算のことである。

問12 〈租税や国債〉租税や国債をめぐる記述として最も適当なものを，次の①〜④のうちから一つ選べ。 (倫政・2013・本・24)

① 水平的公平とは，所得の多い人がより多くの税を負担するという考え方のことである。

② 国債収入の方が国債費よりも多ければ，基礎的財政収支（プライマリーバランス）は黒字になる。

③ 日本では，直接税を中心とする税制を提唱した1949年のシャウプ勧告に沿った税制改革が行われた。

④ 日本では，1990年代を通じて特例法に基づく赤字国債の発行が毎年度継続して行われた。

問13 〈財政政策〉財政政策についての記述として正しいものを，次の①〜④のうちから一つ選べ。 (倫政・2016・追・35)

① 政府が財政政策の手段として税の増減と公共支出の増減とをあわせて用いることを，ポリシー・ミックスという。

② 政府による建設国債以外の国債の発行を原則として禁止することを，財政の硬直化という。

③ 政府は好景気のときには財政支出を増加させ，不景気のときには財政支出を減少させることで，経済を安定させようとする。

④ 政府は好景気のときには増税し，不景気のときには減税することで，経済を安定させようとする。

問14 〈アベノミクス〉次に示したのは，いわゆる「アベノミクス」の目標や手法について，2014年に公表された資料に基づき整理したスライドの一部である。スライド中の空欄 ア にはAかB， イ にはCかD， ウ にはEかFのいずれかの記述が当てはまる。空欄 ア 〜 ウ に当てはまる記述の組合せとして最も適当なものを，後の①〜⑧のうちから一つ選べ。 (政経・2022・追・9)

第4回 経済政策論
アベノミクス
－3本の矢で長期停滞の克服－
※3本の矢は，アベノミクスの3つの主要な政策である。

金融政策〜第1の矢
●物価を引き上げるために ア 。
⇒経済の好循環を実現し，長期不況から脱却する。

財政政策〜第2の矢
●新たな需要を創出するために イ 。
⇒公共事業が拡大し雇用が増え，地域が活性化する。

成長戦略〜第3の矢
●新産業を育成するために ウ 。
⇒国家戦略特区で遠隔医療などの新サービスが始まる。

A　金融緩和政策を進める

B　金融引締政策を進める

C　原則的に財政支出を抑制し財政均衡をめざす

D　機動的に財政支出を拡大し景気浮揚をめざす

E　規制緩和によって新分野への外資導入や民間企業の投資を促進する

F　規制強化によって新分野への外資導入や民間企業の投資を促進する

① ア－A　　イ－C　　ウ－E　　② ア－A　　イ－C　　ウ－F

③ ア－A　　イ－D　　ウ－E　　④ ア－A　　イ－D　　ウ－F

⑤ ア－B　　イ－C　　ウ－E　　⑥ ア－B　　イ－C　　ウ－F

⑦ ア－B　　イ－D　　ウ－E　　⑧ ア－B　　イ－D　　ウ－F

問 15 〈機会費用〉生徒 X は，クラスでの発表において，企業の土地利用を事例にして，機会費用の考え方とその適用例をまとめることにした。X が作成した，次のメモ中の空欄　ア　・　イ　に当てはまる語句として最も適当なものを，後の ① ～ ④ のうちから一つ選べ。　　　　　　　　　　　(倫政・2022・本・24)

◇**機会費用の考え方**：ある選択肢を選んだとき，もし他の選択肢を選んでいたら得られたであろう利益のうち，最大のもの。

◇**事例の内容と条件**：ある限られた土地を公園，駐車場，宅地のいずれかとして利用する。利用によって企業が得る利益は，駐車場が最も大きく，次いで公園，宅地の順である。なお，各利用形態の整備費用は考慮しない。

◇**機会費用の考え方の適用例**：ある土地をすべて駐車場として利用した場合，　ア　の関係から他の用途に利用できないため，そのときの機会費用は，　イ　を選択したときの利益に等しい。

① ア　トレード・オフ　　　イ　公園

② ア　トレード・オフ　　　イ　宅地

③ ア　ポリシー・ミックス　イ　公園

④ ア　ポリシー・ミックス　イ　宅地

問 16 〈国民経済計算〉一国の経済状態について体系的に記録したものとして国民経済計算がある。次の文章は国民経済計算の諸指標について説明したものである。文章中の空欄　ア　・　イ　に当てはまる語句の組合せとして正しいものを，下の ① ～ ④ のうちから一つ選べ。　　　　　　　　(倫政・2019・本・20)

　一定期間に一国の国民によって生産された財・サービスの付加価値の総額を示すものとして国民総生産（GNP）がある。国民総生産から　ア　の額を控除すると，国民純生産（NNP）が得られる。また，間接税（生産・輸入品に課される税）から補助金を差し引いた額を，国民純生産から控除したとき，国民所得（NI）が算出される。一方，一定期間に一国の国内で生産された財・サービスの付加価値の総額を示すものとして国内総生産（GDP）があり，これは国民総生産から　イ　の額を控除したものである。

① ア　固定資本減耗　　　イ　海外からの純所得

② ア　固定資本減耗　　　イ　経常海外余剰

③ ア　中間生産物　　　　イ　海外からの純所得

④ ア　中間生産物　　　　イ　経常海外余剰

問 17 〈国民経済の指標〉所得の再配分を把握するための諸指標に関する記述とし

解明POINT

▶**租税の種類**

どこに収めるか
● 国税，地方税
どのように収めるか
● 直接税，間接税

● **消費税**（8%）は国（6.3%），地方（1.7 %）。間接税，**逆進性**が強い

● 消費税の 10%引き上げについては，2016 年，第 3 次安倍内閣で，2019 年 10 月まで再延期されることになった。酒類・外食を除く飲食料品などに**軽減税率制度**が導入された

● **所得税**，**法人税**，**相続税**が主な国税である

● 日本は**シャウプ勧告**以降，直接税を中心としてきたが，しだいに間接税の割合も増えている

解明POINT

▶**機会費用とトレードオフ**

　機会費用とは，ある選択肢を選んだ時，もし他の選択肢を選んでいたら得られたであろう利益のうち最大のもの。何かを得ようとすると何かを失うという**トレードオフ**の関係になる。**市場**は，得られる利益と失われる利益（**機会費用**）の比較考量が行われる場であり，限られた資源（**資源の希少性**）の最適配分を行う場である。

解明POINT

▶ **GNP・NNP・NI の関係**

GNP（国民総生産）

　＝総生産額－中間生産物

NNP（国民純生産）

　＝ GNP －固定資本減耗分

NI（国民所得）

　＝ NNP －間接税＋補助金

て誤っているものを，次の①〜④のうちから一つ選べ。　　(政経・2015・本・9)

① 分配面からみた国民所得（NI）の要素には，雇用者報酬が含まれる。

② 支出面からみた国民所得の要素には，民間投資と政府投資が含まれる。

③ 国民総所得（GNI）は，国民純生産（NNP）から，固定資本減耗を差し引いたものである。

④ 国民総所得は，国民総生産（GNP）を分配面からとらえたものであり，両者は等価である。

問18 〈**資本主義経済の成立と発展**〉生徒Xは，資本主義経済の成立と発展の概要について考察するためにキーワードを整理し，次のノートにまとめた。ノート中の下線部ア〜エのうち誤っているものを，後の①〜④のうちから一つ選べ。

(政経・2023・本・1)

○**産業革命**

　18世紀後半にイギリスで産業革命が起こり，その後，他のヨーロッパ諸国やアメリカ，そして日本でも産業革命が起こった。産業革命によって，工場制手工業から工場制機械工業へと発展し，生産力が飛躍的に高まった。

○**私有制**

　⑦生産手段を私有できることで，資本蓄積への意欲が高められる。

○**市場経済**

　⑦市場での自由な取引を通じて企業は利潤を追求し，その利潤がさらなる設備投資の資金となって経済が成長する。

○**階級分化**

　資本主義経済下では，生産手段を所有する者と所有しない者，つまり資本家と労働者への階級分化が生じる。これが資本主義経済において経済格差が発生する要因の一つとなる。⑦マルクスは資本主義経済を分析し，資本家と労働者との間の利害の対立構造を明らかにした。

○**景気循環（景気変動）**

　資本主義経済の発展によって，生活が豊かになる一方で，景気循環による不況や恐慌の発生という問題が起こる。⑦ケインズは資本主義経済下での不況の原因は供給能力の不足にあるとの理論を示した。

---

① 下線部⑦

② 下線部⑦

③ 下線部⑦

④ 下線部⑦

▶ **GNPとGDPとの関係**

GDP＝GNP－海外からの純所得（海外からの所得－海外への所得）という等式で表される。GNPは「国民総生産」であるので，GDP（国内総生産）に計上されない日本企業が海外で行った生産額をGNPに加え，逆に国内で生産された外国企業の生産額を引くことにより，GNPとGDPとの等式が成り立つ。

▶ **GNP（国民総生産）とGNI（国民総所得）・GNE（国民総支出）との関係**

GNIは，GNPを分配・所得の面から捉えたものであり，またGNEは支出の面から捉えたものであるので三者は等価である。国民所得の**三面等価の原則**も同じ関係となる。近年では，GNPに代わってGNIが使われている。GNI＝GDP＋海外からの純所得

▶ **日本のGDP**

　2023年にドイツに抜かれて**世界第4位**となった。一人あたりのGDPは**世界第21位**。

解明POINT

▶**マルクスの経済思想**

過剰生産
●資本主義経済の**生産の無政府性**が，国内では恐慌（マルクス）を起こし，対外的には帝国主義（レーニン）をまねく

剰余価値説と搾取の理論
●マルクスは『**資本論**』で，資本家が払った賃金以上の「価値」が労働者によって生産されており，その剰余価値分を資本家が利潤として搾取していると述べている。**利潤（剰余価値）**とは，**不払労働**のことである

整理・要約

Ⅰ 企業

1 株式会社のしくみ

① 株式会社での権力分立システム

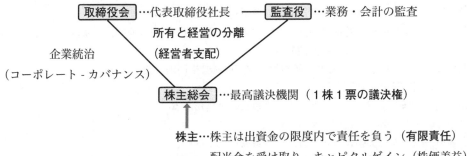

取締役会 …代表取締役社長　　監査役 …業務・会計の監査

所有と経営の分離
（経営者支配）

企業統治
（コーポレート - ガバナンス）

株主総会 …最高議決機関（1株1票の議決権）

株主…株主は出資金の限度内で責任を負う（有限責任）

配当金を受け取り，キャピタルゲイン（株価差益）を求める

② **株主代表訴訟**…株主による経営責任の追及や損害賠償の請求

③ **企業統治（コーポレート - ガバナンス）**

- 株主，経営者，従業員，消費者などのステーク・ホルダー（利害関係者）の利害を調整して経営者支配を克服する必要性が求められている…社外取締役の導入，**ディスクロジャー**（企業情報の開示）など

④ 企業の資金調達

自己資本	企業が内部留保や株式発行によって調達した資本
他人資本	社債や金融機関からの借り入れなどによって調達された資本

⑤ **会社法の制定**（2005）

- 有限会社の廃止と株式会社への一本化（有限会社の新規の設立はできない。既存の有限会社は存続できる）
- 最低資本金制度の廃止…「1円起業」（1円でも会社がつくれる制度）の開始
- 合同会社の新設…有限責任の社員，ベンチャービジネスに対応する会社形態

2 現代企業の特徴

大企業体制 （法人資本主義）	**株式会社制度**により，社会から資金を調達することが可能となって，大企業が出現する
資本の集中・集積	資本の集中は他の企業に対して**M＆A（合併・買収）**を行い，資本の集積は同じ企業が経営規模を拡大することによって巨大化する
所有と経営の分離	資本の所有者である株主と実際の経営を担当する経営者の分離，**経営者革命**
コングロマリット	異業種間のM&A（合併・買収）により誕生した複合企業
多国籍企業	複数の国に資産を持ち，経営を展開する巨大企業

3 企業の社会的責任（CSR）

- 企業は利潤の追求だけでなく，社会の一員として果たすべき責任があるとする考え方（**企業倫理**）

メセナ	芸術・文化活動への支援活動
フィランソロピー	ボランティア活動などの社会的な貢献活動
アカウンタビリティ	企業の不祥事件などについての説明責任
トレーサビリティ	食品などの生産・流通の履歴情報を消費者が追跡できるしくみ
コンプライアンス	**法令遵守**。実定法や社内ルールの遵守（→耐震構造の偽装，粉飾決算など）
ゼロエミッション	エミッション（廃棄物）を出さないようにすること
公益通報者保護法（2004）	企業の不正に対する内部告発者を保護する法律

Ⅱ　労働問題

1　労働三権と労働三法

労働三権	労働基本権＝団結権＋団体交渉権＋団体行動権（争議権）
労働三法	労働組合法（1945）＋労働関係調整法（1946）＋労働基準法（1947）

- 公務員は，一律に争議権が禁止されている
- 人事院勧告…公務員に対する労働基本権制限の代償措置，人事院が内閣・国会に勧告

2　労働三法

① 労働基準法…労働時間・賃金・休日などの労働条件の最低基準を定めたもの
・労働条件の7原則…労働条件の最低基準の遵守，労使対等の原則，均等待遇の原則，男女同一賃金の原則，強制労働の禁止，中間搾取の禁止，公民権行使の原則
・監督機関…労働基準局（中央機関），労働基準監督署（都道府県労働局内に設置）
② 労働組合法…労働者の団結権を保障した法律
・不当労働行為の禁止，正当な争議行為には刑事上・民事上の免責がある
③ 労働関係調整法…労使紛争の解決を目的とする法律
・調整機関…労働委員会（中央労働委員会・地方労働委員会）
・調整方法…斡旋（双方の意見を聞き，争議の自主的解決を促す），調停（調停案を出すが，強制力はない），仲裁（仲裁案の提示，強制力あり）

3　日本的経営方式

終身雇用制	定年まで働けることができる大企業を中心とした雇用形態
年功序列型賃金	勤務年数とともに賃金が上昇
企業別労働組合	同一企業内の労働者で組織する（欧米は産業別労働組合が中心）

- 経済のグローバル化などに伴いアメリカ的経営を導入→日本的経営方式が揺らぎ始めている

4　労働時間の弾力化

フレックスタイム制	・コアタイム（必ず職場にいなければならない時間）を除き，労働時間（始業，終業）を労働者が自己の都合に合わせて選択できる勤務形態
変形労働時間制	・一定期間（1週間・1か月・3か月から1年の単位）の法定労働時間を満たせば，1日8時間，1週40時間を超える労働が可能
裁量労働時間制	・労働時間の長さよりも成果が問われる制度
女性保護規定の撤廃	・男女雇用機会均等法改正とひきかえに保護規定撤廃 ・女性に対する時間外・休日労働や深夜労働の規制撤廃

5　女性と労働

① 男女雇用機会均等法の改正

1997 年の改正	2006 年の改正
・努力義務が禁止規定となる ・違反企業の公表，ただし罰則規定なし ・企業にセクシュアルハラスメント防止義務	・間接差別の禁止…運用によって女性に不利となる差別（募集・採用時の身長・体重・体力要件，総合職採用時の全国転勤要件，昇進時の転勤経験要件）の禁止 ・男性へのセクハラなども禁止（男女双方の差別禁止）

② 育児・介護休業法（1995）…男女いずれも取得が可能，男女役割分担論の克服

6　労働者派遣法（1985 制定，2003，2012，2015 改正）

① 当初，職種は限定されていたが，現在は原則自由化される（格差社会の一因ともなった法律）

② 非正規雇用の拡大…契約社員や派遣労働者が全就業者数の 40％を超え，ワーキングプアが問題となる

7　外国人労働者の増加　技能実習生制度（農業や建設分野）

8　労働のあり方　ワークシェアリング，ワークライフバランス，同一労働同一賃金，働き方改革など

Ⅲ 社会保障

1 社会保障の歴史

① 恩恵としての社会保障（イギリス）
●エリザベス救貧法（1601）…世界最初の社会保障（公的扶助）
●生活困窮者に対して国王が恩恵として扶助を行う
② 治安対策としての社会保障（ドイツ）
●疾病保険法（1883）…ビスマルクが制定，世界最初の社会保険
●アメとムチの政策　アメ…疾病保険法，ムチ…社会主義者鎮圧法
③ 景気対策としての社会保障（アメリカ）…F. ローズヴェルト大統領のニューディール政策の一環
●連邦社会保障法の制定（1935）…社会保障という言葉がはじめて使用された
●老齢年金と失業保険を中心とする。医療保険はない
④ 権利としての社会保障…現代の社会保障の立場
●イギリス…1911年に世界初の失業保険と健康保険を含む国民保険法を制定
●ワイマール憲法（1919，ドイツ）…「人たるに値する生活」の保障
●ベバリッジ報告（1942，イギリス）…均一保険料・均一給付・全国民を対象として，一生を通じて最低限度の生活（ナショナル‐ミニマム）を保障→「ゆりかごから墓場まで」
●日本国憲法第25条（1946）…「健康で文化的な最低限度の生活を営む権利」（生存権）

2 日本の社会保障制度の四本の柱

社会保険	●医療保険，年金保険，雇用保険，労働災害保険（労災保険），介護保険 ●日本の社会保障の中心…社会保険（特に医療保険・年金保険）が中心
公的扶助	●生活保護法（1950年に全面改正）…生活，医療，教育，住宅，介護など8つの扶助 ●国の全額公費により，国民に最低限度の生活（ナショナル‐ミニマム）を保障し，経済的な自立を支援する制度
社会福祉	●福祉六法…生活保護法，児童福祉法，身体障害者福祉法，知的障害者福祉法，老人福祉法，母子及び父子並びに寡婦福祉法
公衆衛生	●保健所を中心に，疾病の予防・治療，衛生教育，食品衛生，公害等の環境衛生を担う

3 日本の医療保険・年金保険

① 国民皆保険・国民皆年金制度の確立…国民健康保険法の改正（1958），国民年金法（1959）で実現

② 医療・年金制度

加入者	運営	医療保険	年金保険
公務員	共済組合（国家・地方・私学）	共済組合保健	共済年金
会社員	健康保険組合（大企業中心） 協会けんぽ（中小企業中心）	健康保険	厚生年金
自営業，元会社員など	都道府県（2018年度より市町村から移管）	国民健康保険	国民年金

↓

【75歳以上　後期高齢者医療制度】

●年金の財源…積立方式から賦課方式へ

●「公助」としての社会保障の重要性…家族福祉・企業福祉から社会福祉へ

●基礎年金（国民年金）の段階的引上げ…60歳から65歳へ

●基礎年金制度の導入（1986）…職種間の格差是正を目的とし，満20歳以上（学生・主婦なども含め）すべてに加入義務。二階建ての年金制度の一階部分

●共済年金と厚生年金の一元化を実施（2015年10月）

●●● 演習問題

問1 〈会社企業〉日本の会社企業に関する次の記述 A〜C のうち，正しいものはどれか。当てはまる記述をすべて選び，その組合せとして最も適当なものを，次の ①〜⑦ のうちから一つ選べ。 (倫政・2019・本・26)

A 会社設立時の出資者がすべて有限責任社員である会社は，株式会社という。

B 会社設立時の出資者がすべて無限責任社員である会社は，合名会社という。

C 会社設立時の出資者がすべて有限責任社員と無限責任社員である会社は，合同会社という。

① A ② B ③ C ④ AとB ⑤ AとC
⑥ BとC ⑦ AとBとC

問2 〈株式会社〉日本における株式会社についての記述として正しいものを，次の ①〜④ のうちから一つ選べ。 (倫政・2014・本・31)

① 独占禁止法の下では，事業活動を支配することを目的として，他の株式会社の株式を保有することが禁止されている。

② 会社法の下では，株式会社の設立にあたって，最低資本金の額が定められている。

③ 株式会社のコーポレート・ガバナンスに関しては，バブル経済の崩壊以降，株主の権限の制約が主張されている。

④ 株式会社の活動によって生じた利潤は，株主への配当以外に，投資のための資金としても利用されている。

問3 〈利潤〉利潤についての記述として正しいものを，次の ①〜④ のうちから一つ選べ。 (政経・2016・本・11)

① 企業内部に蓄えられた利潤は，設備投資のような企業規模の拡大のための原資として用いられることがある。

② 国民経済計算では，企業の利潤は雇用者報酬に分類される。

③ 企業の利潤は，賃金や原材料費などの費用に，生産活動により得られた収入を付け加えたものである。

④ 株式会社の場合，利潤から株主に支払われる分配金は出資金と呼ばれる。

問4 〈コンプライアンス〉コンプライアンスについての記述として適当でないものを，次の ①〜④ のうちから一つ選べ。 (政経・2008・本・4)

① 企業が遵守すべき法には，条約のような国際的な規範が含まれる。

② 企業が遵守すべき法には，地方自治体の制定する条例が含まれる。

③ この理念は，大企業による不祥事が相次いで発覚し，その必要性がいっそう高まった。

④ この理念は，企業で働く従業員に内部告発をさせないことを，その内容の一つとしている。

問5 〈日本の中小企業〉日本の中小企業についての記述として最も適当なものを，次の ①〜④ のうちから一つ選べ。 (倫政・2017・追・37)

① 中小企業基本法は，中小企業を資本装備率によって定義した。

② 大企業と中小企業との間に存在する労働条件や生産性の格差を，経済の二重構造と呼ぶ。

解明 POINT

▶経営者支配と行政国家

経営者支配	行政国家
株式会社での最高議決機関は株主総会 ↓ 所有と経営の分離が進み，経営者支配が行われている ↓ 企業はだれのものか。コーポレート-ガバナンスが課題となっている	国権の最高機関は国会 ↓ 専門的知識を持つ官僚が大きな力を持ち，行政国家化が進行 ↓ 政府委員制度の廃止や党首討論など国会改革が進行

解明 POINT

▶会社の種類と出資者

会社	出資者
株式会社	有限責任の株主
合同会社	全員が有限責任社員
合資会社	無限責任社員と有限責任社員
合名会社	親族など無限責任社員

解明 POINT

▶企業倫理

● 共感（シンパシー）を得られるような経済活動が必要と説く（アダム＝スミス）
● ソーシャル・ビジネス（社会的事業）…経済的利益と社会的弱者への福祉を両立させる事業
● 企業の社会的責任（CSR）
● 石田梅岩…「実の商人は，先も立ち，我も立つことを思ふなり」（正直・倹約・勤勉）

③　中小企業基本法の理念は，中小企業の多様で活力ある成長発展から大企業と中小企業との格差是正へと転換された。

④　事業所数に占める中小企業の割合は，大企業の割合を下回っている。

問6　〈日本の企業〉日本における企業に関する記述として最も適当なものを，次の ① ～ ④ のうちから一つ選べ。　　　　　　　　(倫政・2022・本・23)

①　自社の株価の低下を招くような社内の行為をその会社の株主が監視することを，リストラクチャリングという。

②　ある企業の1年間の利潤のうち，株主への分配率が上昇すると内部留保への配分率も上昇し，企業は設備投資を増やすようになる。

③　世界的に拡大した感染症による経済的影響として，いわゆる巣ごもり需要の増加に対応することで2020年に売上を伸ばした企業があった。

④　1990年代のバブル経済崩壊後，会社法が制定され，株式会社設立のための最低資本金額が引き上げられた。

問7　〈労働法〉日本において労働者を保護したり，その団体行動を助成したりするための法律の内容を示した文A～Cと，法律の名称ア～ウとの組合せとして最も適当なものを，下の ① ～ ⑥ のうちから一つ選べ。　　(政経・2015・本・14)

A　使用者は，労働契約の締結に際し，労働者に対して賃金，労働時間その他の労働条件を明示しなければならない。

B　使用者は，雇用する労働者の代表者と団体交渉をすることを，正当な理由なく拒むことができない。

C　労働委員会が，第三者の立場から斡旋，調停，仲裁などによって，争議の解決を図ることができる。

ア　労働組合法　　　イ　労働基準法　　　ウ　労働関係調整法

① A－ア　　B－イ　　C－ウ　　　② A－ア　　B－ウ　　C－イ
③ A－イ　　B－ア　　C－ウ　　　④ A－イ　　B－ウ　　C－ア
⑤ A－ウ　　B－ア　　C－イ　　　⑥ A－ウ　　B－イ　　C－ア

問8　〈労働組合〉次の記述a～cは，民間企業の労働組合の活動や運営に関する日本の法制度について生徒たちがまとめたものである。これらの記述のうち，正しいものはどれか。当てはまる記述をすべて選び，その組合せとして最も適当なものを，下の ① ～ ⑦ のうちから一つ選べ。　　(倫政・2021・①・本・24)

a　正規雇用の労働者と同様に，パート，アルバイトなど非正規雇用の労働者も労働組合を結成する権利を有している。

b　正当な理由がない限り，使用者は労働組合との団体交渉を拒否することはできない。

c　労働組合の運営に協力するため，使用者は労働組合に対して，経費を援助しなければならない。

① a　　　　② b　　　　③ c　　④ aとb　　⑤ aとc
⑥ bとc　　⑦ aとbとc

問9　〈労働契約〉生徒たちは労働問題について学ぶため，事前学習として，次のような求人情報の例を作成し，問題点がないか話し合った。図中の下線部㋐～㋒について，企業がこの求人情報のとおりに労働者と労働契約を結んだ場合，雇用に関係する日本の法律に抵触するものはどれか。当てはまるものをすべて

解明POINT

▶公務員労働者と労働三権

民間労働者
●すべて○

警察・消防・自衛官
●すべて×

地方公務員・国家公務員
●団結権○，団体交渉権△（労働協約締結権はない），争議権×

公営企業職員
●団結権，団体交渉権○，争議権×

解明POINT

▶不当労働行為

●経営者が労働者や労働組合にしてはいけない事柄

労働組合に加入しないことを条件に採用すること（黄犬契約）→団結権への侵害となる
労働組合活動への介入や資金援助
正当な理由がなく団体交渉を拒むこと

解明POINT

▶労働法の適用

　労働基準法や労働組合法は，非正規雇用労働者や外国人，不法就労者，学生アルバイトなどにも適用される

解明POINT

▶賃金

●賃金支払い5原則…毎月1回，一定期日に，通貨で，全額を，直接支払う（振り込みも可）。労働基準法で規定されている

●最低賃金法（1959）産業別，地域別（都道府県単位）で決定

●男女同一賃金の原則労働基準法で規定（男女雇用機会均等法には規定はない）

選び，その組合せとして最も適当なものを，後の ①〜⑦ のうちから一つ選べ。

（政経・2022・本・14）

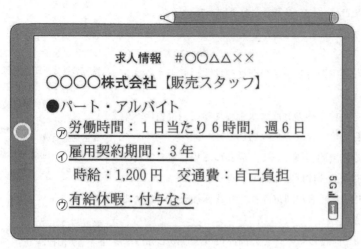

① ㋐　　　② ㋑　　　③ ㋒　　　④ ㋐と㋑　　　⑤ ㋐と㋒

⑥ ㋑と㋒　　　⑦ ㋐と㋑と㋒

問10　〈労使間の紛争とその解決〉低賃金や雇止めは，労働者と使用者の間での紛争の原因となりうる。日本における労使間の紛争およびその解決についての記述として正しいものを，次の ①〜④ のうちから一つ選べ。 （政経・2011・追・21）

① 最高裁判所は，公務員の争議行為の禁止は憲法が定める労働基本権の保障に違反すると判断している。

② 労働組合の正当な争議行為は，労働組合法により刑事上および民事上の責任を免除される。

③ 労使間の紛争が深刻化した場合，労働基準監督署は，労働関係調整法に基づき紛争の調整を行うことができる。

④ 労働委員会は，地方裁判所に設置され，裁判によらずに労使紛争の解決を行う労働審判手続に携わる。

問11　〈日本の労働問題〉日本でみられる労働問題についての記述として誤っているものを，次の ①〜④ のうちから一つ選べ。 （政経・2016・本・23）

① フルタイムで働いても最低生活水準を維持する収入を得られない，ワーキングプアと呼ばれる人々が存在している。

② 不法就労の状態にある外国人労働者は，労働基準法の適用から除外されている。

③ 過剰な労働による過労死や過労自殺が，労働災害と認定される事例が生じている。

④ 非正規労働者にも，待遇改善を求めて労働組合を結成する権利が認められている。

問12　〈労働のあり方〉さまざまな労働のあり方の提唱や試みがなされている。そうした労働のあり方A〜Cと，それについての記述ア〜エとの組合せとして最も適当なものを，下の ①〜⑨ のうちから一つ選べ。 （政経・2012・本・15）

A　ワークシェアリング　　　B　裁量労働制　　　C　変形労働時間制

ア　社会の構成員全員に基本所得を給付することで，労働についての選択の自由度を高める。

イ 労働者の一人当たりの労働時間を，減らす方向で多様化し，雇用される人の数を増加させようとする。

ウ 一定期間の週当たり平均労働時間が法定労働時間を超えなければ，その期間の特定の時期に法定労働時間を超える労働も可能にする。

エ 労働時間の管理を労働者に委ね，実際の労働時間にかかわりなく労使協定で定めた時間だけ働いたとみなす。

① A－ア　　B－ウ　　C－エ　　② A－ア　　B－エ　　C－イ
③ A－ア　　B－エ　　C－ウ　　④ A－イ　　B－ア　　C－エ
⑤ A－イ　　B－ウ　　C－エ　　⑥ A－イ　　B－エ　　C－ウ
⑦ A－エ　　B－ア　　C－イ　　⑧ A－エ　　B－ア　　C－ウ
⑨ A－エ　　B－ウ　　C－イ

問13 〈**雇用における男女の平等**〉日本の法制度の下では，形式的には性差別に当たる措置であっても許容されるものがある。そのような措置の例の記述として最も適当なものを，次の①～④のうちから一つ選べ。　　(倫政・2018・本・34)

① 労働者の募集にあたり，応募条件から性別の条件を外す。
② 女性労働者の定年年齢を，男性労働者と同じ年齢に設定する。
③ 女性労働者の割合が低い職種について，採用の基準を満たす者の中から女性を優先して採用する。
④ 同じ内容の労働に従事する男性労働者と女性労働者の賃金を，同じ額とする。

問14 〈**雇用に関する法律**〉さまざまな働き方に対応した規制を行う日本の法律A～Cと，それらの内容に関する記述ア～ウの組合せとして正しいものを，下の①～⑥のうちから一つ選べ。　　(倫政・2018・本・35)

A 労働者派遣法　　　B パートタイム労働法　　　C 高年齢者雇用安定法

ア 正社員よりも週の所定労働時間が短い労働者の労働条件の改善などを目的とする。

イ 制定当時は対象業務が限定されていたが，その後の改正により対象業務の範囲が拡大されてきている。

ウ 定年の引上げ，定年制の廃止，定年後の継続雇用制度の導入の中からいずれかの措置をとることを事業主に義務づけている。

① A－ア　　B－イ　　C－ウ　　② A－ア　　B－ウ　　C－イ
③ A－イ　　B－ア　　C－ウ　　④ A－イ　　B－ウ　　C－ア
⑤ A－ウ　　B－ア　　C－イ　　⑥ A－ウ　　B－イ　　C－ア

問15 〈**日本の雇用環境**〉生徒たちは，日本の雇用環境とその変化について調べることにした。次の文章中の空欄　ア　・　イ　に当てはまる語句の組合せとして正しいものを，下の①～④のうちから一つ選べ。　　(倫政・2021・①・本・23)

　終身雇用，　ア　，および企業別労働組合は，日本における労使慣行の特徴とされ，日本的経営とも呼ばれてきた。しかし，経済環境の変化に伴って終身雇用や　ア　に代わって異なる雇用や賃金の形態が広がり，多様化している。
　また，現在では労働者の働き方も多様化している。たとえば，業務遂行の方法や時間配分の決定などを労働者自身に委ねる必要があるため，実際の労働時

解明POINT

▶**現在の労働・雇用問題**

労働組合の組織率の低下
● 16.5％（2022）

非正規労働者の増加
● 労働者派遣法の改正が一因となり，非正規雇用が増加。全労働者の約4割（2023）

ワーキングプア
● 働いていても生活保護水準以下の所得しか得られない労働者

ニート
● 職にも就かず，学校にも行かず，就労活動もしていない若者

過労死（過労自殺）
サービス残業
● 過労死に対しては労働災害保険法が適用される

ブラック企業，ブラック・バイト
● 従業員に対して劣悪な環境で酷使する企業

解明POINT

▶**労働者派遣法**（2008年施行，2015年改正）
● 当初26種に限られていた対象業務が製造業にも拡大し，原則自由となった。
● 非正規雇用者が増加し，全就業者数の40％を超え，格差社会の元凶となっているという批判もある。

公共篇

間に関係なく一定時間働いたとみなす ┃ イ ┃ を導入する企業もある。

① ア　年功序列型の賃金　　イ　フレックスタイム制

② ア　年功序列型の賃金　　イ　裁量労働制

③ ア　成果主義による賃金　イ　フレックスタイム制

④ ア　成果主義による賃金　イ　裁量労働制

問 16　〈社会保障の歴史〉社会保障の発展に大きな影響を与えた法律や報告A～C
　　　と，その内容に関する説明ア～ウとの組合せとして正しいものを，下の ①～
　　　⑥ のうちから一つ選べ。　　　　　　　　　　　　　　　　（倫政・2016・本・34）

A　エリザベス救貧法（イギリス）

B　社会保障法（アメリカ）

C　ベバリッジ報告（イギリス）

ア　大恐慌を契機に高齢者や失業者を対象とした社会保険制度を整備した。

イ　ナショナル・ミニマム（国民の最低限度の生活水準）の保障を求めた。

ウ　公的扶助の先駆けといわれている。

① A－ア　　B－イ　　C－ウ　　　② A－ア　　B－ウ　　C－イ

③ A－イ　　B－ア　　C－ウ　　　④ A－イ　　B－ウ　　C－ア

⑤ A－ウ　　B－ア　　C－イ　　　⑥ A－ウ　　B－イ　　C－ア

問 17　〈社会保障の財源〉生徒Yは，格差や分配について調べる中で，どのような
　　　形でもって国民の間で社会保障の財源を負担するのか，まとめることにした。
　　　次の文章中の空欄 ┃ ア ┃ ～ ┃ エ ┃ に当てはまる語句の組合せとして正
　　　しいものを，下の ①～⑧ のうちから一つ選べ。　　　　　　（政経・2021・本・5）

　　　社会保障の財源について， ┃ ア ┃ を中心とする北欧型と， ┃ イ ┃ を中
　　　心とする大陸型があり，日本は，北欧型と大陸型の中間に位置しているといわ
　　　れる。

　　　日本では，高齢化が進み社会保障関係費が増大している。その増加する社会
　　　保障関係費を賄うため，政府は，全世代が負担し負担の世代間格差の縮小に有
　　　用であるといわれている ┃ ウ ┃ をその財源として組入れを予定し，増税を
　　　進めた。また，2000 年代に入って 40 歳以上の人々を加入者とする ┃ エ ┃
　　　制度が実施され，その後，後期高齢者医療制度も導入された。

① ア　社会保険料　イ　租　　税　　ウ　消費税　　エ　年金保険

② ア　社会保険料　イ　租　　税　　ウ　消費税　　エ　介護保険

③ ア　社会保険料　イ　租　　税　　ウ　所得税　　エ　年金保険

④ ア　社会保険料　イ　租　　税　　ウ　所得税　　エ　介護保険

⑤ ア　租　　税　　イ　社会保険料　ウ　消費税　　エ　年金保険

⑥ ア　租　　税　　イ　社会保険料　ウ　消費税　　エ　介護保険

⑦ ア　租　　税　　イ　社会保険料　ウ　所得税　　エ　年金保険

⑧ ア　租　　税　　イ　社会保険料　ウ　所得税　　エ　介護保険

問 18　〈公的年金制度Ⅰ〉公的年金制度に関する記述として適当でないものを，次
　　　の ①～④ のうちから一つ選べ。　　　　　　　　　　　　　（政経・2006・本・36）

① 日本の公的年金制度は，積立方式として発足したため，現在，国民年金（基
　　礎年金）への加入は任意とされている。

② 日本の公的年金制度は，共通の基礎年金を支給する国民年金に加え，厚生年

解明POINT

▶ベバリッジ報告（1942）

● 均一保険料・均一給付

● 全国民を対象

● 一生を通じて保障
（ゆりかごから墓場まで）

● 最低限度の生活（ナショナル・ミニマム）を保障。ミニマムを超える備えは各自の自助努力

● 保守党チャーチル内閣で策定，労働党アトリー内閣で実施

解明POINT

▶公的扶助

　全額公費で負担，すべての人を対象とする。掛け金を中心とする社会保険と区別しておこう。

＊エリザベス救貧法…世界最初の公的扶助

＊恤救規則（じゅっきゅう）…日本最初の公的扶助

解明POINT

▶ニューディール政策の一環としての社会保障法

　ニューディール政策の基本は，購買力の拡大による有効需要の拡大。生活困窮者の生活を支えることによって購買力の維持・拡大をめざす。同様の趣旨で，ワグナー法も制定される。

金や共済年金では報酬比例年金を支給する制度になっている。

③　賦課方式による公的年金制度は，高齢者世代に支給する年金を，その時点の現役世代から徴収した年金保険料で賄う方式である。

④　積立方式による公的年金制度は，高齢者世代に支給する年金を，その世代が過去に支払った年金保険料の積立金とその運用益で賄う方式である。

問19　〈公的年金制度Ⅱ〉年金に関連して，日本における年金制度についての記述として**誤っているもの**を，次の①〜④のうちから一つ選べ。（倫政・2014・本・26）

①　公的年金のうち国民年金は，保険料の未納が問題となっている。

②　公的年金のうち厚生年金は，在職中の報酬に比例して支給される。

③　急速に進展する少子高齢化の問題に対応するために，支給水準の引上げが行われてきた。

④　企業年金の管理を委託されていたノンバンクが運用に失敗し，払い込まれた年金の元本が失われるという事態が生じた。

問20　〈**日本の社会保障制度**〉社会保障制度について，日本の現在の制度に関する記述として最も適当なものを，次の①〜④のうちから一つ選べ。

（倫政・2012・本・23）

①　年金保険では国民皆年金が実現しているが，国民年金には自営業者のみが加入する。

②　加齢により介護を要する状態となった者に必要なサービスを保障する介護保険では，利用者はサービスにかかった費用の1割を自己負担する。

③　医療保険では国民皆保険が実現しており，20歳以上のすべての者が共通の国民健康保険に加入する。

④　業務上負傷しまたは病気にかかった労働者に対して補償を行う労災保険（労働者災害補償保険）では，事業主と国が保険料を負担する。

問21　〈**セーフティネット**〉セーフティネットの日本における事例についての説明として**誤っているもの**を，次の①〜④のうちから一つ選べ。（政経・2015・本・12）

①　雇用保険に加入した被用者は，失業すると，一定の条件の下で失業給付を求めることができる。

②　破綻した銀行の普通預金の預金者は，その預金元本については，いかなる場合でも全額払戻しを受けることができる。

③　介護保険に加入した者は，介護が必要だと認定されると，訪問介護やショートステイなどのサービスを受けることができる。

④　経済的に困窮した国民は，一定の条件の下で，生活保護給付を求めることができる。

解明POINT

▶**社会保険料の負担**

生活保護…全額公費（国3と地方公共団体1）で負担
労災保険…雇用主が全額負担
雇用保険…労使が折半
基礎年金（国民年金）…20歳以上の国民に加入義務があり，国が国民年金の2分の1を負担
健康保険・共済組合保険・国民健康保険…3割が自己負担
健康保険と共済組合保険の保険料…半分は雇用主，政府が負担
70歳から74歳の高齢者…医療費の2割負担
後期高齢者医療制度…75歳以上は1割負担
介護保険の財源…公費が50％，保険料が50％で，40歳以上が保険料を払い，65歳から利用して1割を負担

解明POINT

▶**年金の財源**

積立方式
●将来支給される年金の原資を保険料によって積み立てていく方式
●インフレに弱い

賦課方式
●一定期間に支給する年金をその期間の保険料でまかなう方式
●インフレには強いが，少子高齢化には弱い

＊日本の年金制度は，積立方式ではじまり，その後賦課方式を加味した**修正積立方式**を採用している。

解明POINT

▶**セーフティネット**

　社会的安全網と訳される。生活保護が「最後のセーフティネット」とされる。

3 国際経済の現状と課題　国際収支・外国為替相場・自由貿易

■ 整理・要約

1 国際収支の体系

経常収支	貿易・サービス収支	貿易収支	● モノの輸出入取引
		サービス収支	● サービスの輸出入取引
			● 輸送，旅行，保険，特許料など
	第一次所得収支		● 対外資産からの投資収益（株の配当，国債の利子，工場の収益）
			● 雇用者報酬（非居住者，1年未満の滞在者）
	第二次所得収支		● 食料や医薬品などの無償援助や国際機関への対価を伴わない資金移動
			● 居住者となった1年以上の滞在者の母国への仕送り
資本移転等収支			● 道路や港湾など社会資本への無償資金援助
			● 特許の取得・処分にかかわる収支
金融収支	直接投資		● 海外に工場などの建設，企業買収
	証券投資		● 株式の購入や社債・国債などへの投資
	金融派生商品		● デリバティブ（先物，オプション）取引に関する投資
	その他投資		● 銀行，企業，政府による貸し付けや借入
	外貨準備		● ドルなどの外国通貨，金，SDR
誤差脱漏			● 統計上の誤差を記録

● 経常収支・資本移転等収支では，資金の受け取りが支払いを上回っている場合は黒字（プラス），下回っている場合は赤字（マイナス）で表記する（国外に出ていくものは赤字，国内に入ってくるものは黒字）。ただし，**金融収支は，海外に出ていくものは，逆にプラス表記となる**（日本の資産・負債の増減に注目するため）。

＊経常収支＋資本移転等収支－金融収支＋誤差脱漏＝0

2 為替レート（外国為替相場）のしくみ

	〈円高と日本経済との関係〉	〈関連事項〉
貿易	● 日本からの輸出の減少 ● 日本への輸入の増加	● 円高不況（1985 ～ 1986）
物価	● 国内物価の下落	● 円高差益の還元 ● 内外価格差の増大
海外生産	● 海外生産や海外投資の増大	● 産業の空洞化 ● 世界最大の債権国
海外旅行	● 日本人の海外旅行の増加	● 海外修学旅行の増加
海外預金	● 円高の時に預金，円安の時に解約すると為替差益を得ることができる	● 為替リスクの発生
金利と為替との関係	● 日本の金利の上昇→日本への預金の増加→円に対する需要の増加→円高となる	● レーガンの高金利政策（ドル高政策）
国際収支と為替の関係	● 日本の貿易収支の赤字 →貿易差益の円への交換→円高となる	● 日米貿易摩擦 ● 国際収支の天井

＊円高…円の対外的価値が上昇すること（例：1ドル＝140円→1ドル＝120円）

3 自由貿易と保護貿易

リカード（イギリス）	自由貿易	比較生産費説 ● **比較優位**にある商品に生産を**特化**して自由貿易により交換	『経済学および課税の原理』
リスト（ドイツ）	保護貿易	経済発展段階説 ● 国内の**幼稚産業**（将来の成長を期待できる潜在力を持つ工業部門）の保護・育成のために保護貿易が必要	『国民経済学体系』

4 IMF・GATT 体制の成立と動揺

① 戦前の国際経済体制…保護貿易主義・ブロック経済を特徴とする

- 世界恐慌（1929）→保護貿易主義→ブロック経済（高関税と輸入数量制限，為替の切り下げ競争）
  →世界貿易の縮小→軍事力による市場の確保→第二次世界大戦の勃発

② IMF・GATT 体制の成立（ブレトン・ウッズ協定，1944）

IMF（国際通貨基金）（1945）

- 通貨や為替の安定を目的として国際収支の赤字国へ**短期資金**を融資
- 金ドル本位制…ドルを**基軸通貨**とする
- 固定為替相場制…金1オンス＝35ドル，1ドル＝360円（1949）

IBRD（国際復興開発銀行，世界銀行）（1946）

- 経済復興と開発への資金供与を目的として**長期資金**を融資（現在は発展途上国への融資が中心）
- 南北問題への対応…IDA（第二世界銀行，国際開発協会）（1960）

GATT（関税と貿易に関する一般協定）（1947） ＊自由貿易の推進が目的

- GATT の三原則…自由（自由貿易）・無差別（最恵国待遇，内国民待遇）・多角（多国間交渉）
- 最恵国待遇…ある国に与えた最も有利な条件を他の国のすべてにも与えること
- 内国民待遇…輸入品に対して国内品よりも不利に扱うことを禁止
- ケネディ・ラウンド（1964～67）→東京ラウンド（1973～79）

③ IMF・GATT 体制の動揺

ドル危機の要因（アメリカの経済力の弱体化）…ドルのインフレ化の進行

- マーシャル - プランなどの経済援助，ベトナム戦争などの軍事支出（ドル危機の最大の要因）
- アメリカ系多国籍企業のヨーロッパ進出によるドルの流出
- ゴールドラッシュ…アメリカのドルに対する不安→大量の金の流出

ニクソン・ショック（ドル・ショック）とスミソニアン体制（1971）

- 金とドルとの交換停止（IMF 体制の動揺）
- 10％の輸入課徴金（GATT 体制の動揺）
- 新レート（1オンス＝35ドル→38ドル，1ドル＝360円→308円）で固定為替相場制の維持をはかる
- 変動為替相場制への移行（1973）

キングストン合意（1976）

- 変動為替相場制の正式承認，，SDR（特別引き出し権）の役割拡大化

  日本と IMF・GATT
- IMF 8 条国へ（1963）…国際収支の赤字を理由とする貿易制限ができない
- GATT 11 条国へ（1964）…国際収支の赤字を理由とする為替制限ができない
- OECD への加盟（1964）…資本の自由化へ

④ 1990 年代以降の動向

レーガノミックスとドル高政策（1981 ～ 1989）

- 「強いアメリカの復活」をめざすが，「**双子の赤字**」（経常収支の赤字と財政赤字）をまねく

プラザ合意（1985）

- G5（先進5か国財務相・中央銀行総裁会議）での合意
- ドル高是正のために各国が**協調介入**→ドル売り・円買い→急激なドル安円高→日本は**円高不況**へ

ルーブル合意（1987）

- G7での合意
- 過度のドル安円高是正，円・マルク（ドイツ）売りの協調介入→ドル安是正

通貨危機

- メキシコ通貨危機（1994）・**アジア通貨危機（1997）**・**ロシア通貨危機（1998）**・**ブラジル通貨危機（1999）**
- ヘッジファンドによる投機的行動が一因
- 日本でもアジア通貨危機の影響で**金融危機**が発生（山一證券・北海道拓殖銀行の倒産）

WTO（世界貿易機関）の設立（1995）

- ウルグアイ - ラウンドを契機に，GATT を発展的に解消して設立し，正式の国際機関となる
- サービス貿易も監視対象とする。**知的所有（財産）権の保護，紛争処理機能の強化**
- ドーハ - ラウンドの決裂（2012）…WTO の自由貿易体制が，失業・貧困・環境破壊をもたらすとする
  反グローバリズムが高揚，WTO から **FTA（自由貿易協定）**，**EPA（経済連携協定）** への傾斜

リーマン - ショック（2008）

- 100 年に 1 度の経済危機
- サブプライムローン問題…低所得者に対する住宅ローンの不良債権化
- 「G 20 首脳会議（金融・世界経済に関する首脳会合）」（2008）の開催

ギリシャの財政危機（2011・2015）とユーロ危機の発生

- アジア通貨危機やギリシャの財政問題では，金融・財政改革を条件に，IMF からの緊急融資が行われた

5　南北問題

①　南北問題…北の富める先進国と南の貧しい発展途上国との経済格差などの問題

②　南北問題の起源

- 欧米の植民地支配，**モノカルチャー経済**を強制（1960 年代から顕在化）
- 人口問題，食料問題，環境問題…発展途上国の貧困が一因

③　**南南問題**

- 工業化が進んでいる国々(OPEC・OAPEC)や資源の豊富な途上国(NIES)と発展途上国の間の南南問題
- **LLDC（LDC，後発発展途上国）** の問題

④　南北問題への取り組み

国連による取り組み

a　**UNCTAD（国連貿易開発会議）**

- 発展途上国の主導で 1964 年に設立
- **プレビッシュ報告**…一次産品の価格安定措置と輸入増進，**一般特恵関税制度**，ＧＮＰ 1% の経済援助

b　**UNDP（国連開発計画）**

- **「人間の安全保障」**（軍事力による平和でなく民衆の生活の安定による平和）を提唱
- **HDI（人間開発指数）の導入**…ＧＤＰだけでなく，平均寿命・教育達成度などを測って表した指数
- 潜在能力論を展開したインドの経済学者**アマルティア゠セン**の影響

c　**IDA（第二世界銀行，国際開発協会）（1960）**

- 南北問題解決のため，長期・低金利で発展途上国へ融資

d　国連資源特別総会

- **新国際経済秩序（NIEO）樹立宣言（1974）**…**資源ナショナリズム**に基づく

e　**「国連ミレニアム開発目標」（MDGs，2000）** から **「持続可能な開発目標」（SDGs，2016）** へ

先進国の取り組み

DAC（開発援助委員会）による経済援助

- **OECD（経済協力開発機構）** の下部機関
- **ODA（政府開発援助）**…各国 GNP（GNI）の 0.7% を支出目標

190

民間の取り組み	
a	NGO（非政府組織）…国境なき医師団（MSF），核兵器廃絶国際キャンペーン（ICAN），ペシャワール会など
b	フェアトレード運動…適正な価格による公正な貿易で途上国を支援。援助ではなく「公正な貿易」が大切
c	ソーシャル・ビジネス（社会的企業）…マイクロ・ファイナンス（グラミン銀行）

6　地域経済統合

①　ヨーロッパ統合への歩み

1952 年	● ECSC（欧州石炭鉄鋼共同体）の結成，原加盟国6か国…西ドイツ・フランス・イタリア・ベネルクス三国（ベルギー・オランダ・ルクセンブルク）
1957 年	● ローマ条約の締結…ヨーロッパ統合の理念を示す
1958 年	● EEC（欧州経済共同体）の結成…関税同盟，共通農業政策，資本と労働力の移動の自由 ● EURATOM（欧州原子力共同体）結成
1960 年	● EFTA（欧州自由貿易連合）の発足…イギリスを中心として EEC に対抗する組織
1967 年	● EC（欧州共同体）成立 …EC ＝ ECSC ＋ EEC ＋ EURATOM
1973 年	● イギリス，デンマーク，アイルランドの加盟…拡大 EC（9か国）
1979 年	● EMS（欧州通貨制度）の発足
1981 年	● ギリシャ加盟
1986 年	● スペイン，ポルトガルの加盟
1987 年	●「単一欧州議定書」の発効
1992 年	● マーストリヒト条約（欧州連合条約）調印，1993 年発効 ● 共通通貨の発行を決定，共通の外交・防衛政策，欧州市民権のプログラムの決定
1995 年	スウェーデン，フィンランド，オーストリアの加盟
1997 年	アムステルダム条約の調印…政治的統合の強化
1999 年	ユーロ導入（一般への流通開始は 2002 年），ECB（欧州中央銀行）が発足
2003 年	ニース条約…EU の東欧への拡大をめざす。2004 年に東欧 10 か国が加盟（25 か国へ）
2007 年	ブルガリア，ルーマニアの加盟
2009 年	リスボン条約の発効…欧州憲法条約に代わる条約，EU 大統領・外相の誕生
2011 年	ギリシャの財政問題（ユーロ危機）
2013 年	クロアチアの加盟…EU は 28 か国体制となる
2015 年	リトアニアがユーロ導入…ユーロは 19 か国体制となる
2016 年	イギリス，国民投票で EU からの離脱（「ブレグジット」）を決定

②　その他の地域経済統合

NAFTA → USMCA （北米自由貿易協定）	● 米加自由貿易協定（1989）に，メキシコが加盟して成立（1994 年発足） ● USMCA（アメリカ・メキシコ・カナダ協定）が発効（2020）
MERCOSUR（メルコスール，南米南部共同市場）	● ブラジル・アルゼンチン・パラグアイ・ウルグアイの4か国で発足。現在はベネズエラ・ボリビアが加盟して6か国
ASEAN （東南アジア諸国連合）	● インドネシア・マレーシア・フィリピン・シンガポール・タイで発足 ● 共産主義に対抗する組織として出発。1995 年に社会主義国ベトナムが加盟して，現在は加盟国 10 か国（ASEAN10）
AFTA （ASEAN 自由貿易地域）	● ASEAN 域内での自由貿易の推進
APEC （アジア太平洋経済協力）	● ASEAN10 に，日本・アメリカ・カナダ・ロシア・オーストラリア・中国など 21 の国と地域が加盟
TPP （環太平洋経済連携協定）	● 太平洋を取り巻く，自由貿易地域づくり。例外なき関税をめざす ● 2018 年，アメリカ抜きの 11 か国で発効（TPP 協定）
RCEP （東アジア地域包括的経済連携）	● ASEAN を中心に 16 か国の広域自由貿易協定（2022 年に発効） ※中国は，「一帯一路」（シルクロード経済圏構想）を表明（2017）

191

問1 〈国際収支〉国際的な経済取引の結果を帳簿の形で記録したものが国際収支である。次の国際収支の項目A〜Cと，その説明ア〜ウとの組合せとして正しいものを，下の ①〜⑥ のうちから一つ選べ。　　　　　　　　　　　　（倫政・2018・追・35）

A　経常収支　　　B　資本移転等収支　　　C　金融収支

ア　社会資本整備を支援するための外国での無償資金協力などからなる。

イ　直接投資，証券投資，外貨準備などからなる。

ウ　貿易収支，サービス収支，第一次所得収支，第二次所得収支からなる。

① A−ア　B−イ　C−ウ　　　② A−ア　B−ウ　C−イ
③ A−イ　B−ア　C−ウ　　　④ A−イ　B−ウ　C−ア
⑤ A−ウ　B−ア　C−イ　　　⑥ A−ウ　B−イ　C−ア

問2 〈経常収支〉経常収支についての記述として正しいものを，次の ①〜④ のうちから一つ選べ。　　　　　　　　　　　　　　　　　（倫政・2015・本・34）

① 経常収支には，旅行や輸送によって生じる収支が含まれる。
② 経常収支に，雇用者報酬は含まれない。
③ 経常収支に，消費財の無償援助は含まれない。
④ 経常収支には，直接投資が含まれる。

問3 〈日本の国際収支〉貿易や海外投資の動向に関心をもった生徒Yは，日本の国際収支を調べ，その一部の項目を抜き出して次の表を作成した。表中のA，B，Cは，それぞれ1998年，2008年，2018年のいずれかの年を示している。表に関する後の記述ア〜ウのうち，正しいものはどれか。当てはまるものをすべて選び，その組合せとして最も適当なものを，後の ①〜⑦ のうちから一つ選べ。　　　　　　　　　　　　　　　　　　　　（政経・2023・本・6）

（単位：億円）

	A	B	C
貿易収支	58,031	11,265	160,782
サービス収支	− 39,131	− 10,213	− 65,483
第一次所得収支	143,402	214,026	66,146
第二次所得収支	− 13,515	− 20,031	− 11,463

（出所）財務省 Web ページにより作成。

ア　A，B，Cにおいて経常収支に対する第一次所得収支の比率が一番大きいのはBである。

イ　A，B，Cを貿易・サービス収支額の小さいものから順に並べると，A→B→Cの順になる。

ウ　A，B，Cを年代の古いものから順に並べると，C→A→Bの順になる。

① ア　　② イ　　③ ウ　　④ アとイ　　⑤ アとウ
⑥ イとウ　　⑦ アとイとウ

問4 〈外国為替レート〉生徒たちは，次の図と図に関する説明を用いて，各国の物価水準の比率から外国為替レートを理論的に求める購買力平価説を学んだ。この説に基づいて算出される外国為替レート（1 ドル＝α 円）を基準として考えるとき，20××年○月△日における実際の外国為替レートの状態を表す記述として正しいものを，後の ①〜④ のうちから一つ選べ。　（倫政・2022・本・28）

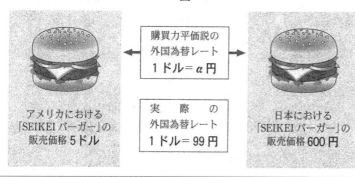

図

購買力平価説の
外国為替レート
1ドル＝α円

アメリカにおける
「SEIKEI バーガー」の
販売価格5ドル

実際の
外国為替レート
1ドル＝99円

日本における
「SEIKEI バーガー」の
販売価格600円

【図に関する説明】
・両国で販売されている「SEIKEI バーガー」はまったく同じ商品であり，それぞ
れの販売価格は，同一年月日（20××年○月△日）のもので時差は考えない。
・両国の物価水準は「SEIKEI バーガー」の販売価格でそれぞれ代表される。

① 実際の外国為替レートは，1ドル当たり120円の円安ドル高である。

② 実際の外国為替レートは，1ドル当たり120円の円高ドル安である。

③ 実際の外国為替レートは，1ドル当たり21円の円安ドル高である。

④ 実際の外国為替レートは，1ドル当たり21円の円高ドル安である。

問5 〈国際貿易と経済思想〉次の経済学者A～Cと，その主張の内容ア～ウとの
組合せとして最も適当なものを，下の①～⑥のうちから一つ選べ。

(倫政・2014・追・28)

A フリードマン　　B リスト　　C リカード

ア 自由貿易を行えば，国際分業を通じてすべての貿易参加国が利益を得る。

イ 物価の安定と市場機能の保全のため，通貨の安定的供給が必要である。

ウ 自国内の幼稚産業を育成するため，保護貿易政策を行う必要がある。

① A－ア　　B－イ　　C－ウ　　　② A－ア　　B－ウ　　C－イ

③ A－イ　　B－ア　　C－ウ　　　④ A－イ　　B－ウ　　C－ア

⑤ A－ウ　　B－ア　　C－イ　　　⑥ A－ウ　　B－イ　　C－ア

問6 〈比較生産費説〉国際分業に関する基礎理論である比較生産費説について考
える。次の表は，A国，B国で，電化製品と衣料品をそれぞれ1単位生産する
のに必要な労働者数を示している。現在，A国とB国は，ともに電化製品と
衣料品を1単位ずつ生産している。A国の総労働者数は50人，B国の総労働
者数は10人である。これらの生産には労働しか用いられないとする。また，
各国の労働者は，それぞれの国のこの二つの財の生産で全員雇用されるとし，
両国間で移動はないとする。この表から読みとれる内容として正しいものを，
下の①～④のうちから一つ選べ。

(政経・2019・本・32)

	電化製品	衣料品
A国	40人	10人
B国	2人	8人

① いずれの財の生産においても，A国に比べてB国の方が労働者一人当たり
の生産量は低い。

② いずれの国においても，衣料品に比べて電化製品の方が労働者一人当たりの
生産量は低い。

解明POINT

▶円高
　円の額面が上昇するのではなく，円の対外的価値が上昇することをいう。たとえば，1ドル＝140円が1ドル＝120円になった場合は円高である。

解明POINT

▶アダム＝スミスとリカード
　アダム＝スミスとリカードは，師弟関係にある。リカードは，師の自由放任，分業・協業の理論を国際経済に当てはめて，自由貿易と国際分業（比較生産費説）を唱えた。

解明POINT

▶国際分業

垂直的分業
原料，部品，完成品など，生産段階の違いに応じた分業。先進国の工業製品と発展途上国の農産・原材料との分業
水平的分業
完成品の種類に応じた分業。先進国間の工業製品どうしの分業

●垂直的分業は先進国優位の国際分業体制。水平的分業体制への移行が必要。

●発展途上国は，国連資源特別総会（1974）で途上国に不利な経済構造の改善を，新国際経済秩序（NIEO）樹立宣言として打ち出している。特恵関税制度などは，これまでの自由貿易論の修正といえる。

＊租税の垂直的公平と水平的公平とを比較しながら整理しておこう。

公共篇

193

③ Ａ国が電化製品の生産に特化し，Ｂ国が衣料品の生産に特化すれば，特化しない場合に比べて，両国全体で両財の生産量を増やすことができる。

④ Ａ国が衣料品の生産に特化し，Ｂ国が電化製品の生産に特化すれば，特化しない場合に比べて，両国全体で両財の生産量を増やすことができる。

問7 〈国際経済体制〉国際経済体制についての記述として**誤っている**ものを，次の ①～④ のうちから一つ選べ。 (政経・2018・本・12)

① 1930 年代には，為替切下げ競争やブロック経済化が起こり，世界貿易が縮小し，国際関係は緊張することとなった。

② IMF（国際通貨基金）は，各国通貨の対ドル交換比率の固定化により国際通貨体制を安定させることを目的として設立された。

③ アメリカの国際収支の悪化により，1960 年代にはドルに対する信認が低下するドル危機が発生した。

④ スミソニアン協定は，ドル安是正のための政策協調を目的として合意された。

問8 〈国際金融に関する合意・協定〉国際金融に関する合意や協定の名称Ａ～Ｃと，それらについての記述ア～ウとの組合せとして正しいものを，下の ①～⑥ のうちから一つ選べ。 (政経・2016・追・4)

Ａ キングストン合意　　Ｂ プラザ合意　　Ｃ ブレトンウッズ協定

ア アメリカへの資本流入によるドル高を背景に，為替相場がドル安に誘導された。

イ 変動相場制が承認されるとともに，金に代わって SDR（特別引出権）の役割を拡大することが取り決められた。

ウ 金とドルとの交換を前提にし，ドルと各国の通貨とが固定相場で結びつけられた。

① Ａ－ア　Ｂ－イ　Ｃ－ウ　　② Ａ－ア　Ｂ－ウ　Ｃ－イ

③ Ａ－イ　Ｂ－ア　Ｃ－ウ　　④ Ａ－イ　Ｂ－ウ　Ｃ－ア

⑤ Ａ－ウ　Ｂ－ア　Ｃ－イ　　⑥ Ａ－ウ　Ｂ－イ　Ｃ－ア

問9 〈通貨問題〉1930 年代以降の国際通貨制度の変遷に関連する記述として**誤っている**ものを，次の ①～④ のうちから一つ選べ。 (倫政・2021・①・本・27)

① 1930 年代には，世界的な不況の中で金本位制が崩壊すると，各国は輸出の増大によって不況を克服しようとして為替の切下げ競争に走った。

② IMF 協定（1944 年）では，為替相場の安定による自由貿易の拡大を促すために，すべての加盟国に自国通貨と金との交換を義務づけた。

③ 1960 年代には，アメリカの貿易収支の悪化やベトナム戦争による対外軍事支出の増大などによりドルが世界に流出する中，ドルの信認が低下することによってドル危機が発生した。

④ 変動相場制への移行開始（1973 年）の後，主要国は首脳会議や財務相・中央銀行総裁会議において通貨・経済問題を協議することで，為替相場の安定を図ろうとしている。

問10 〈GATT と WTO〉WTO およびその前身である GATT（関税及び貿易に関する一般協定）をめぐる次の出来事Ａ～Ｄを古い順に並べたとき，**3番目**にくるものとして正しいものを，下の ①～④ のうちから一つ選べ。 (政経・2013・本・32)

Ａ ウルグアイ・ラウンドの結果，サービス貿易や知的財産権保護に関するルー

194

解明 POINT

▶ IMF・IBRD と GATT の成立

IMF と IBRD は，1944 年のブレトン - ウッズ協定によって成立し 1945 年に発足。GATT は 1947 年に調印，1948 年に発効した。

＊ IMF・GATT 体制とよばれるが，同じ年に成立したのではなく，成立年が異なるので注意しておこう。

解明 POINT

▶スミソニアン協定と新レート

スミソニアン協定で，変動為替相場制へ移行したのではない。固定為替相場制は，ドル安に対応する新レートの設定（1 オンス＝ 35 ドル→ 38 ドル，1 ドル＝ 360 円→ 308 円）を経て継続される。変動為替相場制への移行は 1973 年で，それが正式に承認されるのがキングストン合意（1976）である。

解明 POINT

▶「合意」をまとめておこう

スミソニアン合意（1971）
新レートの設定による固定為替相場制の継続
キングストン合意（1976）
●変動為替相場制への移行を正式に承認 ●SDR（特別引き出し権）の役割拡大
プラザ合意（1985）
Ｇ5によるドル高円安是正のための協調介入
ルーブル合意（1987）
Ｇ7によるドル安円高のための協調介入
オスロ合意（1993）
イスラエルと PLO との暫定自治協定
オタワ合意（1996）
対人地雷禁止条約における合意

ルが成立した。

B　ブロック経済化を防止するため，物品の貿易に関して，加盟国間の最恵国待遇の原則が導入された。

C　異なる国・地域の間で貿易自由化や投資促進を図る EPA（経済連携協定）を，日本が締結し始めた。

D　UNCTAD（国連貿易開発会議）の第1回総会において，一次産品の価格安定や，発展途上国製品に対する特恵関税の供与などの要求がなされた。

①　A　　②　B　　③　C　　④　D

問11　〈WTO〉WTO についての記述として正しいものを，次の ①〜④ のうちから一つ選べ。　　　　　　　　　　　　　　　　　（政経・2020・本・22）

①　GATT（関税及び貿易に関する一般協定）の基本原則の中には，最恵国待遇原則があったが，この原則は WTO には引き継がれていない。

②　GATT のウルグアイ・ラウンドでは，知的財産権の国際的保護に関するルールについて交渉されたが，このルールは WTO で採用されていない。

③　WTO の紛争処理手続においては，加盟国が一国でも反対すれば，協定違反の有無に関する裁定は採択されない。

④　WTO のドーハ・ラウンドは，農産物の輸出国と輸入国との間の利害対立もあり，交渉全体の妥結には至っていない。

問12　〈金融危機〉1970 年代以降の出来事の記述として最も適当なものを，次の ①〜④ のうちから一つ選べ。　　　　　　　　　　　　（政経・2011・本・32）

①　ニクソン大統領が金・ドル交換停止を宣言し，従来の変動相場制から固定相場制へと為替制度を変更する国が相次いだ。

②　日本では大手の金融機関の倒産が相次いだため，護送船団方式が強化された。

③　タイの通貨バーツの下落をきっかけとして，アジア各国では投機資金の流出が連鎖的に起こり次々と通貨危機が発生した。

④　サブプライム・ローン問題を契機に，IMF（国際通貨基金）により資本の自由な移動が原則として禁止された。

問13　〈EU Ⅰ〉次の A〜D は，ヨーロッパにおける地域統合と共通通貨の導入とをめぐる出来事についての記述である。これらの出来事を古い順に並べたとき，3番目にくるものとして正しいものを，下の ①〜④ のうちから一つ選べ。
　　　　　　　　　　　　　　　　　　　　　　　　　　（倫政・2017・本・36）

A　欧州経済共同体（EEC）が発足した。

B　欧州中央銀行（ECB）が設立された。

C　ユーロの紙幣および硬貨の流通が始まった。

D　欧州連合（EU）が発足した。

①　A　　②　B　　③　C　　④　D

問14　〈EU Ⅱ〉経済統合についての記述として最も適当なものを，次の ①〜④ のうちから一つ選べ。　　　　　　　　　　　　　　　（倫政・2012・本・27）

①　FTA（自由貿易協定）は，二国間や地域で自由貿易をめざすもので，投資や知的財産権に関する協定を含む経済統合の最高度のものである。

②　EEC（欧州経済共同体）で導入された関税同盟は，域内関税と域内輸入制限を撤廃し，域外共通関税を設定するものである。

解明POINT

▶ GATT・WTO とラウンド

ケネディ－ラウンド
東京ラウンド
関税の一括引き下げが中心で，交渉は順調に進んだ
ウルグアイ－ラウンド
参加国も多く，また交渉項目が多岐にわたったため難航
ドーハ－ラウンド
反グローバリズムの高まりの下，決裂した

解明POINT

▶ FTA と EPA

FTA	EPA
自由貿易協定	経済連携協定
自由貿易の推進が中心	貿易だけでなく，経済一般の自由化をめざす
EFTA AFTA 日本・シンガポール自由貿易協定	TPP（環太平洋経済連携協定）

解明POINT

▶ 日本ＥＵ経済連携協定（EPA）

　2019 年発効。将来的に品目数で日本側約 94％，EU 側約 99％の関税が撤廃される。世界の GDP の 3 割，貿易量の 4 割を占める世界最大の自由貿易圏となる。消費者は恩恵を受けるが，日本の農業は打撃を受けると懸念されている。

③　単一欧州議定書による市場統合は，非関税障壁を撤廃してモノの移動を自由化し，サービス・カネの移動について加盟国の規制を残すものである。

④　マーストリヒト条約で計画された経済通貨同盟は，加盟国の経済政策を調整し，固定相場を維持することを目的とするものである。

問15　〈経済連携〉生徒Xと生徒Yが，授業後に経済連携について議論した。次の会話文中の空欄　ア　・　イ　に当てはまる語句の組合せとして最も適当なものを，後の ①〜④ のうちから一つ選べ。　　　　（政経・2022・本・24）

X：最近は，世界のいろんな地域での経済連携についての話題が，ニュースで取り上げられることが多いね。

Y：そうだね。経済分野では最近，FTA（自由貿易協定）やEPA（経済連携協定）のような条約を結ぶ動きがみられるね。日本も2018年には，EU（欧州連合）との間にEPAを締結したし，　ア　に参加したね。　ア　は，アメリカが離脱した後に成立したものだよ。

X：でも，このような動きは，WTO（世界貿易機関）を中心とする世界の多角的貿易体制をかえって損ねたりはしないかな。GATT（関税及び貿易に関する一般協定）は，ある締約国に貿易上有利な条件を与えた場合に他の締約国にもそれを適用する　イ　を定めているよ。このような仕組みを活用して，円滑な貿易を推進した方がいいような気がするなあ。

Y：本当にそうかな。FTAやEPAといったそれぞれの国や地域の実情に応じたきめの細かい仕組みを整えていくことは，結果として世界の自由貿易の促進につながると思うよ。これらは，WTOを中心とする世界の多角的貿易体制を補完するものと考えていいんじゃないかな。

①　ア　TPP11（環太平洋パートナーシップに関する包括的及び先進的な協定）
　　イ　最恵国待遇原則

②　ア　TPP11（環太平洋パートナーシップに関する包括的及び先進的な協定）
　　イ　内国民待遇原則

③　ア　APEC（アジア太平洋経済協力会議）
　　イ　最恵国待遇原則

④　ア　APEC（アジア太平洋経済協力会議）
　　イ　内国民待遇原則

問16　〈発展途上国の現状〉第二次世界大戦後の発展途上国についての記述として正しいものを，次の ①〜④ のうちから一つ選べ。　　　　（政経・2013・追・33）

①　一次産品に特化したモノカルチャー経済をとっていた多くの発展途上国では，戦後の貿易自由化により，交易条件が改善された。

②　1980年代には，発展途上国の累積債務問題が表面化し，中南米諸国にはデフォルト（債務不履行）を宣言する国も現れた。

③　発展途上国は，先進国の支援の下に，相互の経済協力について政策協議を行うために，OECD（経済協力開発機構）を設立した。

④　発展途上国間で，天然資源をもつ国ともたない国との経済格差が問題となったため，国連資源特別総会は，資源ナショナリズム反対を決議した。

問17　〈発展途上国の経済〉発展途上国の経済に関連する記述として誤っているものを，次の ①〜④ のうちから一つ選べ。　　　　（倫政・2020・①・本・29）

① プレビッシュ報告では，南北問題を解決するために，アンチダンピング関税の導入が主張された。

② 発展途上国の中でも最も経済発展が遅れた国は，後発発展途上国（LDC）と呼ばれる。

③ 持続可能な開発目標（SDGs）では，貧困や飢餓の撲滅に加えてジェンダー平等の実現などの達成すべき目標が設定された。

④ 発展途上国の中には，貧困層の自助努力を支援するために，マイクロファイナンスという低所得者向けの少額融資が実施されている国もある。

問18 〈国家間格差の是正〉国家間格差に関する記述として最も適当なものを，次の ① ～ ④ のうちから一つ選べ。　　　　　　　　　（倫政・2018・本・28）

① 国連総会において，先進国の資源ナショナリズムの主張を盛り込んだ新国際経済秩序樹立宣言が採択された。

② 国連貿易開発会議は，南南問題の解決を主目的として設立された。

③ 日本の政府開発援助は，必ず返済しなければならない。

④ 現地生産者や労働者の生活改善や自立を目的に，発展途上国の原料や製品を適切な価格で購入するフェアトレードが提唱されている。

問19 〈SDGsと企業の取組み〉生徒Xは，SDGsの達成に向けて企業がどのような取組みを行っているのかについて調べ，次のメモを作成した。メモ中の空欄　ア　には後の語句aかb，空欄　イ　には後の語句cかdのいずれかが当てはまる。空欄　ア　・　イ　に当てはまるものの組合せとして最も適当なものを，後の ① ～ ④ のうちから一つ選べ。　　（政経・2023・本・28）

　グローバル企業は，世界に広がる　ア　を形成し，さまざまな経営資源の効率的な調達を進めています。しかしながら，こうした原材料の調達から消費者の手元に届くまでの一連の流れである　ア　が広がり複雑化していく中で，発展途上国の労働者が劣悪な環境や不当な労働条件で働かされることにより貧困に陥っているとの指摘もあります。

　企業は，こうした問題に対処する責任を有していると考えられ，実際さまざまな取組みがみられます。その一つとして注目される取組みが　イ　です。　イ　とは，発展途上国産の原材料や製品について公正な価格で継続的に取引することにより，立場の弱い発展途上国の労働者の生活改善や自立をめざす取組みのことです。

　ア　に当てはまる語句

a　セーフティネット　　　b　サプライチェーン

　イ　に当てはまる語句

c　フェアトレード　　　d　メセナ

　① ア－a　イ－c　　　② ア－a　イ－d

　③ ア－b　イ－c　　　④ ア－b　イ－d

▶なぜ，発展途上国で「人口爆発」が起こるのか

● 貧困が原因。子どもは，労働力，社会保障の担い手となるため，子どもの数が多いほうが経済的に豊かになれる。

● 多産多死型から多産少子型社会への移行が人口爆発を起こす。

● 先進国では，子どもが多いほど経済的負担が増加することもあり，少子化が進行する。

解明POINT

▶なぜ，食料は増加しているのに飢餓や貧困の問題が生じるのか

● 穀物は，120億人が生きるのに十分な量が生産されている。

● 穀物は，発展途上国の人々の食料となるのではなく，先進国の人々の贅沢な肉食のための家畜の飼料となっている。

● 絶対量の不足の問題ではなく，分配の不公平性が問題。

解明POINT

▶サプライチェーン

　製品の原材料・部品の調達から販売に至るまでの一連の流れを指す言葉。グローバル化の中で，サプライチェーンは世界に広がっている。中国への依存が強いが，米中の対立や台湾問題など地政学的リスクを避けるために，近年では国内への回帰やインド，ベトナムなどへの移動も進められている。

問1 〈支配の正当性〉 「主権は，政治権力の一部であり，国家は政治的支配の一つといえますね。」という講師の話を聴きながら，生徒Xは，「政治・経済」の授業で学習したマックス・ウェーバーの話を思い出していた。それをまとめたのが，次のノートである。ノート中の空欄 ア ～ ウ には支配の正当性（正統性）に関する類型が，空欄 エ ～ カ には各類型についての説明の一部が，それぞれ入る。空欄 ア ・ オ に入る語句の組合せとして正しいものを，後の①～⑥のうちから一つ選べ。

(政経・2022・追・2)

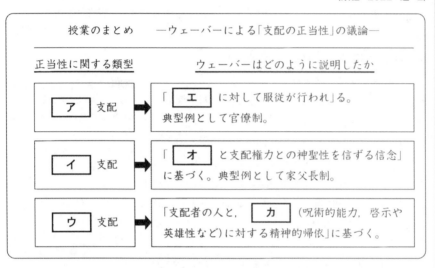

① ア 伝統的　オ 制定された規則
② ア 伝統的　オ この人のもつ天与の資質
③ ア 伝統的　オ 昔から存在する秩序
④ ア 合法的　オ 制定された規則
⑤ ア 合法的　オ この人のもつ天与の資質
⑥ ア 合法的　オ 昔から存在する秩序

問2 〈空家等対策の推進に関する特別措置法〉 生徒Xは，国土交通省のWebページで「空家等対策の推進に関する特別措置法」（以下，「空家法」という）の内容を調べ，次のメモを作成した。Xは生徒Yと，メモをみながら後の会話をしている。後の会話文中の空欄 ア ・ イ に当てはまる語句の組合せとして最も適当なものを，後の①～⑥のうちから一つ選べ。

(政経・2022・本・4)

1.「空家等」（空家法第2条第1項）
 ・建築物やそれに附属する工作物で居住等のために使用されていないことが常態であるもの，および，その敷地。
2.「特定空家等」：次の状態にある空家等（空家法第2条第2項）
 (a) 倒壊等著しく保安上危険となるおそれのある状態
 (b) 著しく衛生上有害となるおそれのある状態
 (c) 適切な管理が行われないことにより著しく景観を損なっている状態

解明POINT

▶支配の正当性
● マックス・ウェーバー（ドイツ）によって唱えられる
● 政治的支配には強制力を伴う権力だけではなく，権威に基づく支配の正当性（正統性）が必要

伝統的支配
伝統を背景とした支配者による支配，君主制，家父長制支配。中世・近世の支配類型

カリスマ的支配
超個人的能力を持つとされる支配。ヒトラーやナポレオンなど

合法的支配
合法性に立脚した**支配**で，**官僚制**と一体。**現代の一般的な支配形態**

解明POINT

▶所有権と公共の福祉

日本国憲法第29条
①財産権は，これを侵してはならない
②財産権の内容は，公共の福祉に適合するやうに，法律でこれを定める
③私有財産は，正当な補償の下に，これを公共のために用ひることができる

ワイマール憲法第153条
所有権は憲法により保障される。……所有権は義務を伴う。その行使は同時に公共の福祉に役立つものであるべきである

（d）　その他周辺の生活環境の保全を図るために放置することが不適切である状態

3.　特定空家等に対する措置（空家法第14条）
　　・特定空家等の所有者等に対しては，市町村長は，特定空家等を取り除いたり，修繕したりするなど，必要な措置をとるよう助言や指導，勧告，命令をすることができる。
　　・上記（a）または（b）の状態にない特定空家等については，建築物を取り除くよう助言や指導，勧告，命令をすることはできない。

X：空家法によると，市町村長は，所有者に対し建築物を取り除くよう命令し，従わない場合は代わりに建築物を取り除くこともできるみたいだよ。

Y：そうなんだ。でも，市町村長が勝手に私人の所有する建築物を取り除いてしまってもよいのかな。

X：所有権といえども，絶対的なものとはいえないよ。日本国憲法第29条でも，財産権の内容は「　　ア　　」に適合するように法律で定められるものとされているね。空家法は所有権を尊重して，所有者に対し必要な措置をとるよう助言や指導，それから勧告をすることを原則としているし，建築物を取り除くよう命令できる場合を限定もしているよ。でも，空家法が定めているように，　　イ　　には，所有者は，建築物を取り除かれることになっても仕方ないんじゃないかな。

Y：所有権には所有物を適切に管理する責任が伴うということだね。

①　ア　公共の福祉　　イ　周辺住民の生命や身体に対する危険がある場合
②　ア　公共の福祉　　イ　周辺の景観を著しく損なっている場合
③　ア　公共の福祉　　イ　土地の有効利用のための必要性がある場合
④　ア　公序良俗　　イ　周辺住民の生命や身体に対する危険がある場合
⑤　ア　公序良俗　　イ　周辺の景観を著しく損なっている場合
⑥　ア　公序良俗　　イ　土地の有効利用のための必要性がある場合

問3　〈義務教育の無償化〉生徒Xは，将来教師になりたいこともあり，「教育と法」という講義に参加した。講義では，日本国憲法第26条第2項の「義務教育は，これを無償とする」をどのように理解するかという論点が扱われた。次の資料1〜3は，講義内で配付された，関連する学説の一節と義務教育の無償に関する判断を示した1964年の最高裁判所の判決の一部分である。義務教育を無償とする規定の意味について，次の資料1〜3から読みとれる内容として正しいものを，下の記述a〜cからすべて選び，その組合せとして最も適当なものを，下の①〜⑦のうちから一つ選べ。なお，資料には，括弧と括弧内の表現を補うなど，表記を改めた箇所がある。　（倫政・2021・①・本・19）

資料1
　憲法が「義務教育は，これを無償とする」と明言している以上，その無償の範囲は，授業料に限定されず，教科書費，教材費，学用品費など，そのほか修学までに必要とする一切の金品を国や地方公共団体が負担すべきである，という考え方である。

（出所）　永井憲一『憲法と教育基本権〔新版〕』

解明POINT
▶空家法（2015，2022年改正）
●「適切な管理が行われていない空家等が防災，衛生，景観等の地域住民の生活環境に深刻な影響を及ぼしており，地域住民の生命・身体・財産の保護，生活環境の保全，空家等の活用のため対応が必要」（空家等対策の推進に関する特別措置法第1条）。
●総務省の調査によると，2018年現在の空家は849戸で住宅総数の13.6％と過去最高となっている。
●空家が増加しているのは，土地に家が建っている場合は固定資産税が6分の1に減額されるため。特定空家に指定されると減額されなくなる。改正法（2023年施行）では，特定空家のほかに管理不全空家が新設され，減額措置がとられるようになった。

解明POINT
▶義務教育の無償化
●日本国憲法第26条
①すべて国民は，法律の定めるところにより，その能力に応じて，ひとしく教育を受ける権利を有する。
②すべて国民は，法律の定めるところにより，その保護する子女に普通教育を受けさせる義務を負ふ。義務教育は，これを無償とする。

資料2

「無償」とは，少なくとも授業料の不徴収を意味することは疑いなく，問題は
むしろ，これ以上を意味するのかどうかだけにある。…（中略）…現実の経済状
況のもとで就学に要する費用がますます多額化し，そのために義務教育を完了す
ることができない者が少なくない，という。そして，そうだから就学必需費は全
部無償とすべきである，と説かれる傾向がある。しかしこれは，普通教育の無償
性という憲法の要請と，教育の機会均等を保障するという憲法における社会保障
の要請とを混同しているきらいがある。経済上の理由による未就学児童・生徒の
問題は，教育扶助・生活扶助の手段によって解決すべきである。

（出所）　奥平康弘「教育をうける権利」（芦部信喜編『憲法Ⅲ　人権 (2)』）

資料3

同条項（憲法第 26 条第 2 項）の無償とは，授業料不徴収の意味と解するのが相
当である。…（中略）…もとより，憲法はすべての国民に対しその保護する子女
をして普通教育を受けさせることを義務として強制しているのであるから，国が
保護者の教科書等の費用の負担についても，これをできるだけ軽減するよう配慮，
努力することは望ましいところであるが，それは，国の財政等の事情を考慮して
立法政策の問題として解決すべき事柄であって，憲法の前記法条の規定するとこ
ろではないというべきである。

（出所）　最高裁判所民事判例集 18 巻 2 号

　　a　資料 1 から読みとれる考え方に基づくと，授業料以外の就学ないし修学にか
　　　かる費用を無償にするかどうかは，国会の判断に広く委ねられる。

　　b　資料 2 から読みとれる考え方に基づくと，授業料以外の就学ないし修学にか
　　　かる費用の負担軽減について，生存権の保障を通じての対応が考えられる。

　　c　資料 3 から読みとれる考え方に基づくと，授業料以外の就学ないし修学にか
　　　かる費用を無償にすることは，憲法によって禁止されていない。

　①　a　　　　②　b　　　　③　c　　　　　④　aとb

　⑤　aとc　　⑥　bとc　　⑦　aとbとc

問4　〈世論形成における表現活動の意義〉次の資料から読みとれる内容として最
　　も適当なものを，後の ①〜④ のうちから一つ選べ。　　　　（倫政・2023・本・28）

判例 1：最高裁判所民事判例集 40 巻 4 号

「主権が国民に属する民主制国家は，その構成員である国民がおよそ一切の主
義主張等を表明するとともにこれらの情報を相互に受領することができ，その中
から自由な意思をもつて自己が正当と信ずるものを採用することにより多数意見
が形成され，かかる過程を通じて国政が決定されることをその存立の基礎として
いるのであるから，表現の自由，とりわけ，公共的事項に関する表現の自由は，
特に重要な憲法上の権利として尊重されなければならないものであり，憲法 21
条 1 項の規定は，その核心においてかかる趣旨を含むものと解される。」

判例 2：最高裁判所刑事判例集 23 巻 11 号

「報道機関の報道は，民主主義社会において，国民が国政に関与するにつき，
重要な判断の資料を提供し，国民の『知る権利』に奉仕するものである。したが
つて，思想の表明の自由とならんで，事実の報道の自由は，表現の自由を規定し
た憲法 21 条の保障のもとにあることはいうまでもない。」

　①　判例 1 によれば，個人の表現の自由は，民主主義過程を維持するためではな
　　く個人の利益のために，憲法第 21 条第 1 項によって保障される。

解明POINT

▶資料の読解

●共通テストでは，異なる意
見を並べ，それぞれの内容
の理解を求めるパターンが
多くみられる。肯定的な意
見と否定的な意見を並べた
問題が多いが，問3のよ
うに異なる三つの意見を並
べた問題の増加も予想され
る。視点が三つになると，
内容の理解に時間がかか
り，難易度も高まる。

●資料 1 は，義務教育に関
するすべての費用を無償に
すべきだという意見。資料
2 は，授業料以外は社会保
障的手段によって解決すべ
きだとする意見。資料 3
は，最高裁の判例で，無償
は授業料のみとし，その他
は立法政策の問題としてい
る。

●小論文では，資料の読解に
加えて自分の意見を述べる
ことが必要になる。自分は
どの立場で意見を展開する
か，考えてみよう。

解明POINT

▶表現の自由と報道機関

　国民の知る権利（表現の自
由）は，実際には，重要な判
断の資料を提供することがで
きる報道機関の報道の自由に
より実現される。

② 判例1によれば，公共的事項にかかわらない個人の主義主張の表明は，憲法第21条第1項によっては保障されない。

③ 判例2によれば，報道機関の報道の自由は，国民が国政に関与する上で必要な判断資料の提供に寄与するため，憲法第21条によって保障される。

④ 判例2によれば，思想の表明とはいえない単なる事実の伝達は，憲法第21条によっては保障されない。

問5 〈地方公共団体の選挙〉**資料a**と**資料b**のグラフの縦軸は，統一地方選挙における投票率か，統一地方選挙における改選定数に占める無投票当選者数の割合のどちらかを示している。後の**会話文**中の空欄 | ア | ～ | エ | に当てはまる語句の組合せとして最も適当なものを，後の ① ～ ⑧ のうちから一つ選べ。 (政経・2022・本・27)

資料a

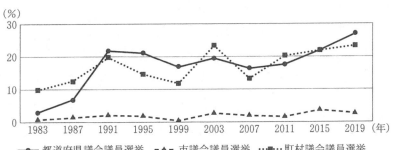

（出所） 総務省 Web ページにより作成。

資料b

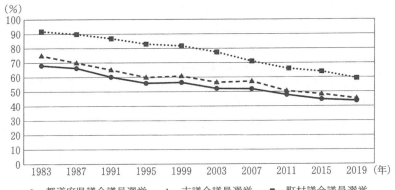

（出所） 総務省 Web ページにより作成。

X：議員のなり手が不足しているといわれている町村もあることが**資料** | ア | からうかがえるね。町村議会では，立候補する人が少ない背景には議員報酬が低いためという指摘があるよ。議員定数を削減する町村議会も一部にあるんだね。

Y：都道府県議会議員選挙では，それぞれの都道府県の区域を分割して複数の選挙区を設けるのに対し，市町村議会議員選挙では，その市町村の区域を一つの選挙区とするのが原則なんだね。図書館で調べた資料によると，都道府県議会議員選挙での無投票当選は，定数1や2の選挙区で多い傾向があるよ。**資料** | ア | から，都道府県や町村の議会議員選挙では，市議会議員選挙

解明POINT

▶**地方自治の政治制度**

● 大統領制と議院内閣制を折衷したしくみ

● 首長と議員を直接選挙で選ぶ**二元代表制**

● 議会は**不信任決議権**を持ち，首長は**不信任決議が提出された場合のみ議会の解散権**を持つ

● 議会は**一院制**を採る

解明POINT

▶**選挙の原則**

● **普通選挙**
● **秘密選挙**…投票内容の秘密厳守
● **平等選挙**…1人1票制
● **直接選挙**…有権者が直接投票

＊インターネットによるネット投票は認められていないが，2002年に**電子投票法**が施行され，地方選挙で投票上に設置された端末などによる**電子投票**が可能となった。

解明POINT

▶**政治的無関心**

伝統的無関心
政治に対して興味がなく，政治は政治家に任せるという意識
現代的無関心
政治に対する知識や関心はあるが，政治に対して冷淡な態度を示す

＊リースマンによって分類された。

解明POINT

▶**パブリックコメント**（意見公募手続き）

行政機関が命令などを制定する場合に，その案についての意見を広く募集すること。許認可の基準，行政指導の文書化など，行政の透明化をはかった**行政手続法**（1993）によって規定されている。

と比べると無投票当選の割合が高いことがわかるけど，無投票当選が生じる理由は同じではないようだね。

X：なるほど。この問題をめぐっては，他にも議員のなり手を増やすための環境づくりなどの議論があるよ。無投票当選は，選挙する側からすると選挙権を行使する機会が失われることになるよ。議会に対する住民の関心が低下するおそれもあるんじゃないかな。

Y：資料　イ　において 1983 年と 2019 年とを比べると，投票率の変化が読みとれるね。投票率の変化の背景として，　ウ　が関係しているといわれているけど，これは政治に対する無力感や不信感などから生じるそうだよ。

X：　エ　をはじめとして選挙権を行使しやすくするための制度があるけど，政治参加を活発にするためには，無投票当選や　ウ　に伴う問題などに対処していくことも必要なんだね。

① アーa　イーb　ウー政治的無関心　エーパブリックコメント
② アーa　イーb　ウー政治的無関心　エー期日前投票
③ アーa　イーb　ウー秘密投票　エーパブリックコメント
④ アーa　イーb　ウー秘密投票　エー期日前投票
⑤ アーb　イーa　ウー政治的無関心　エーパブリックコメント
⑥ アーb　イーa　ウー政治的無関心　エー期日前投票
⑦ アーb　イーa　ウー秘密投票　エーパブリックコメント
⑧ アーb　イーa　ウー秘密投票　エー期日前投票

問6　〈**市場メカニズム**〉生徒 X と生徒 Y は災害の影響に関する次の**会話**をしている。

（倫政・2022・本・27）

X：この間の災害で被害を受けた地場産品の野菜の価格が上がって困っているよ。おいしいから毎日必ず食べてたんだ。復旧のめどはたったらしいけど，元に戻るには時間がかかるらしくて。早く元に戻ってくれないかな。

Y：この図をみてよ。災害前は右下がりの需要曲線と右上がりの供給曲線が E 点で交わっていたと仮定すると，災害の影響で供給曲線が図の元の位置から一時的にこんな位置に変わった状況だね。ということは，需要曲線が災害前の位置のままとして，供給曲線が元の位置に自然に戻るまでの間に　ア　といったような対策がとられれば，より早く元の価格に戻っていくんじゃないかな。

図

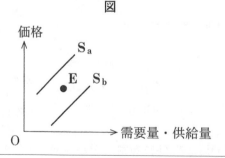

X の発言に対し，Y は災害後の供給曲線を図中の Sₐ 線か S_b 線のいずれかと推測し，二重下線部（　　）を実現するための E 点までの調整方策を**会話文**中の空欄　ア　で述べている。　ア　に当てはまる発言として最も適当なものを，次の ①〜④ のうちから一つ選べ。

解明POINT

▶物価と価格
　物価は諸価格の平均的水準で，価格はそれぞれの商品の値段。

解明POINT

▶インフレーションの用語

物価の持続的上昇がインフレーション，下落が**デフレーション**
ディマンド・プル・インフレーション…総需要が総供給量を上回ることによって起こる
コスト・プッシュ・インフレーション…原材料や賃金など生産コストの上昇によって起こる
クリーピング・インフレーション…物価が徐々に，時速的に上昇する。忍び寄るインフレともいう（高度経済成長期のインフレ）
スタグフレーション…景気の後退と物価の上昇が同時に進行する（オイルショック後のインフレ）
デフレスパイラル…物価の下落と景気の後退が交互に起こって悪循環となる（「失われた30年」）
インフレターゲット…インフレの目標率（日本銀行による異次元の金融緩和政策）

① 野菜の購入時にキャッシュレス決済で使える電子ポイントを付与する
② 野菜の購入量が増えるように消費者に宣伝を行う
③ 原材料の購入に使える助成金を生産者に支給する
④ 原材料の使用量に応じて課徴金を課す

問7　〈物価の変動〉生徒Xは，物価の変動が国民生活に与える影響に関心をもち，その例として，インフレ（インフレーション）のケースについて調べ，次のメモにまとめた。メモ中の空欄　ア　〜　エ　に当てはまる語句の組合せとして正しいものを，後の ①〜⑧ のうちから一つ選べ。（政経・2022・本・19）

> 　物価の変動は私たちの消費に影響を与える。私たちが買い物をするときを考え，名目の消費支出額を一定とする。すべての財・サービスの価格が同じ比率で変化したとすると，物価上昇前と比較して，物価上昇後に消費できる数量は　ア　することになる。
> 　物価の変動は，債権者や債務者に対しても影響を及ぼす。ある一定額のお金の貸借が行われている状況を想定する。金利が変化しなかったとして，貸借が行われた時点では想定されていなかったインフレが発生した場合について考える。このとき，インフレが発生しなかった場合と比較すると，債権者にとって経済的に　イ　に，債務者にとって経済的に　ウ　になる。
> 　これは，支払われる金額が事前に確定しており，その後インフレが進行した場合，この債権・債務の価値が実質的に　エ　することになるからである。

① ア 増加　イ 有利　ウ 不利　エ 上昇
② ア 増加　イ 有利　ウ 不利　エ 下落
③ ア 増加　イ 不利　ウ 有利　エ 上昇
④ ア 増加　イ 不利　ウ 有利　エ 下落
⑤ ア 減少　イ 有利　ウ 不利　エ 上昇
⑥ ア 減少　イ 有利　ウ 不利　エ 下落
⑦ ア 減少　イ 不利　ウ 有利　エ 上昇
⑧ ア 減少　イ 不利　ウ 有利　エ 下落

問8　〈日本の農業〉日本の農業に関する法制度の変遷について調べ，次の表を作成した。表中の空欄　ア　〜　エ　には，後の記述 ①〜④ のいずれかが入る。表中の空欄　ウ　に当てはまる記述として最も適当なものを，後の ①〜④ のうちから一つ選べ。（倫政・2022・本・19）

1952 年	農地法の制定〔内容： ア 〕
1961 年	農業基本法の制定〔内容： イ 〕
⋮	⋮
1995 年	食糧管理制度廃止
1999 年	食料・農業・農村基本法の制定〔内容： ウ 〕
2009 年	農地法の改正〔内容： エ 〕
⋮	⋮

解明POINT
▶物価の変動

インフレーション	デフレーション
通貨量の増大に伴う貨幣価値の下落	通貨量の減少に伴う通貨価値の上昇
債権者は，インフレにより貨幣価値が下落しているために不利になる。**債務者**は逆に実質的な負担が減少して有利になる	**債権者**は，デフレにより通貨価値が上昇しているために有利になる。**債務者**は逆に実質的な負担が増えて不利になる
年金生活者は，支払われる金額があらかじめ決められているので実質的な減額となる	**年金生活者**は，支払われる金額があらかじめ決められているので，実質的な増額となる

解明POINT
▶保護規制から自由・競争へ

中小企業基本法
- 農業基本法
- 消費者保護基本法
- 護送船団方式

↓

中小企業基本法の改正
- **食料・農業・農村基本法**
（新農業基本法）
- 消費者基本法
- 日本版金融ビッグバン

① 農業と工業の生産性の格差を縮小するため，米作から畜産や果樹などへの農業生産の選択的拡大がめざされることになった。

② 国民生活の安定向上のため，食料の安定供給の確保や農業の多面的機能の発揮がめざされることになった。

③ 地主制の復活を防止するため，農地の所有，賃貸，販売に対して厳しい規制が設けられた。

④ 農地の有効利用を促進するため，一般法人による農地の賃貸借に対する規制が緩和された。

問9 〈地域再生〉現在の日本における地方公共団体，非営利組織（NPO），中小企業に関する次の記述 a～c のうち，正しいものはどれか。当てはまるものをすべて選び，その組合せとして最も適当なものを，後の ①～⑦ のうちから一つ選べ。 (倫政・2023・本・19)

a 地方公共団体に関して，地方公共団体には，普通地方公共団体と，特別区や財産区などの特別地方公共団体の二種類がある。

b 非営利組織に関して，特定非営利活動促進法（NPO法）により，社会的な公益活動を行う一定の要件を満たした団体には法人格が認められる。

c 中小企業に関して，日本の中小企業は，企業全体に対して，企業数では約7割，従業員数では約5割，生産額では約4割を占めている。

① a ② b ③ c ④ aとb ⑤ aとc
⑥ bとc ⑦ aとbとc

問10 〈国債の保有率の変化〉 生徒 X は，日本国債の保有者の構成比について関心をもった。そこで X は，2011年3月と2021年3月における日本国債の保有者構成比および保有高を調べ，次の図を作成した。図に示された構成比の変化に関する記述として最も適当なものを，後の ①～④ のうちから一つ選べ。 (倫政・2023・本・21)

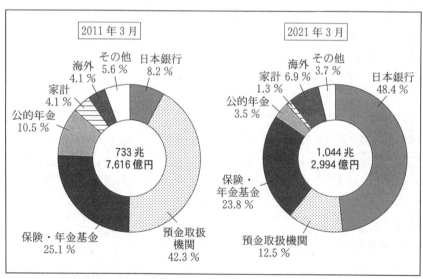

(出所) 日本銀行 Web ページにより作成。

① 日本銀行の金融引締め政策を反映しており，日本銀行が日本政府の発行した国債を直接引き受けた結果である。

解明 POINT

▶地方公共団体の種類

普通地方公共団体
● 都道府県，市町村

特別地方公共団体
● 特別区（東京都23区） 財産区…山林，墓地，ため池，原野などの管理

解明 POINT

▶ NPO と NGO

NPO
● 非営利団体
● NPO法により法人格を与えられ，事業収入以外は税が減免される

NGO
● 非政府組織
● 国境なき医師団，オックスファムなど

＊ NPO と NGO を明確に区別せず，同じ意味で使われる場合もある。

解明 POINT

▶中小企業の位置

● 企業数の99％，従業員数の7割，出荷額の5割

● 大企業との格差（二重構造）

● ベンチャービジネスやニッチ産業の台頭

解明 POINT

▶量的・質的金融緩和（異次元緩和）

公開市場操作における買いオペの拡大と証券や不動産など多様な買い入れ資産の増加により，マネタリーベースを拡大させる政策。日本銀行の金融政策は，デフレ脱却を求めて公定歩合政策から公開市場操作を中心とする金融政策に転換している。

② 日本銀行の金融緩和政策を反映しており，日本銀行が民間金融機関から国債を購入した結果である。

③ 日本銀行の金融引締め政策を反映しており，日本銀行が民間金融機関に国債を売却した結果である。

④ 日本銀行の金融緩和政策を反映しており，日本銀行が日本政府の発行した国債を直接引き受けた結果である。

問11 〈消費税〉日本では，2019年に消費税率が10パーセントに引き上げられ，それと同時に，食料品（飲料などを含む）への8パーセントの軽減税率が導入された。そこで，生徒Xは，その際に話題となった消費税の逆進性について考えるために，次の**表**を作成して整理してみることにした。具体的には，可処分所得が300万円の個人A，500万円の個人B，800万円の個人Cの三つのタイプを考えて表を作成した。この**表**から読みとれる消費税の逆進性に関する記述として最も適当なものを，後の①～④のうちから一つ選べ。

(政経・2022・本・21)

	項　目	計算方法	個人A	個人B	個人C
ア	可処分所得（万円／年）		300	500	800
イ	税抜き消費支出（万円／年）	ウ＋エ	270	350	520
ウ	うち食料品支出（万円／年）		100	120	150
エ	うち食料品以外の消費支出（万円／年）		170	230	370
オ	消費支出割合（％）	イ÷ア×100	90	70	65
カ	全ての消費支出に10％税率適用時の消費税負担額（万円／年）	イ×10％	27	35	52
キ	食料品支出に8％税率，食料品以外の消費支出に10％税率適用時の消費税負担額（万円／年）	ウ×8％＋エ×10％	25.0	32.6	49.0

① 可処分所得アが高い個人ほど，表中カの額が多く，消費税の逆進性の一例となっている。

② 可処分所得アが高い個人ほど，可処分所得に占める表中カの割合が低く，消費税の逆進性の一例となっている。

③ 可処分所得アが高い個人ほど，表中オの値が高く，消費税の逆進性の一例となっている。

④ 可処分所得アが高い個人ほど，可処分所得に占める表中キの割合が高く，消費税の逆進性の一例となっている。

問12 〈為替介入〉生徒Yは，為替介入には「風に逆らう介入」と「風に乗る介入」があることを知った。ここで，「風に逆らう介入」とは為替レートのそれまでの動きを反転させることを目的とした介入であり，「風に乗る介入」とは為替レートのそれまでの動きを促進することを目的とした介入である。次の図ア～エは介入目的が達成されたと仮定した場合について，円・米ドル為替レートを例としてYが考えた模式図である。円売り・米ドル買いによる「風に逆らう介入」を意味する図として正しいものを，後の①～④のうちから一つ選べ。

(政経・2023・本・13)

解明POINT

▶消費税

プラス面
● 景気に左右されず，**安定した財源**となる
● **水平的公平**をはかることができる

マイナス面
● **逆進性**が強く，低所得者ほど負担が増える
● **消費が抑制**され，景気を後退させる
● 逆進性を和らげるために食料品などの税率を8％とする**軽減税率**が導入されている

解明POINT

▶協調介入

プラザ合意（1985）
● ドル高是正のためにG5（先進5か国財務相・中央銀行総裁会議）で協調介入が行われた
● 急激な円高ドル安のために日本は**円高不況**となった

ルーブル合意（1987）
● 行き過ぎたドル安を是正するためにG7で協調介入が行われた

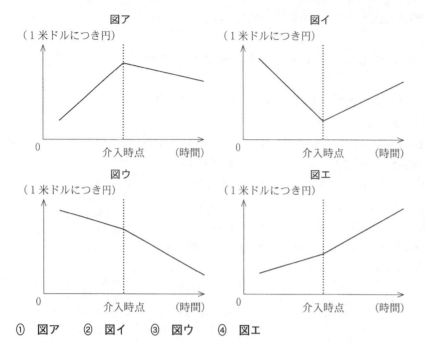

図ア
（1米ドルにつき円）
0　　　介入時点　（時間）

図イ
（1米ドルにつき円）
0　　　介入時点　（時間）

図ウ
（1米ドルにつき円）
0　　　介入時点　（時間）

図エ
（1米ドルにつき円）
0　　　介入時点　（時間）

　①　図ア　　②　図イ　　③　図ウ　　④　図エ

問13　〈京都議定書とパリ協定〉生徒Xと生徒Yは，地球環境問題の取組みに関する歴史的展開を踏まえて，京都議定書（1997年採択），パリ協定（2015年採択）の位置づけや内容について調べてみた。この二つの条約に関する記述として最も適当なものを，次の①〜④のうちから一つ選べ。（倫政・2023・本・30）

①　京都議定書では，「共通だが差異ある責任」という理念に基づいて，環境を犠牲にして経済発展を成した先進国のみに地球環境保護の責任があるとされた。他方，パリ協定では，すべての国に地球環境保護の責任があることが合意され，すべての締約国に温室効果ガスを削減する義務が課された。

②　京都議定書，パリ協定ともに，地球環境保護が将来世代の発展にとって不可欠であり，現在の成長よりも地球環境保護を優先すべきとする「持続可能な開発」という理念に基づいている。また，いずれの条約でも，先進国，発展途上国を問わず，すべての締約国に同様に温室効果ガス削減義務が課されている。

③　京都議定書では，現在の成長よりも将来世代の発展を優先すべきとする「持続可能な開発」という理念に基づいて，全人類の問題として一律の温室効果ガス削減目標が課されている。他方，パリ協定では，将来世代の発展は各締約国が決定する問題であるとして，削減目標は各国が自主的に決定することとした。

④　京都議定書と異なり，パリ協定では，すべての締約国が温室効果ガス削減に取り組むことを義務づける仕組みが採用されている。ただし，パリ協定でも，先進国に発展途上国向けの資金支援を義務づけるなど，「共通だが差異ある責任」という理念に適合するルールが用意されている。

問14　〈SDGs〉生徒Xと生徒Yは，発表資料の一部として次のメモを作成し，メモをみながら議論をしている。後の会話文中の空欄　ア　には後の記述aかb，空欄　イ　には後の記述cかdのいずれかが当てはまる。空欄　ア　・　イ　に当てはまるものの組合せとして最も適当なものを，後の①〜④のうちから一つ選べ。（政経・2023・本・30）

京都議定書（1997）
●国連環境開発会議での地球温暖化防止条約を基に制定
●先進国のみに削減義務がある
●温室効果ガスを5％削減
●京都メカニズムを制定

パリ協定（2015）
●発展途上国を含むすべての締結国に削減　目標を提出・更新する義務がある
●産業革命以前に比べて2℃未満に抑えるとし，さらに海面上昇に直面している国からの訴えで1.5℃未満に抑える目標とした
●「共通だが差異ある責任」が理念

【SDGsの特徴】

○相互に関連する問題であるとの認識から，国連において加盟国の総意によって17の目標が幅広く提示された。

○これらの目標は2030年までに達成がめざされる。それぞれの目標をどう達成するかは各国が決定する。

X：17もの目標を幅広く提示するSDGsでは，それぞれの目標が他の目標に関連することになるため，包括的に取組みを進める必要があるという考え方がとられているんだね。また，それぞれの目標をどう達成するかは各国に委ねられており，各国の自主性が重視されている点も特徴的だね。

Y：ただ，相互に関係しているとしてもかなり幅広い目標だし，各目標をどう達成するかを各国が決定できるのなら，どれほどの意味があるか疑問だな。少しずつでも，一つ一つ目標をどう達成するか具体的に定めて条約で約束し，守らない国に対しては責任を追及することで目標の達成を図っていくべきじゃないかな。

X：そうかな。 ア 。

Y：そんなにうまくいくのかな。とくに，各国の経済発展を阻害するような目標を国際社会で達成するには困難が伴うと思うよ。たとえば，環境保護と経済発展をめぐる発展途上国と先進国との利害対立が，SDGsの目標の一つである気候変動問題への国際社会の対処を難しくしていることは「政治・経済」の授業でも学習したよね。

X：たしかに，そこが国際的な問題の難しさだけど，そうした事情を踏まえた点にSDGsの意義があるのではないかな。 イ 。

 ア に当てはまる記述

a　SDGsには，国家の対応能力の限界が問題となるものも多いので，違反を責めるよりも，各国の自主的な取組みを国際社会が促すとともに，それをサポートする体制を作ることが重要だよね

b　良好な地球環境が経済発展を促すように，経済発展につながる要因はさまざまだよね。SDGsが経済発展によって貧困からの脱却を図ることに専念した目標である以上，経済発展を促進するための包括的な取組みが不可欠だよね

 イ に当てはまる記述

c　SDGsの目標の多くは先進国ではすでに達成されており，貧困など多くの問題を抱えている途上国を対象に目標を設定したものだから，ターゲットを絞ることで達成しやすい目標を設定したのだと思うよ

d　SDGsは，各国にそれぞれ優先すべき課題があることを踏まえて，できるところから目標を追求できる仕組みを作ったことが重要だよね。包括的な目標を示し，達成方法を各国に委ねたのはそのためだと思うよ

① ア−a　イ−c　　② ア−a　イ−d

③ ア−b　イ−c　　④ ア−b　イ−d

解明POINT

▶ SDGs（持続可能な開発目標）

● 2000年の「MDGs（ミレニアム開発目標）に引き続き，2015年に国連総会で採択。貧困・飢餓の撲滅，ジェンダー平等，福祉の推進，気候変動など2030年までに達成すべき17の目標と具体的な169の課題を設定

● 「だれひとり取り残さない」ことを基本理念としている

● SDGs達成度ランキングでは，日本は世界第21位（2023）。1位フィンランド，2位スウェーデンなど北欧諸国が上位に並ぶ

● 達成すべき17の目標のうち，日本が達成しているものは，質の高い教育，安全な水とトイレ，働きがいのある経済成長，産業と技術の基盤の4項目。未達成目標は，ジェンダー平等，つくる責任つかう責任（プラスチックなど），気候変動への具体的な対策，海の豊かさ，陸の豊かさ，パートナーシップの6項目

● UNDP（国連開発計画）は，経済規模に関するGNI（国民総所得）に代わる指標として，1990年に人間開発指数（HDI）を採用し，保健（平均寿命）・教育（成人識字率と就学率）・所得（一人当たりのGNI）の3つの水準を目標として算出する

● 積極的に取り組む企業もあるが，企業イメージの向上に重点が置かれ，実態が伴っていないとの批判もある

▶倫理教材研究協議会

河村　敬一

國松　勲

完全 **MASTER** 倫理 ✚公共 問題集　◆大学入学共通テスト◆

2024 年 3 月 15 日　第 1 刷発行

編 著 者　　倫理教材研究協議会
発 行 者　　野村　久一郎
印 刷 所　　広研印刷株式会社　　**定価**　スリップに表示

発 行 所　　株式会社　清水書院
　　　　　　〒102-0072　東京都千代田区飯田橋 3−11−6
　　　　　　☎（03）5213−7151（代）
　　　　　　振替　00130−3−5283

ISBN978-4-389-21915-4

完全MASTER 倫理＋公共 問題集

大学入学 共通テスト

解答・解説篇

倫理教材研究協議会

清水書院

倫理篇

● 第Ⅰ章：現代に生きる自己の課題

1 人間とは何か

演習問題 [pp.10〜11]

問1 〈人間性の特徴〉 正解③

ア 「ホモ・ファーベル」は，ベルクソンで「工作人」のこと（**B**）。

イ 「ホモ・ルーデンス」は，ホイジンガで「遊戯人」のこと（**D**）。

ウ 「ホモ・サピエンス」は，リンネで「理性人・知性人・英知人」のこと（**A**）。

エ 「ホモ・レリギオースス」は，「宗教人」のこと（**C**）。

問2 〈ベルクソン〉 正解③

「道具を作成」とあるので，ベルクソンの工作人とわかる。

① 象徴を使うとあるので，カッシーラーである。

② 知性（理性）とあるので，リンネである。

④ 宗教という文化を育んだとあるので，ホモ・レリギオーススのことである。

問3 〈遊びの社会的性格〉 正解④

「遊び」が個人的娯楽からしだいに変化していくことを述べている。「遊び」には「技の遊び」があり，さらには「競争の要素」があるとしている。この内容から④が正解。

① 「競争相手や観客はいない方がよい」のではなく，必要だとしている。

② 「上達しない」とは述べていない。

③ 技の遊びよりも，競争の遊びの方が，よい結果や記録が出るような内容は，述べられていない。

2 青年期の課題と自己形成

演習問題 [pp.13〜15]

問1 〈青年の自己形成〉 正解①

心理学者のハヴィガーストは，青年期の発達課題を

示したが，青年期において「親の価値観を内面化する」とするのではなく，情緒的にも独立すべきだとした。なお，男女の社会的役割を学ぶとしている点については，現代では社会的な性差を固定的に考えることになるので，妥当ではない。

②③④ ともに正しい内容である。

問2 〈パーソナリティ〉 正解①

ア 「内向型と外向型」とあるので，ユングである。

イ パーソナリティを6つに分類しているので，シュプランガーである。

問3 〈マズローの欲求階層説〉 正解③

マズローは，五つの欲求が，心理的発達に伴い低次から高次へと変化すると考える。

① a〜eまで心理的発達のすべての過程を通じて五つの階層があるわけではない。

② 自己実現の欲求はeであり，dは自尊の欲求にあたる。

④ 安全の欲求は，cではなく，bである。

問4 〈葛藤〉 正解④

葛藤は，レヴィンによって分類された。接近⊕−接近⊕，接近⊕−回避⊖，回避⊖−回避⊖である。

ア 関心ある学部があるのは接近⊕だが，通学が大変は回避⊖となる。

イ 興味がないのに付き合わされるのは嫌は回避⊖であり，関係を悪くしたくないは回避⊖である。
したがって，④が正解。

問5 〈欲求不満への適応〉 正解①

筋道の通った工夫による適応である合理的解決を示している。

② 合理化の例である。

③ 逃避の例である。

④ 昇華の例である。

問6 〈抑圧〉 正解②

無意識の中に欲求を押し込めている。

① 合理化の例である。

③ 近道反応の例である。

④ 逸脱行動の例である。

問7 〈エリクソンのライフサイクル論〉 正解①

ア アイデンティティの確立の時期である（**B**）。

イ 青年期までに培ったものを基盤に，友情や愛などを求める（**A**）。

ウ 大人社会の一員として子育てなどに積極的になる時期（**D**）。

エ 人生の集大成の時期（**C**）。

問8 〈葛藤やストレス〉 正解⑥

a　フロイトによる心の構造は，自我，エス（イド），超自我の３つであるが，対立は自我とエス（イド）のことなので，④⑤⑥がそれに当たる。

b　問題焦点型対処に該当する例を考えると，世界史の小テストが悪かったのだから，「問題や状況に目を向けて，それらを変える方法」を採るとすると，③と⑥のどちらかである。

そこで，aとの関連でいえば，⑥が正解となる。

3　人間の心のあり方

演習問題〔pp.17～19〕

問1　〈心理・社会的モラトリアム〉　正解④

エリクソンの説いた内容で，青年が大人になるために，一定の社会的責任や義務を免除されていることをいう。④が適当である。

①　無関心や無気力などのことではない。

②　日常生活に支障が生じる状態ではない。

③　ニートの内容になっている。

問2　〈自己の成長〉　正解⑤

a　乳児期の発達課題は，基本的信頼である。

b　自分の可能性を模索するのだから，このことを役割実験という。⑤が正解。

なお，「脱中心化」とはピアジェが説いたもので，自己中心性から脱却して，物事を客観的に見ていくことをいう。

問3　〈エリクソンのライフサイクル〉　正解②

ア　青年期は，自己の確立，つまりアイデンティティの確立の時期であるので，正しい。

イ　「完全に統合した自己を獲得する」課題を成人期としているのが，誤り。これは老年期である。

問4　〈コールバーグの道徳的判断のレベル〉　正解④

コールバーグの表中の「そのレベルではじめて獲得される道徳的視点」の説明をよく読むと，「盗み」が「内面的な正義の基準に反する」とあるので，レベル3の「自らの良心にもかなう原理に従う」に適合している。

①　「誰でも認めるはずの普遍的な原理に逆らうことになる」とは，レベル2の「既存の権威や規則に従順に従う」と矛盾しているので，誤り。レベル3の内容である。

②　「親に厳しく叱られて，自分が嫌な思いをする」としているが，レベル2は他者の期待を満足させ，秩序を守ることを重視するので，内容的に矛盾して

いる内容になっているため，誤り。レベル1の内容である。

③　レベル3は，慣習的な規則や法の改善を考慮するとあるが，「盗み」で逮捕されることなどを理由にするのは，レベル2に近い内容になっている。

問5　〈感情を経験するしくみ〉　正解③

ア　抹消起源説は，キャノン・バード説ではなく，ジェームズ・ランゲの説である。

イ　中枢起源説は，ジェームズ・ランゲの主張ではなく，キャノン・バード説である。

ウ　感情の二要因説の内容として正しい。

問6　〈マシュマロ実験〉　正解②

資料をしっかり読み込んでいくと，2段落目にある内容に注意する。「この実験では参加者が，……再度実験を行ったところ」として，「将来の成功に対して本人の資質と家庭環境のどちらがより大きく影響するか」については，「議論が続いている」と述べられている点に注目するとよい。したがって，②が適当と判断できる。

①　「自制心が大事なのかもしれない」とは，述べられていない。自制心より家庭環境の方が影響が大きいとされている。

③　「成功している大人」は，「マシュマロを食べるのを人より長く我慢できていた」とは，どこにも述べられていない。

④　「家庭環境が大事」とは，判断できないし，どこにも述べられていない。

●第Ⅱ章：人間としての自覚

1　ギリシア思想

演習問題〔pp.22～25〕

問1　〈自然哲学者〉　正解③

ピタゴラスは，万物の根源を「数」とし，世界は調和（ハルモニア）的な数的秩序があるとする。

①　ヘラクレイトスは，万物の根源を「火」とし，「万物は流転する」と述べた。

②　「いかなる秩序も存在しない」のではなく，宇宙は互いに調和により成り立っているとする。

④　「世界は無秩序」で「調和は見いだせない」とするのは，誤り。

問2　〈知恵〉　正解①

a 「人間は万物の尺度である」としたのは，プロタゴラスである。

b プラトンの四元徳とは，知恵・勇気・節制・正義である。

c 『ニコマコス倫理学』がアリストテレスの著書である。『クリトン』はプラトンの著書。

問3 〈無知の知〉　正解③

ソクラテスの無知の知とは，自分は大切なことについてそのとおり知らない，と考えていたことをいう。

① 「人間にとって最善のことだけは知っている」ということではない。

② 「知っていても知らないふりをするべきだと考えていた」ということではない。

④ 「知らないと知っている以上，自分はすべてを知っていることになると考えていた」ということではない。

問4 〈プラトン〉　正解③

プラトンが説くイデアについての洞窟の比喩と呼ばれる内容になっている。

① プラトンのイデア論は，『パイドロス』の中で，一対の翼を持った二頭の馬とそれを御していく一人の翼を持った御者に喩えられているが，「天上に飛翔する」内容はない。

② 「感覚に頼ることでイデアを完全に知ることができる」のではなく，イデアは理性に拠って認識される。

④ 理想国家のあり方は，哲人政治ともいわれる。理性的部分を働かせ，イデアを認識することができる哲学者が統治者になるか，統治者が哲学者になるかというものである。魂の三分説と国家の三階級及び四元徳の関係が重要。

問5 〈イデア論〉　正解②

イデアは，真の実在で知性（理性）によってのみとらえることができる。

①③④ 「個物に内在する真の本質」とは，アリストテレスの形相（エイドス）である。また，「感覚は知性の指導のもとにそれを捉えることができない」とするのも誤り。

問6 〈プラトンの魂の三分説〉　正解③

プラトンは，国家を統治者階級・防衛者階級・生産者階級の三階級に分け，それぞれ知恵・勇気・節制の徳が発揮されたときに，正義が実現するとした。

① 三つの階級それぞれに知恵・勇気・節制の徳を求めたのではない。

② それぞれの下の階級を支配するという考えはない。

④ アリストテレスの中庸と習性的徳の説明。

問7 〈アリストテレスのイデア論批判〉　正解④

アリストテレスは，プラトンの理想主義・二元論であるイデア論を批判し，現実主義・一元論を説いた。個々の具体的な事物に内在する本質を形相（エイドス）とし，事物を成り立たせている素材を質料（ヒュレー）とした。

① 「善は人によって異なるので，各自が自分にとっての善を追究すべきだ」とするのが，誤り。

② 「唯一の原理は，事物を構成する質料である」とするのが，誤り。質料だけではなく，形相との一体を説いた。

③ 現実態と可能態が逆になっている。

問8 〈アリストテレスの自然観〉　正解②

アリストテレスの自然観とは，目的論的自然観といわれ，自然界の事物は形相を実現することを目的として運動すると考える。

① 「質料の実現という目的に向かって」とするのが，誤り。

③④ 「偶然的で自由な仕方で生成・発展していく」とするのが，誤り。

問9 〈愛をめぐる思索〉　正解③

a プラトンの愛（エロース）は，イデアを想起し，愛慕することなので，観想が適当である。

b アリストテレスの友愛（フィリア）は，すべての人に向けたものではなく，親しい人への愛である。

c キリスト教の愛（アガペー）は，無償の神の愛とともに，隣人愛を求めるので，他者が適当である。

問10 〈ストア派〉　正解①

ストア派のゼノンは，「自然に従って生きる」ことを信条とし，「情念によって動かされない状態」をアパテイアとして説いた。

② 「魂の三部分間」とはプラトンのような内容で，しかも「葛藤や分裂が克服」されるなどとは考えていない。

③ 中庸はアリストテレスの考え方だが，「過剰な情念に満たされることと，情念に心が少しも動じないことの中庸」とは説かれていない。

④ エピクロス派のアタラクシアの説明になっている。

問11 〈エピクロス〉　正解④

エピクロスは，瞬間的な単なる快楽主義ではなく，精神的快楽こそが真の快楽であると考えた。なお，肉体的快楽を否定したのではなく，身体に苦痛がなく，魂の苦悩がないことが真の快楽と考えた。

① 便宜・効用とあるので，功利主義的な考え方になっている。

② 中庸はアリストテレスの考え方。

③ 量的功利主義のベンサムが説いた快楽計算の考え方になっている。

問 12 〈ヘレニズムの思想家〉 正解 ①

エピクロスのアタラクシアの内容になっている。

② 快楽主義ではあっても，「いかなる快楽でも可能な限り追求するべき」とは考えないので，誤り。

③ 「情念に従って生きるべき」をストア派としているのが，誤り。理性に従って生きることを説いた。

④ 「あらゆる判断を保留すること」とはエポケーといわれるもので，懐疑主義のピュロンの考え方である。

問 13 〈古代ギリシア・ローマの哲学者〉 正解 ②

パルメニデスは，「在るものは在り，在らぬものは在らぬ」として，事物の生成消滅・変化を否定した。

① ヘラクレイトスの前半の説明は正しいが，後半が誤り。自然を秩序づけるロゴスを探究し，それに従うことを説いた。

③ イデアの世界をいかなる手段でも知ることができないとするのが，誤り。イデアは理性に拠って認識することができる。

④ マルクス・アウレリウスの前半は正しいが，後半が誤り。原子論を説いたのは自然哲学者のデモクリトスである。

2 唯一神の宗教 キリスト教・イスラーム教

演習問題 〔pp.27 〜 30〕

問1 〈旧約聖書〉 正解 ①

「人類全体への平等な愛」を説くのはキリスト教。ユダヤ教は，民族宗教としての特徴を持つ。

② 『創世記』には，「天地創造」「エデンの園」「ノアの箱舟」などが記されている。

③ キリスト教徒は，旧約聖書と新約聖書を聖典としているが，ユダヤ教徒は旧約聖書のみを聖典としている。また，ユダヤ教は選民思想，律法主義が特徴となっている。

④ 「旧約」は神とイスラエルの民との契約，「新約」は神と全人類との契約。

問2 〈律法〉 正解 ③

律法の中心である十戒は，イスラエル人がモーセに率いられてエジプトを脱出した後に，シナイ半島のシ

ナイ山で，モーセが神から授けられたものである。

① 律法主義の内容である。

② 十戒は，前半の4つの宗教的義務と，後半の6つの道徳的義務からなっている。

④ 選民思想の内容である。

問3 〈罪についての考え〉 正解 ②

イエスは，ユダヤ教の形式主義的な律法主義を批判して，律法の内面化を説いた。

① アウグスティヌスやカルヴァンの救済予定説の内容になっている。

③ 「自由意志を正しく用い」るが，誤り。罪の意識を自覚することを説いた。

④ イエスは，律法の厳守ではなく，律法の内面化を説いた。

問4 〈イエスの教え〉 正解 ①

イエスの隣人愛の内容である。

② 「たとえ形式的であっても律法を厳格に順守」が誤り。イエスは，ユダヤ教の形式主義的な律法主義を批判し，律法の内面化を説いた。

③ 旧約聖書には「目には目，歯には歯」と応報主義が記されている。

④ イエスは「安息日は人のために定められた。人が安息日のためにあるのではない」と述べ，安息日を形式的に厳守するユダヤ教徒を批判した。

問5 〈パウロの思想〉 正解 ②

人間が義とされるのは信仰によるとする信仰義認説と，イエスの死の意味に対する贖罪思想が述べられているので，パウロとわかる。

① 「身体的な苦行による」とするのが誤り。

③ 「誠実」が誤り。「誠実」を「希望」とすると，キリスト教の三元徳となる。パウロは三元徳による救いの道を説いた。さらに，これをギリシアの四元徳の上に置いたのがアウグスティヌスである。

④ 「父・子・聖霊の三位が一である」とする三位一体説を説いたのは，アウグスティヌスである。

問6 〈アウグスティヌスの説く神と人間〉 正解 ②

アウグスティヌスは，パウロの原罪説を継承し，アダムの罪を負った人類は神の恵みによってのみ救われるとする恩寵予定説を説いた。彼は，人間は神の恩寵のみによって，自らの善の意志を実現できるとした。

① 「自らの原罪を克服しようと努め」「その努力に応じた神の恩寵によってのみ救済される」とするのが，誤り。

③ 「そのロゴスに従うよう努めることによってのみ救済される」とするのが，誤り。ロゴスは，ギリシ

ア哲学の概念。

④ 「律法を遵守」（厳格な律法主義）や「神の罰」は
ユダヤ教の内容。

問7〈キリスト教と人間の欲望〉 正解④

ア 正しい。パウロの信仰義認説の内容である。

イ 誤り。アウグスティヌスは，人間の自由意志を否
定している。神の恩寵に拠らなければ，人間は善を
なすことができないとした。

ウ 誤り。イエスは「情欲を克服した善き人だけが，
他者を裁く」とは考えていない。人を裁くことがで
きるのは神だけである。

問8〈信仰と理性〉 正解②

信仰優位の下での信仰と理性の調和を説いたとある
ので，トマス・アクィナスである。

① 二重真理説とは，宗教的真理と哲学的真理は分離
し，相容れないとする考え方で，トマス・アクィナ
ス以前に唱えられた。

③ 信仰・理性・愛の三つの徳をもって生きるのでは
ない。なお，理性を希望にするとパウロの思想になる。

④ 人間の本性を理性とし，自然に従って生きるとは
ストア派の考え方。

問9〈イスラームの特徴〉 正解④

イスラームとは，神に絶対的に服従するという意味
で，ムハンマドは神格化されない。

① 「ムハンマドが神の代理人として一人ひとりの人間
を裁」くとするのが，誤り。神アッラーが直接裁く。

② 「神の像に向かって礼拝」するとしているのが，
誤り。偶像崇拝は禁止されている。

③ 「ムハンマド以降も預言者を遣わすとされる」の
が，誤り。ムハンマドは，最後で最大の預言者であ
るとされている。

問10〈イスラームの教え〉 正解①

カリフとは後継者を意味し，ムハンマドの死後にお
けるイスラームの指導者のことである。アッラーが啓
示を伝えたのはムハンマドだけである。カリフには伝
えていない。

② イスラームでは，宗教と生活は一致しており，婚
姻や相続などムスリム（イスラーム教徒）の日常生
活の規則を示したものをシャリーアという。

③ イスラームでは，ムハンマドは人間の子であり，
またイエスを神の子ともしていない。

④ 巡礼（ハッジ）は，ムスリムの宗教的な義務行為
としての五行の一つである。

問11〈イスラーム教〉 正解③

五行は宗教的な義務としての実践であり，六信は信

仰の中心であり，アッラー，天使，啓典（聖典），預
言者，来世，天命である。

① クルアーン（コーラン）は，ムハンマドに20年
以上にわたり与えられた神からの啓示である。

② ムハンマドは，救世主ではなく，あくまで最後で
最大の預言者である。

④ スンナ派が多数派で，シーア派が少数派である。

問12〈イスラームの戒律〉 正解④

イスラームの聖典（啓典）や規範に関する知識が問
われている。

a 禁止されているとあるので，「利子」とわかる。
「寄付」は，イスラーム教徒が信仰を示すために行
わなければならない五行の一つである「喜捨（ザカ
ート）」にあたる。

b クルアーン（コーラン）やスンナ（ムハンマドの
言行）に基づくものは，シャリーアである。クルア
ーンを根源的な根拠としている。「ムハンマドの言
行録のみに基づく」ものは「ハディース」，「神の啓
示のみを記録した」ものは「クルアーン（コーラ
ン）」である。「クルアーン（コーラン）」「ハディー
ス」，「シャリーア」の違いを整理しておこう。

問13〈イスラームと異文化〉 正解④

イスラームでは預言者（ナビー）は神の意志を伝え
る人で，モーセもイエスも預言者である。ユダヤ教
徒・キリスト教徒はともに「啓典の民」として考えら
れている。

① イスラーム文化は，「知恵の館」を中心に古代ギ
リシア思想をさかんに研究し，アリストテレス哲学
はイブン・ルシュド（アヴェロエス）の注釈書が有
名である。イスラーム文化がヨーロッパの近代の学
問や文化に貢献した。

② イスラーム共同体（ウンマ）の説明で，前半部の
内容は正しいが，後半部が誤り。宗教集団であると
ともに生活共同体として民族や国家の枠を超えてい
る。

③ ジハード（聖戦）の説明で，前半部は正しいが，
後半部が誤り。ジハードは自衛（防衛）のための武
力行使も含まれる。

3 仏教　智慧と慈悲の教え

演習問題 〔pp.32〜35〕

問1〈古代インドの思想〉 正解③

ウパニシャッド哲学で説かれている輪廻転生の内

容。

① 「アートマンを完全に捨てて，絶対的なブラフマンと一体化するべき」が誤り。梵（ブラフマン）と我（アートマン）の一体化である梵我一如が説かれる。

② 六師外道とは，バラモン教を批判した仏教以外の自由思想家のことである。

④ バラモン教は，「唯一なる神」ではなく，多神教の立場である。

問2 〈ジャイナ教〉 正解 ④

ヴァルダマーナは，苦行と不殺生によって解脱することができるとした。ヴァルダマーナは，①②③のようなことを説いてはいない。

問3 〈ブッダが説いた教え〉 正解 ②

ブッダは，自我や「自己の所有物」に対する執着である我執を捨てることを説いた。

① 「バラモン教の祭祀に基づき」が誤り。四法印を悟ることによって四苦八苦から逃れることを説いた。

③ 四法印のひとつは，涅槃寂静である。

④ 三毒とは，貪・瞋・癡。貪はむさぼりの心，瞋は怒り・憎しみ・妬みの心，癡はおろかさ・愚痴・無知の心をいう。忍辱とは六波羅蜜の一つで，迫害や苦しみに耐え忍ぶこと。

問4 〈苦の原因〉 正解 ④

苦の原因は，煩悩であり，実体のない自分への執着である。「恒常不変の実体はない」とは諸法無我のことであり，「変化してやまない」とは諸行無常のことである。

① 前半は正しいが，後半の「世界の事物を存在させる原因や条件を超越したものが自分の本質である」としているのが，誤り。

② 後半の「存在するともしないとも言えない不可知なものこそが真の自分である」としているのが，誤り。

③ 後半の「他の事物の存在を可能にする根源的な精神こそが真の自分である」としているのが，誤り。

問5 〈ブッダの解脱観〉 正解 ①

苦の原因である煩悩（執着）から離れることが解脱である。

② ウパニシャッド哲学的な考え。

③ ウパニシャッド哲学やジャイナ教の苦行主義の説明。

④ ブッダは，不可知なものでなく，真理（ダルマ）を認識することによって解脱することができるとした。

問6 〈現世での境遇と業〉 正解 ④

ブッダは，現世と業との関係について，「生まれに

よってバラモンとなるのではない。行為によって賤しい人ともなり，行為によってバラモンともなる」と述べている。

① 「現世での境遇は現世での生まれのみによって決定され」が誤り。

② 「現世での行為は来世での境遇に影響を与えない」が誤り。

③ 「現世での行為により影響されることもない」が誤り。

問7 〈四諦〉 正解 ③

滅諦と道諦の説明として正しい。

① 苦諦の説明（「人間は誰しも，苦しみを嫌い楽を求める心を持っている」）が誤り。苦諦とは人生は苦しみであるという真理のことである。

② 集諦の説明が誤り。集諦とは苦の原因は煩悩であるという真理のことである。

④ 滅諦と道諦の説明が誤り。「あらゆる存在はいつか必ず滅ぶ」というのは四法印の中の諸行無常の考え。「禁欲的な苦行を実践する」のはジャイナ教である。

問8 〈ブッダの教え〉 正解 ④

煩悩の原因は，無常や無我に関する無知（無明）である。それゆえ，この世の理法を知ることで，煩悩から解放されると説いた。

① 六波羅蜜の実践を説いたのは，ブッダではなく，大乗仏教である。また，六波羅蜜の内容としても間違っている。「利他」を「禅定」にすれば正しい記述となる。

② 「大河に流され必死に漂流物にしがみついている」ことを永続する自己と捉えるという考えはブッダの教えではない。ブッダは「諸法無我」として，自我を含めた実体を否定している。

③ 前半の説明は正しいが，八正道を苦行と捉えているのが誤り。

問9 〈八正道〉 正解 ④

「正定」とは正しい瞑想のことであり，正しい。八正道とは，正見・正思・正語・正業・正命・正精進・正念・正定のことである。

① 「正語」とは，正しい言葉を用いて，嘘や悪口を言わないことをいい，正しく記憶することではない。

② 「正見」は，正しい見解なので，「清らかで正しい生活」ではない。

③ 「正精進」とは，正しい努力なので，「正しく食事を取る」ことではない。

問10 〈慈悲〉 正解 ④

慈悲とは，仏教の説く愛のことであり，すべての生きとし生けるものへの愛のことで，「慈」は与楽，「悲」は抜苦といわれる慈しみと憐れみの心のことである。

① 「人間のみを対象」とするのではなく，「生きとし生けるもの」を対象とする。

② 孔子の説く「仁」の内容になっている。

③ 大乗仏教のみではなく，上座部仏教でも重視されている。大乗仏教が批判したのは，悟りに対する考え方の違いである。

問11 〈大乗仏教の思想〉 正解 ⑥

ア 誤り。「空」の思想を説いたのは，ヴァルダマーナではなく，ナーガールジュナ（竜樹）である。ヴァルダマーナは，ジャイナ教の開祖。

イ 正しい。唯識思想を説いたのは，アサンガ（無着）やヴァスバンドゥ（世親）である。

ウ 誤り。『涅槃経』は，宇宙にあまねく存在している絶対的で永遠の真理である法身仏を説いた経典である。六波羅蜜以下の説明文は正しい。なお，六波羅蜜は菩薩の実践すべき徳目のことである。

問12 〈大乗仏教〉 正解 ③

『般若経』には，あらゆる事象には固定不変の実体はないとする「空」の思想が説かれている。

① 「小乗仏教」と呼び，自らの教えから「大乗仏教」と名乗った。

② 菩薩は在家・出家を問わない。

④ 大乗仏教は，中国・朝鮮・日本へと広がり，「北伝仏教」と呼ばれる。

問13 〈仏教における執着や欲望〉 正解 ④

唯識思想の説明である。

① 五戒には，苦行はない。不殺生戒・不偸盗戒・不邪淫戒・不妄語戒・不飲酒戒の在家の信者が守るべき基本となる五つの戒めのこと。

② 菩薩が実践すべき六つの徳目（六波羅蜜）の一つに布施はあるが，これは成仏とは関係しない。

③ 「何も存在しない」ではなく，「不変の自己は存在しない」とする空の思想を説いた。

4 中国の思想 儒教・老荘思想

演習問題 〔pp.38〜39〕

問1 〈天の思想〉 正解 ②

孔子の内容として正しい。ちなみに，人生を語った内容として「吾れ十有五にして学に志す。三十にして立つ。四十にして惑わず。五十にして天命を知る。

六十にして耳順がう。七十にして心の欲する所に従って，矩を踰えず」（「為政篇」）と述べている。

① 自らが下す命令が天命ではなく，実際の統治者に下るのが天命（天の命令）である。

③ 易姓革命の内容が誤り。実力本位で王の位につくのは覇道政治といわれる。天命を受けた者が天子となり，天下を治めるのである。

④ 荘子ではなく，朱子の内容。

問2 〈諸子百家〉 正解 ④

孟子の仁義に基づいた王道政治と易姓革命の内容になっている。

① 墨子は，侵略戦争を否定して，非攻を説き，非戦論を展開した。

② 無為自然，小国寡民を説いたのは，老子である。

③ 万物斉同を説いたのは，荘子である。

問3 〈人間同士の関係〉 正解 ②

孟子は，性善説の立場であるし，その根拠として惻隠の心をはじめとして，四端を説いている。

① 仁の実践の内容が逆になっている。身近な者への思いやりの心から，しだいに他者一般に及ぼしていくとする。

③ 墨子は，「愛の対象を自己から他者へ」とするのではなく，すべての人を平等に愛することを説いた。これを兼愛という。

④ 韓非子は，法治主義を説いたが，「徳治主義を補完する」のでもなく，信賞必罰によって「人々は相互扶助にいそしむように導かれる」とするのも誤り。

問4 〈孔子の礼〉 正解 ⑥

a 「他者を愛する心持ち」とあるので，「仁」が適当である。「恕」は思いやりである。

b 「自分を欺かない」とは「忠」，つまりまごころである。また，他者を欺かないとは「信」にあたる。

c こうして，仁や礼を体得した人物は「君子」といわれる。「真人」は，荘子が理想とする人物のこと。

問5 〈老子〉 正解 ④

道徳規範として「礼」を考えるのは，儒家思想である。

①②③ いずれも老子の「道」についての説明である。「道」は万物すべての根本原理であり，名づけようもないので，「無」ともいわれる。

問6 〈朱子〉 正解 ②

朱子は，理気二元論の立場である。「理」は天地万物に内在する宇宙の規範原理であり，「気」は万物の物質的な素材であると考えた。こうして，人間の本性を理とする性即理を説いた。

①③ 「心のなかにのみ存在する理」と考えるのは，

王陽明である。

④ 「気」を非物質的としているのが，誤り。気は万物の元素である運動物質である。

問7 〈先哲の言葉〉 正解④

ア 孔子の言葉で，まだ生きるということさえわからないのに，死のことを知ることができようか，と言う意味である。

イ 水に喩えて，柔弱謙下を説いた老子である。

韓非子は法家の思想家であり，孫子は兵家の思想家である。

融合問題対策 〔pp.40 ～ 45〕

問1 〈ソフィストとストア派〉 正解②

a ソフィストが重視したことについて，**資料1**で「全ての者の自然本性は，……追求するもの」と述べられているので，「人間の欲求」とわかる。

b **資料2**の1行目に「他人の不利益によって自分の利益を増すことは自然に反する」とあるので，「自己の利益」となる。

c キケロは，自然に内在する神の理性を法の根源であるとし，後の自然法思想に影響を与えた。功利主義は，18世紀後半から19世紀にかけてイギリスのベンサムやミルによって主張された思想である。

問2 〈古代ギリシアとローマの思想家〉 正解①

資料1は，「魂ができるだけ優れたものになるよう配慮しないで恥ずかしいと思わないのか」とあり，**資料2**では，「友の必ずしも正しくはない望みに手を貸す必要があれば，道を外れてでも手を貸して然るべきだ」とあるので，①が正解とわかる。

② ソクラテスの内容は正しいが，キケロの「友の命や評判……行ってはならない」とするのが，誤り。

③ キケロの内容は正しいが，ソクラテスが「評判や名誉の追求を重視」したとするのが，誤り。

④ ソクラテス及びキケロの両者とも誤っている。

問3 〈老子・旧約聖書〉 正解③

設問の適当でないものに注意して，**資料1**と**資料2**及び会話文を読むとよい。

「旧約」という言葉は，キリスト教の立場からの呼称であるので，ユダヤ教徒がそう呼んだとするのが，誤り。

① **資料1**からは，対立する言葉や概念は，相対的な関係にあり，「聖人は……，言葉に依らない教えを実行する」とあるので，正しい。

② 道家思想の祖である老子は無為自然を説いたの

で，「文明や道徳を人為的に作ったことを批判した」とするのは，正しい。

④ **資料2**では，主（神）が「言い争うのか」，と言うのに対し，ヨブは悔い改めると述べているので，正しい。

問4 〈仏教の世界観〉 正解④

縁起思想とは，③と④のaがその内容となる。さらに，その例を「先生」に照らし合わせると，④のbでしかない。

①と③のbは，ウパニシャッド哲学の内容となっている。②のbでは，「先生としての固有の本性を持つ」としているが，これは縁起思想とは違うので誤り。

問5 〈三つの宗教の比較〉 正解①，③，⑤，⑧

ユダヤ教，キリスト教，イスラームのそれぞれに共通したものを選択する内容だが，逆に関係ないものを探すのもよい。

② 儒教の経典である四書（『論語』『孟子』『大学』『中庸』），五経（『詩経』『書教』『易経』『春秋』『礼記』）のこと。

④ 多神教とあり，三つの宗教（ユダヤ教，キリスト教，イスラーム）はいずれも一神教である。多神教は日本などの宗教形態。

⑥ 仏教用語とわかる。

⑦ 法治主義に対して孔子が主張した徳のある為政者による政治の理想を述べた内容。

問6 〈愛について〉

①	③
②	④
③	①
④	②

(1)

① 「完全なもの・価値あるものを求める愛」とあるので，プラトンの説く「エロース」の内容。

② 「無差別・無条件の神の愛」とあるので，キリスト教における「アガペー」の内容。したがって，迷える羊の内容が適当である。

③ 「あらゆる命への普遍的な愛」で「苦悩する衆生に差別なく向けられる」とあるので，仏教の説く「慈悲」の内容。

④ 親子間の「自然な愛情」から社会的な関係に広げられるとあるので，孔子が説く「仁」の内容。

(2)

① 「一切の生きとし生けるもの」とあるので，仏教の慈悲の思想。

② 「人間の生まれつきが，孝行で柔順」とあるので，

孔子の思想。

③ 「善きものが永遠に自分のものになることを求めている」とあるので，プラトンの思想。

④ 「迷える羊」の内容であるので，イエスの思想である。

問7 〈ブッダとパウロ〉 正解 ⑧

ア 「生涯は苦とも楽とも断定できない」としているのが誤り。ブッダは，生涯は苦（一切皆苦）であるとしている。

イ パウロの贖罪思想のことなので，正しい。

ウ 資料1の2行目にある「……既に生まれたものも，これから生まれようとするものも，……，幸せであれ」と適合するので，正しい。

エ 資料2に「あなたがたは皆……神の子」と述べ，ユダヤ人，ギリシア人，奴隷，自由人，男女の別は関係ないと述べているので，正しい。

問8 〈孔子と老子〉 正解 ①

最初の説明は，克己復礼の内容であるし，資料1にある「水は，広く万物に生命を与えながら」とある内容と合致しているので，正しい。

② 孔子は「怪力乱神を語らず」と述べたように，神秘的なものについては語ることがなかった。資料1では「それ以上の余計なことをしない」とあるので，後半部も誤り

③ 前半部の道に従って生きるは正しい。しかし，後半部の「誰もが嫌がる場所を避けて流れ行く水のあり方」としているのが，誤り。

④ 前半部は「他人にへりくだることのない自然な生き方」としているのが，誤り。老子は柔弱謙下を説いた。後半部の内容は正しい。

問9 〈徳への考察〉 正解 ①

「宇宙を支配する理法」とはロゴスのことで，ストア派は自然を貫く法則との一致を説き，「自然に従って生きよ」を信条とした。

② ソクラテスは，徳を獲得すれば財産や名誉を手に入れることができると考えたのではない。

③ 三元徳を説いたのは，パウロである。アウグスティヌスは，パウロの三元徳とプラトンの四元徳を合わせて七元徳を説いた。そして，三元徳を四元徳の上位においた。

④ 「隠れて生きよ」を信条としたのは，エピクロスである。

問10 〈人間のあり方〉 正解 ③

菩薩の実践すべき徳目を六波羅蜜といい，その一つが「布施」である。

① ホメロスの叙事詩では，神々の世界観が描かれている。

② ソクラテスの説く「徳」は，生まれではなく，魂がよいかどうか，である。

④ ウパニシャッド哲学では，輪廻から逃れるには梵我一如に達することで可能となる。

問11 〈共同体と社会〉 正解 ①

イエスは，死後3日目に復活したとされる復活信仰がおこり，イエスを救世主（キリスト）として初代の教皇となったペテロ（ペトロ）によって原始キリスト教団が成立した。

② 荀子は，儒家として性悪説を唱えた。人間の本性を悪とし，それを社会の規範である礼によって矯正することを重視した。欲望が自然と落ち着くなどとは考えていない。

③ 天人相関説は，災異説ともいわれ，古代中国の天の観念と結びついた考え方である。自然災害などは君主の善政ではなく，悪政によって生ずると考えられた。また，このような考え方は，孟子の易姓革命に受け継がれていくのであり，董仲舒ではない。董仲舒は，前漢の時代の儒学者で，儒教の国教化を進言した人物。

④ 「預言者の血統を受け継いだカリフが，ムスリムの共同体（ウンマ）を治めるべきだ」とするのは，シーア派であり，スンナ派ではない。スンナ派は，家系にこだわらず話し合いによって選ばれたものがカリフとなるべきだとする。

問12 〈森羅万象への思想〉 正解 ②

プラトンのイデア論は，イデアこそ真実在であり，現象界にあるものはイデアの模倣と考えた。イデアの中で，最高のイデアが善のイデアである。

① イスラームにもキリスト教と同様に，最後の審判という考え方があり，アッラーによる裁きがあるとする。

③ 朱子の理気二元論であるが，「理」と「気」の説明が逆になっている。

④ 無著と世親が説いた唯識思想は，識の説明はよいが，物質である色を認めた二元論ではない。ただ実在するのは識のみである。

問13 〈規範や社会秩序〉 正解 ③

ジャイナ教は，ブッダとほぼ同時代のヴァルダマーナ（マハーヴィーラ）を開祖とする宗教で，徹底した不殺生（アヒンサー）や無所有などを説き，断食などの苦行を積むことで解脱できると説いた。アヒンサーの考え方はガンディーに影響を与えたといわれる。

① 十戒などを「自ら定めた律法」としているのが，誤り。十戒などは，神がイスラエルの民に与えたものである。

② 「王道の政治」と「覇道の政治」が逆になっている。孟子は王道政治を唱えた。

④ 「全体的正義」と「部分的正義」が逆になっている。また，部分的正義は，能力や業績に応じて配分する配分的正義と各人の利害や損得を調和させる調整的正義とに分類される。

● 第 Ⅲ 章：現代をかたちづくる倫理

1 人間の尊厳 ルネサンス・宗教改革・モラリスト

演習問題 〔pp.47 ～ 49〕

問1 〈ルネサンス期の思想〉 正解 ②

「キリスト教世界の根源にある古代の異教的世界を再興しようという考え」「古代の神々を中心とする神話的世界観が復活」が誤り。ルネサンス期には，古代ギリシアやローマの古典文化の再生・研究を通して人間性が尊重された。

① ルネサンスは，古代ギリシア・ローマの文芸を再生しようとした。

③ 人間の視点を中心とした遠近法の確立をしたのは，レオナルド・ダ・ヴィンチ。ミケランジェロは，フィレンツェのラウレンツィアーナ図書館やサン－ピエトロ大聖堂の設計など建築家としても活躍した。レオナルド・ダ・ヴィンチと同様に「万能人」の典型であった。

④ ピコ・デラ・ミランドラは，人間の自由意志のうちに人間の尊厳を見いだした。

問2 〈ルネサンスの文学・芸術〉 正解 ①

ボッカチオではなく，ペトラルカである。ボッカチオは『デカメロン』を著した。

②③④ いずれも正しい。

アルベルティは，詩人・建築家・音楽家として活躍し，ダ・ヴィンチと同様にルネサンスの「万能人」の典型的な人物である。

問3 〈ルネサンス期の人物〉 正解 ④

ア 正しい。マキャヴェリは，政治を宗教や道徳から切り離し，近代政治学の基礎を築いた。

イ 誤り。メディチ家の庇護を受け，「ダヴィデ」を制作したのは，ミケランジェロである。

ウ 誤り。人間の欲望を肯定した『デカメロン』を著したのは，ボッカッチョ（ボッカチオ）である。

問4 〈トマス・モア〉 正解 ③

トマス・モアは『ユートピア』で，囲い込み（エンクロージャー）を批判して「羊が人間を食う」と述べた。「ユートピア」とは，どこにもない理想の国という意味。

① アダム・スミスの自由放任主義の内容である。

② マキャヴェリは，『君主論』で，統治者は「道徳に反した行いも許される」と主張した。

④ 『旧約聖書』の怪物とは「リヴァイアサン」のこと。ホッブズは，『リヴァイアサン』で強力な権力をもった国家の支配の正当性を説いた。

問5 〈宗教改革期の人物〉 正解 ③

エラスムスは，ルターが人間の自由意志を否定し奴隷意志論を展開したのに対して，自由意志論を展開した（『自由意志論』）。また，『愚神礼讃』（『痴愚神礼讃』）で教会の形式化，僧侶の腐敗を風刺した。

① 『キリスト教綱要』はカルヴァンの著作で，予定説を説いた。

② ウィクリフは，ルターやカルヴァンの宗教改革の先駆者。

④ イグナティウス・ロヨラが「教皇などの特権的な身分を認めない」とするのが，誤り。教皇の至上権を説いた。

問6 〈ルター〉 正解 ①

ルターの万人司祭説，聖書のみ，信仰のみの内容である。

② カルヴァンの救済予定説の内容である。

③ トマス・アクィナスの信仰と理性を調和させるスコラ哲学の内容である。

④ ルターは，ドイツ農民戦争に対して否定的であった。

問7 〈ルターの著作〉 正解 ②

① はエラスムス，③ はカルヴァンの著作であり，④ はピコ・デラ・ミランドラの演説草稿である。

問8 〈宗教改革〉 正解 ①

a カルヴァンは予定説であるので，アが正しい。

b・c カルヴァンの職業観は神からの召命であり，神の栄光のためにひたすら禁欲的に勤勉に働くことで，自らの救いが予定されていることを確信するのである。したがって，ウとオが正しい。

問9 〈モンテーニュ〉 正解 ①

「私は何を知っているか」とは，ク・セ・ジュといわれ，謙虚にして自己吟味の大切さを説いた。

① 十戒などを「自ら定めた律法」としているのが，誤り。十戒などは，神がイスラエルの民に与えたものである。

② 「王道の政治」と「覇道の政治」が逆になっている。孟子は王道政治を唱えた。

④ 「全体的正義」と「部分的正義」が逆になっている。また，部分的正義は，能力や業績に応じて配分する配分的正義と各人の利害や損得を調和させる調整的正義とに分類される。

● 第 Ⅲ 章：現代をかたちづくる倫理

1 人間の尊厳 ルネサンス・宗教改革・モラリスト

演習問題 〔pp.47 ～ 49〕

問1 〈ルネサンス期の思想〉 正解 ②

「キリスト教世界の根源にある古代の異教的世界を再興しようという考え」「古代の神々を中心とする神話的世界観が復活」が誤り。ルネサンス期には，古代ギリシアやローマの古典文化の再生・研究を通して人間性が尊重された。

① ルネサンスは，古代ギリシア・ローマの文芸を再生しようとした。

③ 人間の視点を中心とした遠近法の確立をしたのは，レオナルド・ダ・ヴィンチ。ミケランジェロは，フィレンツェのラウレンツィアーナ図書館やサン－ピエトロ大聖堂の設計など建築家としても活躍した。レオナルド・ダ・ヴィンチと同様に「万能人」の典型であった。

④ ピコ・デラ・ミランドラは，人間の自由意志のうちに人間の尊厳を見いだした。

問2 〈ルネサンスの文学・芸術〉 正解 ①

ボッカチオではなく，ペトラルカである。ボッカチオは『デカメロン』を著した。

②③④ いずれも正しい。

アルベルティは，詩人・建築家・音楽家として活躍し，ダ・ヴィンチと同様にルネサンスの「万能人」の典型的な人物である。

問3 〈ルネサンス期の人物〉 正解 ④

ア 正しい。マキャヴェリは，政治を宗教や道徳から切り離し，近代政治学の基礎を築いた。

イ 誤り。メディチ家の庇護を受け，「ダヴィデ」を制作したのは，ミケランジェロである。

ウ 誤り。人間の欲望を肯定した『デカメロン』を著したのは，ボッカッチョ（ボッカチオ）である。

問4 〈トマス・モア〉 正解 ③

トマス・モアは『ユートピア』で，囲い込み（エンクロージャー）を批判して「羊が人間を食う」と述べた。「ユートピア」とは，どこにもない理想の国という意味。

① アダム・スミスの自由放任主義の内容である。

② マキャヴェリは，『君主論』で，統治者は「道徳に反した行いも許される」と主張した。

④ 『旧約聖書』の怪物とは「リヴァイアサン」のこと。ホッブズは，『リヴァイアサン』で強力な権力をもった国家の支配の正当性を説いた。

問5 〈宗教改革期の人物〉 正解 ③

エラスムスは，ルターが人間の自由意志を否定し奴隷意志論を展開したのに対して，自由意志論を展開した（『自由意志論』）。また，『愚神礼讃』（『痴愚神礼讃』）で教会の形式化，僧侶の腐敗を風刺した。

① 『キリスト教綱要』はカルヴァンの著作で，予定説を説いた。

② ウィクリフは，ルターやカルヴァンの宗教改革の先駆者。

④ イグナティウス・ロヨラが「教皇などの特権的な身分を認めない」とするのが，誤り。教皇の至上権を説いた。

問6 〈ルター〉 正解 ①

ルターの万人司祭説，聖書のみ，信仰のみの内容である。

② カルヴァンの救済予定説の内容である。

③ トマス・アクィナスの信仰と理性を調和させるスコラ哲学の内容である。

④ ルターは，ドイツ農民戦争に対して否定的であった。

問7 〈ルターの著作〉 正解 ②

① はエラスムス，③ はカルヴァンの著作であり，④ はピコ・デラ・ミランドラの演説草稿である。

問8 〈宗教改革〉 正解 ①

a カルヴァンは予定説であるので，アが正しい。

b・c カルヴァンの職業観は神からの召命であり，神の栄光のためにひたすら禁欲的に勤勉に働くことで，自らの救いが予定されていることを確信するのである。したがって，ウとオが正しい。

問9 〈モンテーニュ〉 正解 ①

「私は何を知っているか」とは，ク・セ・ジュといわれ，謙虚にして自己吟味の大切さを説いた。

② アダム・スミスの内容である。行為の正不正に対する道徳的感情とは，公平な第三者の声に従うことで，感情の働きとは共感（シンパシー）のことである。

③ 「気晴らし」とあるので，パスカルの内容である。

④ 人間の尊厳である自由意志を重視しているので，ピコ・デラ・ミランドラの内容である。

問10 〈パスカル〉 正解②

「考えることに人間の尊厳」とあるので「人間は考える葦」であると述べたパスカル。「推理や論証を行う能力」とは幾何学的精神，「直観的に物事を把握する能力」とは繊細の精神のこと。

① 理性による情念の支配や，「高邁の精神」を説いたのは，デカルトである。

③ 「実験と観察」を通して自然の一般法則を捉え（帰納法），自然の支配を説いたのは，ベーコンである。

④ 人間の尊厳を見いだして，「自由意志」が必要としたのは，ピコ・デラ・ミランドラである。

2 真理の認識 経験論と合理論

演習問題 〔pp.52～53〕

問1 〈科学革命〉 正解③

科学が発展するのは，パラダイム（理論的な思考の枠組み）が劇的に変化することでおきるとする。なお，17世紀の近代科学の変化を科学革命と呼んだのはバターフィールドである。

① 「地道な作業の蓄積」でパラダイムの転換が生じるのではない。

② 「小さな物語」を主張したのは，ポスト構造主義のリオタールである。「大きな物語」が人類の進歩や革命の必然性などであるのに対して，「小さな物語」とは個々の具体的な状況で思考することをいう。

④ 「ホーリズム」とは，知の全体論のことで，クワインが主張した内容である。ホーリズムとは，真理や命題が個別的に存在しているのではなく，全体の体系の中で個々の意味が形成されていくとする考え方である。

問2 〈ベーコンのイドラ〉 正解④

ベーコンは4つのイドラを挙げている。イドラとは，人間が物事を判断する際に陥りがちな偏見や先入観である。

ア 人間の交わりの中で言葉の不適切な使用から生じているので，市場のイドラである。

イ 資質や環境に応じて身につけた偏見とあるので，

洞窟のイドラである。

その他のイドラで，種族のイドラは，人間が生来持っている精神や感覚の誤りのこと。劇場のイドラは，権威を無批判に受容することで生まれる偏見をいう。

問3 〈方法的懐疑〉 正解①

デカルトの方法的懐疑とは，確実な原理を求めて，疑わしいすべてのことについて懐疑を徹底することである。そうして，疑い疑っている「私」の存在だけは疑えないとして「私は思う，ゆえに私はある」とし，これを哲学の第一原理とした。

② 「過誤に陥ることを避けるために，結論を導くことを回避し続ける」としているのが，誤り。

③ 「疑わしいものに関する真偽の判断を差し控える」としているのが，誤り。

④ デカルトの哲学は合理論と呼ばれるものであり，「経験から出発」するとした経験論の立場としているのが，誤り。

問4 〈経験論の思想家〉 正解⑦

ア 「存在するとは知覚されることである」とあるので，バークリーの内容である。

イ 「心のもとの状態を白紙」に喩えたとあるので，ロックの内容である。白紙をタブラ・ラサという。

ウ 「因果関係が必然的に成り立っているとする考え方を疑問視」するのを懐疑論といい，ヒュームの内容である。

ベーコンは，イギリス経験論の祖である。

問5 〈スピノザ〉 正解④

「自然は無限で唯一の実体である神のあらわれ」とするのは，スピノザの汎神論（神即自然）の思想である。また，「永遠の相のもとに」という言葉からスピノザとわかる。

① デカルトの精神と物質に関する考え。物心二元論の内容。精神の属性は思惟（思考），物質の属性は延長。

② 「モナド（単子）」とあるのでライプニッツである。

③ 自由意志を尊重したピコ・デラ・ミランドラの思想。

問6 〈ライプニッツ〉 正解③

ライプニッツが説く実体は「モナド」といい，分割を許すことのない精神的な力であり，物体を成立させるための統一原理である。モナドは，神があらかじめ定めたモナド間で調和すると考えた。

① 自然哲学者のデモクリトスの内容。

② 経験論を徹底させたバークリーの内容。「存在するとは知覚されること」と説いた。

④ 物心二元論を説いたデカルトの内容。

3 民主社会と倫理（1）社会契約説・啓蒙思想

演習問題 〔pp.55〜57〕

問1 〈ホッブズとロックⅠ〉 正解 ②

ロックの人間観を「思いやり」として、さらに内的制裁の必要を説いているとするのが、誤り。「思いやり」を重視したのはルソーであり、「内的制裁」を説いたのは、J.S.ミルである。

① ホッブズの自然状態の内容で、正しい。

③ ホッブズの社会契約の内容で、正しい。

④ ロックの自然権の内容で、正しい。

問2 〈ホッブズとロックⅡ〉 正解 ①

ロックは、生命・自由・財産の所有権を自然権とし、ルソーは自らの権利である自然権を一般意志に譲渡するとした。

② ルソーの「君主の所有権を人々に分配する」が誤り。

③ ホッブズは、万人の万人に対する戦いをなくすために、自然権を君主に譲渡することを求めた。またロックは、自然状態を万人の万人に対する戦いの状態とは考えていない。

④ 「神が君主に与えた権利」とは、王権神授説の考え方である。ロックは、絶対的君主ではなく、立憲君主に自然権を信託するとした。

問3 〈ロックⅠ〉 正解 ④

ロックの白紙（タブラ・ラサ）説のことである。

① デカルトの方法的懐疑の説明である。

② 「貴族や教会の愚行を風刺」「自由意志」とあるので、ルネサンス期の人文主義者エラスムスの考えである。

③ パスカルの人間観である。

問4 〈ロックⅡ〉 正解 ④

ロックの権力分立（二権分立）の内容で、彼は立法権の優位を説いた。

① 一般意志とあるので、ルソーの内容。

② 創造的知性とあるので、プラグマティズムの大成者デューイの内容。

③ 「（神の）見えざる手」とあるので、アダム・スミスの内容。

問5 〈国家や社会についての思想〉 正解 ⑤

ア 自己保存の欲求、譲渡という用語から、ホッブズとわかる。

イ 私有財産による不平等、一般意志という用語から、ルソーとわかる。

問6 〈ルソーⅠ〉 正解 ②

ルソーは、各人のあらゆる自由や権利を国家に譲渡し、一般意志に従うことを説いた。

① 「存在の呼びかけに耳を傾ける」とあるので、ハイデガーの内容である。

③ 「精神的快楽の質」とあるので、J.S.ミルの内容である。

④ 「白紙の状態」（タブラ・ラサ）、生得観念を否定とあるので、経験論の立場に立つロックの内容である。

問7 〈ルソーⅡ〉 正解 ⑥

一般意志の特徴を理解しておかなければならない。それは、公共の利益を目指し、代表されず、分割できない。

ア 「特殊意志の総和」とあるが、これは全体意志なので、誤り。

イ 「譲渡することができる」とあり、「間接民主制が可能」としているのが、誤り。一般意志は譲渡できないために、直接民主制が理想である。

ウ 自らの権利を譲渡することで、一般意志に従うとあり、それは自分の意志に従うことでもあるので、自由でもある。この内容は正しい。

問8 〈自然状態〉 正解 ②

『統治論（市民政府論）』「自然法が支配する平和の状態」からロックとわかる。

① 「一般意志」とあるので、ルソーの内容。著書は『人間不平等起源論』『社会契約論』。

③ ホッブズの内容。著書は『リヴァイアサン』。

④ 「自己保存の権利」とあるので、ホッブズ。

問9 〈フランス啓蒙主義〉 正解 ②

フランス啓蒙主義者たちのいう啓蒙とは、封建的な因習や宗教的な権威を批判し、合理的・科学的な知識の普及を目指したので、アが正しい。

また、資料から判断すると、ウのように「身近な存在へこそ向かわせるもの」とするのは誤り。資料では、最初に「人間性は、全ての人間に対して向けられる慈愛の感情に現れる」と述べていることから、エが正しい。

4 民主社会と倫理（2）カント・ヘーゲル・功利主義・プラグマティズム

演習問題 〔pp.61〜65〕

問1 〈カントの批判哲学Ⅰ〉 正解 ⑤

a カントの主著は、『純粋理性批判』である。『人間

13

悟性論（人間知性論）』はロックの著書である。

b 「対象を客観的に捉えるための枠組み」において，「感性」は対象を受け取るはたらきがあるため，「感性」が適当である。「悟性」は概念を形成するもので，受け取ったものを構成し組み立てるはたらきをいう。

問2〈カントの批判哲学Ⅱ〉　正解④

カントは，「認識の素材を受け取る能力」を感性と呼び，「その素材を整理し秩序づける能力」を悟性とした。認識はこの両者から生ずるとしたので，④が正しい。

① カントは，「対象が認識に従う」と考えたので，「人間が物自体を理性によって認識できる」とするのは誤り。

② ヒュームの影響は受けているが，自然科学の客観性を疑問視してはいないし，因果関係が主観的な信念などとは述べていない。

③ カントは，人間の霊魂や神などは思考できるが，理性で，その存在を否定できるとまでは，述べていない。

問3〈カントの自由〉　正解③

主としてカントの自由に関する内容を問うているが，それぞれ空欄後の内容に注意すると解くことができる。

a カントは，自然法則とは違って自らの理性が立てた法則に従って行為する意志の自律（人格）こそが，自由であるとした。4行目の空欄後に「人格に尊厳の根拠を見いだしている」とあるので，③のaが適当である。

b 空欄後の「道徳的共同体を目的の王国とした」とあるので，人格の尊厳を示した③のbが適当である。この考え方を人格主義という。

問4〈カントの認識論〉　正解②

「認識が対象に従う」のではなく，「対象が認識に従う」とあるので，これを対象構成説といい，認識におけるコペルニクス的転回と呼ばれる内容である。

① 悟性と感性の説明が誤り。悟性は概念を構成するもので，感性は感覚を受容するものであり，その両者によって認識が成立する。

③ 「想定される物自体についてまで，私たちは認識をひろげることができる」が誤り。人間が知ることができるのは感性によって与えられた現象であり，現象の根源となる物自体は知ることができない。

④ 神や自由などは，確かに理論理性では認識できないとするが，カントはこれらを否定していない。

問5〈カントの平和論〉　正解①

カントの著書『永遠平和のために』で主張されている内容である。「国家の進む方向を国民自身が決定しうる体制」とは共和制。「諸国家による平和連盟」とは諸国家の連合，世界連邦を意味する。

② 文化の再生という考え方はカントにはない。

③ マルクスやレーニンの国家論・階級論の内容。

④ 「社会的制度や伝統，慣習」とあるので，ヘーゲルの内容に近い。

問6〈ヘーゲルの弁証法〉　正解②

ア ヘーゲルの弁証法の説明として正しい。ヘーゲルは，物事が内部に対立や矛盾を含みつつも発展していく原理を弁証法とした。精神の発展だけでなく，家族から市民社会へ，さらに国家と人倫が発展していくことも弁証法から説いた。

イ 止揚（アウフヘーベン）とは，対立・矛盾する二つのものを統合して，さらに新しい段階へと高めていくことをいう。したがって，「真理に近い方を保存し，他方を廃棄」するものではないので，誤り。

問7〈ヘーゲルの人倫〉　正解②

ヘーゲルの人倫の体系は，法（客観的・法律的・外面的自由）→道徳（主観的・良心的・内面的自由）→人倫（自由の実現）と弁証法的に発展していくので，②が適当である。

① 市民社会は欲望の体系ではあるが，あるべき人間関係が失われた人倫の喪失態であるので，「人倫の完成」ではない。

③ 人倫の最高形態は国家であるので，「人倫の喪失態」ではない。

④ 「人倫の完成」を家族としているのが，誤り。家族は人倫の初期段階である。

問8〈ヘーゲルのカント批判〉　正解③

カントは責務を個人的レベルで捉えていたが，ヘーゲルは「人間関係や社会制度と深く関わっている」という視点から捉えていた。

① 「自己の実存に関わる真理」とあるので，実存主義の内容である。

② 「物質的」「道徳の具体的内容を精神のあり方から観念的に考えてはならない」とあるので，マルクスの思想である。

④ 「行為の動機よりも結果」とあるので，結果説をとる功利主義の考えである。

問9〈アダム・スミス〉　正解②

アダム・スミスは，行為が是認されるためには，第三者（公平な観察者）の同意が得られるものでなけれ

ばならないとし，他者の立場に立って行為する「想像上の立場交換」が必要であるとした。

① ルソーの自然状態に対する考えである。

③ 「互いの利己的な利害について共感とし合う」が誤り。

④ 「利己心を捨て」が誤り。利己心に基づいた自由競争が予定調和をもたらすとした。

問10 〈功利主義〉 正解 ②

ベンサムは，「最大多数の最大幸福」を実現させるためには，個人の行為に対して外的な制裁の一つである政治的（法律的）制裁が必要だとする。

① ベンサムは，快楽計算は不可能ではなく，量的に計算することができるとする量的功利主義を説いた。

③ ミルは，快楽には質的差異があることは認めたが，「万人に等しく分配されている良識」により律するとは考えない。これはデカルト的な考え方。

④ 「良心の呼び声」により，「世人から本来的な自己に立ち返」るとするのは，ハイデガーである。

問11 〈ミルと個性〉 正解 ②

ミルが『自由論』の中で述べた「他者危害の原則」の思想である。

① 「無意識の欲望が抑圧」とあるので，フロイトの思想である。

③ 自然権とあるので，社会契約説を説いたロックなどの思想である。

④ ミルが個性の自由な発展を説いたのは，キリスト教的な神の観点からではない。

問12 〈自己決定権〉 正解 ②

ベンサムは幸福を快楽と考え，量的功利主義を説いたのに対して，ミルは個性を伸ばすことが社会の発展に必要なことで，質的功利主義を説いた。そこから個人の幸福と社会全体の幸福が一致すると考えた。

① 他者危害原則に家族の承認は必要ない。

③ 子どもには自己決定権はないし，判断能力の有無とも関係がないとするのが，誤り。

④ 将来的に不利益や不幸につながる場合は，他者が強制や干渉を行うべきというのが，誤り。あくまで個人の自由な判断の結果を重視する。

問13 〈ジェームズ〉 正解 ④

ジェームズは，実用主義をとなえた。

① ベーコンのイドラ論である。「個人の性癖や境遇などに囚われる」イドラとは，洞窟のイドラである。

② ヘーゲルの弁証法の内容である。

③ 「モナド」とあるので，ライプニッツの思想である。

問14 〈デューイ〉 正解 ③

デューイは，知性を道具とする道具主義をとなえた。

① 「資本主義を廃棄して社会主義を実現する」とあるので，マルクスの思想である。

② 善悪の基準を功利性に求めるのは，ベンサムやミルなどの功利主義哲学である。

④ スペンサーの社会進化論の内容である。

問15 〈コント〉 正解 ④

コントは，知識の発展を三つの発展段階にわけ，これを社会の進歩に対応させて，神学的段階は軍事的段階，形而上学的段階は法律的段階，実証的段階は産業的段階であるとした。

① 創造的知性によって民主主義社会を作り上げるとしたのは，プラグマティズムのデューイである。

② 「実存は本質に先立つ」とし，社会参加（アンガジュマン）を説いたのは，フランスの実存哲学者サルトルである。

③ 精神の弁証法的な発展を説き，最終的に「絶対精神」と呼んだのは，ヘーゲルである。

問16 〈自然選択〉 正解 ①

ダーウィンは，生物進化論を展開し，生物の進化の原因として自然選択（自然淘汰）に着目した。

② 「それぞれの固有の祖先から変化することはなく」が，誤り。生物の種は，長い年月をかけて変化や枝分かれしたと考えるのが進化論である。

③ スペンサーは，社会進化論を唱え，社会の進化は軍事型社会から産業型社会へと進化すると考えた。

④ スペンサーは，社会は自然選択の法則と適者生存のメカニズムによって進化すると考え，「国家が人為的に統制すること」を否定した。

5 現代社会と個人 社会主義・実存主義・現象学

演習問題 〔pp.68～71〕

問1 〈初期社会主義〉 正解 ⑤

ア 「経営者の立場から，労働者の生活や労働条件の改善に努め」（スコットランドのニューラナークの共同体を指す）とあり，アメリカでは，ニューハーモニー村を建設したとあるので，イギリスのロバート゠オーウェンである。

イ 産業社会を批判し，「ファランジュ」を構想したとあるので，フランスのフーリエである。アとイは，初期社会主義者(空想的社会主義者)と呼ばれる。

ウ フェビアン協会は，ウェッブ夫妻によって設立され，漸進的な社会改革を進めた。その指導者の一人

15

とあるので，バーナード・ショウとわかる。

問2 〈マルクスとエンゲルスの思想〉 正解①

マルクスとエンゲルスは，資本主義社会を科学的に分析し，科学的社会主義を展開した。上部構造である政治や芸術は，下部構造（経済構造である生産関係と生産力）によって規定されているとする唯物史観を唱えた。

② 「最大多数の最大幸福」の内容なので，功利主義のベンサムである。

③ 「絶対精神」とはヘーゲルの用語である。ただし，労働者や資本家の意識，両者の関係が絶対精神が実現されたとするのは，ヘーゲルの考えではない。

④ 「資本家の善意」によって「人間が平等に扱われる理想的な共同体」による幸福な社会の実現とは，人道主義にもとづく初期社会主義（空想的社会主義）者のオーウェンである。

問3 〈マルクス〉 正解②

マルクスの歴史観は，ヘーゲルの弁証法を継承しながら物質的な生産活動を中心に考える唯物史観（弁証法的唯物論）といわれるものである。上部構造と下部構造との関係については，経済構造で土台でもある下部構造によって社会のあり方が規定されるとする。したがって，「上部構造が歴史を動かす原動力になる」とするのが，誤り。

問4 〈実存についての思想〉 正解③

ア 誤り。社会参加（アンガージュマン）を説いた内容は，サルトルの思想である。キルケゴールは，主体的真理を求めて，人間は不安や絶望を通して，はじめて真実の自己，すなわち実存に達すると説く。

イ 正しい。ハイデガーは，現存在である人間は「死へとかかわる存在」として置き換えようのない実存として自覚されると考えた。

問5 〈ヤスパース〉 正解③

ヤスパースの思想の中心である限界状況，実存的交わり，愛しながらの戦いに注意しよう。

ヤスパースの限界状況とは，死，苦悩，罪責，争いなどをいうが，それに直面して，人間は自己の有限性を自覚する。自己の有限性を知り，自己と世界を支え包み込む超越者（包括者）との出会いによって実存に達するという。実存を自覚した者が，互いに高め合う人格的交わりこそが，実存的交わりである。

① 限界状況の説明は正しいが，限界状況を「克服し得たとき，はじめて人は自己の生の真実に触れることができる」とするのが，誤り。限界状況とは，人間の力ではどうすることもできない状況である。

② 限界状況に直面した人が，「神のような超越的な存在に頼ることのない」としているのが，誤り。

④ 「愛しながらの戦い」を理性に拠らないとしているのが，誤り。「愛しながらの戦い」とは，理性と愛をもって互いの真実を戦わせることにほかならない。

問6 〈ニーチェ〉 正解③

ニーチェは，既成のキリスト教の道徳や価値観への信頼が失われた事態を「神は死んだ」と表現し，新しい価値を創造する存在を超人と呼んだ。

① キリスト教の道徳を奴隷道徳であるとして批判した。

②④ 死と向き合う存在，「ダス・マン（世人）」とあるので，ハイデガーである。

問7 〈ハイデガーⅠ〉 正解⑥

a ハイデガーは，人間の存在を現存在と呼び，日常的な生活の中に埋没している人間を「ダス・マン」（ひと，世人）と呼んだ。

b 「ダス・マン」が襲われるものが不安にほかならないのであり，最も恐れるものが死であるとする。

c 人間の根底にある存在を忘れ，存在を問うことを見失っているために，人間が本来その生きる意味を見失っていることを「故郷の喪失」「存在の忘却」という。

●「ルサンチマン」とは，ニーチェの言葉であり，弱者が強者へ抱く怨恨感情のこと。

●「絶望」とは，キルケゴールの言葉。人間は有限的・時間的な存在であるにも関わらず，無限で永遠なるものを望むために，絶望するという。

●「人倫」とは，ヘーゲルの言葉。自由の実現の場で，自由が客観的な制度や組織として具体化したものをいう。

問8 〈ハイデガーⅡ〉 正解⑤

ア 「現存在（ダーザイン）」とは，人間は自分の存在の意味を問うことができる存在という意味で，人間をこう呼んでいる。

イ サルトルの内容である。

ウ 人間は生まれた瞬間から世界の「内」に投げ入れられているが，これを被投性といい，他者や事物と関わりながらある，ということを世界内存在と呼んだ。

問9 〈サルトル〉 正解④

サルトルは「実存は本質に先立つ」と述べている。

① 「全人類への責任」「自ら進んで社会へ身を投じる」がキーワード。

② サルトルは人間は「いかなる状況においても変化しない，同一の本質をそなえた事物とは異なって」いて，「自らを新たに形作ろうと努める存在」としている。

③ 社会的参加（アンガージュマン）の内容である。

問10〈性への差別をめぐる運動や思想〉 正解②

フェミニズムの運動は，社会的に作られた性別役割分担を見直し，性差別の解消を目指すものである。

① 女性を男性よりも上位に位置付けるとしているのが，誤り。男女平等の実現を目指すものである。

③ 「人は女に生まれるのではない，女になるのだ」と述べたのはボーヴォワールであるが，彼女は男性中心主義や固定された女性のあり方からの解放を訴えたのであり，慣習的で伝統的な女性らしさを否定した。

④ 「男女が異なる社会的な役割を引き受ける」とするのが，誤り。むしろ個々人が各々の特性を発揮し，その役割を果たすことが自由を獲得できると考えた。

問11〈サルトルとカミュ〉 正解①

『第二の性』がボーヴォワールの作品なので， a は，サルトルの『嘔吐』とわかる。また，マロニエの木を見て存在の偶然性を発見したというのは『嘔吐』の中の有名な内容。

「実存が本質に先立つ」と述べているので， b は「本質に先立つ実存」でなければならない。

また，カミュは実存主義作家といわれ，不条理の哲学者ともいわれる。『シーシュポスの神話』において，人間は不条理という限界状況の中に生きる存在であることを描いた。 c には，不条理が入る。

問12〈現象学〉 正解②

ア 正しい。フッサールは，実在についての判断を一旦停止する判断停止＝エポケーして思考を意識現象にもどして，世界をありのままに見ていくことの方法を説いた。これを現象学という。

イ 誤り。精神の自己外化の説明になっているので，ヘーゲルの内容である。

6 現代の思想

演習問題 〔pp.74～80〕

問1〈ガンディーの非暴力主義〉 正解③

ガンディーの基本的な姿勢である非暴力・不服従の考え方である。

① 黙って服従するというのは，ガンディーの姿勢ではない。

② アヒンサーは不殺生という意味なので，武器に頼るということではない。核抑止力とは関係ない。

④ 非暴力は，弾圧に対する自己犠牲や勇気が必要であるので，臆病ではできない。

問2〈マザー・テレサの言葉〉 正解④

「世界のどの地域に住む人びとも，みな，私の兄弟，私の姉妹なのです」の表現があるので，キリスト教に基づいた隣人愛を示した言葉である「神の愛のもとで共に生きる人間」のことである。

① 「互いの利益をはかり合う宗教的な共同体のメンバー」ではない。

② 「血縁」ではない。

③ 「経済的な助けを必要とする社会的弱者」ではない。

問3〈文明社会への批判〉 正解④

ア 現代の消費社会は，商品は使用価値にあるのではなく，商品間の差異を作り出すことで，人間の消費への欲望を際限なく生産し続けている社会，としたのはフランスの社会学者であるボードリヤールである。

イ 道具的理性とあるので，ホルクハイマーとわかる。

ウ 近代官僚制の特徴を説いたのは，ドイツの社会学者ウェーバーである。

問4〈ホルクハイマーとアドルノ〉 正解①

ホルクハイマーやアドルノは，近代の理性は自然を支配するための手段となってしまったことを道具的理性とよんで批判した。

② 「良識」とあるので，デカルトの内容。

③ プラトンの魂の三分説の内容。

④ ハーバーマスの対話的理性（コミュニケーション的理性）の内容。

問5〈アドルノ〉 正解②

権威に弱く硬直した性格を「権威主義的性格」としたのが，アドルノである。この性格ではステレオタイプ的な見方や単純な二価値判断をする性格と分析した。

① 対話的理性を重視したのは，ハーバーマスである。

③ 批判的理性を失った人間を一次元的人間としたのは，マルクーゼである。

④ 現代人を他人志向型としたのは，アメリカの社会学者リースマンである。

問6〈ハーバーマスの対話的理性〉 正解②

17

ハーバーマスは，対話的理性を通じて合意を形成することを説いたので，②が正解となる。

① 議論しても埋まらないために多数決で決定するとは考えない。

③ 最終的には合意が必要なのであるから，「納得し合う必要も」ないとするのが，誤り。

④ 対話の必要性からすれば，「親密な関係」が必要というわけではない。

問7 〈ハーバーマス〉 正解②

ハーバーマスは，人と人とのコミュニケーション的行為によって対話的理性の必要性を説き，対話によって合意の形成をはかることが社会を統合するために不可欠だとする。

① 「公正としての正義」を説いたロールズの内容である。

③ 各人の自由や財産を保障するために政府を設立するとは，社会契約説を説いたロックである。

④ 一般意志を重視するのは，ルソーである。

問8 〈フロム〉 正解②

フロムは，『自由からの逃走』で，自由や自立を重荷と感じている人は自由から逃れるように権威に服従すると指摘した。

① 収容所での体験から生きる意味を見いだしたのは，フランクルである。

③ 限界状況とあるので，有神論的実存主義の哲学者であるヤスパースである。

④ 監獄などを作り出した近代社会を批判したのは，フーコーである。

問9 〈レヴィ・ストロース〉 正解⑤

ア・ウ レヴィ・ストロースの内容である。未開社会には，文化と自然を調和させるしくみ，独特の思考法があることを発見し，これを「野生の思考」といい，科学的思考に少しも劣るものではないとした。

イ 「言語活動は一定の規則に従う「言語ゲーム」であり」とするのは，ウィトゲンシュタインである。

問10 〈フーコーの理性批判〉 正解②

フーコーは，西洋近代が生み出した理性主義は，理性と狂気を区別し，狂気を異質なものとして排除していったと考えた。主著に『狂気の歴史』がある。

① 脱構築とあるので，デリダの内容である。

③ 未開社会を実地調査し，西洋社会の自文化中心主義を批判したレヴィ・ストロースの内容である。

④ 他者性を「顔」と表現しているので，レヴィナスの内容である。

問11 〈フーコー〉 正解①

フーコーは，パノプティコンこそ近代の監視社会の本質をあらわしたものと考えた。彼は，別の箇所で「みずから権力による規制に責任をもち，自発的にその強制を自分自身へ働かせる」と述べている。

② 「監視者のみが，囚人に対して，規則にかなう行動を強制することができる」とするのが，誤り。

③ 「囚人たちは，規則に従って行動することを，互いに強制し合う」とするのが，誤り。

④ 「囚人は，監視者が自分を見ているか確かめながら行動することを，自分に強制する」とするのが，誤り。

問12 〈言語ゲーム〉 正解①

ウィトゲンシュタインの後期の思想が「言語ゲーム」である。これは，言語は日常生活の使用に即して考えなければならないとするもので，日常生活は言語生活であるとしてゲームになぞらえた考え方である。

② パロールとラングとあるので，ソシュールの言語学の内容である。

③ 言語を無意識と結びつけたのはラカンであり，「無意識は一つの言語活動として構造化される」と言う。ラカンは，構造主義的精神分析の代表者。

④ 「脱構築」という言葉は，デリダの用語である。なお，彼は，「書き言葉（エクリチュール）」の重要性を説いている。

問13 〈レヴィナス〉 正解①

近代哲学が生み出した近代的自我は全体性の思想であるとして批判し，「私」と「他者」が対面し，応答することで，他者の存在を知るとする。この他者の「顔」（自己を無限に超え出る絶対的な他者）が「私」を他者との関係に引きずり出すのである。

② マルクスの内容。

③ サルトルの内容。

④ レヴィナスは，「他者の存在は不可欠」「異なる他者のうちに自らを見いだすことで，はじめて自己意識が生じる」とは考えない。他者は「私」の自己意識には取り込めないため，圧倒的な重みをもつ存在であり，「無限」である。したがって，「倫理」とは「私」が他者の重みを思うことからはじまる，と考えた。

問14 〈枠組みの相対化〉 正解④

ア 有用主義を説いたプラグマティズムの哲学者ジェームズの内容である。

イ 科学革命を説いたクーンの内容。彼は，科学が発展するのはパラダイムが劇的に転換することで起こると説いた。

ウ ソシュールは，スイスの言語学者で，言語は個々人の発話に先立って存在すると説き，レヴィ・ストロースの構造主義に影響を与えた。

問15 〈アーレントとロールズ〉 正解①

アーレントは，「労働」「仕事」「活動」に分類するなかで，複数の人間との関係である「活動」に着目し，私たち人間は他者の言葉や行為に関心をもち，自分を変容させる公共性の場である公共的な空間を形成するとした。

② アーレントの考えではなく，ロールズである。

③ 「競争によって格差が生じたとしても，是正する必要はない」とするのが，誤り。格差を是正する必要があると主張した。

④ ロールズの考えではなく，権威主義的パーソナリティを説いたフランクフルト学派のフロムの考え方である。

問16 〈コミュニタリアニズム〉 正解⑥

a マッキンタイアやサンデルが主張するコミュニタリアニズム（共同体主義）が批判したものや，さらにはaの2番目の空欄の後にあるように，社会が「独立した個人の集合体」とある記述から判断すると，「自由主義」が入るとわかる。

b 自由主義（リベラリズム）を批判したので，「負荷なき自我」が適当である。

c コミュニタリアニズムが目指すものが何なのかがわかれば，人間が共同体の中で学ぶものは「共通善」でしかない。

社会主義とは，マルクスなどによって唱えられ，人間性の回復とともに，平等を目指した理論。

超自我とは，フロイトによって唱えられた本能的な欲求のエネルギーであるエスを抑制して意識を統御する働き。

最高善とは，アリストテレスが唱えるように，人生の目的は幸福であり，その幸福こそが最高善とする考え方。

問17 〈セン〉 正解④

センの「潜在能力」とは，「生き方の幅」のことであり，さまざまな機能を選択していくことができる選択肢の幅のことなので，④が適当である。

①③ いずれも「潜在能力」を個人の才能としているのが，誤り。

② 潜在能力を「生き方の幅」としているのは正しいが，「財や所得の豊かさ」を福祉の目標としているのが，誤り。

融合問題対策 〔pp.81〜89〕

問1 〈ピコ・デラ・ミランドラ〉 正解③

ピコ・デラ・ミランドラの自由意志論の内容が展開されている。ピコは，人間には自己のあり方を決める選択の自由を持つといい，自由意志により天使にも動物にもなると述べている。

① 「他の動物と同じように自由意志を持っている」とするのが，誤り。

② 人間は自由意志を持っているので，「自由意志を持っていないので，自己のあり方を自分で決めることができない」が，誤り。

④ 人間は自由意志を持ち，自分のあり方を自分で決められるので，「自己のあり方を自分で決めることはできない」とするのが，誤り。

問2 〈ルター〉 正解①

資料文は，心理学者・精神分析学者のエリクソンの『青年ルター』からであり，いずれも選択肢はルターの内容となっている。ルターの思想を踏まえて読んでみるとよい。すると，4行目から6行目に「自ら現実に向き合おうと……新たなよりどころとなった」とあり，つづけて「良心が……道を開くことになる」が中心の文章だとわかる。その点を踏まえてみると，「個々人の良心を政治や経済の諸問題から切り離す」とは述べていないことがわかるので，①が正解。

問3 〈宗教改革の影響〉 正解②

ア 「対抗宗教改革の中で創設されたイエズス会の厳格な規律」としているのが，誤り。プロテスタンティズムの精神（カルヴァン派）が近代ヨーロッパの資本主義を成立させた。

イ 正しい。カルヴァン派は，イギリスではピューリタン，オランダではゴイセンと呼ばれた。

ウ 「職業人」を，「様々な領域で自身の能力を全面的に発揮する」としているのが，誤り。職業人とは，神への信仰をもとにして自らの職業に専念し，職業倫理に徹する人のことである。

問4 〈パスカル〉 正解④

各選択肢の前半はパスカルの内容であるが，**資料の**どこが重要かわからなければならない。**資料**の最後（8行目）に「……惨めさは偉大さから結論され，偉大さは惨めさから結論される」とある。パスカルは，現象の背後にある微妙で数多い原理を直観的に把握しようとする精神を繊細の精神とした。パスカルは合理的思惟を特徴とする幾何学的精神だけでなく，直観を重視した繊細の精神も説いた。このことから④が適当

とわかる。

① パスカルによると，人間の生は「身体（物質）」「精神」「愛」の「三つの秩序」で成り立ち，愛の秩序が最上位だと説いたが，「偉大さを深く省みることで，惨めにならずに済む」とは述べていない。

② パスカルによると「気晴らし」は死の不安や存在の惨めさから目を背けるとともに，考えることからも遠ざけていくのであって，それこそが惨めさのうちで，最も大きいとする。人間を偉大な存在とし，そのことが逆に惨めさを際立たせているのではない。

③ パスカルは，人間は虚無と無限の中間者であり，偉大さと惨めさを併せ持つ存在としているが，「人間は偉大な存在だが，惨めさという不幸の中ではその偉大さを見いだすことはできない」とは述べていない。

問5 〈デカルト〉 正解③

デカルトの倫理的な要素が強い「高邁の精神」を問う内容である。デカルトは，感情，欲望，愛，憎しみ，悲しみ，喜びなどのすべてを情念とし，これを理性でもって克服していかなければならないとする。つまり，理性的な自由意志による統御のはたらきこそが高邁の精神であるとする。したがって，③が正解。

① 「謙虚に自己吟味を続ける」「懐疑主義的な精神」とあるので，モンテーニュの内容である。

② 高邁とは，あるがままの人間の姿を観察するモラリストの精神ではない。

④ デカルトは，精神と身体・物体とをそれぞれに独立したものとして，分けて考える心身二元論・機械論的自然観を説いた。しかし，一方で精神と身体・物体との結びつきも重視し，高邁の精神による情念の統御を説いたので，「……機械論的な自然観を基礎付けようとする」が，誤り。

問6 〈経験論〉 正解④

会話文の空欄の前のGの発言で，『人間知性論』という著書があり，人間の心を「白紙」になぞらえたとある思想家は，経験論のロックとわかる。経験論の立場は，人間が生まれつき持っているとする生得観念を認めない立場である。したがって，④が正しい。

① ヒュームの内容としては正しいが，著書や「白紙（タブラ・ラサ）」からして適当でない。

② ロックとするのは正しいが，「生まれながらにして人間に具わっている観念」である生得観念を肯定する内容になっているので，誤り。

③ ヒュームではなく，バークリーの内容である。

問7 〈スピノザと自由〉 正解②

資料文の最初で，「自己の本性の必然性のみによって存在し行動する事物を自由である」とあり，「自己の本性によって行動する」と，合致する内容になっている。

① 「人間は，他の被造物と異なり」とあるのが，誤り。資料文には石も人間も含めて「被造物はすべて」と述べている。

③ 「人間は自由でないのだから，欲求に従うべきである」とは述べられていない。

④ 「人間が自由になることができるのは，被造物を超えたものの力によってである」とは述べられていない。

スピノザは，人間の自由意志を否定し，人間の行為や感情などの全ての事物は，人間の自由意志ではなく，自らの本性だけによって必然的に自らを生む自然（神）によって生じているとしている。世界の必然性を，理性によって，「永遠の相の下にみる」ことにより，人々の幸福や自由があると説いた。

問8 〈規範や法〉 正解⑤

ア 利己的な人間の行為を規制する強制力として四つの制裁があるとするのは，ベンサムである。

イ 市民が政府に対して抵抗権・革命権を保持するとするのは，ロックである。

ウ 神の法と人間の理性によって捉えられた法は矛盾せず，調和するとしたのは，トマス＝アクィナスである。

モンテスキューは，権力分立を説いた。

ルソーは，社会全体の利益や福祉を求める一般意志を説いた。

グロティウスは，自然法に基づく国家間における国際法の必要性を説いた。

問9 〈カント〉 正解①

カントの三批判書の一つである『判断力批判』の資料からである。この書は，自然美や芸術を対象とし，それに関わる構想力の働きを分析したものである。資料の「他者の実際の判断と照合するというよりも」「他のあらゆる人の立場に身を置かなければならない」の記述から，①が適当とわかる。

② 「ルソーによって「独断のまどろみ」から目覚めた」とするのが，誤り。ルソーではなくヒュームである。資料の説明は正しい。制約を取り除き，自己の限定された視点を乗り越えることを説いた。

③ 前半部のカントの思想は正しい。「他者が行った判断と照合すべきだ」とするのが，誤り。資料は他者の実際の判断と照合することを否定している。

④　カントの思想については「物自体は認識に従う」とするのが，誤り。カントは物自体を認識することはできず，対象である物の現象のみであるとした。「資料によれば，人は自分の個性に即した独自の美の基準を持つべきだ」とするのが，誤り。「制約をただ取り除くことによって，他のあらゆる人の立場に身を置かなければならない」としている。

問10〈シェリング〉　正解①

シェリングを知らなくても資料を丁寧に読むとよい。資料では，善と悪を自分の内に持ち，二つの結び付きは自由な結び付きであると言っている1行目から3行目に注目するとよい。そして，Dの2番目の発言に「人間は善と悪の岐路に立たされる存在」とあるので，善悪いずれかを選択せざるを得ない自由な存在とする①が適当である。ちなみに，シェリングはヘーゲルとともにドイツ観念論の哲学者で，同一哲学を説いた。

②　「善と悪への可能性を等しくは持っておらず」「自ら選択する自由を有している」とは述べていない。

③　善と悪について「いずれへ向かうかを自ら選び決断する力はない」とは述べていない。

④　②と同様で，さらに「悪への傾向が解消され得るという点で自由が保証される」とは述べていない。

問11〈アダム・スミス〉　正解②

アダム・スミスは，道徳哲学者であり，古典派経済学の祖でもある。各人の自由な経済活動が（神の）「見えざる手」により国家全体の利益をもたらすとして，経済における自由主義（自由放任主義）を説いた。

①　利己心に基づく自由競争は社会的に容認できないとしているのが，誤り。

③　労働者の労働力を資本家に売り，生産物は資本家のものとするのは，マルクスの疎外論である。「生産物は資本家のものとなり」というのは，生産物からの疎外，「労働も強制されたものとなる」というのは労働からの疎外である。

④　資本主義社会の中での人間を類的存在としているのは，マルクスである。

問12〈ニーチェの運命愛〉　正解④

資料文3行目以下と7行目に「偶然な事柄であってそれが人間の生存にとって非常に大きい意味をもっている場合に運命という」「人間は自己の運命を愛して運命と一体にならなければいけない」とあるので，④の内容と合致している。

①　「取るに足りない偶然の出来事」というのが，誤り。資料文に，運命は「偶然な事柄であってそれが

人間の生存にとって非常に大きい意味をもっている」とある。

②　「起こることも起こらないこともあり得たのだと考えること」ではなく，「自分がそれを自由に選んだ」と考えることによって自らを救うことになる。

③　「人は，たとえ自分が選んだものとして愛せなくても，その運命に耐えねばならない」とは述べられていない。

問13〈社会主義〉　正解⑥

a　空欄の後に，フーリエとあり，「人道的な共同体を構想した」とあるので，オーウェンとわかる。オーウェンは，ニューラナーク工場で完全で平等な社会である協同社会を目指した。

b　マルクスとともにエンゲルスは自らの社会主義について資本主義社会を科学的に分析したとし，科学的社会主義とよんだ。フーリエ，オーウェンらの初期社会主義者を評価するものの，理想社会の実現手段についての理論的な認識が欠如しているとし，空想的社会主義とよんだ。エンゲルスには，『空想から科学へ』という著書がある。

社会民主主義は，ドイツのベルンシュタインが代表的人物である。彼は，マルクス主義を批判し，漸進的な議会主義，労働者の知性と道徳心の向上によって社会主義の理念を実現すべきだとした。

問14〈キルケゴール〉　正解⑤

キルケゴールの実存の三段階というオーソドックスな設問である。この実存の三段階とは，享楽の奴隷となり，自己を見失っている享楽的生活である美的実存，良心の呵責から罪悪感にとらわれた道徳的生活の倫理的実存，罪の意識におののきながらも，神の前にただ一人立つ単独者として信仰的な生活に生きる宗教的実存を経て，主体性を回復するという内容である。したがって，⑤が正解となる。

問15〈ロールズ〉　正解①

ロールズの正義論を問うているが，選択肢の文章の前半部では彼の思想内容を理解しているかどうかが問われており，後半部では資料の読み取りなどで，どこが重要かがわからなければならない。

ロールズは，公正な機会均等の原理と格差原理が改善される場合のみ不平等が許容されるとした。

ロールズは，正義は二つのルールからなっているとし，一つは「平等な自由の原理」であり，もう一つには，さらに二つの条件があり，「公正な機会均等の原理」と「格差原理」である。前半部の内容は，第二のルールの「公正な機会均等の原理」にあたるもので，

後半部は，資料の後半にある「どのような天性の強みを……根拠があるわけではない」としている点に適合している。

② 「二項対立的な図式を問い直す必要がある」としているのは，デリダである。

③ 「功利主義の発想に基づいて……」とあるのが，誤り。ロールズは功利主義（ベンサム）は，多数者の利益を重視するあまり，少数者の利益をないがしろにすると批判し，公正としての正義を説いた。彼は社会契約説を再評価することで，平等な社会の仕組みについて考え，「自然状態」を「原初状態」と捉え直した。また，後半部の資料について述べている内容も誤りである。

④ 「無知のヴェール」についての内容は正しいが，後半部にある「才能に応じて社会の利益を分配することこそが，正義」などとは述べられていない。

問16〈社会のしくみや構造〉　正解②

ボードリヤールは，現代の社会で生産や消費の重要な対象となるのはサービスやイメージ，ブランドといった他の商品との差異に基づく記号としての商品であると指摘したので，②が正しい。

① 無意識の欲望によって社会の生成を解明したのは，ドゥルーズとガタリである。マッキンタイアは，徳を重視したコミュニタリアニズム（共同体主義）を提唱したアメリカの倫理学者である。

③ 「狂気を理性から区別して排除していった」とあるので，フーコーのことである。デューイは，プラグマティズムを大成した哲学者であり，人間の知性や思想などは問題を解決するための道具であるとする道具主義を説いた。

④ 言語学の知見を学び，親族関係や神話の分析などから未開社会の思考に構造があるとする構造人類学を提唱したのはレヴィ＝ストロースである。ソシュールは，言語における構造を解明した言語学者で，構造主義の祖とよばれる。

問17〈デューイの主張〉　正解①

デューイのプラグマティズムの思想を理解しておかなければならない。同時に選択肢が長いので，資料をしっかり読んでおくようにしよう。

プラグマティズムの思想は，新しいものを生み出す創造的知性に基づいて個人の自由と社会の確立を目的とするものである。また，デューイは，個人と社会の調和を目指して，真の意味での民主主義の理念の確立を説き，その際重視したのが知性の役割であるとする。

a 知性の役割は，問題解決（探究）に向けて行動する能力を説明したものが適当である。①のaがこれに当たる。

b 資料では，「思考は衝動が即座に現れることを食い止め」とか，「考えることは，即座の行動を先延ばしにすると同時に，観察と記憶との結合を通じて，衝動を自分の内部で統御することを可能にする。この結合が，自分を振り返るということの核心なのである」とあるので，「行動を妨げるであろう要因を列挙して取り除いておくことで，……自由でいられるようにすることだ」とは適合しない。したがって，「過去の事例を振り返るなどして，……行動の当否を吟味することだ」の方が適当である。

以上から，①が適当と判断できる。

問18〈レヴィナスの思想〉　正解③

レヴィナスは，自我中心主義に包摂されない他者が問題であり，他者を理解することは不可能であるとした。他者とは「顔」（自己を無限に超え出る絶対的な他者のこと）による呼びかけであり，それに応答せざるを得ないとした。

① 他者は「顔を持たない無個性な存在」ではない。レヴィナスによると，他者の他性が自己の意識にあらわれるのが「顔」とされる。

② 他者と私は，互いに「自己同一的な人格として承認し合う関係」ではない。

④ レヴィナスによると，他者は圧倒的な重みをもつ「無限」な存在である。「労働の領域から出て，活動の主体として公共空間」に現れるようなものではない。「労働」「活動」「公共空間」という用語はアーレントに見られる。

問19〈歴史の中で生きる人間〉　正解④

ハンス・ヨナスの環境倫理に関する内容で，現在の世代が将来世代に責任を持たなければならないとする世代間倫理の内容である。環境倫理には，他に地球の有限性（地球全体主義），自然の生存権の考え方がある。

① リオタールを「倫理」の教科書で取り上げているのは，少ない。彼は，近代以後，脱近代化の概念の定式化を図るポストモダンを説いた。今までのヘーゲル哲学やマルクス主義のような世界を統一的に意味付けようとした「大きな物語」ではなく，学問や科学が専門化・細分化していく中で，個々の具体的な状況のうちで思考する「小さな物語」が求められると主張した。

② フーコーの「知の考古学」を「普遍的理性に基づ

く絶対的な真理を探求する」としているのが，誤り。「知の考古学（アルケオロジー）」とは，各時代でまったく異なった思考である知の構造・知の枠組（エピステーメー）を探っていくことをいう。

③ 「人間の社会が未開から文明へ発展するという文明史観」を説いたのではない。レヴィ＝ストロースは，構造人類学の立場から未開社会と文明社会とはともに同じ構造を持つと考え，文化相対主義を説いた。

● 第 Ⅳ 章：国際社会に生きる日本人の自覚

1 日本人の自然観・人間観・宗教観

演習問題 〔pp.90 ～ 91〕

問 1 〈古代日本の思想〉 正解 ②
『古事記』『日本書紀』は，神話・歴史書として天皇支配の起源と正統性を示すものとして編纂された。
① 「外来思想の影響を受けることなく」とするのが，誤り。仏教や儒教の影響を受けた。
③ 「つくられた」とするのではなく，「おのずからなる」といわれるもので，さらに「二神の意志」とするのではなく，上位の天つ神により国生みをする神話として語られた。
④ 穢れを「人間の心中から出てくる」としているが，誤り。外から付着するのであり，それを禊や祓いによって清めるのである。

問 2 〈日本の神々Ⅰ〉 正解 ④
古代の日本人は，神秘的な霊力のあるものを神として畏れた。
① 復古神道は，国学者である平田篤胤が説いたもので，古来よりあるとされる神の道を復活させようとした。
② アマテラスを「祀られる対象とはならない」とするのが，誤り。「祀る神」と同時に，「祀られる神」でもあるとされる（和辻哲郎）。
③ 日本の神々は恵みだけを与えるだけではなく，災厄をもたらす神でもあり，祟り神ともされる。

問 3 〈日本の神々Ⅱ〉 正解 ④
スサノヲは，アマテラスの弟にあたる神で，荒々しい神であった。アマテラスはスサノヲが自分の国を奪うのではないかとおそれていたが，スサノヲは国を奪う「きたなき心」はなく，二心のない心情としての「清き明き心」があることを示し，誓約した。

① イザナギとイザナミは，天つ神一同の委任を受けて国生みをおこなった。「その命令に反発して従わなかった」が誤り。
② 「天つ神」は最上位の人格神とするのが誤り。「天つ神」は高天原に住む神々で日本に降りて神々のことである。その主宰神が皇祖神の天照大神である。
③ 和辻哲郎は，アマテラスを「その尊貴さを否定した」のではなく，アマテラスを「祀るとともに祀られる神」と，ただ祀られる自然の神々より尊貴であるとした。

問 4 〈日本人の理想的なあり方〉 正解 ④
古代の日本人は，純粋な心を清き明き心（清明心）とし，私心を去り，心情の純粋さを重視し，共同体を害するものなどは罪と考えたので，④ が適当である。
① 「自然の中に神が存在することを認めなかった」が，誤り。山川草木とあらゆる事物に神が宿るとするアニミズムの考え方があった。日本の神々を八百万神という。
② 「一切の祭祀を行わなかった」が誤り。自然への恵み，逆に災厄を与えるもの対して祭祀（祭り）を通して崇敬の念をいだいていた。
③ 「人間が生まれながらにも持っている罪」が誤り。古代日本人は，穢れのような罪は，後から人間につくので，禊によって祓い清めた。また，「神と一体となる」という観念もない。

問 5 〈『古事記』〉 正解 ③
設問に『古事記』の内容を踏まえて」とあるので，知識と資料の読み取りを合わせた問題であることがわかる。資料とともに『古事記』における天地の創造される神話を思い起こすとよい。日本も古代ギリシアもそれぞれ多神教の世界であり，唯一神はいない。また，資料ではガイアからポントス，オケアノスが生まれたとあるので，③ が正解とわかる。
① 「究極の唯一神が天地を創造した」とするのが，誤り。
② 前半部は ① と同様に誤り。さらに後半部の「ウラノスが生んだ」としているのも誤り。
④ 資料から「ウラノスが生んだ」としているのが，誤り。

2 仏教の受容と隆盛

演習問題 〔pp.93 ～ 97〕

問 1 〈憲法十七条〉 正解 ⑤

ア　誤り。第一条の内容で，「人々が出家して仏教の真理を体得する」としているのが，誤り。憲法十七条は，儒教倫理に基づいた官吏の心得を説いたものであり，君主や上司と争わず従うことで，共同体の調和が実現されるとした。「和を以て貴し」という言葉は，『論語』の一節。

イ　正しい。第二条の内容で，「篤く三宝を敬え，三宝とは仏法僧なり」とあり，仏教的な要素が示されているので，正しい。

ウ　誤り。第十条の内容で，仏教的な要素があり，凡夫とは欲望にとらわれた愚かな人のことである。「ともにこれ凡夫のみ」の前には「忿（こころのいかり）を絶ち瞋（おもてのいかり）を棄てて，人と違うことを怒らざれ」とあるので，「他人に意見を求めることの無意味さを説いている」とするのが，誤り。

問2　〈仏と神の関係〉　正解①

仏教伝来に際して，仏は異国から来た蕃神（あだしくにのかみ）と呼ばれ，平安時代には「神は仏が人々を救済するために仮の姿である」とし，神と仏を同体とみなす本地垂迹説がうまれた。

②　「仏はアマテラスが人々を教化するために現れた化身である」とするのが，誤り。

③　「仏は神が人々を守護するために現れた仮の姿である」とは，反本地垂迹説の内容になっている。

④　「仏と神は異なる国に誕生した対立する存在である」とするのが，誤り。

問3　〈神仏習合思想〉　正解①

神仏習合思想は，奈良時代末期に仏教側から生み出されたもので，神が仏を擁護するという考え方から出ている。その後，平安時代中期以降には本地垂迹説が現れ，徹底化されていった。権現思想はこれに基づいた思想である。

②　本居宣長らの国学思想では，儒教や仏教は外来思想として否定され排除された。

③　験力を修めようとしたのは，遊行僧ではなく，山伏である。修験道は，平安時代末期に体系化されていき，山岳信仰や密教，道教などと結びついていった。

④　復古神道を説いたのは，国学者の平田篤胤である。

問4　〈源信と空也〉　正解②

空也は，市聖とか阿弥陀聖と呼ばれた。

①　源信ではない。源信は『往生要集』を著した天台宗の僧である。

③④　捨聖と呼ばれたのは，時宗の開祖の一遍である。

問5　〈空海〉　正解③

a　レポート中の「マントラを唱える修行」や「宇宙の大本に働く不思議な力とこの身のままで一体になろうとした」とあるので，空海のことである。

b　「加持」とは，空海の説く三密の行とともに，仏の慈悲や宇宙万物の生命力を人々が受け入れることのはたらきをいう。「祈祷」は雨乞いや疫病除けなどの祈りのことをいう。

行基は，奈良時代の僧で，私度僧を率いていき，東大寺の大仏造立に加わった。空也は平安時代の僧。

問6　〈鎌倉仏教〉　正解⑦

ア　誤り。法然は，身分や能力に関係なく，誰もが念仏を称えること（専修念仏）で往生することができると説いた。

イ　誤り。坐禅の修行とともに，公案が必要としたのは，臨済宗の栄西である。

ウ　正しい。栄西は，『興禅護国論』を著して，禅の教えは鎮護国家に役立つと説いた。

問7　〈親鸞〉　正解④

「厭離穢土，欣求浄土」を願い，観想念仏を説いているので，親鸞ではなく，源信のことである。

①　自然法爾の内容である。

②　報恩感謝の念仏の内容である。

③　悪人正機説の内容である。

問8　〈道元Ⅰ〉　正解②

ア〜オの内容をみるとわかりやすい。アは，道元の只管打坐のことであり，オは修証一等のことである。

イ　道元は曹洞宗の開祖であるので，南都六宗とは関係ない。

ウ　親鸞の内容になっている。

エ　三密の行のことなので，空海である。

以上のことから，bが修証一等とわかるので，aは只管打坐のことである。したがって，②が正解。

問9　〈道元Ⅱ〉　正解②

道元の『正法眼蔵』の有名な一節。道元は，坐禅にただひたすら打ち込むこと（只管打坐）で，身心脱落の境地に至ることを説く。そして，悟りそのものが修行である（修証一等）とする。「世界を超えた仏の力が自己に入る」とする考え方ではない。

①　「自己中心的なあり方を去り」は道元の考え方である。

③　「身心への執着は消滅している」は道元の考え方に一致する。

④　「修行に徹する」ことを「世界の方から自己が根

拠づけられる」とするのも道元の考え方に一致している。

問10 〈日蓮〉 正解 ②

日蓮が,「宗派間での融和を図る」「他宗に協力を呼びかけた」とするのが,誤り。日蓮は「念仏無間,禅天魔,真言亡国,律国賊」(四箇格言)を主張し,他宗を厳しく批判した。

① 『立正安国論』を著し,鎌倉幕府に積極的に布教し,仏国土を目指した。

③ 『法華経』こそ最高の教えで,唯一の経典とした。

④ 『開目抄』を著し,法華第一の誓願を立てて,『法華経』を広めることを決意した。

問11 〈宗派による論争〉 正解 ⑦

最初に出ている「二人の僧」を特定する必要がある。一人は,宗祖が晩年に隠棲した場所で,aのことを知らなくても,情強者で四箇格言とあり,さらに唱題とあるので,日蓮と連想することができる。もう一人は,黒豆数へという念仏で,しかも踊り念仏と出てくるので,時宗の一遍ではないかと連想できる。このことを考えながら,a～cの内容を考えてみる。

a 高野山は金剛峰寺を建立した空海となるために,上記の二人の僧とは関係がないので,身延山となる。ちなみに,身延山久遠寺は日蓮が隠棲した場所である。

b 空欄の後に,「他方がその逆を唱えてしまう」とあるので,時宗の僧は本来「南無阿弥陀仏」でなければならないところ「南無妙法蓮華経」と言ったことになる。

c 空欄の前後に「宗派の母胎」「比叡山という本源を共有する二人の僧」とあるので,天台宗とわかる。

以上のことから,⑦が正解となる。

問12 〈親鸞・道元・日蓮〉 正解 ⑦

ア 誤り。「自力で悟ろうとする悪人」とするのが,誤り。自力で悟ろうとするのは善人であり,悪人は自らの力では悟りを開くことができない人のことである。

イ 誤り。「悟りという目的に達するための,最善の手段」としているのが,誤り。坐禅という修行そのものが悟り(証)の実践であり,修行と証が一体だとする修証一等でなければならない。

ウ 正しい。日蓮は,『法華経』こそが唯一の最高の教えとし,「南無妙法蓮華経」の題目を唱えること(唱題)を説いた。

問13 〈栄西と一遍〉 正解 ③

臨済宗を広め,鎮護国家のための考えを示した『興禅護国論』を著したのは,栄西である。

① 東大寺に戒壇を設立して,受戒制度を確立したのは,鑑真である。

② 前半は正しいが,『立正安国論』を著したのは日蓮である。

④ 「南無妙法蓮華経」は日蓮であり,一遍は「南無阿弥陀仏」である。

問14 〈叡尊〉 正解 ④

叡尊は,鎌倉時代の律宗の僧で,東大寺の戒壇で受戒した後,律宗を再興した。衆生救済である社会事業に貢献して,大きな教団を形成した。

① 鑑真の内容である。

② 日蓮の内容である。

③ 源信の内容である。

3 近世社会の思想

演習問題 〔pp.99～105〕

問1 〈日本の儒学〉 正解 ②

中国から伝わった学問の儒学を資料文から読み取る必要がある。資料文では,礼の解釈を「天は尊く地は卑し。天はたかく地は低し。上下差別あるごとく,人にも又君はたふとく,臣はいやしきぞ」と述べられ,「その上下の次第」「礼儀・法度」とあるので,林羅山の上下定分の理のことである。このことから**学問**は,朱子学(**あ**)である。**主張**は,封建的身分秩序を擁護し,存心持敬を述べた者であるので,**Y**ということになる。

学問のいの陽明学の祖は,中江藤樹である。

問2 〈林羅山〉 正解 ②

林羅山は,封建的身分秩序を正当化し,礼儀法度を重視した。

① 「居敬の実践を重視する」とあり,天皇崇拝を説いたとあるので,垂加神道を説いた山崎闇斎の内容である。

③ 人間の個性の発揮とか,道のはたらきの内容から荻生徂徠の説明である。

④ 「人を愛し敬う心」と「孝の実践」とあるので,中江藤樹の説明である。

問3 〈中江藤樹 I 〉 正解 ①

a 道徳の根本とあるので,「孝」が入る。

b 「孝」は,人間関係だけではなく,「あらゆる事象や事物を貫くもの」である。

したがって，①が正解となる。

問4 〈中江藤樹Ⅱ〉 正解③

朱子学を批判し，「時や場所や身分」とあるのは時・処・位のことで，それに応じた道徳の実践を説いた。

① 雨森芳洲の内容。
② 石田梅岩の内容。
④ 荻生徂徠の内容。

問5 〈近世の学問〉 正解④

a 空欄の後に『大和本草』『養生訓』を著したとあるので，貝原益軒である。

b 空欄の前に懐徳堂，加上説を唱えたとあるので，富永仲基である。

c 空欄前後に「儒学の原典に直接向き合う」「講釈よりも会読を重視」とあるので，古文辞学を提唱した荻生徂徠のことである。

問6 〈山崎闇斎〉 正解①

「儒学と神道とを結合」とあり，「敬」を重視したとある①が適当である。山崎闇斎の神道説を垂加神道という。

② 復古神道ではないので，誤り。内容は平田篤胤である。

③ 「仁愛の実現」とあるので，古義学を提唱した伊藤仁斎の内容である。

④ 前半は山崎闇斎の内容であるが，後半の「義」の説明が誤りである。資料では「我が身より外のことに関わる徳目」と述べている。

問7 〈山鹿素行〉 正解④

『論語』『孟子』の原典に立ち返り，日常的な道徳の規範を明らかにするとあるので，古学を提唱した山鹿素行とわかる。

① 垂加神道は山崎闇斎であるが，「朱子学の説く理を道徳の基礎として重視」したとするのは，誤り。「敬」を強調した。

② 前半が誤り。

③ 後半が誤り。

問8 〈伊藤仁斎〉 正解②

伊藤仁斎の「我よく人を愛すれば，人またよく我を愛す」とは，仁の本質を愛としたもので，人間同士が親しみ愛し合うことを述べたものである。人間関係を規定する兄弟間もまた愛から発するとした内容である。

① 「礼儀により外面を整えることが大事」とするのが，誤り。

③ 仁斎は，仁愛を成り立たせる条件として「誠」を重視したが，これは心に偽りがないことをいったものである。「人間の私利私欲は，厳しくつつしまな

ければならない」とするのは，朱子学の在心持敬の考えである。

④ 人間関係において「人間の上下関係の秩序」を重視したのではない。上下関係の秩序を重んじたのは，上下定分の理を説いた朱子学の林羅山である。

問9 〈荻生徂徠〉 正解①

「古代中国の聖人が天下を安んずるために制作した制度や文物」とあるのは，礼楽刑政のことである。それらに則っていくことが，安天下の道である。

② 「一人一人の民がその道を改善していくこと」とするのではない。

③ 「天地自然にそなわる道」とするのが誤りで，後半の一人一人の民が天理に則る，とするのも誤り。

④ 前半も誤りで，後半の「天理に則って修身に励む」とするのも誤り。

問10 〈日本の美意識〉 正解③

雪舟は水墨画で有名だが，『風姿花伝』は能楽を大成した世阿弥の著書である。世阿弥は能の奥義を「秘すれば花なり」と説いた。

① 正しい。西行は平安時代の歌人で，『山家集』がある。

② 正しい。『徒然草』を著し，世の無常を表現したのは吉田兼好である。

④ 正しい。九鬼周造は，『「いき」の構造』で江戸時代の美意識を「いき」に見いだした。

問11 〈芸道や生活の美意識〉 正解④

「いき」は，江戸時代の町人たちの洗練された色気を表現した美意識である。

① 正しい。「幽玄」は能楽にみる美意識。

② 正しい。「さび」は俳諧にみられる美意識。

③ 正しい。「つう」は町人に広まった美意識。「通」とも表現する。

問12 〈国学者〉 正解①

契沖は，徳川光圀の依頼で『万葉集』を研究し，『万葉代匠記』を著した。

② 荷田春満が「心学の方法」を基にしたとするのが，誤り。国学は，古文辞学の影響を受けている。心学は石田梅岩の学問をいう。

③ 「事物にふれて生じるありのままの感情を抑制する」とするのが，誤り。本居宣長は，文芸の本質を「もののあはれ」とした。

④ 平田篤胤が「理想世界が差別と搾取の世界へ転じたと批判した」としているのが，誤り。安藤昌益の内容である。

問13 〈賀茂真淵〉 正解④

賀茂真淵は，『万葉集』を研究し，その歌風を「ますらをぶり」とした。

① 古学派の方法を排除したのではなく，その影響を受けた。さらに，『古今和歌集』の歌風を「たをやめぶり」と表現したのは，本居宣長である。

② 前半・後半ともに誤っている。

③ 本居宣長の内容であるが，『源氏物語』を「たをやめぶり」としたのではなく，「もののあはれ」と捉えた。

問14〈本居宣長〉 正解③

本居宣長は，悲しむべきことを悲しみ，喜ぶべきことを喜ぶありのままの心の動きを真心とした。

① 「物事の善悪を考えて，道理に従って正しく行動」するのではない。

② 「自分の立場や役割をよく考えて」行動するのでもない。

④ 「一時の感情に身を任せずに，丁寧に説明すれば分かり合える」とするのが，誤り。

問15〈石田梅岩〉 正解③

商人道徳を説いた石田梅岩は，封建的な身分制は否定せず，社会的分業との立場である。

① 「仏教を排斥しようとする姿勢を崩すことはなかった」とするのが，誤り。仏教の考え方も取り入れた。

② 「女性の聴講を認めることはなかった」とするのが，誤り。席が違うが，女性の聴講を認めた。

④ 「利益を獲得することを肯定したわけではなかった」とするのが，誤り。「商人の買利は士の禄に同じ」と述べ，営利活動を肯定している。

問16〈民衆の思想〉 正解①

ア 職分仏行説を説いた鈴木正三の内容である。

イ 報徳思想を説いた農政家の二宮尊徳の内容である。「収入に応じて支出を制限」を分度といい，「そこから生じた余剰を社会に還元」するのを推譲という。

安藤昌益は，自然世を理想とした万人直耕を説いて封建社会を批判した。西川如見は天文暦算学者で，町人の立場からその生き方を積極的に肯定した。

問17〈安藤昌益〉 正解③

法世として封建的な社会を批判したとあるので，安藤昌益の内容である。

① 「ただの町人こそ楽しけれ」とは，『町人嚢』を著した西川如見の内容である。

② 天道・人道を説き，さらに報徳とあるので，二宮尊徳の内容である。

④ 義理と人情を描いた浄瑠璃の作家とあるので，近

松門左衛門の内容である。

問18〈町人社会に注目した人物〉 正解③

ア 誤り。町人の営利追求を否定したとあるが，積極的に肯定した。

イ 正しい。浮世草子の作家として多くの作品を残した。

問19〈近松門左衛門〉 正解②

ア 息子と縁を切ったとは言いながらも，「盗みをする子は憎くなく」とか，勘当しても「その悲しさはどうあろう」などとの発言から，息子のことが気になっていることがわかる。

イ アからすると反対の内容になっている。捕縛された息子を気にかけている。

ウ 儒学者のような内容の作品は残していない。

エ 義理と人情の葛藤や恋の悲劇を描いた浄瑠璃に作家である。

したがって，②が正解。

問20〈近世の仏道批判〉 正解③

手島堵庵は，石田梅岩の弟子として心学を広めた思想家である。心学は，儒学も仏教も取り入れたので，それらを批判したとするのは，適当でない。

① 富永仲基の加上説の内容になっている。

② 山片蟠桃の無鬼論の内容になっている。

④ 差別と偏見に満ちた社会を法世とし，儒学，神道，仏道を批判した安藤昌益の内容である。

4 日本の近代化と西洋近代精神の受容

演習問題 〔pp.107〜114〕

問1〈吉田松陰〉 正解③

a 吉田松陰は，「誠」や「一君万民論」を説いた。「誠」は心情の純粋さとともに，一つの事への集中，持続が重要だとした実践的な道徳である。①と②のどちらかとなる。

b 資料の3行目「人と生まれて……恥の最たるものではないか」とし，後半に「恥じる心があるならば，書を読み道を学ぶより他に方法はない」と述べているので，①のbが適当であるとわかる。

したがって，①のaとbが正しい。

問2〈幕末の思想家〉 正解②

天皇への忠誠という一君万民論を説いた吉田松陰の内容として正しい。

① 復古神道を説いたのは，国学者の平田篤胤である。

③④　会沢正志斎は，水戸学者であって攘夷論の立場である。公武合体論や開国論に反対し，大義名分論や尊王思想を説いた。

問3 〈高野長英〉　正解③

渡辺崋山とともに尚歯会を立ち上げ，幕府の政策（鎖国）を批判した。蛮社の獄で弾圧された。

①　『大和本草』を著したのは，貝原益軒である。

②　条理学という独自の学問を構築したのは，三浦梅園である。

④　アヘン戦争をきっかけに和魂洋才を説いたのは，佐久間象山である。

問4 〈明六社〉　正解②

ア　『妻妾論』を著し，一夫多妻制を批判し，夫婦平等の一夫一妻制の倫理を説いたのは，森有礼である。

イ　森有礼にまねかれて明六社に参加したものの，日本の伝統な儒学に根ざした国民道徳論を説いたのは，西村茂樹である。

加藤弘之は，立憲政体の紹介，天賦人権論を主張したが，後に天賦人権論を否定して，国家主義を提唱した。

問5 〈福沢諭吉〉　正解②

天賦人権論として「天は人の上に人を造らず人の下に人を造らずと云へり」と説き，『学問のすすめ』を著した内容になっている。

①　「国民を政府に従属させる」とするのが，誤り。官民調和を説いた。

③　「亜細亜東方の悪友と謝絶する」とした脱亜論を説いたので，誤り。

④　西洋の実学は重視したが，封建社会を支えた儒学を批判したので，誤り。

問6 〈中江兆民〉　正解④

A　幸徳秋水は中江兆民に師事した。片山潜はキリスト教人道主義者で自由民権運動家とともに，社会民主党を結成した。

B　中江兆民が翻訳をしたのは，ルソーの『社会契約論』である。そのため，「東洋のルソー」と呼ばれた。ちなみに，「シトワイヤン」とはフランス語である。『自由論』はイギリスのJ.S.ミルで，中村正直が翻訳した。

C　フランスで学んだ政治を表現した「共和主義」が適当である。共産主義はマルクスに関係している。

問7 〈西洋の知識の受容〉　正解④

植木枝盛は，私擬憲法草案を発表し，主権在民や抵抗権を主張した。

①　同志社英学校を創立したのは，新島襄である。

②　『社会契約論』を翻訳したのは，中江兆民である。

③　「門閥制度は親の敵」と述べたのは，福沢諭吉である。

問8 〈政治体制を見直した思想家〉　正解③

大正デモクラシーを理論的指導者である吉野作造は，「デモクラシー」を民本主義と訳した。

①　前半は正しいが，後半の天皇主権を説いたということはない。平民主義の立場である。

②　民本主義を説いたのは，吉野作造である。

④　「国民主義を訴える」とするのが，誤り。

問9 〈近代日本のキリスト者たち〉　正解④

内村鑑三は，「戦争絶対廃止論者である」と述べ，キリスト教に基づく絶対平和主義の立場から非戦論を主張した。

①　『代表的日本人』を著したのは，内村鑑三である。新島襄は，キリスト教精神に基づく同志社英学校を創立した。

②　前半は正しいが，脱亜論を主張したのは福沢諭吉である。

③　植村正久ではなく，新渡戸稲造の内容である。植村正久は，内村鑑三，新島襄と並ぶ明治期の代表的プロテスタントの思想家として東京神学校を創立し，伝道者の育成に尽力した。

問10 〈内村鑑三の伝道活動〉　正解④

最初の部分に「罪から救われた者がまだ罪に沈んでいる者を救おうとする」とするのが伝道であり，救済であるとし，最後の部分で「私たちの欠点はかえって神の完全性を示すことになるからであり，私たちの弱さは神の強さを確認させることになるからである」と述べているので，④が適当である。

①　伝道が救済するものではないとか，「神の完全性を示すことを目指すべきではない」とは述べられていない。

②　伝道が「人々に弱さを克服する意志をもたせる」とは述べていない。体験したことを分かち合うことだと述べている。

③　伝道者が弱さを自覚，自己鍛錬によって神の強さに近づくなどとは，どこにも述べられていない。

問11 〈理想と現実〉　正解④

ア　キリスト教的人道主義者，平等な社会の実現から安部磯雄のことである。

イ　文学の世界，自己の内部生命の要求などから北村透谷の内容である。

石川啄木は，歌人であり，「時代閉塞の現状」とい

う評論を発表して社会主義に傾倒した。

問12 〈徳富蘇峰〉 正解①

　徳富蘇峰は，政府の欧化主義を批判し，最初は平民主義を説いたが，日清戦争後には国家主義に転じた。

② 堺利彦の内容である。

③ 加藤弘之の内容である。

④ 森有礼の内容である。

問13 〈三宅雪嶺〉 正解③

　三宅雪嶺は，雑誌「日本人」を創刊し，表面的な欧化主義を批判した。さらに，『真善美日本人』では，国粋主義（国粋保存主義）の世界的意義を主張した。

① 井上哲次郎の内容である。

② 阿部次郎の内容である。主著に『三太郎の日記』がある。

④ 北一輝の内容である。

問14 〈伝統思想を模索した思想家〉 正解⑥

ア 武士道が日本人を生かす精神としているので，内村鑑三の内容になっている。

イ 内村鑑三の不敬事件をきっかけにキリスト教を批判し，教育勅語を重視したのは井上哲次郎である。

　西村茂樹は，明六社に参加したが，後に儒教を中心とした国民道徳を説いた。

問15 〈社会主義に関わる人物〉 正解④

　大杉栄ではなく，幸徳秋水である。大杉栄は，幸徳秋水や堺利彦らとともに「平民新聞」に参加したが，後にアナーキズム（無政府主義）の運動に参加した。

① キリスト教的人道主義に基づき，幸徳秋水らとともに社会民主党を結成した。

② 内村鑑三の影響を受けたが，しだいにマルクス主義に進んだ。主著は『貧乏物語』である。

③ 歌集に『一握の砂』『悲しき玩具』などがあり，評論「時代閉塞の時代」で社会主義に傾斜した。

問16 〈社会運動に関わった思想家〉 正解⑥

a 北村透谷の内部生命論である。実世界とは眼に見える現実の政治の世界であり，想世界とは眼に見えない精神の内面の世界のことである。自由や幸福とあるので，想世界が適当である。

b 『青鞜』で述べられた女性解放を表現した言葉から平塚らいてうである。

　市川房枝は男女普通選挙を実現させ，参議院議員として活躍した。木下尚江は明治・大正期のキリスト教社会主義者で，男女平等を主張した。

問17 〈近代日本の思想家〉 正解①

a 諦念（レジグナチオン）とは，森鷗外の基本姿勢で，自我を抑圧する社会の重苦しさを感じつつも，

社会の中で自己が置かれた立場を受け入れることで，消極的な自由を得ようとする諦めの境地。

b 民芸運動を主導したのは柳宗悦である。

　自己本位とは，内面的自己の主体性を確立した自律に近い意味が込められた夏目漱石の言葉である。岡倉天心は，日本の文化・芸術の振興を図りながらも，日本の優秀性を説くなどした。著書に『東洋の理想』『茶の本』などがある。

問18 〈南方熊楠〉 正解④

　南方熊楠は，在野にあって民俗学の研究を進めていき，明治政府の神社合祀令に対して反対運動を展開した。環境保護運動の先駆者ともいわれる。

① フランス民権運動の影響を受け，自由民権運動の理論的指導者とされるのは，中江兆民である。

② 『先祖の話』の著者とは，日本民俗学の創始者といわれる柳田国男である。

③ 足尾銅山鉱毒事件で生涯にわたり関わったのは，田中正造である。

問19 〈宮沢賢治〉 正解①

　「世界ぜんたい幸福にならないうちは個人の幸福はあり得ない」とは，『法華経』に裏付けられた菩薩を理想とする宮沢賢治の宇宙観を表現した言葉（『農民芸術概論綱要』）。

② 前半は宮沢賢治の言葉で，後半の「新しき村」の建設は武者小路実篤である。

③ 前半が武者小路実篤で，後半が宮沢賢治の内容になっている。

④ 武者小路実篤の内容である。

問20 〈西田幾多郎Ⅰ〉 正解①

　西田幾多郎は，純粋経験の考え方を反省しながら，あらゆる主観のはたらきの根底には「場所」というものがあり，「場所」には主観だけでなく，客観的世界がともにあるとし，いかなる限定も超えたものとして「絶対無」と呼ばれた。さらに，それは「絶対矛盾的自己同一」という性格をもつものだとする。

② 西洋哲学の二元的思考に基づくとするのではない。それらを批判したのが西田哲学である。

③ 「矛盾も対立も存在しない」とするのが，誤り。

④ ②③と同様に，誤り。

問21 〈西田幾多郎Ⅱ〉 正解③

　西田幾多郎は，当初，純粋経験を説き，それを深化させて絶対無を説くに至った。絶対無は主観と客観の両者を包摂し，その両者がともにそこにおいてある「場所」と捉えていき，場所の論理を説いた。さらに，晩年には，絶対無の場所，つまり個として成り立たせ

倫理篇

ている絶対的な全体の否定として個物を捉え，個々の個物と絶対的なものとは互いに矛盾し緊張関係にあると同時に，そのことによってそれぞれが自己同一性としてあると考えた。それを「絶対矛盾的自己同一」と呼んだ。このことから③が適当である。

① 「純粋な客観的世界を説明した」のではない。
② 「主観的なものを一切含まない」のを「場所」と捉えたのではない。
④ 「絶対矛盾的自己同一」は，歴史的な実在の世界の基本的なありようとされたので，様々な矛盾を乗り越えたものではない。

問22 〈和辻哲郎〉 正解 ④
資料から「きまり」「かた」が述べられている箇所をみると，「人間生活の不断の転変を貫いて常住不変なるもの」としているし，さらには「転変する生活……人々がそこを通り行く道」と述べていることに注意すると，④が適当とわかる。
① 「道とは言えない」が誤り。
② 「人倫における五常」は，「秩序あるいは道」としているので，「対立する」ものではない。
③ 「常住不変」と述べているので，このような内容ではない。

問23 〈近代以降の社会や思想のあり方〉 正解 ⑤
ア 「主体性の確立を思想的課題として位置付け」，あらゆる思想を「雑居」として批判したとあるので，丸山真男である。
イ 「近代批評の確立」や，時々の流行を「意匠」としたとあるので，文芸評論家といわれる小林秀雄である。
ウ 『共同幻想論』という著書や「大衆の実生活に根ざす，自立の思想の確立」とあるので，吉本隆明である。共同幻想の自立として三つの幻想（人間の心が生み出した幻想領域）とは，個人内部の自己幻想，男女に見られる対幻想，国家や法の共同幻想であると説いた。

融合問題対策 〔pp.115 〜 123〕

問1 〈罪とその償い〉 正解 ①
設問の前提がスサノヲの犯した行為に対するものである。その行為は古代の日本人の倫理観を形成するもので，罪や穢れは物品を献じることで祓い去ることができるとされた。
② ヤマタノヲロチの退治は出しいが，「反逆の罪を犯した」わけではなく，「清明心」の証を立てたの

は，アマテラスに会った際のときなので，誤り。
③ 妻のイザナミに会いに行ったイザナギの内容である。
④ 国造りの際に自然界を荒らす罪を犯したなどという行いはないので，誤り。

問2 〈日本の神について〉 正解 ②
寺院内の神社を神宮寺といい，仏と神を一緒に祭ったとは神仏習合であり，後半の内容は反本地垂迹説の内容である。
① 「近世に至るまで体系的な教義や教派が生まれることはなかった」とするのが，誤り。伊勢神道や唯一神道（吉田神道）などが形成されたし，江戸時代には垂加神道や復古神道などが唱えられた。
③ 前半は本居宣長の内容だが，後半の「善悪を合理的かつ理性的に判断しながら生きる」としているのが，誤り。
④ 盆行事が天照大神などを「家ごとに迎えて祀る儀礼」とするのが，誤り。後半は柳田国男の内容になっている。

問3 〈仏と神の関係〉 正解 ②
神社内に設けられた神宮寺の内容として適当である。
① 蕃神とは，伝来した仏のことをいう。
③ 本地垂迹説の内容。
④ 神仏分離令（1868）は，明治政府によって出されたもので，神道を国教化しようとしたものである。

問4 〈神々への信仰と仏教〉 正解 ③
ア 正しい。日本文化の重層性の内容（主に和辻哲郎によって指摘された）。
イ 誤り。逆の内容になっている。
ウ 誤り。神道の国教化である。

問5 〈僧侶の活動〉 正解 ③
ア 正しい。臨済宗の開祖である栄西の内容。
イ 誤り。綜芸種智院の設立は空海である。
ウ 誤り。『般若経』ではなく，『法華経』である。

問6 〈日本の仏教者〉 正解 ⑦
ア 誤り。顕教と密教の内容が逆になっている。
イ 誤り。『教行信証』を著したのは，親鸞である。蓮如は，門徒への手紙である御文である。
ウ 正しい。『法華経』を重視し，他宗を批判した。

問7 〈成仏について〉 正解 ①
資料文の後半に，『法華経』は「衆生の素質の違いに応じた……最高の教えに帰一する」とし，「衆生はその教えを受けて成仏する」と述べているので，①が適当である。
② 衆生について「それぞれに異なる救いを得るべき

存在」としているのが，誤り。

③ 「成仏するための素質が欠如している衆生」は，見捨てられ，悪い境遇に陥るとしているのが，誤り。「仏の大慈悲は虫すら見捨てることはない」とある。

④ 「誰もが仏になれるわけではない」とするのが，誤り。

問8 〈中世の念仏思想〉　正解④

板書された内容だけでは判断できないので，資料をしっかり読んでいかなければならない。板書された中で，念仏僧とあるのを踏まえて資料を読むと，1行目に「南無阿弥陀仏と一声となえれば極楽往生できる」とあり，さらに，8行目の「全ての人間の往生は……名号札を配りなさい」から人物が判断できる。③のa，⑥のaの「阿弥陀仏や極楽を心に思い描いて念仏する」というのは観想念仏のことで，源信である。

a　資料の1行目を踏まえると，「南無阿弥陀仏と一声となえるだけで往生が決定すると説く」が適当とわかる。

b　名号札（念仏札）を配布し全国を遊行した僧とあるので，一遍と判断することができる。一遍は，信・不信，浄・不浄を問わず名号札を配った。また，一遍の念仏は，踊りながら唱えたので踊念仏とも呼ばれる。

c　資料の4行目の念仏僧が「信心が起こらずともこの札を受け取りなさい」との言葉から判断することができる。

したがって，④が正解となる。

問9 〈武士のあり方〉　正解②

a　空欄の前に，仏教的世界観とあるので，「無常」が適当である。

b　空欄の後の言葉は，山本常朝の言葉なので『葉隠』とわかる。『自然真営道』の著者は安藤昌益である。『翁問答』の著者は中江藤樹である。

問10 〈藤原惺窩の主君のあり方〉　正解①

資料文に「主君の心が真実で偽りがなく，……正しい行動として外に表れる」とあるなら，「周囲は皆，恥じ畏れて，主君の心のままに従う」とあるので，①が適当である。

② 「主君が口で正しいことを命令したときにだけ，その命令を守ろうとする」のが，誤り。「従うふりをする」だけである。

③ 「主君の心に偽りがあっても，その命令を守ろうとする」のが，誤り。

④ 前半の内容が誤り。主君の心が真実であれば，正

しい行動として外に表れると述べられている。

問11 〈荻生徂徠の朱子学批判〉　正解②

選択肢の前半の「古代の語義よりも，自分の考えを重んじて解釈する」は，資料文の「惣体宋儒の学は，……古聖人の書をはなれて別に自分の見識これ有り」に合致する。さらに，後半の「人格の涵養にも影響し，朱子学を学ぶと細かな道理にこだわり，偏狭な人間になる」は，文末にある「人は，是非邪正の差別……人柄悪しく成り申し候こと」に合致しているので，②が適当とわかる。

① 朱子学が，「古代の語義を尊重」とするのが，誤り。朱子学者は自らの考えで解釈するとしている。

③ 朱子学が，「経書の真意と自分の考えとを比較しながら妥当な解釈を選択する」とするのが，誤り。

④ 朱子学が，「自分の考えを付け加えて経書の真意を捉えようとする」とするのが，誤り。さらに資料文では「是非邪正の差別つよく成り行き」とあるので，「是非善悪の区別を無視」としている点も誤り。

問12 〈平田篤胤の幸福論〉　正解③

資料文全体にわたって捉えていかなければならない。大国主命は，「わざとつれなく振る舞い」「救わない」のは，逆境に遭っても「その志を変えない」か，「自力で対処する」かどうかを試すためである。選択肢の後半の内容また資料文に即した内容なので，③が適当とわかる。

① 「妖神たちに唆されないよう配慮する」とするのが，誤り。

② 「善人でない者を導くことはできない」とするのが，誤り。

④ 後半の「妖神に唆される者には，……徳のある行いを自力でできるよう導く」とは，どこにも述べられていない。

問13 〈西田幾多郎と親鸞〉　正解②

「純粋な知の働き」とするのが誤り。純粋経験は，主客未分であり，知情意の区分もない状態だからである。

① 純粋経験の内容となっている。

③ 煩悩を捨てきれない悪人の内容で正しい。

④ 自然法爾の説明として正しい。

問14 〈西田幾多郎〉　正解④

資料文の最後の方に，「後悔の念の起こるのは……深く己の無力なるを知り，……また死者に詫びることができる」と述べているのに注目すると，自分の自信を捨てて，大いなる力を信じるとする内容と合致するので，④が適当である。

① 「自分に間違いはなかったと自信を取り戻す」と

は述べられていない。

② 「己の力を信じれば，何事をも諦める必要はなくなる」とは述べられていない。

③ 「己をより高めていこうとすることこそが，子に対する真の懺悔となる」とは述べられていない。

問15 〈夏目漱石と和辻哲郎〉 正解①

夏目漱石は，自己本位というが，これは自己の個性に即して自己のために生きる生き方である。「他者を優先する」のではない。だが，個人が自己のために生きるあまりに他者の自己を奪い，他者を圧迫してしまうことがある。

② 倫理的修養により人格を築き上げ，晩年には則天去私の境地に至った。

③④ 和辻哲郎は，『風土』で三つの類型をから日本はモンスーン型だとし，自然に対して受容的・忍従的だとした。

問16 〈和辻哲郎〉 正解②

和辻哲郎が，西洋近代思想は個人の確立を重視しすぎるとして批判した文章である。彼が考える「人間」とは，人と人との間柄をあらわし，個人と社会の二つの側面があるとする考えであるので，②が適当である。

① ロゴスとは，ギリシア語で言葉とか理性といわれるもので，「卓越性としての道徳」とはアレテーといわれギリシア哲学の内容を示している。

③ 善意志，定言命法，意志の自律などからカントの実践哲学の内容となっている。

④ 自然状態を闘争状態といい，それを避けるために国家が必要とするのは，社会契約説を説いたホッブズの内容である。

問17 〈理想の捉え方〉 正解④

「理想」と「現実」の関係を読み取っていかなければならない資料になっている。資料には，理想とは「現実を高め浄むる力として，現実を指導して行く」とあり，さらには「現実と一歩の間隔を保って行く」とあり，理想は「存在の原理を更新する」とある。このことから，理想と現実には隔たりはあるが，現実を向上させるとする④が，適当である。

① 「今ある現実を無条件に肯定する」とは，どこにも述べられていない。

② 理想と現実が合致して，「今ある現実の意義を保証してくれる」とは述べられていない。

③ 現実を否定して，「現実そのものを消し去ろうとする」とは述べられていない。

資料の阿部次郎は，大正時代の教養主義を代表する思想家で，人格の発展（自己の成長）に最高の価値を

求める人格主義を唱えた。

問18 〈近代以降の思想家〉 正解③

民俗学を確立した柳田国男の内容である。

① 「主観のみが確かである」とするのが，誤り。純粋経験は，主客未分の直接的な世界の経験のことである。

② 「名のある芸術家」とするのが，誤り。無名の職人によってつくられた工芸品を民芸と呼んだ。

④ 「近代批評という分野を確立した」のは，小林秀雄である。

● 第Ⅴ章：現代における諸課題の探究

1 環境・生命の倫理

演習問題 〔pp.125～127〕

問1 〈環境問題・環境思想〉 正解①

環境倫理学の一つである自然の生存権の説明である。環境倫理学の論点は他に，地球全体（有限）主義，世代間倫理がある。

② 地球温暖化の原因は，二酸化炭素やフロンガスなどの温室効果ガスである。オゾン層の破壊は，皮膚がんや白内障の増加をもたらす。

③ アメリカの人類学者ハーディンが唱えた「共有地（コモンズ）の悲劇」の内容。なお，予防原則とは，地球サミットのリオ宣言で唱えられた原則で，環境に対して深刻な被害がおよぶ場合，予め規制措置を行うことができるとするもの。

④ 放射性物質は，酸性雨を引き起こす主たる原因ではない。酸性雨の原因は，硫黄酸化物（SOx）や窒素酸化物（NOx）などである。

問2 〈環境問題〉 正解④

ア 正しい。1997年に採択された京都議定書では，CO_2の削減目標を設定し，先進国全体で5.2％とし，それぞれ各国に削減目標を割り当てた。

イ 誤り。カーソンの著作は『沈黙の春』である。『奪われし未来』は，アメリカの生物学者コルボーンで，環境ホルモンの影響を指摘した。

ウ 誤り。宇宙船地球号の考え方は，アメリカの経済学者ボールディングの提唱であり，地球サミットにおいて提唱されたのではない。地球サミットでは，「持続可能な開発（発展）」が基本理念となった。

問3 〈環境破壊・貧困・紛争〉 正解①

地球サミット（国連環境開発会議）は，ブラジルのリオデジャネイロで開催され，「リオ宣言」をはじめ，アジェンダ21，気候変動枠組条約，生物多様性条約などが採択された。

② テロリズムへの対応は，エスノセントリズムを支持することではない。エスノセントリズムは自民族中心主義のことで，異民族や異文化に対して非寛容な態度をとる。テロリストの非寛容的な態度とは共通している。

③ 対人地雷禁止条約（対人地雷全面禁止条約）締結の中心は，「アメリカや中国を中心」に結ばれたのではない。NGOの地雷禁止国際キャンペーン（ICBL）の活動によって採択された。アメリカや中国は批准していない。

④ リプロダクティブ・ヘルス／ライツは，雇用機会均等を確立するために宣言したのではない。女性の性と生殖に関する自己決定権を尊重するために宣言された。

問4 〈現在世代と将来世代〉 正解②

現在世代と将来世代の関係は，「世代間倫理」の考え方なので，現在世代には将来世代に責任がある。さらに，「持続可能な開発（発展）」とは，将来世代の欲求を損なわず，現在世代の欲求を満たすことであるので，②が正解。

① 現在世代が欲求を抑え，将来にわたり高い経済成長を維持することではない。

③ 将来世代に対して現在世代が責任を負うので，両世代が責任や義務を負うのではない。

④ 現在世代が将来世代に対して責任はなく，同世代で責任を分担するとしているのが，誤り。

問5 〈生殖技術〉 正解④

人工授精によって精子の提供を受けて生まれた子の父親として，遺伝上の父親と養育上の父親との違いが生じるため，出生上の知られる権利の問題が生じている。

① 着床前診断（受精卵診断）は，受精卵が胎児に成長した段階ではなく，受精卵の段階で診断する方法である。

② 日本には人工授精の利用や規制についての法律はない。日本産科婦人科学会での自己規制が行われているだけである。

③ 代理出産（代理懐胎）で，代理母が遺伝上の母親になるのではなく，卵子や胚の提供者が遺伝上の母親となる。

問6 〈臓器移植法〉 正解⑦

ア 口頭での意思表示，14歳での提供は改正前では認められていない。15歳以上で書面による意思表示が必要であった（C）。

イ ドナーカードがあり，15歳での脳死状態，両親の申し出については，ともに認められていた（A）。

ウ ドナーカードではっきりと拒否の意思表示がある場合は，改正前・改正後も取り扱いは同じである（B）。

問7 〈SOLとQOL〉 正解①

SOL（生命の尊厳）とは，生命にはそれだけで絶対的な価値があるとする。QOL（生命の質，生活の質）とは，生命そのものより生命・生活を重視した立場である。したがって，①が正解。

② 医師がパターナリズムに則って治療にあたるとするのが，誤り。インフォームド・コンセント（説明と同意）が求められている。

③ 患者が事前に表明した意思（リヴィング・ウィル）よりも，SOLの方が優先される。

④ QOLを，各人の生命に絶対的な尊厳を認めるとするのが，誤り。

問8 〈先端医療技術〉 正解②

「女性の体内にある卵子に精子を直接注入する技術」が，誤り。顕微授精は体外受精の一種で，別々に卵子と精子を採取する。採取後，ガラス管の先端に精子を入れて卵子に直接注入する。

① ゲノム編集に関する内容。ゲノム編集は，遺伝子の特定箇所の塩基配列を人間の手によってデザインした配列に並び替える技術である。

③ 優生思想に基づく命の選別につながるおそれがある。

④ iPS細胞は，受精卵を用いるES細胞と比較して，倫理的問題は少ないとされるが，過剰な生命操作につながるおそれもある。

2 科学技術と情報社会

演習問題 〔pp.128～130〕

問1 〈情報技術の発達〉 正解①

個人情報が企業や公的機関に蓄積されていき，その漏洩によってプライバシーの侵害が懸念され，個人情報の漏洩の問題が生じている。

② 必ずしも「公的な情報は市民の共有財産であるという考え方が定着」しているわけではない。また，「あらゆる情報」が誤り。情報公開法（2001年施

行）で公開の対象となるものは政府が保有する文書
で，個人情報や国家機密は対象とされない。
③ 「情報の違法な複製が困難となった」わけではな
い。むしろデジタル化は，違法コピーを容易にして
いる。違法コピーなどが進化し，知的所有権が侵害
されている。
④ 「マス・メディアが情報操作を行う危険は少なく
なっている」とするのが，誤り。

問2 〈情報社会〉 正解 ③
デジタル・デバイドではなく，メディア・リテラシ
ーのことである。デジタル・デバイドとは，情報に対
する社会的・経済的格差のことをいう。
① ステレオタイプ，つまり紋切り型になってしまう
危険性がある。
② 新しいメディアは，情報のインタラクティブをも
たらしている。
④ 不正アクセスやサイバー犯罪が問題になってい
る。

問3 〈デジタル・デバイド〉 正解 ②
デジタル・デバイドとは，情報格差のことで，パソ
コンやインターネットをはじめとする情報通信技術を
活用できる人とそうでない人との間で生ずる格差のこ
とである。したがって，②が正しい。
① 情報倫理の問題点で，デジタル・デバイドの具体
例ではない。今日，ネット上の情報倫理の問題はか
なり深刻な状況となっている。
③ ネチケットなどインターネットにおける倫理上の
問題。
④ サイバー犯罪に当たる内容で，ハッキングの一つ。

問4 〈マスメディア〉 正解 ③
リップマンは，設問にもあるようにメディア社会の
問題点を指摘した人物である。人々の行動は，メディ
アからの情報でイメージを形成し，それに反応するパ
ターン化されたイメージを形成する危険性があると指
摘した。この点から，イとウが適当とわかる。
特に，紋切り型の感情的な評価をともなう固定化さ
れたイメージであるステレオ・タイプに陥る危険性を
説いた。

問5 〈『1984年』〉 正解 ②
資料文の3行目以下に，「受信と送信ができるよう
になると，ついに私的な個人生活は終わりを告げるに
至った」とあり，6行目以下の「国家の意志に対する
完全な服従を強制できるばかりか，あらゆる問題に対
して完全な意見の一致を強制できる」とする表現か
ら，「個人の行動や思想が統制される危険性」がある。

① 「疑似イベントの提供に奔走する危険性」とは述
べられていない。
③ 「仮想現実（バーチャル・リアリティ）のなかに
個人が埋没する危険性」とは述べられていない。
④ 「個人情報が漏洩する危険性」とは述べられてい
ない。

問6 〈社会の問題〉 正解 ②
リップマンは，情報操作によってステレオタイプ
（「パターン化されたイメージ」）が形成されやすいと
してその危険性を指摘した。
① ボードリヤールは「もっぱら有用性の観点から商
品を購入」するとは述べていない。むしろ，商品間
の差異によって消費への欲望こそが際限のない生産
を続けると述べている。
③ ブーアスティンは，視聴者はメディアが提供する
情報を本当のものとして受け取ってしまうというの
であり，メディアが流す情報に関心をもたなくなる
とするのではない。
④ マクルーハンは，人間の感覚や想像力は貧困にな
ったとはいわない。伝えるべきメッセージがメディ
アに取って代わったという。これを「メディアはメ
ッセージである」という。

問7 〈科学技術とその利用〉 正解 ⑤
a 「持続可能な開発」は，国連人間環境会議ではな
く，「国連環境開発会議」（地球サミット）の理念な
ので，誤り。宇宙船地球号という考えも，ハーディ
ンでなく，ボールディングが主張した概念であるた
め，この二つの点で，①②③④は正解の選択肢から
外れる。
b メモの「人類を滅ぼすことができる科学技術を手
にしている」「現在の問題にも取り組まないと，未
来世代に対する責任は果たせない」ということで，
環境倫理学の世代間倫理を唱えるヨナスが正解の一
つに考えられる。しかし，①②が誤りであるので，
正解の選択肢から外れる。したがって，核兵器の保
有と使用は，次の世代にも影響するため，⑤が正
解となる。

3 文化・宗教の多様性と倫理

演習問題 〔pp.131～133〕

問1 〈自民族・自文化中心主義を批判した思想家〉
正解 ②
ア 西洋の東洋に対する思考方法をオリエンタリズム

と呼んで批判したのは，パレスチナ生まれのサイードである（C）。主著に『オリエンタリズム』がある。

イ　未開民族の「野生の思考」に対して文明人を科学的思考とし，諸文化は対等の価値をもつとしたのは，レヴィ＝ストロースである（A）。主著に『野生の思考』がある。

ウ　西洋の近代文明思想の理性が，近代的秩序から「異常」と排斥したとするのは，フーコーである（B）。主著に『狂気の歴史』がある。

問2〈異文化への理解〉 正解①

互いの文化の間に優劣の差はないとする文化相対主義の内容になっている。

②　「東洋の文化を先進的とみなす」のをオリエンタリズムとするのが，誤り。西洋中心主義の考え方のことをオリエンタリズムという。

③　「文化的実践を通して伝統の喪失に抵抗しようとする」のを対抗文化（カウンターカルチャー）とするのが，誤り。対抗文化は若者がもつ既成の文化への反発のことをいう。

④　「他の民族や文化にも積極的な価値を認めようとする」のをエスノセントリズムとするのが，誤り。自民族中心主義のことである。

問3〈異文化理解Ⅰ〉 正解④

型にはまった紋切り型のことをステレオタイプというが，異文化理解のためにはそのような態度をなくす必要がある。

①　カルチャー・ショックのこと。カウンター・カルチャーは対抗文化ともいわれ，既成の大人の文化に対抗することで若者文化が形成される場合をいう。

②　同化政策のこと。ノーマライゼーションとは，高齢者や障がい者との共生のことである。

③　パターナリズムではない。パターナリズムとは，例えば，医師の権威による患者を保護・干渉する医師中心の医療などのことを指す。

問4〈異文化理解Ⅱ〉 正解④

多文化主義とは，社会の中で複数の文化が関わりながら共存することなので，「互いに関わり合うことなく」とするのが，誤り。

①②③　いずれもエスノセントリズム，異文化理解，オリエンタリズムの内容として正しい。

問5〈国境なき医師団〉 正解③

資料文の4行目以下に「政治は，人道主義の存在を保証する責任を自覚しなければなりません」「犠牲者と人道支援団体の権利を確立し，それらの尊重を保証する責任と，戦争犯罪によるそれらの侵害を罰する責任を国家に負わせる」とあり，人道主義の活動の独立性を保証していることが読み取れるので，③が正解となる。

①　資料文に「私たちは，政治的責任を引き受けるためではなく，政治の失敗による非人間的な苦しみをまず和らげるために活動」すると述べているので，誤りとわかる。

②　「政治的・法的前提を必要とせずに成立し得るもの」とするのが，誤り。

④　「国際人道法の制限を受ける」「交戦国に利用されたりしても，やむを得ない」としているのが，誤り。

問6〈文化や宗教〉 正解①

ア　人間の定義で，ホモ・レリギオーススとは「宗教人」を意味するので，正しい。

イ　文化相対主義とは，文化間において優劣などないとするもので，それぞれの文化には固有の価値や構造があるとする考え方である。レヴィ＝ストロースなどによって説かれた。「文化の優劣を明確にする」ことではないので，誤り。

ウ　カルチャー・ショックとは，自らの慣れ親しんだ文化の中で，異なった文化に触れることで違和感や衝撃を受けることをいう。「西洋とイスラームの衝突は不可避である」としたのは，ハンチントンの「文明の衝突」の考えである。

問7〈性別役割分業〉 正解①

従来の社会通念を超えないと，性別役割分業は解決しない。「従来の社会通念を超えない範囲で」というのが，誤り。

②　「性差にとらわれた期待」が問題である。

③　多くの職場で女性の採用や管理職への登用があまり進んでいない。環境整備が必要である。

④　マスメディアの男女の役割に関するステレオタイプ化した描写や表現が問題である。

融合問題対策 〔pp.134～138〕

問1〈環境と自然との関係〉 正解①・④（順不同）

環境倫理学の三つの立場は，地球全体（有限）主義，世代間倫理，自然の生存権である。生徒Yの発言は，環境倫理の視点から，所有と自己決定に対する疑問が出てくることを述べている。この立場から，自然や動物の自然権（①），及び未来世代への責任（④）が明確に述べられている。

②　感情や共感などの視点が重視されているのではない。

③ 「地球環境から独立した存在」とするのが，誤り。

⑤ 「私有財産を廃した平等な世界を理想とする」としているのが，誤り。

問2 〈気候変動〉 正解④

ア 生活者たちが化石燃料で動く交通手段などの使用を控えるなどを述べているので，便利であっても他の人に影響を及ぼすので，控えるとある⑧の内容に当てはまる。

イ 牛や羊のゲップやおならでメタンによる温室効果が発生するので，これら動物の売買や利用をやめて，温室効果ガスの排出量を減少させるとあるので，⑨の内容に当てはまる。

ウ 企業や人々による防波堤の設置や移住の支援などは⑧の内容ではない。⑨の内容。

問3 〈自然環境への取組み〉 正解②

自然の権利訴訟とは，自然物に対しての権利侵害を主張することで争われた裁判である。日本では，1995年，奄美大島でゴルフ場計画があった際，アマミノクロウサギを原告として争われた。しかし，その訴訟は注目されたものの，司法判断が認めたものではなかった。その後，多くの似たような訴訟が起こされている。

① 他者危害原則が適用されるのは，人間の自由が侵害された場合のみである。

③ グリーン・コンシューマー運動ではなく，ナショナル・トラスト運動である。

④ 共有地の悲劇とは，人々が自分の利益のために無制限に共有地の資源を利用していくならば，やがて共有地は破壊され，悲劇的な結末を迎えるとする考え方。アメリカの生物学者ハーディンにより主張された。

問4 〈生命の尊厳と患者の意思の尊重〉 正解⑤

ア 正しい。SOLの内容は，「生命の尊厳」が中心で，人間の生命こそ一番重要だとする考えである。医師は，患者自身の意志がどうあろうとも生命を最大限に守る努力をしなければならない。

イ 誤り。パターナリズムは医師の一方的な指示であるが，患者への説明と同意は，インフォームド・コンセントといわれる。

ウ 正しい。QOLは，「生活・生命の質」といわれるもので，生命などを生きがいや生活面から捉えようとする考え方である。

問5 〈生殖技術〉 正解③

ア 誤り。iPS細胞ではなく，ES細胞の内容である。iPS細胞は，皮膚などの体細胞から作られる。

イ 正しい。クローン技術の発達により，倫理的問題があるとして日本ではクローン技術規制法（2000年）により禁止されている。

問6 〈日本の医療〉 正解①

成立した臓器移植法（1997年）では，本人の意思表示とともに，家族の承諾が必要であった。

② 改正臓器移植法（2009年）では，本人の意思表示が不明であっても，家族の承諾があれば可能となり，さらに親族への優先が可能となった。

③④ ともにインフォームド・コンセントの内容である。

問7 〈現代社会における利害の結び付き〉 正解⑦

a 空欄の前に「遠い他者の利害も自己の利害と深く関係している」とあるので，グローバル化を表現したイが当てはまる。

b 空欄前後から「世界の飢餓や貧困などを救済する」とあり，「世界全体の利益になる」とするので，エが適当である。

c 性別役割分担は，社会的・文化的につくられたものはジェンダーといわれ，見直しがもとめられるので，オである。カの内容のことをセックスという。

問8 〈個人情報の法整備〉 正解④

2003年に制定された個人情報保護法は，個人の権利利益を保護することが目的であるが，営利目的などで情報の流出が絶えない。その際，個人情報を取り扱う事業者に対しては本人による開示や利用停止を求めることができる。

① 特定秘密保護法は，2013年に成立したが，内容は国の安全保障に対して，防衛，外交，スパイ防止，テロ防止の特定の機密情報を公務員等が漏らした場合に罰則を科する法律である。

② ここでいう個人情報を管理する仕組みはマイナンバー法に基づいた制度のことであり，住民基本台帳ネットワークとは異なる。これは指名・住所・性別・生年月日の4つの情報を国が一元的に管理するシステムのことである。

③ 不正アクセス禁止法は，2000年に施行された法律であるが，個人情報の保護に関係したものではなく，他人のコンピュータに不当侵入を禁止するための法律である。

問9 〈情報社会の問題〉 正解③

ア 正しい。情報公開は地方自治体が最初で，その後に国がようやく制定した。

イ 誤り。デジタル化された情報はコピーが簡単であるため，知的財産権が侵される危険が高い。

ウ　誤り。個人情報保護法の内容ではない。この法律は，あくまで個人情報の適切な取り扱いを定めた法律である。情報技術の格差はデジタル・デバイドという。

問10〈著作権〉　正解②

ア　正しい。違法にアップロードされているのを知りながら，ダウンロードするのは違反であり，著作権侵害となる。

イ　誤り。私的使用目的なので，侵害には当たらないが，あくまで複製を防ぐ技術的保護手段が施されている場合である。それを無断で公の場で使用するとなると，違反になる。

問11〈女性の地位〉　正解③

「生物学的な基盤があるからだ」とは述べられていない。むしろ，「生物学に基づいている……性急に推論される」といい，「慣習を追っていっても確実に生物学的な根拠にたどり着けるわけではない」と述べている。

①②④　いずれも性別の役割分担が，正しいのではないと述べているので，正しい。

問12〈偏見と差別〉　正解④

ポジティブ（アファーマティブ）・アクションとは，積極的差別是正措置のことであり，社会的に不利な立場にある人たちへの優遇措置である。

①　内容は，多文化主義（マルチカルチュアリズム）である。エスノセントリズムとは逆の内容になっている。エスノセントリズムは自民族中心主義のことである。

②　女性であることを理由に定年年齢を差別した事件には，1980年の日産自動車事件がある。

③　障害者雇用促進法は，一定の割合で障がい者を雇用する義務として法定雇用率が設定されている。

公共篇

●第Ⅰ章：基本的人権の尊重と法

1 日本国憲法と人権保障　立憲主義・日本国憲法の人権体系

演習問題 〔pp.141 ～ 145〕

問1 〈主権〉　正解 ①

　主権の概念を明確にしたのは，フランスの政治思想家のボーダンである。

② 国家の三要素とは，主権，領域（領土・領海・領空），国民である。

③ 神から授けられた権力とする考え方は，王権神授説の内容である。ボーダンは君主主権を主張し，絶対主義を擁護した。

④ 主権についての対内的と対外的との内容が逆になっている。

問2 〈日本国憲法における権利と義務〉　正解 ①

ア 憲法第99条（憲法尊重擁護義務）は，「天皇又は摂政及び国務大臣，国会議員，裁判官その他の公務員は，この憲法を尊重し擁護する義務を負ふ」とあるので，a が正しい。

イ 憲法第30条は納税の義務であるが，国税の課税・徴収については，租税法律主義を定めた憲法第84条に「あらたに租税を課し，又は現行の租税を変更するには，法律又は法律の定める条件によることを必要とする」とあるので，c が正しい。
　したがって，① が正解。

問3 〈法の支配と法治主義〉　正解 ③

　文章中に，それぞれ法の支配，形式的法治主義，実質的法治主義の内容が説明されているので，それらと，ア～エを照合させていくとよい。

　ウは，制定された法律に従わせるので，形式的法治主義には違反しないものの，自由権という基本的人権を侵害しているので，実質的法治主義と法の支配には違反していることになる。

ア 「法律の根拠なく」とするので，形式的法主義に違反している。この点ですでに誤りだが，実質的法治主義，法の支配にも違反しているので，誤りとわかる。

イ 「法律に基づいて」とあるので，制定された法によって「国民に特定の職業に就くことを強制」するのは，形式的法治主義に違反はしない。しかし，自由権にあたる内容であるため，実質的法治主義及び法の支配には違反するので，誤り。

エ 「公共の福祉の観点」とあるが，そもそも公共の福祉は，国民の基本的人権の衝突に際して強制する原理であるので，形式的法治主義，実質的法治主義，法の支配には違反しない。

問4 〈国家権力のあり方〉　正解 ②

　第4段落で立法権力，執行権力，裁判権力がそれぞれ分立していることが望ましいと述べられているので，三権分立を説いたモンテスキューの思想である。第3段落の「立法権力と執行権力とが結合されるとき，自由は全く存在しない」や第4段落の「裁判権力が立法権力や執行権力と分離されていなければ，自由はやはり存在しない」とあるように，権力を分立することが公民の生命と自由を保護することになると述べている。

① 革命権については，述べられていない。

③ 第1段落に権力を有する者が濫用しがちだとあるので，「権力をもつ者が権力を濫用するのではなく公民の自由を保護する傾向にある」とする記述ではない。

④ 「自然権を譲渡された絶対的な存在」とあるのは，ホッブズの主張になっている。資料文にはない。

問5 〈自由と平等〉　正解 ⑥

　問題文には，人権がどのように発展したかが述べられており，最初の文や最後の文から，自由と平等との関係の考え方についてのものであることがわかる。

X 市民革命後の人権宣言に盛り込まれた自由と平等について考えているので，アがふさわしい。

Y 人権の歴史的な展開をみると，資本主義の進展で自由権から社会権が主張されるようになる。社会権を保障するためには社会的弱者の生存と福祉などを確保し，社会的な平等をはかることが求められたので，イのような考え方「社会的・経済的弱者に対して国家が保護を与え，ほかの個人と同等の生活を保障すること」が中心となる。そこで，イを保障するためには，政府が積極的に市民生活に介入する必要があるので，b に示された「世帯の年収が一定の金額に満たない者の全員に奨学金を支給する」が適当である。

問6 〈日本国憲法の前文〉　正解 ①

　設問にある最初の文章は，国民主権とともに，議会制民主主義の内容が示されているので，主権の行使の

内容である ① が適当である。

② 平和主義の内容である。

② 平和的生存権の内容である。

③ 国際協調主義の内容である。

問7 〈人権の保障〉 正解 ②

設問にある「会社などの法人にも保障される」とあるので，② が適当である。

① 婚姻の自由があるとするのが，誤り。

③ 会社そのものに生存権があるとするのが，誤り。

④ 宗教法人には信教の自由を認めても，教育を受ける権利とするのが，誤り。

問8 〈人身の自由〉 正解 ①

現行犯での逮捕には，令状は必要ない（憲法第33条）。

② 憲法第38条1項の規定。

③ 憲法第36条の規定。

④ 推定無罪の原則と呼ばれる内容。

問9 〈新しい人権〉 正解 ⑤

ア かつては，私生活をみだりに公表されない権利として確立したが，しだいに自分の情報をコントロールする権利と変化したプライバシー権である。

イ 自己決定権の内容である。

ウ 情報公開を求めるので，知る権利に当たる。

問10 〈最高裁の判決〉 正解 ③

法の下の平等に反するとされた尊属殺重罰規定訴訟の内容である。

① 違憲との判断が下された。

② 地鎮祭は宗教的活動には当たらないとする合憲判断となった。

④ 家永教科書訴訟で，教科書の検定は違憲とはされなかった。

● 第 **Ⅱ** 章 : 現代の民主政治

1 民主政治の成立と課題 世界の政治制度・世論形成
と選挙

演習問題 〔pp.147 ~ 151〕

問1 〈日本の安全保障政策〉 正解 ④

日本版の国家安全保障会議（NSC）と呼ばれるもので，2013年に設置された外交・防衛政策を決定する閣僚会議である。

① 武器輸出に一定の歯止めをかけていた武器輸出三原則を変更して，武器輸出を可能としたのが防衛装

備移転三原則である。

② 自衛隊の最高指揮監督権は，内閣総理大臣である。

③ 憲法の規定によって行使できないとされていた集団的自衛権は，一定の要件（わが国の存立危機事態，他に適当な手段がない，必要最小限度の実力行使）によって行使できるとされ，武力行使が認められた。

問2 〈日本の安全保障〉 正解 ④

問1と同様に，2013年に国家安全保障会議が設置された。

① 周辺事態法が改正され，重要影響事態法が成立し，重要影響事態（日本の平和と安全に重大な影響を与える事態）にあっては軍事行動を行う米軍等に対し，自衛隊が地理的な限定なしに後方支援を行うことができるとした。

② 自衛隊による治安維持や駆けつけ警護が可能となり，武器使用も緩和された。

③ 防衛装備移転三原則と武器輸出三原則が逆になっている。

問3 〈アメリカ・イギリスの政治制度〉 正解 ③

ア アメリカ大統領は，議会に政策を示す教書を送付することができる。

イ イギリスの議会は，内閣に対する不信任決議権がある。

ウ アメリカは，立法府・行政府が厳格に分立している。

問4 〈各国の政治制度〉 正解 ④

アメリカでは，大統領に連邦議会の解散権はないが，立法措置などを示した教書の送付権がある。さらに，議会で成立した法案に対しては拒否権がある。

① 権力集中制を採る中国の最高国家機関は，全国人民代表大会（全人代）である。

② フランスの政治体制は，半大統領制といわれる。

③ 経済成長を優先した韓国では，開発独裁と呼ばれる政治体制があった。

問5 〈各国の政治のあり方〉 正解 ①

韓国は，朴正熙政権の時に開発独裁の政治体制が採られた。

② イギリスの議院内閣制は，18世紀前半のウォルポールの時からとされる。

③ フランスの大統領は，国民の直接選挙によって選出される。

④ 中国における行政を担当する機関は，国務院である。

問6 〈政治体制の類型化〉 正解③

図のヨコ軸とタテ軸の意味を説明文から理解しておくとよい。ちなみに，この考え方をポリアーキー（多元主義）と呼び，アメリカの政治学者ダールによって提唱された。

ア 日本国憲法の下では，普通選挙であるので，包括性及び自由化のいずれもが高いので，bが適当である。

イ イギリスで起こったチャーチスト運動は，労働者による政治運動であった。当時は制限選挙であったことから，普通選挙権を求めることになったので，包括性は低い。したがって，aが適当である。

ウ ゴルバチョフは旧ソ連最後の指導者である。それまで選挙権はすべての国民に与えられていたが，政治的自由化が抑圧されていたために，彼はペレストロイカという改革を推進することで，自由化を進めた。したがって，包括性は高いが，自由化が低かったcが適当である。

問7 〈民主的な政治体制〉 正解①

下線部にある内容は，民主主義には選挙が重要であるとしていることに注目するとよい。選挙を通じて政治参加し，国民全体の意思を政治に反映すべきだとする①が適当であるとわかる。

② 大衆が特定の個人や政党に委ねるとするは，民主主義の危機を到来させることになる。

③ 下線部は民主主義と選挙の関係を述べているので，紛争解決を裁判に求めるとするのは関係がない。

④ 選挙以外の保障を求めるとは，何ら述べられていない。

問8 〈大衆民主主義〉 正解①

財産や身分に関係なく，すべての人による政治参加が可能な民主主義のことである。

② 市民革命によって成立した市民階級のための民主主義のこと。

③ 社会主義を中心とした中国における人民民主主義のこと。

④ 中国のように権力集中制のこと。

問9 〈二院制の国の議会のあり方〉 正解⑤

a 正しい。日本の衆議院の優越の一つである法律案の再可決の内容。

b 誤り。政府高官人事は，上院に与えられている。他に条約の締結に関する同意がある。

c 正しい。下院の内容だが，下院の解散には下院の3分の2以上の決議が必要。

問10 〈日本における政治や選挙〉 正解④

在外日本人のために在外投票制度が設けられている。

① 結社の自由（憲法第21条1項）が認められているので，国の許可は必要ない。

② 利益集団（圧力団体）は，政権獲得は目指さない。自らの集団の利益を目指して議会や政府に圧力をかける。政党は，政権獲得を目指す。

③ 人事院は選挙とは関係ない。国家公務員の人事や給与について勧告を行う。

問11 〈日本の選挙制度〉 正解④

このことを連座制という。

① 在外投票制度がある。

② 日本では戸別訪問は認められていない。なお，欧米諸国では認められている。

③ 秘密選挙のことではなく，普通選挙のことである。

問12 〈一票の格差〉 正解⑤

サ 正しい。議員定数1人あたりの人口が少ない場合，一票の格差は大きくなる。人口が多いと，格差は小さくなる。合区後の選挙区の議員定数を合区される選挙区の議員定数の和より減らすと，議員定数1人あたりの人口が増えることになるので，合区にすることで，一票の格差は小さくなり縮まることになる。参議院の選挙区選挙で「島根・鳥取」と「徳島・高知」に導入されている。

シ 誤り。人口に関係なく，一律に議員定数を1にしてしまうと，ますます1票の格差を拡大してしまうことになる。

ス 誤り。議員定数を増やすと，さらに議員1人あたりの人口が小さくなり，格差は広がる。

問13 〈選挙制度〉 正解②

惜敗率の出し方は，選択肢②に示されているように，落選者の得票数÷当選者の得票数×100％で表し，小選挙区で落選しても復活当選できるようにするしくみである。B党の候補者の惜敗率は，次のようになる。

アの選挙区は，30 ÷ 45 × 100 = 66.7
ウの選挙区は，30 ÷ 40 × 100 = 75
オの選挙区は，25 ÷ 40 × 100 = 62.5

これより50パーセント未満の選挙区はないので，②が正解となる。

① A党は，得票率の合計も少なく，選挙区のア・ウ・オで計3議席となり，獲得した議席数が最も多くなっている。

③ C党は，エの選挙区の惜敗率は，次のようになる。

40 ÷ 50 × 100 = 80 なので，50 パーセントを越えている。

④ 得票率が最も多いのはB党であるが，30 + 30 + 25 = 85 となる。A党は 10 + 10 = 20 となり，死票は最も少ない。C党は当選者がいないので，得票数の 150 がすべて死票になる。したがって，B党よりC党の方が死票が多いことになる。

問 14 〈衆議院議員総選挙における格差〉 正解 ②

小選挙区比例代表並立制が導入されたのは，1994 年からであるので，それ以後の表をみると，2.50 以上にはなっていないことがわかる。

① 1994 年以前みると，1983 年に 4.40 になっているので，誤りとわかる。

③ 2009 年の総選挙で，2011 年に最高裁は違憲状態とする判決を下している。

④ 投票率は表から読めないので，一票の格差が小さかったというようなことはいえない。

2 日本の統治機構　国会・内閣・裁判所・地方自治

演習問題 〔pp.154 ～ 159〕

問 1 〈国会の種類〉 正解 ②

A 特別会（特別国会）は，衆議院議員総選挙後に召集され，内閣総理大臣の指名などが中心である（憲法第 54 条）。

B 緊急集会とは，参議院の緊急集会のことであり，内閣が国に緊急の必要がある時に求めることができる（憲法第 54 条 2 項）。

C 臨時会（臨時国会）は，内閣またはいずれかの議院の総議員の 4 分の 1 以上の要求で開催される（憲法第 53 条）。

問 2 〈国会〉 正解 ③

衆議院の優越の一つで，憲法第 60 条 2 項の規定である。

① 国会の同意ではなく，内閣総理大臣の同意である（憲法第 75 条）。

② 国会ではなく，内閣の権限である（憲法第 73 条 7 号）。

④ 国会ではなく，内閣の権限である（憲法第 80 条 1 項）。

問 3 〈日本の統治機構〉 正解 ②

矢印アの a この内容は，憲法第 57 条の規定で，国会から有権者への責任である。

矢印アの b この内容は，憲法第 90 条の規定で，内

閣が会計検査院の検査を受け，その報告とともに，国会への提出しなければならない責任であるため，適当でない。

矢印イの c この内容は，憲法第 64 条の内容で，国会の裁判所に対する権限であるが，図中に関係したものはない。

矢印イの d この内容は，憲法第 72 条の内容で，内閣の国会に対する責任である。

　したがって，**矢印ア**は **a** であり，**矢印イ**は **d** となるので，② が正解。

問 4 〈国会の議決の方法〉 正解 ②

過半数で決することができる規定については，憲法第 56 条 2 項に「両議院の議事は，この憲法に特別の定のある場合を除いては，出席議員の過半数でこれを決し，可否同数のときは，議長の決するところによる」とある。条約の承認は，憲法第 61 条に規定されているが，予算と同様に，衆議院の優越が認められているので，衆議院の議決は過半数の賛成でよい。

① 憲法改正の発議（憲法第 96 条 1 項）は，各議院の総議員の 3 分の 2 以上である。

③ 議員の資格争訟（憲法第 55 条但書）は，出席議員の 3 分の 2 以上である。

④ 法律案の議決（憲法第 59 条 2 項）衆議院の再可決で出席議員の 3 分の 2 以上である。

問 5 〈行政活動をめぐる法制度〉 正解 ①

a 正しい。1993 年に制定された行政手続法は，行政処分，行政指導の根拠や手続きを明確にし，透明性の高い行政を実現するための法律。

b 誤り。情報公開法にオンブズマン制度は規定されていない。

c 誤り。特定秘密保護法は，国民のプライバシーの保護を目的とするものではない。国が保有する特に秘匿を必要とする防衛，外交，ススパイ活動防止，テロ活動防止の 4 分野に関する情報漏洩の防止を目的としている。

問 6 〈裁判等に関わる監視や統制〉 正解 ④

再審の裁判で無罪になった例はある。特に，1980 年代に多い。免田事件（1983 年），財田川事件（1984 年）など，最近では足利事件（2010 年），布川事件（2011 年）などがある。

① 起訴議決制度のこと。

② 最高裁判所裁判官の国民審査で，罷免された裁判官はいない。

③ 2019 年から取調べの可視化が導入された。

問 7 〈刑事裁判〉 正解 ④

憲法第40条に規定されている刑事補償請求権の内容である。

① 代用監獄は代用刑事施設として存続している。

② 裁判員裁判では，控訴審には導入れていない。第一審のみである。

③ 少年法の改正（2007年）で，少年院送致の年齢を「おおむね12歳以上」に引き下げられた。

問8〈違憲審査権〉 正解②

設問の内容は，司法積極主義と司法消極主義の内容であり，司法積極主義を問うている。多数派の意見ばかりでなく，少数者の意見を確保するためにも，積極的にかかわる必要がある。

① 国政調査権は，司法ではなく，立法府に必要なので，司法積極主義とは関係ない。

③ 「高度な政治的判断が必要」とする考え方は，統治行為論と呼ばれ，司法審査にはなじまないとされている。

④ 「国民の代表者によって構成される機関」とは，国会のことなので，司法とは関係ない。

問9〈司法制度改革〉 正解②

被害者参加制度とは，犯罪被害者やその家族が刑事裁判に裁判員として参加できるのではなく，法廷で意見の陳述や被告人に質問したりすることができる制度である。犯罪被害者等基本法が，2004年に成立した。

① 法テラスは，司法制度改革の一環として都道府県庁所在地を中心に設置された。

③ 裁判員裁判対象事件などの一部の事件で義務づけられた。

④ 司法制度改革の一環として2005年に東京高等裁判所の特別支部として設置された。

問10〈司法への市民参加〉 正解①

裁判員は，有権者（選挙人名簿）の中から無作為に抽出されて選出される。

② 裁判員にはかなり強い守秘義務が課せられている。

③ ドイツの参審制は，裁判官と同じ決定権がある。

④ アメリカの陪審員は，裁判官から独立して全員一致で評決を下す。

問11〈地方自治制度Ⅰ〉 正解①

ア 議会の議員と首長がそれぞれに直接選挙によって選出されるので，これを二元代表制という。住民投票とは条例に基づいて投票によって意思を表明すること。

イ 首長の不信任議決は，地方自治法に基づいて議員数の3分の2以上が出席し，出席議員の4分の3以上の賛成で成立する。

ウ 行政の政治的中立性のために各種設置されているのが，行政委員会である。会計検査院は，国の歳入・歳出の決算を検査する機関。

問12〈地方自治制度Ⅱ〉 正解④

1982年に山形県金山町が初めて制定した。その後，1999年にようやく国は，情報公開法が制定した。

① 予算ではなく，議会の議決に異議がある場合に拒否権がある。

② 住民投票条例で制定されれば，永住外国人に投票権を認めている。

③ 事務の監査請求は，首長ではなく，監査委員である。必要署名数は有権者の50分の1以上となっている。

問13〈地方自治制度Ⅲ〉 正解③

A 誤り。国政選挙は法定受託事務なので，地方公共団体の選挙管理委員会が行う。

B 誤り。公正取引委員会は，監査委員とは関係ない。公正取引委員会は国の行政機関で独占禁止法の運用機関である。

C 正しい。国庫支出金の一つとして使徒が指定されている。

問14〈地方自治の本旨〉 正解⑧

ア 団体自治は，文章中にあるように国から自立し，自治権が保障されなければならないとしているので，「分権」である。

イ 住民自治は，住民の意思により行うとあるので，「民主主義」的な内容である。自由主義は個人の権利に関係した内容である。

ウ 国の関与を限定するとあるので，団体自治である。

問15〈国と地方自治体との関係〉 正解③

ア 国と地方との関係であるので，対等・協力でなければならない。

イ 機関委任事務が廃止され，自治事務と法定受託事務になったが，自治事務は地方自治体が独自に行うことができる事務のことである。都市計画はこれに当たる。

ウ 国と地方自治体との間で法律等々の運用など国の不当な関与をめぐる争いが発生した場合に，公正・公平の立場から判断する第三者機関として設置されているのが，国地方係争処理委員会である。なお，地方自治体が審査結果に不満がある場合は高等裁判所に提訴することができる。

問16〈地方財政〉 正解③

地方交付税は，地方公共団体間の財政格差を是正す

るためのもので，使途は指定されない。

① 地方公共団体のうち財政が悪化した自治体は財政再建団体に指定される。北海道夕張市などがある。

② ふるさと納税の減税対象に消費税は含まれない。所得税や住民税である。

④ 地方債の発行は，今まで国の許可が必要であったが，2006 年から国との事前協議制となっている。

問 17 〈地方の財源〉 正解 ②

歳入区分について自主財源と依存財源及び一般財源と特定財源をそれぞれ分類すると，次のようになる。

地方税	自主財源	一般財源
地方交付税	依存財源	
国庫支出金		特定財源

「L 市の依存財源の構成比」が「表中の他の自治体と比べ最も低い」わけではないので，③ ではない。

「依存財源のうち一般財源よりも特定財源の構成比が高くなって」いるとあるので，④ ではない。「自主財源の構成比は 50 パーセント以上」とあるので，① でもない。

したがって，② が正解。

問 18 〈地方自治をめぐる出来事〉 正解 ①

A 市町村合併，特に平成の大合併が生じたのは，1999 年から 2010 年にかけてである。

B 公害問題の発生を受け，革新自治体が誕生したのは，1960 年代から 1970 年代にかけてである。

C 地方自治法は，日本国憲法の制定にともなって1947 年に制定された。

D 大阪都構想のことで，住民投票が実施されたのは，2015 年と 2020 年のことである。

したがって，C → B → A → D となるので，正解は① である。

3 国際政治のしくみと役割　国際連合・安全保障・現代の紛争

演習問題 〔pp.164 〜 169〕

問 1 〈主権国家体制〉 正解 ②

国家の三要素の一つは領域（領土・領海・領空）であるが，領土・領海の上が領空であり，排他的経済水域の上空は領空ではない。

① 三十年戦争の結果，締結されたウェストファリア条約（1648 年）によって国際社会が成立したとされる。

③ 従来の勢力均衡方式への反省から集団的安全保障体制が，国際連盟・国際連合によって採用された。

④ 国際法の一般的な分類である。なお，慣習国際法もしだいに条約化されつつある。

問 2 〈国際慣習法〉 正解 ②

関税自主権は，国際法上認められている。

① 正しい。慣行の積み重ねが国際慣習法である。

③ 正しい。一般的に，国際法は慣習法から条約の形に成文化されることが多い。外交特権は，最初国際慣習法として確立したが，1961 年に外交関係に関するウィーン条約として成文化された。

④ 正しい。公海自由の原則は国際慣習法により，認められている。

問 3 〈国際海洋法条約〉 正解 ④

排他的経済水域（EEZ）では，沿岸国の漁業・鉱物資源に関する排他的権利が認められている。

① 国際慣習法で，公海自由の原則が認められている。

② 大陸棚は，排他的経済水域を超えても，地理的条件など一定の条件の下で沿岸国の利益が認められている。

③ 領海の幅は，基線から 12 海里である。

問 4 〈戦争の違法化〉 正解 ③

ア 国際連盟は，従来の勢力均衡方式を否定し，集団安全保障方式をとった。

イ 1928 年，国家の政策手段としての戦争を違法化する不戦条約（ケロッグ・ブリアン条約）が結ばれた。国際人道法は，非人道的な戦争の制限などに関する法規の総称をいう。代表的なものに，傷病者や捕虜，文民の保護を目的としたジュネーブ条約（1949 年採択）がある。

問 5 〈安全保障理事会〉 正解 ⑥

A 誤り。実質事項は，常任理事国を含む 9 か国の賛成が必要である。常任理事国であるイギリスが反対しているので成立しない。

B 正しい。手続き事項に関しては，15 か国中の 9 か国の賛成があれば成立する。常任理事国のフランスが反対しても，全体で 9 か国が賛成すれば成立する。

C 正しい。成立する。

問 6 〈平和と安全のための仕組み〉 正解 ④

国連軍は，これまで一度も組織されていない。

① すべての常任理事国を含む 9 か国の賛成があれば制裁が可能である。「すべて」が誤り。

② 安全保障理事会が必要な措置を採るまでは，個別的集団的自衛権を行使できる。

③ 平和維持活動に対する加盟国の参加義務はない。

問7 〈国際司法裁判所〉 正解 ②

各国が指名する裁判官に対して，安全保障理事会と総会で，それぞれ絶対多数を得たものが選ばれる。

① 安全保障理事会の下にあるのではない。国際司法裁判所は，独立した6つの主要機関のひとつである。

③ 国際司法裁判所の前身は，国際連盟が設立した常設国際司法裁判所である。

④ 裁判を行うためには，当事国の同意が必要である。

問8 〈国際刑事裁判所〉 正解 ①

1998年に設立条約が採択され，2002年に発効した。日本は，2007年に加入した。

②③④ 大量殺害，人道に対する犯罪，戦争犯罪，侵略による罪で，重大な犯罪を犯した個人を裁く。アメリカは自国の兵士が訴追されかねないとして加入していない。

問9 〈国連の国際機関〉 正解 ⑦

ア WTO（世界保健機構）の内容で正しい。

イ UNICEF（国連児童基金）の内容で正しい。

ウ UNHCR（国連難民高等弁務官事務所）の内容で正しい。

問10 〈冷戦構造の形成〉 正解 ③

マーシャル・プランは，アメリカの国務長官マーシャルによる欧州復興援助計画のことである。

① イタリアとフランスではなく，ギリシアとトルコである。

② トルーマン・ドクトリンは，対ソ共産圏の封じ込め政策である。

④ 東欧への経済援助ではなく，西ヨーロッパ諸国を中心に行われた。

問11 〈米ソ関係〉 正解 ③

ソ連のアフガニスタン侵攻は，1979年である。このことから新しい冷戦が始まった。アフガニスタン侵攻に対して，西側の国は1980年のモスクワ・オリンピックをボイコットし，さらに東側の国はそれに対抗して1984年のロサンゼルス・オリンピックをボイコットした。両陣営が再び参加するようになったのは，1988年のソウル・オリンピックの時からである。

① キューバ危機は，1962年である。

② 東ドイツがベルリンの壁を構築したのは，1961年である。東ドイツからの人口流出を防ぐためにベルリンの壁が構築された。

④ アメリカがビキニ環礁で水爆の実験を行ったのは，1954年から1958年である。1954年の実験では第五福竜丸が被爆した。

問12 〈NATO〉 正解 ④

新たに加盟が決定されたのは，フィンランド，スウェーデン（2023）である。

① フランスは，ドゴール大統領の時にNATOの軍事機構から脱退したが，2009年に復帰した。

② ボスニア・ヘルツェゴビナ紛争やコソボの紛争では，NATO区域外で「人道的介入」を行った。

③ ワルシャワ条約機構（WTO）の解散を契機として，旧社会主義国である東欧へのNATOの拡大が進行した。

問13 〈戦略兵器削減条約〉 正解 ②

戦略兵器削減条約（START I・START II）では，配備済みの長距離核ミサイルと核弾頭を削減した。

① ABM（弾道弾迎撃ミサイル）制限条約の内容である。2002年にアメリカ大統領ブッシュは一方的に脱退して失効した。

③ 中距離核戦力（INF）全廃条約の内容である。1987年にゴルバチョフとレーガンとの間に結ばれた条約で，初めての核軍縮条約である。

④ SALT I・II（戦略兵器制限交渉）の内容である。SALTは軍備管理，STRATは軍縮の条約である。

問14 〈核兵器に関する条約〉 正解 ①

部分的核実験禁止条約（PTBT）では，地下実験は禁止されていない。

② 包括的核実験禁止条約（CTBT）は，地下実験を含むあらゆる空間での核実験を禁止するものである。アメリカ，中国は批准せず，インド・パキスタン，北朝鮮は署名もしていないため，未発効である。2023年，ロシアのプーチン大統領は，CTBT批准撤回法案に署名した。

③ 核拡散防止条約（NPT）では，アメリカ，ロシア，イギリス，フランス，中国には核保有が認められている。

④ 第一次戦略兵器削減条約（START I）では，戦略核兵器の削減が定められた。

問15 〈軍縮・軍備管理の条約〉 正解 ①

クラスター爆弾禁止条約（オスロ条約）は，2008年。

② 対人地雷全面禁止条約は，1997年。

③ 化学兵器禁止条約は，1993年。

④ NPT（核兵器の不拡散に関する条約）は，1968年。

問16 〈核軍縮〉 正解 ④

核拡散防止条約（NPT）は，アメリカ，中国，ロシア，イギリス，フランスの5か国以外の核保有を禁止する条約である。

① 中距離核戦力（INF）全廃条約は，ソ連のゴルバチョフとアメリカのレーガン大統領の間で結ばれた初めての核軍縮条約である。

② 包括的核実験禁止条約（CTBT）は，あらゆる場所での核爆発を伴う核実験を禁止している。

③ ラテンアメリカのトラテロルコ条約（1967），南太平洋のラロトンガ条約，東南アジアでのバンコク条約などがある。

問 17 〈民族紛争〉　正解 ②

A　コソボ紛争は，セルビアからの独立を求めたコソボとの紛争である。コソボは 2008 年に独立した（ア）。

B　パレスチナ問題とは，1948 年に建国したイスラエルとアラブとの紛争である。「数次にわたる戦争」とは第 1 次中東戦争から第 4 次中東戦争をさす。また，インティファーダとはパレスチナの人々のイスラエルに対する抵抗運動のこと（ウ）。

C　チェチェン紛争とは，ロシアからの独立を求める紛争。ロシアにより軍事的抑圧が続いている（イ）。

問 18 〈パレスチナ問題〉　正解 ④

1993 年，PLO（パレスチナ解放機構）とイスラエル政府との間で，ガザ地区とヨルダン川西岸（イ）にパレスチナ人による暫定統治を認める，パレスチナ暫定自治協定（オスロ合意）が結ばれた（ア）。ただし，イスラエル政府（ウ）は，パレスチナのガザ地区に分離の壁を建設し，ヨルダン川西岸へのユダヤ人入植地を拡大するなど，対立が続いている。

問 19 〈難民問題〉　正解 ①

難民条約では，迫害のおそれのある地域への強制送還を禁止している。このことをノン・ルフールマンの原則という。

② 経済難民や国内避難民は，難民条約の保護の対象とはならない。

③ 国際赤十字は国連ではなく，スイス人のアンリ・デュナンによって設立された。

④ 難民条約の採択は，冷戦終結後ではない。第二次世界大戦後の東欧の社会主義化から難民問題が発生したため，これをきっかけとして 1951 年に採択された。

問 20 〈難民条約〉　正解 ④

難民条約では「迫害されるおそれのある国に難民を送還してはならない」（ノン・ルフーマンの原則）とされている。

①② 保護の対象となるのは，政治的迫害などで難民となった人々で，経済難民，国内避難民は保護の対象にならない。

③ 難民条約（「難民の地位に関する条約」，「難民の地位に関する議定書」）はそれぞれ 1951 年，1967 年に採択された。世界人権宣言（1948），東欧の社会主義化による難民問題を背景として採択された。

問 21 〈人間の安全保障〉　正解 ②

人間の安全保障は，国家の安全保障つまり軍事力ではなく，人々の生活を改善することによって紛争や戦争を防ごうとする考え方である。軍事力によって問題を解決しようとしているので，誤り。

①③④ いずれも非軍事的な手段となっているので，人間の安全保障の実践例である。

問 22 〈国家間協調〉　正解 ③

「囚人のジレンマ」とか「安全保障のジレンマ」といわれるゲーム理論の出題である。この理論では，信頼や協力こそが互いの利益になることが説かれており，そのためには信頼醸成措置が重要になってくる。したがって，A 国と B 国がともに「協調」を選択すれば，両国の点数の合計は 10 点 + 10 点で最大化される。

① A 国が最も高い点数を得るのは，A 国が「非協調」で，B 国が「協調」の場合であるので，誤り。

② A 国が「協調」を選択する場合，B 国がより高い点数を得るには B 国が「非協力」の場合の 15 点であるので，誤り。B 国が「協調」を選択した場合，B 国は 10 点となる。

④ A 国と B 国がともに「非協力」を選択すると，5 点 + 5 点となるので，誤り。両国の点数の合計は最大化されない。最大化はともに「協調」を選択した場合である。

問 23 〈日本の ODA〉　正解 ④

1990 年代には，日本の ODA は世界 1 位を記録した。その後，日本経済の低迷の影響などもあり，2019〜2020 年は 5 位，2021 年は世界第 4 位である。

① 国連児童基金（UNICEF）や国連開発計画（UNDP）などへの多国間援助を行っている。

② 日本の ODA は有償援助である借款も行っている。日本の ODA は無償の割合が低く，有償（借款）の割合が多い。

③ 対 GNI 比率 0.7％を下回っている。長年にわたって 0.2％台である。

問 24 〈日本の開発協力政策〉　正解 ③

人間の安全保障は UNDP（国連開発計画）の基本理念で，空欄の前の文章から判断できる。

① ユニバーサルデザインとは，高齢者や障がい者だけでなく，すべての人々にやさしいデザイン。

象にならない。

② シビリアン・コントロールは，軍部ではなく非軍人による文民統制のこと。

④ 平和五原則は，ネルー・周恩来会談（1954）の間で示された原則。

● 第 Ⅲ 章：現代の経済社会

1 経済社会のしくみと役割（1） 市場機構・金融・財政

演習問題 〔pp.173～178〕

問1 〈需要・供給曲線〉 正解 ④

需給曲線のシフトに関する問題である。「財を生産するために使用する原材料の価格が低下」と設問にあるので，生産に関する内容であり，供給曲線を見ることが必要。原材料の価格が低下すると，価格全体の水準が下がるので，供給曲線は右下にシフトする。

問2 〈寡占市場〉 正解 ④

カルテルではなく，トラストの内容である。カルテルは，企業間の価格や販売の協定で，独占禁止法に違反する。

①②③ 管理価格，価格の下方硬直性，非価格競争は，寡占市場での価格の特徴である。

問3 〈貨幣の機能〉 正解 ④

「綿布1メートル当たり100円」とあるので，価値尺度に関する事例。

① 「価値の目減りを恐れて，それを貨幣のかたちでもちたい」とあるので，価値貯蔵機能である。

② 「物々交換」，「バナナを売って貨幣を手に入れる」とあるので，交換手段である。

③ 代金を渡すとあるので，支払手段である。

問4 〈金融の仕組みや制度〉 正解 ③

$$信用創造の額 = \frac{1}{支払準備率} - 最初の預金額$$

であるので，支払準備率が小さいほど，創出される預金額は大きくなる。

① BIS規制では，国際業務は8％以上，国内業務は4％以上の自己資本比率が求められる。

② 現行のペイオフ制度によって，預金保険機構から，全額払い戻されるのは元本と利息の分である。

④ 間接金融ではなく，直接金融である。

問5 〈中央銀行の政策や業務〉 正解 ②

外国為替市場で，自国通貨の売り介入を行うと，自国通貨の供給量が増え，その国の通貨価値は下落し，為替レートは切り下げられる。

① デフレーション対策としては，買いオペレーションを行う。

③ 金融緩和政策としては，政策金利を低めに誘導する。金融緩和とは通貨供給量を増やすことをいい，政策金利とは日本銀行が金利によって景気を調整するための金利をいう。かつては公定歩合が政策金利の中心であった。

④ 金融機関による企業への貸し出しを増やすためには，預金準備率を引き下げる。1991年以降，預金準備率操作は行われていない。現在の日本銀行の中心的な金融政策は，公開市場操作（オープン・マーケット・オペレーション）である。

問6 〈金融政策Ⅰ〉 正解 ③

日本銀行は，2000年代にコール市場での金利をゼロにするゼロ金利政策や，公開市場操作で買いオペを実施する量的緩和政策で，景気対策を行った。

① 預金準備率を引上げると，市中金融機関は日本銀行への預入金が増加，手元の資金が減少するので，貸出量が減少する。

② 公開市場操作における買いオペレーションは，市場への資金供給を増大させる。

④ 日銀が政府の発行する赤字国債を引き受けることは，国債発行の歯止めを失うため，財政法によって禁止されている（市中消化の原則）。

問7 〈金融政策Ⅱ〉 正解 ①

基準割引率および基準貸付利率とは，かつての公定歩合政策と同じ政策金利のことをいう。

② マネーストックは，かつてはマネーサプライと呼ばれていた。企業，個人，地方公共団体などが保有する通貨量のこと。

③ 信用創造とは，民間銀行による預金通貨の創造をいう。最初の銀行に預けられた預金額の数倍の貸し出しを銀行全体で創り出すことをいう。

④ 公開市場操作（オープン・マーケット・オペレーション）での買いオペ（日本銀行が市中銀行の所有する国債などを購入）により，市場での通貨供給量が増加する（量的緩和）。

問8 〈公開市場操作〉 正解 ①

ア 日銀が市中銀行の保有する国債を買い上げる買いオペを行うと，市場通貨量は増加（金融緩和）する。

イ マネーストックとは，個人や企業が保有する通貨のことである。マネタリーベースは，日本銀行が供

給する通貨（現金通貨と日本銀行当座預金の合計）のことで，日銀が直接操作できるお金のことである。したがって，マネーストックが正解。

問9 〈信用創造〉 正解③

$$預金総額 = 5000 万 \times \frac{1}{0.1} = 5 億円$$

信用創造額 = 5 億円 − 5000 万 = 4 億 5000 万

問10 〈財政の役割〉 正解⑥

財政の役割は，所得の再配分，資源配分の調整，景気の安定化の3つである。

A　所得の再配分の目的は，格差の是正である（ウ）。

B　資源配分の調整とは，市場原理のままにしておくと供給されない公共財の供給のことである（イ）。

C　景気の安定化は，フィスカル・ポリシー（伸縮的財政政策）によって行われる（ア）。

問11 〈予算〉 正解①

特別会計の予算は，一般会計の予算と別に作成される。特別会計には，年金特別会計，外国為替資金特別会計，東日本大震災復興特別会計など15の特別会計がある。

② 政府関係機関予算は，一般会計と同じように国会の承認が必要である。政府関係機関予算とは，沖縄振興開発金融公庫，株式会社日本政策金融公庫，株式会社国際協力銀行，独立行政法人国際協力機構の有償資金協力部門の4つの政府関係機関に対する予算のこと。国の会計（予算）は，一般会計，特別会計，政府関係機関予算に分類される。

③ 財政投融資は，2001年の改正により，郵便局や年金の資金は，金融市場を通じた自主運用に代わっている。

④ 補正予算は，本予算成立後に経済情勢の変化などに対応するために追加される予算。予算には，本予算（当初予算），本予算の成立が遅れる場合の経過措置としての予算である暫定予算，補正予算に分類される。また，公的資金を財源として独立行政法人などへの融資を行うための財政投融資計画もある。

問12 〈租税や国債〉 正解③

日本の税制は，戦後の民主化政策の一環としてシャウプ勧告（1949）によって，累進課税制による直接税中心の税制に変わった。

① 水平的公平ではなく，垂直的公平の説明である。水平的公平とは，同じ収入のある層の公平をはかるという考え方である。

② 黒字ではなく，赤字になる。基礎的財政収支（プライマリーバランス）とは，歳入のうち国債発行額を除く収入から，国債費を除く歳出を差し引いた収支のバランスをいう。現在の日本は，基礎的財政収支が赤字となっている。

④ バブル経済期の一時期（1990〜93年度）に，赤字国債の発行ゼロの時期があった。その後は，再び赤字国債を発行していった。

問13 〈財政政策〉 正解④

景気が過熱気味のときは増税し，逆に不景気であれば減税などの措置をとる。このような政策をフィスカル・ポリシー（補整的財政政策）という。

① 財政政策と金融政策を組み合わせて行うことをポリシー・ミックスという。

② 財政の硬直化とは，国債の償還や地方交付税の支出など歳出が増大して，財政の弾力的運用ができなくなることをいう。

③ 財政支出の増加と減少が逆になっている。

問14 〈アベノミクス〉 正解③

ア　物価を引き上げるための金融政策は，金融緩和政策である。金融緩和によって通貨量を増大させ，インフレ化させて物価を上昇させる政策である。アベノミクスでは異次元の金融緩和政策を採った。Aが入る。

イ　「新たな需要を創出するため」には，財政支出による有効需要政策を採る必要がある。Dが入る。

ウ　新産業を育成させるためには，国家戦略特区などの規制緩和策が必要になる。Eが入る。

問15 〈機会費用〉 正解①

トレード・オフとは，あるものを選べば，他のものを断念することなので，この内容がアである。ポリシーミックスとは，金融政策と財政政策を組み合わせて景気対策を行う政策なので，関係ない。イは，土地利用による利益の大きさを考えると，駐車場の次として公園が入る。

問16 〈国民経済計算〉 正解①

次のような計算式による。

国民総生産（GNP）＝総生産額−中間生産物

国内総生産（GDP）＝GNP−海外からの純所得

国民純生産（NNP）＝GNP−固定資本減耗分

国民所得（NI）＝NNP−間接税＋補助金

したがって，①が正解。

問17 〈国民経済の指標〉 正解③

国民総所得（GNI）は，国民総生産（GNP）を所得（分配）の面からみたもので，GNI＝GNPである。国民総生産＝総生産額−中間生産物の額なので，誤り。国民総生産から固定資本減耗を引いたものが

NNP である。

① 分配面から見た国民所得（NI）＝分配国民所得は，雇用者報酬＋財産所得＋企業所得からなる。

② 支出面から見た国民所得＝支出国民所得は，民間・政府消費＋民間・政府投資＋経常海外余剰からなる。

④ GNP（国民総生産）＝GNI（国民総所得）＝GNE（国民総支出）である。

問18 〈資本主義経済の成立と発展〉 正解④

ケインズは，不況の原因は供給能力の不足ではなく有効需要の不足であるとして，有効需要政策を唱えたので，①が誤り。

㋐㋑ ともに資本主義経済の特徴になっている。

㋒ マルクスは，資本主義経済を分析して，生産手段を所有する資本家階級と，生産手段を持たず商品としての労働力を売買する労働者階級との階級対立の経済構造を明らかにした。

2 経済社会のしくみと役割（2）　企業・労働問題・社会保障

演習問題 〔pp.182～187〕

問1 〈会社企業〉 正解②

A 株式会社だけでなく，合同会社も同様なので，誤り。

B 合名会社の内容として正しい。

C 合同会社ではなく，合資会社なので，誤り。

問2 〈株式会社〉 正解④

株式会社の利潤は，株主への配当や投資のための資金にもなる。

① 1997年に経済のグローバル化に対応するために独占禁止法が改正され，持株会社が解禁された。

② 2005年に会社法が制定され，最低資本金制度が廃止となり，資本金が1円でも起業ができるようになった。

③ コーポレート・ガバナンス（企業統治）を強化するために，株主代表訴訟の導入など株主の権限が強化されている。

問3 〈利潤〉 正解①

企業内部に蓄えられた利潤（内部留保）は設備投資などの企業規模の拡大の原資となる。日本では，利潤が設備投資・配当・賃金などに充分に支出されず，内部留保金が多額となっている。

② 国民経済計算（SNA）では，企業の利潤は雇用者報酬に分類されない。国民経済計算の分配国民所得では，賃金・地代・利潤などに分類される。国民経済計算の内容を知らなくても，利潤が雇用者報酬とは別物であると判断できる。国民経済計算とは，経済のグローバル化に対応する，GDPなどのフローと国富などのストックを含む国際的な経済基準に基づく指標。生産・分配・支出などの項目も含む経済指標である。

③ 企業の利潤は，生産活動から得られた収入から賃金や原材料費などの費用を差し引いたものである。

④ 利潤から株主に支払われる分配金は，出資金ではなく，配当と呼ばれる。

問4 〈コンプライアンス〉 正解④

コンプライアンス（法令遵守）とは，企業の社会的責任の一つ。「企業で働く従業員に内部告発をさせないこと」は，企業の社会的責任に反する行為である。

①② 企業が遵守すべき法の中には，条約や条例も入る。

③ 近年の企業による不祥事の多発によってさらに高まっている。

問5 〈日本の中小企業〉 正解②

賃金や労働条件，資本装備率や労働生産性などで中小企業と大企業との間に格差があることを，経済の二重構造という。

① 中小企業の範囲は，従業員数と資本金によって定義されている。

③ 逆の内容になっている。1997年の抜本的な改正の際に，格差是正から活力ある成長発展へと転換された。

④ 日本の中小企業の事業所数は，全企業の99％以上を占めている。

問6 〈日本の企業〉 正解③

新型コロナウィルス感染症の拡大は，テレワークの拡大や通信販売量の拡大など，外出せずに生活する巣ごもり需要を増加させた。

① リストラクチャリングではなく，コーポレートガバナンス（企業統治）の内容である。リストラクチャリングとは，事業内容の再構築のことである。

② 株主への分配率が上昇する内部留保金への配分率は減少する。

④ 会社法の制定により，資本金1円でも株式会社の設立が可能となった。

問7 〈労働法〉 正解③

A 労働者に払う賃金，労働時間その他の労働条件とあるので，労働基準法（イ）である。

B 団体交渉をすることを，正当な理由がなく拒むこ

とを不当労働行為という。不当労働行為の禁止を規定しているのは，労働組合法（ア）である。

C　労働委員会による斡旋，調停，仲裁とあるので，労働関係調整法（ウ）である。

問8 〈労働組合〉　正解④

a　正しい。パート，アルバイトなどの非正規雇用労働者にも労働組合をつくる権利がある。

b　正しい。使用者は団体交渉を拒否することはできない。正当な理由のない団体交渉の拒否は，不当労働行為になる。

c　誤り。労働組合に対する経費の援助は，不当労働行為となる。

問9 〈労働契約〉　正解③

パートやアルバイトであっても，労働基準法（第39条）は適用される。有給休暇の付与がないのは違反で抵触する。

ア　労働基準法では，1日8時間以内，1週間40時間以内とされている（第32条）。また，1週間当たり36時間で1日は休日となる（第35条）。抵触しない。

イ　労働基準法（第14条）では，有期労働時間の上限は原則3年となっている。抵触しない。

問10 〈労使間の紛争とその解決〉　正解②

正当な労働行為には，刑事上・民事上の免責がある。

①　最高裁判所は，公務員の労働基本権の制限について，違憲判決を下していない。公務員の争議権の制限について，合憲としている。

③　労働基準監督署でなく，労働委員会である。

④　労働委員会が，地方裁判所に設置されているというのが，誤り。一般行政機構から独立した行政委員会の一つである。

問11 〈日本の労働問題〉　正解②

不法就労の外国人労働者にも，労働基準法は適用される。

①　働いていても年収200万円以下の収入しか得られない人々をワーキングプアとよぶ。

③　過労死や過労自殺も労災認定され，労災保険が適用される。

④　非正規労働者にも，労働組合を結成する権利は認められている。

問12 〈労働のあり方〉　正解⑥

A　労働時間を減らし，仕事の分かち合いなので，イが適当である。

B　みなし労働のことで，労使間で決定するので，エが適当である。

C　忙しい時期とそうでない時期で法定労働時間が守られていればよいので，ウが適当である。

なお，アは最低賃金法に関する文である。

問13 〈雇用における男女の平等〉　正解③

平等には，形式的な平等と実質的な平等とがある。実質的な平等を実現するため不利な立場に置かれた人々に暫定的に優遇措置をはかり，差別を積極的に是正しようとする措置を積極的差別是正措置（アファーマティブ・アクション，ポジティブ・アクション）という。日本の法制度において積極的差別是正措置を認めたものには，男女雇用機会均等法第8条などがある。①②④　いずれも形式的な平等としての例。

問14 〈雇用に関する法律〉　正解③

A　1985年に制定。派遣対象業務は当初13種類に限定されていたが，法改正により拡大，のちに原則自由化され，さらに製造業も対象となった。

B　パートタイム労働法は，パートタイム労働者の雇用の改善を目指して1993年に制定され，たびたび改正されている。

C　年金支給年齢の引き上げにともなって，定年の引き上げ，継続雇用制度の導入，定年制の廃止のいずれかの措置を事業主に義務づけた法律である。

問15 〈日本の雇用環境〉　正解②

ア　終身雇用，年功序列型賃金，企業別労働組合は，日本的雇用の特徴である。

イ　裁量労働制のことである。フレックスタイム制とは，3ヶ月を上限とした一定期間（清算期間）において，あらかじめ決めた総労働時間の範囲内で，毎日の出退勤時間や働く長さを労働者が自由に決定できる制度のこと。

問16 〈社会保障の歴史〉　正解⑤

A　エリザベス救貧法（1601）は，最初の社会保障（公的扶助）とよばれている。権利としての公的扶助ではなく，君主の恩恵としての社会保障である（ウ）。

B　社会保障法（1935）は，経済対策（ニューディール政策）としての社会保障であり，社会保障という言葉はこのときに生まれた（ア）。

C　ベバリッジ報告（1942）は，権利としての社会保障の考えに基づくもので，「ゆりかごから墓場まで」，最低限度の生活水準を国家が保障すべきであるとした（イ）。

問17 〈社会保障の財源〉　正解⑥

ア・イ　社会保障の財源には，租税を中心とするイギリスや北欧の北欧型と，社会保険料を中心とするド

イツ，フランスなどの大陸型がある。日本はその中間である。

ウ　政府は全世帯型社会保障の実現をめざして，消費税を財源としている。

エ　介護保険は，40歳以上の人々の加入が義務づけられ，65歳以上から介護サービスを受けられ，利用者が原則1割を負担する。介護保険の運営主体は市町村である。

問18　〈公的年金制度Ⅰ〉　正解①

国民年金は，20歳以上の国民に加入義務がある。

② 日本の公的年金は，共通の国民年金と報酬比例の厚生年金などの二階建てである。

③④ 日本の年金の財源は，最初は積立方式をとっていたが，その後賦課方式が導入されて，現在は修正賦課方式となっている。

問19　〈公的年金制度Ⅱ〉　正解③

少子高齢化に対応するためには，受給者数が増加するため，支給水準の引上げではなく，引下げが必要となる。①だが，出題当時は，国民年金の未納率が約4割であるとして問題となっていた（2023年現在では，未納率は減少して約2割である）。

② 公的年金の1階部分基礎年金は均一給付であるが，2階部分の厚生年金は在職中の報酬に比例して給付される。

④ 企業年金の管理を委託されていたノンバンクとは，具体的にAIJ投資顧問を指す。AIJは企業年金（厚生年金基金，3階の部分に相当する）からの預り金の約2100億円を運用に失敗して消失させた。2013年12月，東京地裁は投資顧問銀行の前社長に対して詐欺罪で懲役15年の実刑を言い渡した。

AIJ投資顧問問題を契機として厚生年金基金の解散の方向が定められた。厚労省によると，厚生年金基金のほとんどは10年程度で解散する見通しである。ノンバンクとは，預金等を受け入れる業務を行わないで貸付業務を行う金融機関をいう。

問20　〈日本の社会保障制度〉　正解②

介護保険では，利用者はサービスにかかった費用の1割を自己負担する。介護保険料は，40歳以上の国民からの保険料と公費（国25％，都道府県12.5％，市町村12.5％）および利用者の1割負担によって成り立っている。介護保険料は，地方自治体によって異なる。

① 国民年金（基礎年金）は，20歳以上の国民はすべて加入しなければならない。

③ 「20歳以上のすべての者が共通の国民健康保険に加入する」が誤り。医療保険は，自営業者・農業者・退職後のサラリーマンや公務員は国民健康保険，サラリーマンは健康保険，公務員は共済組合保険に加入する。

④ 労災保険は，事業主が全額負担する。

問21　〈セーフティネット〉　正解②

ペイオフの一制度を説明している。ペイオフとは1,000万円までの元本とその利息が預金保険機構から支払われる。

① 雇用保険は，労使で折半して保険料を払い，失業時に給付を受ける。

③ 介護認定審査会の要介護認定によって，利用者（65歳以上）は1割の自己負担で介護サービスを受けることができる。

④ 生活保護給付は，生活保護法により生活保護を受けることができる。

3　国際経済の現状と課題　国際収支・外国為替市場・自由貿易

演習問題　〔pp.192～197〕

問1　〈国際収支〉　正解⑤

A　経常収支は，貿易収支（一般商品としての財の輸出入），サービス収支（輸送・旅行・保険などサービスの輸出入），第一次所得収支（海外からの投資収益，雇用者報酬など），第二次所得収支（無償援助，賠償，国際機関への拠出金，労働者の送金など）からなる。

B　資本移転等収支は，インフラなどの無償資金援助や債務免除などからなる。

C　金融収支は，直接投資（企業買収などのための投資，工場などの建設），証券投資（株式，社債・国債などへの投資），外貨準備（政府や中央銀行が保有する金や外国通貨）などからなる。

問2　〈経常収支〉　正解①

新国際収支に基づいて判断すると，旅行や輸送は，経常収支の中の貿易・サービス収支，さらにサービス収支に含まれる。

② 雇用者報酬は，経常収支の中の第一次所得収支に含まれるので，誤り。

③ 消費財の無償援助は，経常収支の中の第二次所得収支に含まれるので，誤り。

④ 直接投資は，金融収支の中の直接投資に含まれるので，誤り。

問3　〈日本の国際収支〉　正解⑤

ア　正しい。経常収支は，貿易収支・サービス収支＋第一次所得収支＋第二次所得収支である。

　　表の4項目の全てが経常収支になる。経常収支は，Aは148.787億円，Bは195.047億円，Cは149.987億円となる。経常収支に対する第一次所得収支の比率は，第一次所得収支÷（貿易収支＋サービス収支＋第二次所得収支）となる。Aは約0.96，Bは約1.1，Cが約0.44となる。細かく計算して値を出すことも可能であるが，第一次所得収支が経常収支を大きく上回っているのはBなので，Bと見当がつく。

イ　誤り。貿易収支とサービス収支の額を総計すると，B→A→Cの順となる。

ウ　正しい。日本の経常収支の特徴は，大幅な貿易収支の黒字が特徴であったが，近年は第一次所得収支（海外からの投資収益など）の増加が特徴となり，第一次所得収支が，貿易収支を上回るようになっている。年代順を推定すると，C→A→Bとなり，正しい。

問4 〈外国為替レート〉　正解④

　同じ製品がアメリカでは5ドル，日本では600円であるということは，1ドルあたりにすると120円になる。購買力平価でみると1ドル=120円となり，実際の外国為替レートは1ドル＝99円であり，21円の円高ドル安となる。

問5 〈国際貿易と経済思想〉　正解④

ア　自由貿易，国際分業からリカードとわかる。

イ　通貨の安定的供給から，マネタリズムを唱えたフリードマンとわかる。

ウ　幼稚産業の育成，保護貿易政策からリストとわかる。

問6 〈比較生産費説〉　正解④

　A国は，衣料品の方が電化製品よりも比較優位にあり，B国は電化製品の方が比較優位にあるので，Aは衣料品，Bは電化製品に生産を特化すれば，世界の生産量は増加する。

①　A国は電化製品について40人で1単位，衣料品は1人で1単位の生産とあるので，B国の2人，8人と比較すると，B国の方が生産性が高いことになる。

②　A国では，電化製品の方が生産性が低いが，B国では高い。

③　A国は衣料品，B国は電化製品に生産を特化した方が，両国全体で両財の生産量を増やすことができる。

問7 〈国際経済体制〉　正解④

　スミソニアン協定は，1972年のニクソン・ショックをうけ，固定為替相場制の維持のために新しいレートを設定した協定。ドル高是正のための政策協定とは，1985年のプラザ合意を指す。

①　世界恐慌を受け，各国は為替切り下げ競争，輸入の制限や関税の引き下げなどの保護主義・ブロック経済化を採った。

②　IMFは，ドルを基軸とした固定為替相場制により，国際通貨の安定を図った。

③　ベトナム戦争や多国籍企業のヨーロッパ進出などによるドルのインフレ化により，ドルの通貨の下落（ドル危機）を招いた。

問8 〈国際金融に関する合意・協定〉　正解③

A　IMFは1973年，変動相場制へ移行していたが，キングストン合意（1975）によって正式に変動相場制へと移行した（イ）。

B　G5（先進五か国財務相・中央銀行総裁会議）は，1985年にドル安円高に誘導する協調介入を行った（プラザ合意）（ア）。

C　ブレトン・ウッズ体制は，アメリカのドルを基軸とし，そのドルと金とを交換する金・ドル本位制を採った（ウ）。

問9 〈通貨問題〉　正解②

　「すべての加盟国に自国通貨と金との交換を義務づけた」が，誤り。IMFは，ドルと金との交換を義務づける金・ドル本位制を採った。

①　世界恐慌後，各国は為替の切り下げ競争と関税の引き上げと輸入制限による保護主義・ブロック経済化を採った。

③　ドルの流出，インフレ化により，ドルの価値が下落し，ドル危機が生じた。

④　G5は，プラザ合意（1985年）によってドル安円高を誘導した。

問10 〈GATTとWTO〉　正解①

　古い年代順に並べると，B→D→A→Cとなる。

B　最恵国待遇の原則はGATTの結成時（1948年）からの原則である。

D　UNCTAD（国連貿易開発会議）の第一回総会は，1964年である。

A　ウルグアイ・ラウンドが成立したのは，1994年である。

C　日本が初めてEPA（経済連携協定）を結んだのは，2002年の日本・シンガポール自由貿易協定である。

問 11 〈WTO〉 正解 ④

ドーハ・ラウンドは決裂し，各国は個別の FTA（自由貿易協定）や EPA（経済連携協定）を結ぶようになった。

① ある国に与えた最も有利な条件は他の全ての国にも与えられるという最恵国待遇原則は，WTO にも引き継がれている。

② ウルグアイ・ラウンドでは，知的財産権の国際保護規定が策定され，WTO でも引き継がれている。

③ WTO では，パネル（紛争処理のための小委員会）で，全会一致で不採択を決定しない限り採択されるネガティブ・コンセンサス方式が採られている。

問 12 〈金融危機〉 正解 ③

1997 年にタイの通貨バーツの下落を契機としてアジア通貨危機が起こった。ヘッジファンドが大量の投資資金を引き揚げたために，タイのバーツが暴落した。

① 1971 年のニクソン・ショックによって変動相場制へ移行したのではない。変動相場制への移行は 1973 年である。スミソニアン協定では，新レートの下で固定相場制が維持された。

② 日本版金融ビッグバンでは護送船団方式を改めて，自己責任主義に基づく自由・競争の金融政策が実施された。

④ 資本の自由な移動は禁止されていない。アジア通貨危機など金融危機に陥った国に対して IMF は競争原理に立つ金融財政改革を求めた。

問 13 〈EU Ⅰ〉 正解 ②

A EEC（欧州経済共同体）の発足は，1957 年である。

B 欧州中央銀行（ECB）の設立は，1998 年である。

C ユーロの紙幣および硬貨の流通は，2002 年である。

D 欧州連合（EU）の発足は，1993 年である。

したがって，② が正解。

問 14 〈EU Ⅱ〉 正解 ②

EEC（欧州経済共同体）では，関税同盟（域内関税の撤廃と域外共通関税の設定），共通農業政策，資本と労働力の自由化を実施した。域内関税の撤廃だけでなく，域内輸入制限の撤廃も行われた。

① FTA（自由貿易協定）は，貿易のみの自由化。選択肢の投資や知的財産など経済一般の自由化は EPA（経済連携協定）の内容である。なお，TPP（環太平洋経済連携協定）は，関税を原則ゼロにして，さらにすべての非関税障壁についても同じ扱い

をする究極の自由貿易協定である。

③ 「加盟国の規制を残すものである」が，誤り。単一欧州議定書は，モノ・カネ・サービスの規制をなくすための議定書である。

④ マーストリヒト条約は，固定相場の維持を目的とするものではない。単一通貨の発行，共通の外交・安全保障，欧州市民権の確立を規定した条約である。

問 15 〈経済連携〉 正解 ①

ア TTP は，アメリカの離脱後，TPP11（環太平洋パートナーシップに関する包括的及び先進的な協定，2018）としてスタートした。APEC（アジア太平洋経済協力会議）は，1989 年に発足した。経済協力の枠組みで，アメリカも参加している。

イ WTO は，「ある締約国に貿易上有利な条件を与えた場合に他の締約国にもそれを適用する」とは最恵国待遇原則のことである。輸入品に対して国内品と同じ待遇を与えることを内国民待遇原則という。

問 16 〈発展途上国の現状〉 正解 ②

中南米では 1980 年代に，累積債務問題が起こり，メキシコやブラジルなどでデフォルト（債務不履行）が発生した。

① 一次産品を中心とするモノカルチャー経済は，貿易の自由化で一次産品の価格が下落し，さらには交易条件（輸出品と輸入品の交換比率）が悪化した。

③ OECD（経済協力開発機構）は，先進国クラブともいわれ，先進国のための組織である。

④ 国連資源特別総会では，資源ナショナリズムに基づいて，新国際経済秩序（NIEO）樹立宣言が採択された。

問 17 〈発展途上国の経済〉 正解 ①

プレビッシュ報告では，一次産品の価格の安定措置と輸入の拡大，一般特恵関税制度の実施などが求められたが，アンチダンピング関税の導入は求められていない。

② 南南問題に関する内容である。

③ 持続可能な開発目標（SDGs）では，ジェンダー平等，貧困や飢餓の撲滅，気候変動など 17 の課題が示された。

④ マイクロファイナンスについては，バングラデシュのグラミン銀行が有名で，ノーベル平和賞を受賞している。

問 18 〈国家間格差の是正〉 正解 ④

フェアトレードとは，公正な貿易という意味。貿易において，コーヒー・バナナ・カカオなどの発展途上

国の産品を生産者の生活を守る適正な価格で購入することである。

① 資源ナショナリズムを主張したのは，先進国ではなく，発展途上国である。その動きもあって国連資源特別総会（1974年）における新国際経済秩序（NIEO）樹立宣言につながった。

② 国連貿易開発会議（UNCTAD）は，南南問題ではなく，南北問題の解決を目指して設立された。

③ 日本の政府開発援助（ODA）には，無償資金協力や技術協力，贈与なども含まれている。

問19〈SDGsと企業の取組み〉　正解③

ア　「経営資源の効率的な調達」「原材料の調達から消費者の手元に届くまでの一連の流れ」とあるので，生産活動に必要なものを供給するサプライチェーンのことである。

イ　「発展途上国産の原材料や製品について公正な価格で継続的に取引する」とあるので，フェアトレードのことである。

セーフティネットとは，社会保障制度などの社会的安全網である。また，メセナとは，企業の文化活動に対する支援をいう。

融合問題対策　〔pp.198〜207〕

問1〈支配の正当性〉　正解⑥

エはアに対して服従が行われ，典型として官僚制とあるので，エは制定された規則，アは合法的支配となる。

オは，支配権力との神聖性を信じる信念に基づくとあり，典型例を家父長制としているので，イは伝統的支配（昔から存在する秩序）となる。

ウは，呪術的能力，啓示や英雄性とあるので，この人の持つ天与の資質によるカリスマ的支配となる。マックス・ウェーバーの支配の正当性（伝統的支配，カリスマ的支配，合法的支配）に関する問題である。

問2〈空家等対策の推進に関する特別措置法〉　正解①

ア　日本国憲法第29条2項には，「財産権の内容は，公共の福祉に適合するやうに，法律でこれを定める」とある。「公序良俗」とは民法の規定。

イ　空家法では，(a)「倒壊等著しく保安上危険となるおそれのある状態」，(b)「著しく衛生上有害となるおそれのある状態」には，市町村は所有者に対して建造物を取り除くことを命令できるとある。(c)「適切な管理が行われないことにより著しく景観を損なっている場合」には，取り除く措置を採る

ことはできない。アと対応するのは (a) (b) の (a) となる。

問3〈義務教育の無償化〉　正解⑥

aは「国会の判断に広く委ねられる」というのが，誤り。

b・cは正しい。憲法第26条の義務教育の無償化の内容については，義務教育全般の無償化とする説と，授業料不徴収とする説があり，aは義務教育全般について無償化とする説で，bの最高裁は，授業料の不徴収とする説である。ただし，最高裁は授業料以外については，立法政策の問題として憲法上禁止されているわけではないとしている。

問4〈世論形成における表現活動の意義〉　正解③

判例2では「報道機関の報道は，民主主義社会において，国民が国政に関与するにつき，重要な判断の資料を提供し，国民の『知る権利』に奉仕するものである」と述べられている。

① 「個人の利益のために」が，誤り。

② 個人の主義主張の表明は，憲法第21条1項によって保障される。「保障されない」が，誤り。

④ 「思想の表明とはいえない単なる事実の伝達」も，憲法第21条によって保障されている。

問5〈地方公共団体の選挙〉　正解②

ア　「都道府県や町村の議会議員選挙では，市議会議員選挙と比べると無投票当選の割合が高いことがわかる」とあるので，資料aを見ると，都道府県と町村が市よりも高くなっている。

イ　1983年と2019年の投票率の変化が大きいのが読み取れるのは，資料bである。

ウ　「政治に対する無力感や不信感などから生じる」とは政治的無関心のことである。秘密選挙とは，投票内容を秘密にする選挙である。

エ　「選挙権を行使しやすくするための制度」「政治参加を活発にするため」とあるので，期日前投票である。パブリック・コメントとは，行政機関が意思決定などをする際に，その案についての意見を事前に人々から募集することである。

問6〈市場メカニズム〉　正解③

「原材料の購入に使える助成金を生産者に支給する」と，災害によって減少した供給サイドの生産が増加する。供給曲線はSᵦとなる。

① 電子ポイントを付与すると，需要量が増加しようとしても，商品の増加がない限り価格は下がらない。

② 宣伝によって需要量は増加しようとしても，商品がなければ宣伝効果はない。

④ 課徴金を増やすと供給量は減少し，価格が上昇して供給曲線は左上に移動する。

問7 〈物価の変動〉 正解 ⑧

ア 物価高になると，消費は減少する。

イ・ウ インフレによって通貨価値が下落するために，債権者は経済的にマイナスになる。債務者は借金が目減りして有利になる。

エ インフレになると，通貨価値は下落する。

問8 〈日本の農業〉 正解 ②

食料・農業・農村基本法（新農業基本法）では，「食料の安定供給の確保や農業の多面的機能の発揮」などが規定された。

① 農業基本法に関する内容である。イの内容。

③ 地主制の復活を防止するとあるので，農地法である。アの内容。

④ 改正農地法である。エの内容。

問9 〈地域再生〉 正解 ④

a 正しい。地方公共団体は，普通地方公共団体と特別地方公共団体に分類される。

b 正しい。非営利組織には，特定非営利活動促進法（NPO法）により，法人格が認められる。

c 誤り。企業数では約99%，従業員数では約70%を占める。

問10 〈国債の保有率の変化〉 正解 ②

異次元の金融緩和により，日本銀行は買いオペを進めて，民間金融機関から大量の国債を買い取った（民間金融機関が購入した国債を日銀が購入することはできる）。

① 金融引き締め政策ではなく，金融緩和政策である。また，市中消化の原則により，日銀は国債の直接引き受けはできない。

③ 売りオペでなくて，買いオペである。

④ 市中消化の原則により，日銀は国債の直接引き受けはできない。

問11 〈消費税〉 正解 ②

可処分所得アが高い個人ほど，可処分所得に占める表中カの割合が低い。個人A（27 ÷ 300 × 100=9%），B（35 ÷ 500 × =7%），C（52 ÷ 800 × 100=6.5%）の消費税負担分は，9%，7%，6.5%となって，可処分所得の高い個人ほど，負担割合は少なくなっている。

① 可処分所得アが高い個人ほど，表中カの額が多いが，割合は読み取れない。

③ 可処分所得アの高い個人ほど，表中オの割合は低いので，誤り。

④ 個人A，B，Cの可処分所得アに占める表中キの割合は，A（27 ÷ 300 × 100=8.3%），B（35 ÷ 500 × 100=6.5%），C（52 ÷ 800 × 100=6.1%）で，可処分所得アが高い個人ほど，可処分所得に占める表中キの割合が低くなっているので，誤り。

問12 〈為替介入〉 正解 ②

図アと図イは，介入を境にそれまでの動きが反転しているので，「風に逆らう介入」となる。

図ウと図エは，それまでの動きを促進しているので，「風に乗る介入」といえる。

図イは，介入で，時間とともに円が安くなっている（額面は増加）ので，円売り米ドル高へ傾向を示している。

問13 〈京都議定書とパリ協定〉 正解 ④

パリ協定では，京都議定書と異なり，すべての締約国が温室効果ガス削減に取り組むことを義務づける仕組みが採用されている。また，「共通だが差異ある責任」という理念が掲げられ，先進国に発展途上国向けの資金支援を義務づける責任を負わせている。

① 「共通だが差異ある責任」という理念は，環境を犠牲にして経済発展を成した先進国のみに地球環境保護の責任があるとする考えではない。むしろ，この理念は各国に共通の責任があることを認めつつも，これまでの環境への負荷や対処の違いを考えると，先進国の方の責任が途上国よりも大きいとする考え方である。

② 「持続可能な開発」とは，「現在の成長よりも地球環境保護を優先」すべきとする考え方ではない。開発と環境破壊を調和させる考えである。

③ 京都議定書では「全人類の問題として一律の温室効果ガス削減目標が課されている」とするのが，誤り。各国別に削減目標が設定されていた。

問14 〈SDGs〉 正解 ②

ア a Yの発言に対するXの発言から，正しい。

b SDGsは「経済発展によって貧困からの脱却を図ることに専念した目標」ではない。17のターゲットを示している。

イ c 「途上国を対象に目標を設定したもの」ではない。

d Yの発言に対するXの発言から，正しい。